KB046312

왜 여성의 결정은 의심받을까?

HOW WOMEN DECIDE:

What's True, What's Not, and What Strategies Spark the Best Choices

by Therese Huston

This Korean edition was published by Moonye Publishing Co., Ltd. in 2017 by arrangement with Therese Huston c/o Levine Greenberg Rostan Literary Agency through KCC(Korea Copyright Center Inc.), Seoul.

이 책의 한국어판 저작권은 KCC에이전시를 통한 저작권사와의 독점 계약으로 '(주)문예출판사'에 있습니다.

왜 여성의
결정은
의심받을까?

티리스 휴스턴 지음 | 김명신 옮김

문예출판사

조너선Jonathan에게.
당신과 결혼한 일은 내가 결정한 것 중에서
가장 잘한 결정이므로.

추천사

"인지심리학자 휴스턴은 풍부한 경제학·사회학 연구를 활용하여 ……
이러한 고정관념들을 파헤치고, 여성들이 어떤 환경에서 앞으로 나아
갈 수 없게 발목이 잡히는지 보여준다. ……《왜 여성의 결정은 의심받
을까?》는 험난한 직업의 바다를 헤치고 나아가려고 노력하는 모든 여
성뿐 아니라, 조직 내의 다양성을 증진하고 모든 직원이 제 능력을 최
대한 발휘하게 하려면 어떻게 해야 할지 고민하는 관리자에게도 반향
을 불러일으킬 것이다. 또한 남성 지배적인 사고방식으로 인해 무수한
문제가 야기되는 월스트리트 같은 곳에서 필독서가 될 것이다."

— 〈뉴욕 타임스 리뷰〉

"휴스턴은 흔히 볼 수 있는 여성의 결정에 대한 적대적인 반응을 어떻
게 비판하고 이겨낼 것인지 독자들에게 유쾌한 강의실 말투로 알려준
다. ……《왜 여성의 결정은 의심받을까?》는 명료한 설명적 문장으로
고정관념 위협, 확증 편향, 역할 일치 이론, 코르티솔, 스트레스 연구,

전망 이론 등에 대해 소개한다."

—〈시애틀 타임스〉

"당신이 여성이라면, 이 책을 읽어라. 남성이라도 이 책을 읽어라. ……
때로 한 권의 책은 그것을 의식하고 읽든 아니든 정말 알아야 할 것
을 알려준다. 《왜 여성의 결정은 의심받을까?》는 그런 책 중 하나다.
…… 휴스턴은 직장에서 여성이 겪는 경험이라는 익숙한 영토에 환한
실험실 불빛을 비춘다. 여성들이 맞닥뜨리는 미묘하고 미묘하지 않은
고정관념을 명징한 과학으로 짚어내고, 이런 고정관념이 여성의 결정
에 어떤 영향을 미치는지 설명한다."

—〈더 내셔널〉

"결정을 하는 사람이 누구건, 우리 앞에 놓인 장벽을 타파하여 새로운
습관과 인식을 형성하는 방법과 우리 사회를 전체적으로 바꾸기 위한
전략에 관해 대화의 포문을 여는 책."

—〈사보아 플레어〉

"만약 당신이 다른 사람들의 기대가 우리의 결정에 어떤 영향을 미치
는지 더 자세히, 더 깊이 알고 싶다면, 나는 《왜 여성의 결정은 의심받
을까?》를 추천한다. …… 휴스턴은 여성이 결정할 때 직관 이외에도
여러 도구를 사용한다는 것을 설득력 있게 보여준다."

—미즈커리어걸닷컴 MsCareerGirl.com

"《왜 여성의 결정은 의심받을까?》는 여성을 비롯한 모든 이들이 믿

어왔던, 여성의 의사결정에 대한 여러 신화를 깨부순다. 철저한 분석과 생생하고 재미있는 일화를 통해 현실 세계에서 무슨 일이 벌어지고 있는지, 편견이 어떻게 작용하는지 알려준다. 모든 여성은 철저히 연구되고 훌륭하게 보고된 이 책을 읽을 필요가 있다. 그러면 훨씬 더 나은 의사결정을 위한 유용한 방법을 통해 자신감을 얻게 될 것이다. 남성들도 이 책을 읽어야 한다. 여성을 훌륭한 리더로 만드는 법을 배울 수 있을 것이다."

— 베스트셀러 《겁 없이 거침없이 후회 없이How Remarkable Women Lead》와
《내공의 리더십Centered Leadership》의 공동 저자 조애나 바시Joanna Barsh

"여성의 직감이 실제로 존재하는 것인지 의문을 가져본 적이 있는가? 다양한 관점을 고려하느라 '우유부단하다'는 말을 들어본 적이 있는가? 흥미롭고 훌륭한 이 연구서에서 터리스 휴스턴은 우리 자신을 제대로 파악하고 성차별을 비판적으로 바라보는 것이 우리 모두가 더 좋은 선택을 하는 데 도움이 된다는 것을 보여준다. 나는 직장에서의 전략을 짜는 데 이미 그녀의 조언을 활용하고 있다. 모든 독자들은 이 책에서 새롭고 유용한 무언가를 배울 수 있을 것이다."

— 《직장에서 내가 저지른 실수Mistakes I Made at Work: 25 Influential Women Reflect on
What They God Out of Getting It Wrong》의 편집자이자 스미스 대학 일과 삶을 위한
워텔 센터Wurtele Center 소장 제시카 바칼Jessica Bacal

"드디어! 자신에 대한 의혹에도 불구하고 여성들이 훌륭한 의사결정을 한다는 것이 사실임을 입증하는 연구서가 나왔다! 이 책은 당신이 자신 있고 용기 있게 당신의 남성 동료들과 경쟁할 수 있게 도와준다."

— 베스트셀러 《소녀를 버리고 여자로 승리하는 101가지 방법Nice Girls Don't Get the Corner Office》과 《제인이 리드하는 모습을 보라See Jane Lead》의 저자 로이스 P. 프랭클Lois P. Frankel 박사

"여성은 어떻게 결정하는가? 철저한 연구조사를 통해 전개되는 주의 깊은 이 책에서, 휴스턴은 여성은 모두 같다고 가정하는 통속 심리학적인 대답을 제시하지 않는다. 사회에 만연한 고정관념을 폭로하고 고정관념이 여성의 행동에 어떤 영향을 미치는지 보여주는, 도전적인 의사결정 과정에 대한 지적인 안내서다."

— 《거짓말의 진화Mistakes Were Made (but Not by Me)》의 공동 저자 캐럴 태브리스Carol Tavris 박사

"이제껏 의사결정에 대한 수많은 베스트셀러 중 성별에 따라 필요한 조언이 어떻게 달라지는지 숙고한 책은 없었다. 그러나 《왜 여성의 결정은 의심받을까?》는 그런 천편일률적인 권고를 전복시킨다. 재미있는 일화와 설득력 있는 연구를 통해 남성과 여성에 대한 사회적 통념이 그들이 선택하는 방식에 어떤 영향을 미치는지 밝혀주는 책이다."

— 《보이지 않는 고릴라The Invisible Gorilla: How Our Intuitions Deceive Us》의 공동 저자 대니얼 사이먼스Daniel Simons 박사

"열정과 매력, 철저히 데이터에 근거한 점이 돋보이는 책이다. 휴스턴은 여성이 결정하는 방식에 대한 여러 일반적인 통념에 도전하여 결국 그 오류를 밝혀낸다. …… 휴스턴은 예리한 논평과 각 챕터 말미의

유용한 요약, 실제적인 조언을 제시한다. …… 그녀는 재계와 정부, 기타 조직이 의사결정을 최고 수준으로 끌어올리고자 할 때 회의실에 더 많은 여성을 참여시킬 필요가 있다는 것을 설득력 있게 보여준다. 특히 여성 독자들에게 현존하는 고정관념이라는 폭탄에서 신관信管을 제거하는 구체적인 전략을 제시한다."

— 〈퍼블리셔스 위클리〉

"매우 쉽고 재미있게 읽을 수 있는 책이다. 샌드버그의《린 인Lean In》에 깊이를 더한 증보판."

— 〈북리스트〉

"결단력과 자신감, 성차별적 편견에 관한, 여성을 위한 통찰력 있는 조언 …… 정통한 분석에 근거한 유용하고 실제적인 전략."

— 〈커커스 리뷰〉

"여성들이 직장과 일상에서 더 성공적이고 영향력 있게 난관을 돌파하도록 도와주는 신뢰할 만한 안내서."

— 〈포브스〉

"모든 이를 위한 조언이 담겨 있는 책."

— 〈파이낸셜 타임스〉

"나는 읽어야 할 성 차별에 관한 책을 전부 읽었다고 생각했으나, 이 책은 내게 CEO로서 매우 중요한 새로운 측면을 보여주었다. 우리는 우리의 편견을 인식하고 그 편견을 처리하기 위해 휴스턴이 권고하는 조치를 취해야 한다."

—《끝나지 않는 일: 여성, 남성, 일, 가족Unfinished Business: Women Men Work Family》의
저자이자 뉴 아메리카 CEO 겸 회장 앤-마리 슬로터Anne-Marie Slaughter

차례

여성이 결정할 때
무슨 일이
벌어지는가?

일러두기

＊ 옮긴이 주는 〔 〕로 표시했습니다.

요즘 여성들은 전투적이어야 한다는 말을 곳곳에서 듣는다. 모든 일에 적극적으로 임하라, 원하는 것을 요청하라, 자신의 가치를 인식하라, 중요한 역할을 맡아라, 강하게 밀어붙여라, 자신감 결여를 극복하라……. 이런 조언들은 중요한 일을 결정하는 직위를 차지하도록 여성에게 용기를 불어넣고, 원한다면 권력을 손에 넣을 것이라고 약속한다. 열심히 일하고 기대 수준을 높이면 최고의 성공에 도달할 수 있다고, 다시 말해 중요한 결정을 더 많이 할 것이라고 한다.

그러나 여성이 중요한 결정을 할 때 무슨 일이 벌어지는지 일러준 사람은 지금껏 아무도 없었다. 위험부담이 크고 어려운 결정을 내릴 때 여성이 겪어야 하는 일은 남성이 겪는 일과 어떻게 다를까? 나는 이 질문을 통해 연구에 불을 붙였고, 이 책을 쓰기에 이르렀다. 어려운 결정을 해야 하는 상황에 맞닥뜨릴 때 남성은 단지 결정하는 일만 생각하면 되지만, 여성은 비판받는 상황에 어떻게 대처할지도 생각해야 한다.

똑똑하고, 자존심 강하고, 바쁜 여성은 어떻게 해야 할까? 여성은 자신이 결정하는 방식은 물론, 의사 결정의 현실적 상황을 자신의 행동 방침에 어떻게 반영할지 알아야 한다. 비밀 하나를 공개하면, 여성은 사람들이 인식하는 것보다 강력한 방식으로 결정에 접근한다. 남성과 여성이 결정에 접근하는 방식은 다르지만, 반드시 사회 통념과 일치하는 것은 아니다. 이 책은 여성과 남성을 '생물학적으로 다른 존재'라고 주장하거나 분홍색 뇌와 파란색 뇌로 나누지 않는다. 오래전부터 이 사회는 영민한 선택을 할 수 있는 여성의 능력을 과소평가해왔고, 여성의 결정에 대한 이런 관습적인 의심과 의문은 현재 우리가 경험하는 성별에 따른 수많은 차이를 만들어낸다.

우리가 남성의 결정보다 여성의 결정을 톺아본다는 사실을 우리는 인식하지 못한다. 성별을 제외한 모든 요인이 같은 경우는 거의 없기 때문에 인식하기 어려울 수 있다. 하지만 이따금 아주 유사한 상황이 발생하여 편견이 뚜렷이 드러나기도 한다. 예를 들어 2013년 2월 마리사 메이어Marissa Mayer는 야후의 재택근무 정책을 변경한 일로 언론에 대서특필되었다. 야후가 전일제 재택근무 정책을 폐지한다고 발표하자, 언론은 메이어를 격렬히 비난했다. 전문가들은 여성이 피해를 볼 것이라며 야후의 정책 변경을 비판했고, 우리는 대부분 논란을 일으킨 메이어의 결정을 의아해했다.

하지만 일주일쯤 지나고 베스트바이(전자 제품과 휴대폰, 컴퓨터 관련 제품 등을 판매하는 미국의 대형 유통 업체) CEO 유베르 졸리Hubert Joly가 동일한 결정을 내렸을 때, 얼마나 많은 사람들이 이 소식을 들었을까?[1] 졸리가 베스트바이의 너그러운 재택근무 정책을 중단했을 때 경제부 기자들은 의무적으로 이 기사를 실었지만, 그는 메이어만큼 대중의 격렬한 항의를 받지 않았다. 졸리의 결정은 2013년에 잠시 헤드라인에 오른 반면, 메이어의 결정은 2015년까지 기자들이 화제로 삼으며 그녀가 옳은 선택을 했는지 분석하고 있다.[2] 같은 결정을 했는데 남성 CEO는 몇 달 동안 관심을 받다 말았지만, 여성 CEO는 여러 해 동안 전면적인 조사와 비난을 받아야 했다.

우리는 이런 반응을 합리화하려는 경향을 보인다. 야후의 결정은 소프트웨어 회사라는 속성상 더 많은 직원에게 영향을 미칠 테고, 프로그래머는 밤이든 낮이든 집에서 파자마 차림으로 일할 수 있는 반면, 오프라인 매장이 있는 베스트바이는 직원들이 옷을 갖춰 입고 제시간에 출근해야 하므로 재택근무 인력이 얼마 되지 않을 거라고 추론한다. 신문 기사에 따르면 메이어의 결정은 직원 200명에게 영향을 끼쳤지만, 졸리의 결정은 자주 집에서 일하던 직원 4,000명의 생활을 바꿔놓았다.[3] 다시 말해 베스트바이의 결정에 영향을 받은 직원이 야후보다 20배나 많았다.

결정에 영향을 받은 직원 수가 메이어에 대한 격렬한 항의와 졸리에 대한 정중한 예의를 설명할 수 없다면, 무엇으로 이를 설명할 수 있을까? 메이어는 야후에서 경영을 시작한 지 얼마 되지 않았으나, 졸리는 오래전부터 베스트바이의 책임자였을까? 아니다. 두 사람 모두 약 6개월 전에 CEO가 되었다는 사실을 확인하면 더욱 당혹스럽다.[4] 우리가 메이어의 결정에는 계속 분노하면서도 졸리의 선택에는 그다지 신경을 쓰지 않는 이유는 무엇일까? 우리는 여성의 결정은 함부로 의심하면서 남성의 결정은 쉽게 받아들이는 행동을 무심코 반복하는 경향이 있다. 다시 말해 여성과 남성이 다르게 행동하기 때문이 아니라 우리가 그들을 다르게 바라보기 때문이다.

이런 경향은 실제로 아주 중요한 결과를 낳는다. 기업이 남성을 승진시키는 데 열성적이면서 여성을 승진시키기를 꺼린다는 흔히 거론되는 말을 생각해보자. 왜 그럴까? 이 물음에 답을 제시하는 책은 여러분의 책장에 가득할 것이다. 내 연구는 많은 사람들이 그동안 간과해온 새로운 답을 제시한다. 우리는 남성이 어려운 선택을 할 수 있으리라고 믿는다. 남성의 결정은 매정하고 불쾌한 것조차 그래야 하는 것으로 쉽게 받아들인다. 여성이 동일한 결정을 발표할 때 우리는 두 배쯤 깐깐하게 검토한다. 의도하지는 않았겠지만, 우리는 여성이 과연 잘 선택했는지 의심한다.

의사 결정이 성별에 따라 달리 평가된다는 것을, 남성에게는 이해한다는 듯 고개를 끄덕이면서도 같은 결정을 한 여성에게 눈썹을 치켜들며 의아해한다는 것을 믿기 어려울 것이다. 우리는 자신을 선하고 공정한 사람이라고 생각한다. "나는 차별하는 걸 아주 좋아합니다"라고 말하는 사람을 만나본 적이 없다. 우리가 남성과 여성의 결정에 반응하는 미묘하거나 그다지 미묘하지 않은 방식은 물론 의사 결정 과정이 성별에 따라 어떻게 달라지는지 이해하고 싶다면, 몇 가지 엄격한 질문이 필요하다.

남성과 여성의 결정이 실제로 차이가 있는가? 우리가 그 차이를 과장한 적은 없는가? 대중문화는 어떤 경우에 남성과 여성이 결정하는 방식에 현실적인 차이가 있다는 것을 폭로해왔고, 어떤 경우에 실제로 그 차이를 조성해왔는가? 여성과 남성이 동일한 선택에 다르게 접근하는 경우, 여성이 결정에 도달하는 방식은 장애라기보다 자산이 아닐까?

남성과 여성의 결정이 받아들여지는 방식이 다르다는 것을 알았을 때 대처하는 방식이 무엇보다 중요하다. 우리는 어떻게 자신의 편애를 더 잘 인식하고, 자신이 그런 행동을 하는 걸 잡아낼 수 있을까? 우선 자기 내면에 있는 의사 결정에 관한 편견을 깨우쳐야 한다. 혼자서 이 문제를 해결할 사람은 없으므로 남성과 여성 모두 상황을 면밀히 보고 전략을 짜야 한다. 당신이 남성이건 여성이건 이 책을 읽으면 더 나은 결정을 내리는 데 도움이 될 것이다.

더 많은 여성이 의미 있는 결정을 하는 자리에 함께하기를 바란다면 우리가 여성의 결정에 대해 이야기하는 방식을 바꿔야 한다. 구조적인 변화를 이끌어낼 때 여성의 삶뿐만 아니라 우리가 사는 세상을 위한 결정도 향상될 것이다. 여러분이 이 책에서 한 가지 통찰을 얻는다면 이것이기를 바란다. 중요한 결정을 하는 회의에 더 많은 여성이 참여할 때 더 좋은 결정을 하고, 결국 모든 이에게 더 좋은 일이 된다는 것을 꼭 알기를 바란다.

우리는 누구에게 중요한 결정을 요청하는가?

1968년 1월 시애틀Seattle의 전형적인 겨울 날씨, 옷을 껴입어야 할 만큼 쌀쌀하지만 눈이 내릴 만큼 춥지는 않은 날이었다. 워싱턴대학교University of Washington에서 역사를 전공하는 스물세 살 바버라와 한 살 연하 남편은 진료실에 앉아 달갑지 않은 이야기를 들었다.

바버라는 며칠 전 가슴에 혹이 있는 걸 발견했다. 의사는 바버라에게 진정제를 투여하고 마취 상태에서 유방 조직 검사를 한 뒤, 악성이면 바로 근치 유방 절제술radical mastectomy을 시행할 것이라고 설명했다. 유방과 그 아래 가슴근육, 겨드랑이 림프절을 한 번에 효율적이고 다소 야만적인 방식으로 제거해야 하니 말 그대로 극단적인 수술이다.[5] 바버라는 암인지 아닌지 모르는 상태로 잠이 들고, 깨어나면서 기쁜 소식을 듣거나 가슴이 있던 자리에 수술 자국이 생긴다는 것이다.

의사는 수술에 대해 설명한 뒤 바로 조직 검사 일정을 잡아야 한다고 말했다. 바버라는 반발했다. 집에 가서 생각해보고 오면 안 되나요? 왜 당장 결정해야 하죠? 의사는 이 과격한 수술에 대해 오래 생각할수록 겁이 나서 수술 받을 엄두가 나지 않을 거라고 했다.

바버라는 의사의 권위에 이의를 제기하지 말라고 배웠으므로 "알겠습니다, 그렇게 하죠"라고 말했다. 의사는 "잘 생각했어요"라며 바버라의 남편에게 수술 동의서를 건넸다. 바버라가 물었다. "잠깐만요, 내 수술 동의서에 왜 남편이 서명하죠?" 그때 의사가 한 대답을 바버라는 잊을 수 없다. "여성은 지나치게 감정적이고 자기 가슴에 비이성적으로 집착하기 때문이죠."[6]

모멸적이지 않은가? 그렇다. 황당하기까지 하다. 이 결정을 내려야 할 사람은 바버라 아닌가? 우리는 그렇게 생각하지만, 의사는 바버라에게 의향을 묻지 않았다. 의사는 그녀가 결정하기에는 지나치게 감정적이고 비이성적이라고 말했다. 자신에게 선택권이 있다는 게 착각임을 알았다면? 바버라가 "조직 검사는 받지 않겠습니다"라고 말했어도 의사는 수술 동의서를 남편에게 건넸을까?

"돌아보니 그때 의사에게 항의하지 못한 게 화가 납니다. 진료실을 박살 내줄 걸 그랬어요. '남성이 비이성적으로 집착하는 신체 부위는 어디인지 궁금하군요'라고 말해줬어야 해요." 여성은 스트레스 받는 상황에서 적절한 결정을 내릴 수 없다는 의사의 편견을 포함해, 바버라가 분개할 만한 이유가 많았다. 하지만 바버라는 의사의 편견에 이의를 제기하지 못했다. "그때는 그렇게 생각하지 못했어요. 누구라도 그랬을 거예요. 여성의 삶은 늘 그랬으니까요."

이 예는 한 여성의 삶에서 벌어지는 끔찍한 순간에 불과할지도 모른다. 나는 의사 결정을 연구하는 사람으로서 이 상황에 내포된 더 큰 문제점을 발견한다. 우리는 이런 일이 과거에 일어났고, 적어도 지금 이런 특수한 상황에서는 역학 구조가 개선되었다고 생각하고 싶어 한다. 오늘날 미국의 어떤 의사도 이런 결정을 여성의 남편에게 요청하지 않을 것이다. 실제로 우리의 진보에 안도하며 이런 편견이 사라졌다고 말하고 싶은 마음 간절하다.

하지만 의사 결정자로서 여성에 대한 편견 중 완전히 사라진 편견은 얼마나 되며, 얼마나 많은 편견이 그저 언급되는 빈도가 줄었을 뿐 깊은 곳에 모습을 감춘 채 여전히 우리의 지도자 선호도에 영향을 미치는가? 잘못된 선택이 엄청난 위험을 야기하는 경우, 여성은 진료실에서나 회의실에서나 의사 결정 과정에서 동등한 결정권이 있는 존재로 간주되는가? 아니면 성가신 감정에서 자유로운 남성들이 의사 결정 능력이 우월한 존재라는 편견이 있는가?

거의 반세기가 지난 지금 암 치료 과정은 훨씬 개선되었다. 여성이 자신의 수술 동의서에 서명하고, 의사와 환자가 조직 검사 결과에 대해 상담한 뒤 수술 날짜를 잡는다. 근치 유방 절제술은 과거의 유물이 되었다. 지금 바버라가 이 얘기를 하면 모두 경악한다. 하지만 우리는 자신에게 물어야 한다. 정말 모든 게 달라졌을까?

아이오와대학교The University of Iowa 의과대학 리처드 호프먼Richard Hoffman 교수는 오늘날에도 의사와 환자 사이에 어떤 대화가 오가는지 의문을 품을 필요가 있다고 한다. 의사는 의사 결정 과정에서 여성 환자와 남성 환자에게 그들의 역할에 대해 어떤 암시를 주는가? 누구는 "어떻게 하시겠어요?"라는 질문을 받고, 누구는 받지 못하는가? 어떤 환자는 파트너로 대접받고, 어떤 환자는 종속자로 취급받는가?

2011년 호프먼이 이끄는 연구 팀은 미국 전역의 성인 1,100명을 대상으로 환자와 의사가 암 진단 검사에 대해 나눈 최근의 대화를 조사·분석했다. 의사들이 보통 50세 이상 환자에게 정기적인 암 검진을 권유하기 때문에, 호프먼은 50세 이상 성인을 중점적으로 살펴보았다. 내과 의사들이 남성과 여성이 똑같이 현명한 선택을 할 수 있다고 여긴다면, 환자 성별에 관계없이 그들의 대화는 동일할 것이다. 결과는 그렇지 않았다. 의사들은 전립샘에 대해 의논할 때 남성 환자 70퍼센트에게 "이 검사를 받기 원하십니까?"라고 질문한 반면, 유방 때문에 방문한 여성 환자에게는 43퍼센트에게 같은 질문을 했다.[7]

왜 이런 차이가 생길까? 양성 모두 성적 기관의 암 검진을 놓고 선택해야 할 때, 왜 여성보다 남성에게 많은 발언권이 주어질까? 전립샘암 검사의 효과에 대해 논란이 있었다는 점은 감안해야 할 것이다. 전립샘암을 찾아내기 위해 보통 혈액검사를 하는데, 양성반응을 보인 네 명 중 약 세 명은 전립샘암이 아니다. 이렇듯 혈액검사에서 양성반응을 보여도 암이 아닐 확률이 아주 높기 때문에 전립샘암 진단을 위한 혈액검사는 문제가 많은 것으로 간주되어, 미국예방의료태스크포스U.S. Preventive Services Task Force는 이 검사에 D등급을 주었다. 이는 이득보다 피해가 많은 것을 뜻한다. 반면 유방암 검진은 완벽하지는 않지만 적어도 B등급을 받았다.[8] 전립샘 검사는 불필요한 처치와 그에 따른 위험은 말할 것도 없고, 불필요한 걱정을 불러일으킬 수 있다. 그래서 의사들이 오해의 소지가 있고 혼란을 일으키는 이 검사를 받을지 말지 더 많은 남성에게 선택권을 주는지도 모르겠다.[9]

좋다. 그렇다면 완전히 똑같은 것을 비교하면 어떨까? 호프먼은 양성 모두 있는 신체 기관에 대한 검사를 살펴보았다. 그는 남성과 여성의 암을 모두 진단하는 아주 믿을 만한 방법이기 때문에 미국예방의료태스크포스가 A등급을 준 검사에 집중했다. 바로 무시무시한 대장 내시경검사다.[10] 대장암은 미국 남성과 여성에게 세 번째로 흔한 사망 원인이라 위협적인 존재다.[11] 의사들은 대장 내시경검사에 대해 말할 때 간단히 "이 검사가 필요합니다"라고 할까, 아니면 선택지를 제시하고 나서 "이 검사를 받겠습니까?"라고 의향을 물을까?

호프먼의 조사 결과 흥미로운 사실이 드러났다. 의사들은 남성 환자 71퍼센트에게 대장 내시경검사를 할지 물었으나, 여성 환자는 57퍼센트에게 의향을 물었다. 과거에 비해 수치가 높아진 건 사실이지만, 왜 성별에 따라 다른 수치가 나올까? 어째서 더 많은 남성이 선택권을 가질까? 남성과 여성은 대부분 50~70세였고, 대장 내시경검사를 처음 권고 받는 나이는 50세다. 미국의 남성들은 대장암에 걸릴 위험이 약간 더 높다. 남성 21명 가운데 한 명은 일생의 어느 시점에서 대장암에 걸린다.[12] 그렇다고 해서 검사를 받으라는 명령이 아니라 검사를 받겠느냐고 의향을 묻는 질문을 여성보다 남성이 많이 받아야 하는가?

여성의 암 발생 위험이 더 낮다는 것은, 검사를 받지 않아도 되는 선택권이 어느 성에게 주어진다면 그것은 여성이 되어야 함을 나타낸다. 여성 의사들은 여성에게 더 자주 (명령하지 않고) 원하는 바를 물어볼까? 그건 알 수 없다. 이 자료에는 의사의 성별에 따른 정보가 포함되지 않았다.

　이 연구 보고서를 처음 읽었을 때 어떻게 받아들여야 할지 갈피를 잡을 수 없었다. 어쩌면 의사들은 효율적으로 진료하려는 노력의 일환으로 남성과 여성을 다르게 대우했는지 모른다. 내과 의사들은 1년에 수백 명을 진료하는데, 그 과정에서 미묘한 패턴을 관찰하는 것은 훌륭한 업무 능력이다. 의사들은 선택권을 부여받지 못한 남성이 불쾌해하며 다시 찾아오지 않는 걸 보았을까? 많은 여성이 처음에 암 검사를 마다했다가 나중에 후회하는 모습을 보고 나서 남성보다 적은 여성에게 선택권을 주었을까? 여성에 대한 호의가 덜한 것일까? 의사들은 이제 남성에게 아내의 수술 동의서에 서명할 것을 요청하지 않지만, 여전히 여성의 판단력보다 남성의 판단력(과 의사 자신의 판단력)을 신뢰하는 것 같다.

　미국에서 여성에게 중요한 결정을 내릴 권리를 부여한 역사는 상대적으로 짧다. 여성의 참정권은 다른 10여 개국에서 시행한 뒤인 1920년에야 주어졌다.[13] 바버라의 남편이 마지못해 수술 동의서에 서명한 1968년에는 남성의 판단력이 더 좋다고 생각한 게 의사뿐만 아니다. 전문 업계가 대부분 그랬다. 여성해방운동이 막 시작된 시기였다. 1960년대 말, 삶을 다시 시작하려는 이혼 여성은 집을 구입하지 못하는 게 일반적이었다. 이혼 여성은 두 가지 중 선택해야 했다. 아파트를 빌리거나, 꼭 구입하고자 하면 남성―대개 전남편―에게 담보대출 계약을 부탁하거나.[14]

　1970년대 초에는 수입이 많은 여성이 신용거래를 신청할 때 거부되는 경우가 많았다. 한 해에 윔블던Wimbledon 타이틀 세 개를 거머쥐고 상금으로 가족을 부양한 테니스 세계 챔피언 빌리 진 킹Billie Jean King

은 자기 명의로 신용카드를 발급하려고 했으나 그럴 수 없었다. 계좌 맨 위에 남편의 이름을 기입해야, 즉 남성이 해당 금융거래를 지원한다는 것을 분명히 밝혀야 제2의 카드 소유자가 될 수 있다고 했다. 남편에게 수입이 있었다면 어느 정도 이해가 가지만, 그녀의 남편은 수입이 없었다. 빌리 진 킹은 남편을 로스쿨에 보냈다.[15]

그 후 법률에 의해 대출 관행은 바뀌었다. 하지만 왜 21세기인 지금도 이 뿌리 깊은 성차별적 편견이 여성의 결정에 영향을 미칠까? 의사들은 왜 의사 결정 과정에 여성보다 남성을 자주 포함할까? 의사뿐만 아니라 대다수 사람들은 왜 좋은 결정을 할 잠재력을 평가할 때 남성과 여성을 다르게 볼까? 여성의 결정에 대한 사회의 판단에 약간의 편견이 있을까?

현재 무슨 일이 벌어지고 있는지 더 정확히 알기 위해 빅토리아 브레스콜Victoria Brescoll의 연구소에 가보자. 예일대학교Yale University 경영대학 사회심리학자 브레스콜은 남성과 여성이 평가되는 방식에 관심이 있다. 브레스콜은 일반 성인이 입사 지원자와 대학 지원자, 예비 정치인 등을 평가하는 방식을 연구한다. 브레스콜은 우리가 TV 화면 속의 지원자나 우리 앞에 있는 지원자의 능력을 평가하는 방식을 알고자 한다.

한 연구에서 브레스콜은 성인들에게 입사 지원자를 평가해달라고 요청했다. 각 참가자는 비디오 화면 앞에 앉아 입사 지원 서류를 보며 진행 중인 입사 면접시험을 시청했다. 면접시험은 지루하게 이어지다가 한 면접관이 지원자(한 버전에서는 남성, 또 다른 버전에서는 여성)에게 직장에서 실수한 경험이 있으면 말해보라고 하자, 그제야 흥미진진해졌다. 어떤 지원자는 동료와 함께 일하다가 중요한 거래처를 잃은 이야기를 했다. "그때 기분이 어땠나요?" 면접관이 물었다. "몹시 화가 났습니다." 지원자가 크고 격앙된 목소리로 말했다. 신경이 곤두선 게 보였다. 비디오가 끝났을 때 지원자에 대한 평가가 내려졌다. 이 사람에게 그(그녀)의 장래 직무에서 얼마나 많은 권력을 부여할 만한가? 이 사람을 믿고 독자적인 결정을 내리게 해도 될까? 이 사람을 채용해야 할까?

브레스콜이 정말 알고 싶은 것은 '입사 지원자의 성별에 따라 평가가 달라졌는가?'였다.

그랬다. 브레스콜과 현재 싱가포르 INSEAD 교수인 동료 에릭 울만Eric Uhlmann은 이 실험을 세 가지 버전으로 수행했는데, 참가자들은 매번 화를 내는 여성 지원자에게 같은 반응을 보이는 남성 지원자보다 낮은 점수를 주었다.[16] 물론 이들은 진짜 입사 지원자가 아니라 전문 배우로, 동일한 대본에 따라 주의 깊게 연기했다. 이를 앙다물고 동일한 음량으로 분통을 터뜨렸다. 하지만 지원 서류를 든 사람들은 그렇게 보지 않았다. 그들은 분노를 표현한 여성을 '통제력이 없는', 지도자 역할을 맡기에는 자질이 부족한 사람으로 보았다.[17] 남성 참가자뿐만 아니라 여성 참가자들도 여성을 이렇게 평가했다. 그러니까 모든 성인은 성별에 관계없이 실수에 대한 좌절감을 표출한 여성은 권한이 좁고 독자적인 결정을 내릴 기회도 덜한 직업을 찾아야 한다고 생각했다.

반대로 관찰자들은 남성의 분노를 통제력 부족이 아니라 스트레스 탓으로 돌렸다. 그리고 실수에 대해 좌절감을 표출한 행위는 남성의 신뢰도에 해를 끼치지 않았다. 분노를 표출하는 행위는 남성의 위상을 높였다. 화를 낸 남성이 자신은 직급이 낮은 보조원일 뿐이라고 말하는 경우, 평가자들은 그에게 지휘할 기회를 더 많이 주고 싶어 했다. 그들은 좌절한 남성에게 결정할 기회를 줄이는 대신 더 많이 주고 싶어 했다.[18]

브레스콜의 연구는 남성과 여성이 같은 방식으로 같은 말을 할 때 우리가 무의식적인 편견을 깨닫지 못한 채 이런 생각에 빠져들 수 있다는 것을 보여준다. '그는 정말 뭐가 잘못되었는지 아는 사람이고, 그녀는 까다로운 사람이다.'

개썰매 문제

일각에서는 이제 여성에게 많은 의사 결정권이 있다고 주장하며, 그 증거로 주목할 만한 고위직 여성들을 가리킨다. 고맙게도 여성들은 신용카드 발급을 거부당하던 시절 이래로 어마어마하게 큰 진전을 보았다. 최근 미국에서 사법부 최고위직에 임명된 두 판사(연방 대법관 소니아 소토마요르Sonia Sotomayor와 엘레나 케이건Elena Kagan)가 여성이다. 2000년 이후 독일과 브라질에서 여성이 국가의 수반으로 처음 선출되면서 앙겔라 메르켈Angela Merkel, 지우마 호세프Dilma Rousseff는 세계에서 가장 영향력 있는 여성이자 가장 영향력 있는 인물이 되었다. 심지어 처음부터 남성에 의해 운영된 금융기관조차 마침내 여성에게 기회를 주기로 결정했다. 2014년 재닛 옐런Janet Yellen이 연방준비제도이사회FRB 의장으로서 미국의 중앙은행 제도를 지휘하기 시작했고, 2011년 크리스틴 라가르드Christine Lagarde가 국제통화기금IMF 총재로 임명되었다.

사람들이 이 모든 최고위직 여성의 이름을 줄줄이 열거할 수 있다는 걸 고려하면, 이제 사회에서 여성의 판단력이 남성의 그것만큼 신뢰받는 듯하다. 하지만 이런 예는 일반적이라기보다 예외적이다. 여성은 세계 인구의 절반 이상을 차지하지만, 경제와 정치에 관해 큰 결정을 내리는 경우는 극히 일부에 불과하다. 2015년 전 세계 독립국가 195개국 중 여성이 통치하는 나라는 11.2퍼센트에 불과했다. 미국의 500대 기업과 영국의 100대 기업을 살펴볼 때 여성 임원 비율은 안타깝게도 15퍼센트로 동일한 수준이다.[19] 그리고 내가 '존John 통계'라고 이름 붙인 것이 있는데, S&P1500을 보면 이름이 존인 남성 CEO가 모든 여성 CEO보다 많다.[20]

판단력 측면에서 여성이 남성보다 열등하다는 인식이 지도부의 성별 격차를 야기하는 유일한 원인은 아니다. 하지만 그게 얼마나 큰 비중을 차지하는 문제일까? 조직은 흔히 여성은 지도부까지 승진하는 사다리를 오르는 데 남성만큼 관심이 없다고 주장하면서, 최고위직 여성이 부족한 원인을 설명하는 다른 이유를 댄다. 그러나 자료에 따르면 전문직 여성은 남성만큼 야망이 있다. 2013년에 이사 1,400명을 대상으로 실시한 설문 조사는 여성이 남성만큼 회사의 최고위직에 오르고 싶어 한다는 것을 보여준다. 조직에서 다음 직급으로 승진하기를 원하느냐고 물었을 때 여성 이사 가운데 83퍼센트가 그렇다고 답했고, 남성 이사는 74퍼센트가 그렇다고 답했다.[21]

다른 평론가들은 여성이 성공하기에 적절한 태도를 취하지 않는다고 말한다. 직장 여성은 멘토나 후원자를 찾지 않고, 승진이나 급여 인상을 요구하지 않으며, 저녁 시간이나 주말을 희생하려 하지 않지만, 남성은 일요일에도 회사에 나올 것이라고 기대할 수 있다. 하지만 미국의 일류 경영대학원 졸업생 3,345명을 대상으로 한 연구는 여성이 '적절한 태도를 취하는 것'으로 충분하지 않다는 걸 보여준다. 비영리 연구 단체 카탈리스트Catalyst는 남성과 여성 경영대학원 졸업생에게 어떤 커리어 전략을 사용하는지 묻고, 이 유망한 전문 직업인들이 얼마나 많은 돈을 벌고 얼마나 빨리 승진하는지 수년간 추적 조사했다. 그 결과 카탈리스트는 이른바 유효성이 입증된 커리어 전략이 여성보다 남성에게 도움이 되었다는 것을 밝혀냈다.[22] 최선의 승진 전략을 모두 시도하고 비상한 노력을 기울인 여성은 동일한 전략을 사용한 남성만큼 돈을 많이 벌거나 빨리 승진하지 못했다.

다른 진영 사람들은 어깨를 으쓱하며 이것을 파이프라인 문제로 본다. "조금만 참으세요. 많은 여성이 중간 관리직을 차지하고 있으니 몇 년 안에 따라잡아 더 많은 여성이 정상에 오를 겁니다." 그럴 수도 있겠지만, 최근의 통계는 이를 뒷받침하지 않는다.[23] 《포천Fortune》이 선정한 500대 기업의 여성 임원 수에 9년 연속 유의미한 변화가 없었다.[24] 2014년 여성 주지사의 수는 2004년의 절반이었다.[25]

여성의 진전을 파이프라인 문제로 본다면 과학과 기술 분야에서 엄청난 누수가 생긴다. 여성이 남성의 두 배로 첨단 기술 산업계를 떠나고 있기 때문이다.[26] 소프트웨어 벤처기업 텍스티오Textio의 CEO 키에런 스나이더Kieran Snyder는 기술 산업계를 떠난 여성 700명을 인터뷰하고, 그들이 사직한 주된 이유가 여성에게 비우호적인 문화 때문이라는 것을 알아냈다. 인터뷰에 응한 전기 엔지니어 제시카는 말했다. "나는 내 일을 사랑했어요. 문제를 해결하는 것도 좋았고, 사람들의 삶을 개선할 기술을 만드는 걸 좋아했죠. 하지만 날마다 남학생 클럽 회관에 일하러 가는 데 넌더리가 났어요."[27]

기업을 대표하는 여성 리더가 부족한 현상을 이해하기 위해 우리는 자문해야 한다. 사람들은 왜 여성을 최고 결정권자로 신뢰하지 않을까? 그것은 여성이 덜 총명하다고 간주되기 때문이 아니다. 퓨리서치센터Pew Research Center는 최근에 미국 성인 2,800명을 대상으로 설문 조사를 했다. 그 결과 86퍼센트가 남성과 여성은 똑같이 총명하다고 답했다. 9퍼센트는 여성이 남성보다 지적으로 우위에 있다고 답했고, 남성이 더 총명하다고 생각한 사람은 5퍼센트에 불과했다.[28]

하지만 '총명하다'와 '결단력 있다'는 같지 않다. 우리는 완벽한 의사 결정자를 어떤 모습으로 상상하는가? 이 조사는 대다수 사람들이 리더는 두려움 없이 행동할 수 있는 사람이어야 한다고 생각한다는 것을 보여준다. 압력에 움츠러들지 않는 사람, 언제 어디서나 자신감 있고 경영에 관해 최선의 선택을 할 수 있는 사람이 훌륭한 리더가 될 것이라고 생각한다.[29] 총명한 사람은 아는 게 많지만, 훌륭한 의사 결정자는 아는 것을 토대로 과감한 시도를 할 줄 아는 사람이다.

대다수 사람들은 이런 성격이 남성에게 속하는 것으로 본다. 하지만 당신이 속한 조직을 둘러보면 수많은 여성이 중요한 결정을 할 것이다. 미국에서 관리자manager급의 38퍼센트가 여성이다.[30] 관리자는 팀을 편성하고, 프로젝트를 기획하고, 분쟁을 조정하고, 부서의 예산을 감독한다. 이런 중요한 내부 결정을 할 때 여성의 참여는 흔히 환영받는다. 하지만 대외적으로 사업을 규정하고 무엇을 특화할지 결정할 때 우리는 조직의 우두머리, 즉 CEO에 의지한다. 미국 대기업의 95퍼센트가 남성 CEO를 찾는다.[31]

어떤 이들은 중간 관리자가 내리는 결정은 대부분 그의 결정이 아니라고 주장한다. 2015년에 전일제 직원 2만 1,859명을 대상으로 조사한 결과, 주임supervisor과 중간 관리자middle manager들이 가장 우울해하는 경향을 보인다는 것을 알아냈다. 낮은 급여를 받는 하급자와 높은 보상을 받는 사업주보다 우울한 것으로 나타났다.[32] 중간에 있는 사람들은 왜 그렇게 불행할까? 컬럼비아대학교Columbia University와 토론토대학교University of Toronto의 연구자들은 중간 관리자의 의사 결정 권한이 지나치게 작기 때문이라고 추론한다. 주임과 중간 관리자는 다른 사람의 결정을 실행하는 데 시간을 쓴다. 그들은 일선 노동자와 달리 일이 잘못되었을 때 다른 사람을 탓하기 어려울 뿐만 아니라, 최종 생산물을 취급하거나 고객을 도와주는 보람을 누리지 못하는 경우가 많다. 자율성이 낮고 영향력이 작지만, 압박과 책임은 크다.

뉴욕NewYork 시의 시각예술가 겸 법률 비서 리즈는 이런 이야기를 들어도 놀라지 않는다. 그녀는 전문직 업계에서 의사 결정 부서를 개썰매에 비유한다. 리즈는 여성이 조직을 뒷받침하는 모든 결정을 실행하고, 팀이 출발선에 안전하게 설 수 있도록 모든 선택을 관리하는 일자리에 환영받는다고 생각한다. 사람들은 기꺼이 여성에게 이런 결정을 하게 한다. 직장에서 격려가 더 필요한 사람이 누구인지, 규율이 필요한 사람이 누구인지, 연수를 받으면 도움이 될 만한 사람이 누구인지, 특전을 받을 사람이 누구인지……. 리즈는 여성이 예산을 관리하고, 최고위 팀에 누구를 넣을지 선택하는 것을 사람들이 흔쾌히 받아들인다고 설명했다. "하지만 경주 당일, 관객과 카메라가 늘어설 때 지휘권을 쥐는 사람은 모든 일을 총괄한 여성이 아니라 남성이다."

나는 이것을 개썰매 문제dogsled problem라고 부른다. 여성은 썰매가 경주로를 잘 헤쳐 나가도록 준비시키는 데 필요한 결정을 할 것이다. 하지만 깃발이 올라갈 때 모두 남성이 썰매를 몰 거라고, 가시적이고 중요한 결정을 내리며 경주를 승리로 이끌 거라고 기대한다.

프로그래밍 분야에서 남성과 여성이 걸어온 자취를 살펴보면 개썰매 문제의 완벽한 예를 찾을 수 있다. 오늘날 믿기 어려운 일이지만, 여성은 프로그래밍의 초기 개척자들이다. 월터 아이작슨Walter Isaacson은 2014년에 출간한 《이노베이터The Innovators》에서 여성이 프로그래밍 분야에 담당한 중요하지만 거의 알려지지 않은 역할을 포착한다. 1940년대 중반에 일반용 하드웨어를 처음 만든 엔지니어는 남성이지만, 프로그래머는 모두 여성이다. 하버드대학교Harvard University의 여성 수학자 겸 해군 장교 그레이스 호퍼Grace Hopper는 숫자 대신 단어를 사용하는 최초의 컴퓨터 프로그램인 코볼COBOL을 만들었다.

남성은 컴퓨터 회로에 관심이 많았고, 프로그래밍은 타이핑 작업 때문에 비서가 하는 일쯤으로 치부되었다. 위신이 서지 않고 흥미진진한 결정을 내릴 수 없는 일이었다. 프로그래밍은 컴퓨터가 문제를 해결하는 경주 당일을 위해 모든 것을 준비하는 작업에 불과했거나, 남성이 그렇게 생각한 것 같다.[33]

하지만 1950~1960년대에는 소프트웨어 부문에서도 대단히 흥미롭고 중요한 결정을 할 수 있다는 것이 차츰 분명해졌다. 엔지니어와 관리자들은 소프트웨어가 하드웨어보다 중요할지 모른다는 것을 인정하기 시작했다. 컴퓨터 프로그램은 이전이 가능하기 때문이다. 즉 베를린Berlin에서든, 버클리Berkeley에서든 프로그램이 개발된 컴퓨터뿐만 아니라 어떤 하드웨어에서도 사용할 수 있을 터였다. 그러자 갑자기 남성이 프로그래밍을 하고 싶어 했다. 물론 남성이 그 일에 매혹된 것이 프로그래머가 중대한 선택을 한다는 사실 때문만은 아니다. 1984년경 대학에서 컴퓨터과학을 전공하는 남성의 비율이 급격히 높아졌다. 이 현상에 대한 한 가지 가설은 부모가 딸보다 아들에게 개인용 컴퓨터PC를 사줬을 테니, 상대적으로 더 많은 10대 소년이 프로그래밍에 관심을 보였다는 것이다.[34]

참을성 있게 야망을 가지고 열심히 일하는 것으로 충분하지 않다. 여성은 개썰매 문제에 계속 맞닥뜨릴 것이다. 우리가 조직의 지도부에 여성이 더 많아지기를 원한다면 그들을 단지 팀을 출발선에 세우는 사람으로 간주하는 걸 중단하고, 경주 당일을 위한 잠재력 있는 운전자로, 나아가 애초에 팀이 필요한지 결정할 수 있는 리더로 간주해야 할 것이다.

그는 힘든 길로 가고, 그녀는 실수하고 있다

나는 훈련을 거쳐 인지신경과학자가 되었고, 연구 경력을 쌓는 동안 젠더 문제는 거의 피해왔다. 대학에서는 심리학 전공자로서 언어와 기억, 추론 등에 대해 가급적 모든 걸 알아내려 했고, 젠더에 관한 수업은 신청하지 않았다. 누군가 왜 그러느냐고 물었다면 나는 정중히 그저 여성의 문제에 관심이 없기 때문이라고 답했겠지만, 젠더를 공부하는 자체가 젠더를 의식하는 것처럼 느껴졌기 때문이다. 내 주변의 남자 친구들은 젠더 이슈를 연구하지 않았고, 나는 그들 못지않게 정신적으로 강인하다는 걸 보여주고 싶었다. 지금은 이런 생각에 고개를 흔들지만, 스물두 살 때는 가장 멋진 일을 하는 게 중요했다.

대학원 시절에는 컴퓨터 모형, 인지과학, 인지신경과학 등 남성이 우세한 세 분야를 공부했다. 연구실에서는 보통 남성이 압도적으로 많았지만(최소 6대 1 비율이었다), 나는 여성이 부족하다는 걸 문제로 인식하지 않았다. 편견이 있다고 말하는 건 나약함을 드러내는 일로 여겼다. 힘들었지만 그건 내가 해결해야 할 문제였다. 나는 더 열심히 일해야 했다. 나는 말이 없는 편이고, 주장이 강한 편이 아니었다. 하지만 내가 머리를 묶은 여자이기 때문에 내 과학적 능력이 면밀한 응시를 받는다고 의심해본 적은 없었다. 응시는 연구실의 모든 이에게 게임 같은 것이었다.

나는 젠더가 실질적인 문제라고 생각하지 않았다. 적어도 전문직에서는 문제가 되지 않을 거라고 생각했다. 그 문제가 존재하지 않는다고 생각했기에 더 혼란스러운 경험을 한 뒤에야, 실제로 결정을 하는 문제에서 남성과 여성이 다르게 평가되는 게 아닌가 하는 의문을 품었다.

남편과 나는 약혼했을 때 300마일(약 483킬로미터)이나 떨어진 곳에 살았다. 그는 필라델피아Philadelphia에서 일했고, 굉장한 전문직을 얻을 기회를 잡기 위해 훈련받는 중이었다. 나는 피츠버그Pittsburgh에서 일했는데, 사람들의 이목을 끄는 프로젝트를 맡을 기회를 열어줄 임무를 담당했다. 어떤 커플은 멀리 있어도 잘 지내지만, 우리는 아니었다. 일과가 끝나면 보고 싶어 했고, 오랜 시간이 지나서야 스카이프가 이 바람을 가상이나마 이뤄주었다.

우리는 선택지를 검토하고, 공석이 있는 직장을 찾아보고, 대안을 논의하며 1년을 보낸 끝에 남편이 내 직장을 따라오기로 결정했다. 내가 다니는 회사 사장에게서 언제고 내게 대표직을 물려줄 수 있으면 좋겠다는 말을 들었기 때문이다(게다가 필라델피아에서 받은 제의는 차기 CEO가 아니라 복사기와 사무실을 공유하는 것이었다). 결혼식을 이틀 앞둔 날, 예비 신랑은 옷가지와 컴퓨터, 트롬본, 어려서부터 간직해온 큐리어스 조지Curious George 원숭이 인형을 승용차에 싣고 출발해 마지막으로 펜실베이니아 고속도로 통행료를 내고 내 아파트로 왔다. 우리는 신혼여행을 떠날 때 돌아오면 남편도 직업을 구할 수 있을 거라고 믿었다.

그는 직장을 구했으나, 의기소침해질 만큼 끔찍한 일이었다. 남편은 열심히 일했고 상황을 최대한 활용하려고 노력했다. 우리는 식민지 시대풍의 자그마하고 예쁜 집을 경매로 구입하기도 했다. 하지만 1년쯤 지났을 때 그에게 다른 길이 필요하다는 걸 알았다. 우리는 끔찍한 결정을 해야 했다. 그해에 나는 직장에서 능력을 인정받았다. 연봉이 제법 인상되었고, 보조금 제의를 받은 공동 저작이 두 권 있었으며, 사장에게서 보상을 받는 연구 프로젝트를 지휘해달라는 요청을 받았다. 하지만 남편과 더 상의하고 살펴본 뒤, 직장을 떠나는 게 아쉬운 일이긴 해도 지금껏 내게 부여한 것을 남편의 커리어에도 제공해야 공평하다는 것을 인정해야 했다. 우리는 내가 원한 전원에 살 곳을 정했고, 그는 꿈꾸던 직장에 지원했다. 그러자 그 회사에서 좋은 조건을 제시했다. 나는 아직 일자리가 없었지만, 우리는 남편을 위해 그렇게 한 것처럼 나도 기회가 생길 거라고 믿었다.

1년 전에 남편이 동료들에게 아내를 따라가기 위해 직장을 그만두겠다고―새 직장을 구할 수 있으리라는 전망도 없이 좋은 직장을 떠나 다른 곳으로 가려 한다고―알렸을 때, 직장의 여러 지인은 고귀한 결정을 내렸다고 말했다. 상사들은 언제든 다시 받아주겠다고 말했고, 추천서가 필요하면 기꺼이 써주겠다고 했다. 친구와 가족, 동료 가운데 그의 결정에 이의를 제기하는 사람은 없었다. 적어도 그의 면전에서는. 아무도 "진짜 그렇게 하길 원하는 거야?"라고 묻지 않았다.

우리의 상황이 변해 남편이 큰 기회를 얻었을 때, 내가 그를 따라가기로 결정하자 어떤 일이 벌어졌을까? 나는 남편이 받은 것과 같은 반응을 기대했다. 하지만 사장은 커리어를 진지하게 생각하지 않는 것 같다고 말했다. "너무나 많은 여성들이 이렇게 합니다. 이런 실수를 하지 마세요." 여러 지인과 친구들은 나를 걱정하며 '옳은 선택'을 했는지 확신하느냐고 물었다. 사장은 내가 해온 업무를 열렬히 칭찬하는 추천서를 써주었으나, 하루는 내 사무실에 들어와 문을 닫고 말했다. 이런 결정을 내린다면, 이제 당신이 관리직에 적임자라고 생각하지 않는다고.

나는 이 일을 성별에 따른 편견 때문이라고 생각했을까? 아니다. 대신 이 일이 나에 대한 깊고 불편한 진실을 드러내는 것으로 여겼다. 걱정하는 친구들은 내가 실망스러웠을지 모른다. 이 선택은 내가 커리어에 진지하지 못하다는 걸 나타내는지도 모른다. 결정적 순간이 오면 내가 전통적인 방식에 따라 남편의 요구를 우선시할 징조인지도 모른다. 나는 우리가 교대로 기회를 잡는 것이라고 생각했다. 내 커리어를 따른 다음 그의 커리어를 따르는 식으로. 그러나 많은 커플이 이렇게 협상을 시작한 뒤 전형적인 패턴으로 빠지는지도 모른다. 그의 커리어를 따른 다음 그의 커리어를 따르는 식으로.

가장 신경이 쓰인 것은 사장의 말이다. 이 일이 나의 의사 결정 능력에서 중대한 결함을 드러내는 것이므로, 나는 관리직을 맡을 준비가 안 된 것이라는 사장의 말이 맞는지도 모른다. 나는 여러 날 밤을 새우며 사장에게 경의를 받기 위해서 어떤 완벽한 길을 선택해야 했을지 고심했다. 내가 한 결정에 의문을 품기도 했다. 좋은 관리직 일자리를 구했을 때 나는 새 직위를 대수롭지 않게 생각했다. 내 사무실 문에 이사DIRECTOR라고 적혔으나 나 자신을 그렇게 소개하는 걸 피했고, 대신 "지도부에서 일하고 있습니다"라는 식으로 직급을 얼버무렸다. 직급을 언급하면 사람들이 내가 조직을 이끌 만한 사람인지 의문스러워할까 봐 두려웠다.

몇 달 뒤 남편은 우리가 이처럼 다른 경험을 한 것은 젠더 때문인 것 같다고 말했다. "흥미롭지 않아? 남성이 아내를 따라가기 위해 커리어를 제쳐두기로 했다고 말할 때는 아무도 의심하지 않지만, 여성이 남편을 따라가기 위해 같은 결정을 내리면 의심의 눈초리를 받는다는 게." 나는 그 자리에 얼어붙고 말았다. 아닌 게 아니라 그때 나는 여성을—나 자신은 물론—실망시키는 존재로 낙인찍히는 기분이 들었다. 단 한 번 선택으로 그때까지 쌓아온 나의 강력한 의사 결정 이력을 모두 의심받았다. 반면 남편이 내 직장을 따라오기로 결정했을 때, 배우자를 지원하기 위해 어렵고 훌륭한 길을 택했다며 칭찬과 격려를 받았다.

우리의 결정을 설명한 방식이 사람들이 보기에 내 결정에 의혹의 눈초리를 보내고 남편의 결정에 경의를 표하게 하는 뭔가 특별한 점이 있기 때문일까? 아니면 빙산의 일각에 불과한, 우리 두 사람에게 일어난 일일까?

의사 결정이 남성보다 여성에게 위험하다는 것은 받아들이기 어렵다. 우리는 공정한 세상에 산다고 믿고 싶어 한다. 내 결정에 불안을 표한 친구들과 사장은 선의에서 그랬을 것이다. 그들은 내가 잘못되지 않도록 지켜주려는 마음이었을 것이다. 하지만 우리는 여성의 선택을 함부로 비판하는 경향이 있는 것 같다. 사람들은 남성과 여성의 결정에 대한 사회적 편견 때문에 흔히 여성의 결정을 더 편협하고 상투적인 틀에 넣고 바라본다. 사회집단은 그게 편할지 모르지만, 여성은 몹시 불편하다.

특히 여성이 의사 결정에 대해 잘 알아야 하는 이유

훌륭한 의사 결정에는 여러 기술이 필요하다. 우선순위를 명확히 하고, 여러 가지 선택지를 생각하고, 그 선택지를 분석하고, 가설을 검증하고, 최우선순위에 맞는 선택지를 정하고, 동의를 얻고, 잘못될 경우에 대비할 수 있어야 한다.[35] 이 책을 읽으면 차차 알겠지만, 남성과 여성 모두 이런 기술을 습득할 수 있고, 이 기술 중 3~4가지는 여성이 쉽게 습득한다.

조직이 남성과 여성을 막론하고 유능한 의사 결정자를 높이 평가하는 이유를 아는 것은 어렵지 않다. 하루 24시간, 일주일에 7일 동안 일해야 하는 직장 문화가 늘어나는 상황에서 사장들은 의사 결정 능력이 훌륭하여 일일이 상사에게 확인하지 않아도 되는 직원을 원한다. 이 책을 통해 알겠지만, 직장에서 의사 결정을 잘하는 기술은 특히 여성에게 중요하다. 일반적으로 여성이 남성보다 자주 자신의 능력을 입증해야 하기 때문이다.

회사에서 남성이 중요한 결정을 잘하면 오래도록 그 능력이 인정되고, 그는 중대한 결정 하나를 근거로 승진한다. 하지만 대다수 여성은 총명하고 전략적인 선택을 반복적으로 해낼 수 있다는 것을, 즉단지 운이 좋거나 타이밍이 맞아떨어져서 혹은 인맥에 힘입어 옳은 결정을 한 게 아님을 보여줘야 한다. 여성은 조운 C. 윌리엄스Joan C.

Williams와 레이첼 뎀프시Rachel Dempsey가 '또 입증해야 하는' 편견이라고 부르는 것에 맞닥뜨린다.[36] 여성이 결단력이 뛰어나다는 걸 입증하려면, 그것을 다시 사용할 수 있어야 한다.

대다수 여성은 남성에 비해 어떤 행동 방침을 결단할 가능성이 낮다는 인식과도 싸운다. 여성은 선천적으로 결단력이 부족하고, 남성과 달리 거듭 자신의 선택을 검토하고 선택의 책임을 회피하려 한다는 오해가 사람들 사이에 퍼졌다. 2장에서 살펴보겠지만, 동료들은 여성의 협력 욕구를 결단력이 부족한 탓으로 오해할지도 모른다.

과학에 근거한 조언이 필요하다

지금까지 의사 결정을 다룬 훌륭한 책이 많이 출간되었지만, 거기 수록된 조언 가운데 남성에게는 유용하나 여성에게는 끔찍한 것도 있다. 이런 권고를 생각해보라. "결정할 때는 가능한 한 모든 이의 동의를 받아라." "시간을 들여 다양한 선택지를 충분히 숙고하라." 남성 임원이 이런 전략을 택하면 참신하게 여겨지겠지만, 여성 임원은 그렇지 못할 것이다. 여성 부사장이 "모두 모인 뒤에 결정합시다"라고 말하면, 사람들은 그녀가 협력체를 만들기 위해 애쓴다고 생각하는 대신 확신이 없거나 무능하다고 여길 것이다. 여성이 시간을 들여 선택지를 분석할라치면 생각이 깊고 세심하다기보다 결단력이 없거나 무능하다고 평가받을 공산이 크다.

여성은 심지어 가장 높이 평가되는 사람이라도 남성과 다른 기대와 고정관념에 마주치므로, 여성에게 맞는 의사 결정에 관한 조언이 필요하다. 우리는 여성에게 남성의 전략을 사용하라고 조언하는 것을

중단해야 한다.[37]

여성이 의사 결정에 남성의 전략을 사용하면 아마 훨씬 더 곤란해질 것이다. 여성을 위해 고안된 리더십 책의 조언은 대부분 과학자들이 훌륭한 결정을 내리는 방식에 관해 알아낸 사항을 통합하지 않은 것이다. "주위의 용기 있는 남성들처럼 자신감을 가져라"는 여성이 흔히 듣는 조언이지만, 여러 연구는 자신감이 좋은 결정을 방해하며 숱한 형편없는 결정을 낳는 근본 원인임을 보여준다. 자신감을 키우면 회의에서 의견을 말하는 데 도움이 되겠지만, 의견의 질까지 향상하지는 못한다. 자신감은 우리 모두 사용할 수 있는 도구지만, 능숙한 의사 결정자는 자신감을 집어들 때와 놓아둘 때를 구분할 줄 안다.

남성과 여성을 위한 이런 책에서는 우리가 조직에서 실제로 적용할, 연구자들이 의사 결정과 젠더에 관해 알아낸 사항을 찾을 수 없을 것이다. 남성과 여성이 극심한 스트레스를 받는 상황에서 결정할 때 여성의 선택이 한쪽으로 기우는 한편, 남성의 선택은 반대쪽으로 기우는 경향을 보인다는 것을 보여주는 증거가 점점 더 많아진다. 이렇게 남성과 여성이 균형을 맞추는 반응은 스트레스가 많은 상황에서 좋은 결정을 내리려면 회의실에 남성과 여성이 모두 있어야 하고, 양성의 의견을 다 들어야 함을 의미한다. 신경과학자들은 이런 편향성을 알지만, 투자 은행가나 공립학교 교육감은 모를 것이다. 더 많은 사람들이 젠더와 의사 결정 과학에 대해 알수록 스트레스 받으며 일해야 하는 팀을 만들 때 더 잘 준비하고 유의할 것이다.

이 책은 커리어에 주의를 기울이는 여성을 위한 것이다. 직업이 있는 모든 여성은 어떤 단계든—그들이 첫 직장을 구하는 중이건, 휴직을 고려하건—여기서 답을 얻을 것이다. 나는 직장 여성의 결정에 초점을 맞추기로 했다. 문헌마다 다른 점이 있는데다, 너무나 많은 여성이 직장에서 자신의 결정이 평가되는 방식을 자신이 책임져야 한다고 생각하기 때문이다. 이들은 자신이 맞닥뜨리는 커리어의 어려움과 불리한 느낌이 자신의 문제인지, 구조적인 문제인지, 이 문제를 해결하기 위해 할 수 있는 일이 있는지 등을 알고 싶어 한다. 내가 시작하려는 대화에 모든 여성이 포함된다고 느끼기 바란다. 그리고 여기서 제시된 질문과 전략이 직장을 넘어 일상에도 적용되면 좋겠다.

이 책은 조직을 강력하게 만들고 싶고, 주위 여성들에 관심이 있는 남성에게도 도움이 될 것이다. 당신이 조직에 재능 있는 여성을 붙들고 싶은 남성이라면, 여성이 어떤 곤경에 처했는지 알 것이다. 그리고 여성의 결정이 공정하게 평가되고 여성이 성공을 위한 최상의 기회를 얻을 수 있도록 환경을 바꾸는 전략을 발견할 것이다. 당신에게 딸이 있고, 딸이 결정하는 방식이 당신과 다른 이유를 이해하고 싶다면 이 책은 당신을 위한 것이다.

이 책은 또 직장에서 시간을 더 생산적으로 사용하고자 하는 사람을 위한 것이다. 전문 직업인으로서 우리는 생산성 제고와 다양성 활용에 대한 세미나에 참석하지만, 이 둘의 연관성을 아는 경우는 드물다. 이 연관성을 안다면 어떻게 될까? 다양성 포괄이 기한에 맞추면서도 의사 결정의 질을 향상할 수 있다면? 이 책에 마법의 지팡이나 묘약을 만드는 비법이 있는 것은 아니다. 내가 아는 한 어디에도 그런 건 없다. 하지만 더 좋은 아이디어가 나오고, 당신의 직장 동료—여성이건 남성이건—가 의사 결정 과정에서 최고의 능력을 발휘하기 위해 무엇을 할 수 있는지 구체적인 제안이 있다.

의사 결정 경험에 관한 대화

내가 겪은 의사 결정의 모순적인 경험을 통해 내가 얼마나 이상하게 취급되었는지 돌아보고, 여성의 결정이 전반적으로 어떻게 작용하는지 알고 싶었다. 성별에 따라 다른 기준으로 평가되는 게 일반적인 일인가? 남성과 여성은 전혀 다른 방식으로 선택에 도달하는가? 나는 신속한 결정을 내리는 남성과 마음을 정하기까지 오랜 시간이 걸리는 여성의 이미지로 표현되는 통속적인 캐리커처를 믿고 싶지 않았으므로, 정말 그런지 질문해야 했다.

나는 평소 존경하던 여성들로 소모임을 만들어 이 프로젝트를 시작했다. 우선 흡족했던 결정과 주저했던 결정에 관한 경험담을 이야기해달라고 부탁했다. 여기에 '결정에 관한 대화decision dialogues'라는 이름을 붙였다. 나는 질문하고 기록했다. 조용히 경외감을 가지고 대화에 귀를 기울였다.

의사 결정에 관한 이들의 생각과 느낌은 칵테일파티의 대화나 학술 연구에서 얻을 수 있는 것보다 훨씬 다양하고 복잡했다. 한 여성은 치매에 걸린 아버지의 법적 대리인이 될지 결정할 때 얼마나 어려웠는지 이야기했다. 다른 여성은 대학원에 가기 위해 간호사 일을 그만두기로 결정할 때의 경험을 이야기했다. 몇몇 아시아계 여성은 거기 모인 다른 여성들이 당연하게 누리는 자유가 부럽다고 말했다. 성인인데도 부모에게서 감당하기 버거울 정도로 불합리한 기대를 받는다는 것이다. 그들의 남동생이나 오빠도 같은 짐을 져야 하는지 모르겠으나, 그 여성들은 그런 기대가 사람을 지치게 한다고 했다.

대화는 언제나 다른 사람들이 여성의 결정을 어떻게 보았는가 하는 점으로 이어졌다. 몇몇은 다른 사람들이 어떻게 생각하는지 상관하지 않았다고 했고, 몇몇은 자신이 어떻게 보이는지 몹시 신경이 쓰였으며 마음이 상할 때도 많았다고 했다. 어떤 입장이든 결정이 어떻게 평가되었는지 이야기하다 보면 열띤 토론으로 이어졌다.

나는 많이 읽히는 의사 결정에 관한 책을 찾아보았다. 이 책들은 젠더나 감시를 받으며 결정하는 것, 이런 감시에 대처하는 법에 관해서는 이야기하지 않았다. 의사 결정에 관한 대중적인 책을 모두 찾아 읽고, 여성과 남성이 선택하는 방식과 중대한 결정을 할 때마다 남성과 여성이 모두 참여하는 복합 공간에 대한 주요 연구 논문 수백 편을 훑어보았다. 그런 다음 여성들을 직접 만나 인터뷰했다. 34명이 자신이 경험한 것을 말해준 덕분에 이 책의 가르침과 통찰을 분명히 나타내는 데 도움이 되는 이야기를 넣을 수 있었다. 이분들의 이름은 바버라 윈슬로Barbara Winslow와 이전에 다른 곳에 자신의 경험담을 발표한 적이 있는 몇 분, 공인인 몇 분을 제외하고 모두 가명으로 표기했다.

여러분은 경찰국장과 주방장, 펑크록 가수 등을 만날 것이다. 신경 이론을 연구하는 수학 천재와 천편일률적인 만남 주선 웹 사이트에 식상하여 회사를 설립한 여성의 이야기를 들을 것이다. 인내력 세계 기록에 도전하는 여성이 거의 움직일 수 없는 상황에서 계속 밀어붙일지 결정하는 모습을 볼 것이다. 내게 이야기를 들려준 이들 중 일부는 대학 졸업 후 중요한 결정을 앞둔 20대 여성이고, 일부는 직장에서 한창 잘나가는 여성이고, 몇몇은 은퇴하고 과거의 선택을 회고하는 여성이다.

이 책의 결론을 읽을 때 예외적인 사례가 떠오를 수도 있을 것이다. 당신이나 당신의 아내가 예외일 수 있다. 어릴 적부터 친하게 지낸 단짝이 전투기 조종사로 자랐다면, 그녀는 개인적으로 3장 전체에 이의를 제기할 것이다. 괜찮다. 모든 여성의 머리가 모든 남성보다 길다고 말할 수 없는 것과 마찬가지로, 모든 여성은 이런 식으로 결정하고 모든 남성은 저런 식으로 결정한다고 말할 수 없기 때문이다. 여러분이 이어지는 연구를 읽을 때 '대체로'라는 말을 명심한다면 더 잘 이해할 수 있을 것이다. 논지가 누가 얼마나 자주 일을 그르치느냐든, 얼마나 자주 형편없는 결정을 내리느냐든, 한 집단의 구성원이 한 명도 빠짐없이 똑같은 방식으로 다른 집단의 모든 구성원과 다른 경우는 극히 드물기 때문이다.

바로잡아야 할 대상은 여성이 아니다

이 책의 첫번째 과제는 우리가 여성을 의사 결정자로서 어떻게 인식하는지 조사하는 것이다. 사람들이 생각하는 여성과 남성의 다른 점은 무엇인가? 우리가 보기에 의사 결정할 때 여성의 강점과 약점은 무엇인가? 여성은 자신의 복잡하고 사려 깊은 결정이나 선택을 자주 돌아보고, 그것을 좁은 쐐기에 넣어 그 과정을 단순하고 분명히 보이게 한다.

어떤 이들은 개인적으로, 사무실이나 웹 사이트에서 익명으로 모든 고정관념에는 일말의 진실이 있다고 함부로 말한다. 이들은 자신이 여성의 부정적인 면을 믿는 것은 눈과 귀로 보고 들어서 알기 때문이라고 주장한다. "사실이 아니라면 좋겠지만, 분명 내가 경험한 일이다"라고 혀를 쯧쯧 차며 말한다. 이것은 우리가 집단별 차이를 논의할 때 숨죽이게 하는 문제다. 고정관념에 일말의 진실이 있는가, 아니면 오직 자신이 기대하는 것을 주목하고 예외는 마주치고도 전부 잊어버릴까? 과학자들은 뭐라고 말하는가?

문제를 관찰하고 짚어내고 과학으로 설명하는 것이 이 책의 두 번째 과제다. 그러기 위해 우리는 연구 결과는 물론 여성의 실제 경험담을 조사하여 의사 결정자로서 여성이 어떤 식으로 오해받는지 살펴볼 것이다. 우리는 남성과 여성이 결정할 때 같은 방식을 따르는 경우와 다른 방식을 취하는 경우를 밝혀내고, 무엇이 그들을 다른 길로 가게 하는지 알아볼 것이다.

이 책에서 두 가지는 다루지 않는다는 점을 분명히 해두겠다. 첫째, 이 책은 여성의 잘못을 고치기 위한 것이 아니다. 최근 몇 년 사이에 직장 여성에 관한 훌륭한 책이 여럿 출간되었는데, 이 책들이 촉발한 논의의 주제는 '여성이 잘못하고 있다'는 것이다. 여성이 결정하는 방식을 살펴볼 때 '잘못'이라는 말은 떠오르지 않는다. '용감하다'는? 그렇다. '결함이 있다'? 물론 그렇겠지만 남성보다 많지 않다. '오해를 받는다'? 확실히 그렇다. 우리는 이 책에서 여성이 어떻게 결정하는지, 여성이 직장에서 받는 비판에 어떻게 대처하는지 제대로 이해하고, 이런 이해를 어떻게 활용할 때 여성의 재능과 능력을 최대한 끌어낼 수 있는지 살펴볼 것이다.

둘째, 이 책은 여성에게 어떤 선택이 최선이라고 말하지 않는다. 당신이 계속 직장에 다닐지 학교로 돌아갈지 고민하는 여성이라면, 여기서 확실한 답을 얻을 수 없을 것이다. 나는 당신이 지금 만나는 사람과 결혼해야 할지 말해줄 수 없고, 예술가가 되는 것이 당신에게 맞는 길인지 모른다. 이 책은 여성이 무엇을 결정하느냐에 관한 책이 아니라, 여성이 어떻게 결정하느냐에 관한 책이다.

나는 상황을 잘 알고 현명한 선택을 할 수 있도록 실질적인 전략과, 남성과 여성이 모두 활용할 수 있는 조언을 제공할 것이다. 당신이 많은 압박을 받으며 결정해야 한다면 이 압박감을 활용하여 당신의 생각을 향상할 방법이 있을까? 그냥 직관으로 선택하는 게 현명한 경우가 있을까? 나는 더 나은 결정을 낳는 전략을 제공함으로써 양성 모두 흡족한—높이 평가되는—선택으로 가는 길을 찾을 수 있기를 희망한다.

여성과 의사 결정에 대해 우리가 생각하는 방식을 다시 점검하기 좋은 시기다. 미국에서 여성이 투표권을 획득한 지 100주년이 되는 2020년이 다가온다. 미국 여성이 "나는 저 사람이 아니라 이 사람이 지도자가 되었으면 좋겠다"고 말할 기회를 제공받은 지 거의 한 세기가 흘렀지만, 이 사회에는 아직도 여성이 결정하는 방식에 대해 놀라울 정도로 구시대적인 생각이 존재한다. 현대 세계와 사람들의 낡은 생각의 간극은 용감한 결정을 하고 혹독한 비판을 견뎌낸 여성에 대해서는 존경심을, 자신에게 확고하고 지혜로운 선택을 할 능력이 있는지 끊임없이 의심하는 여성에 대해서는 연민을 불러일으킨다.

여성이 사용할 수 있는 도구 늘리기

바버라 윈슬로를 기억하는가? 그녀는 조직 검사에서 깨어났을 때 좋은 소식을 들었다. 종양은 양성이었다. 바버라는 자는 동안 근치 유방 절제술을 받지 않아도 되었다. 또 자신의 판단력을 경시하며 살아가는 여성은 되고 싶지 않다는 깨달음을 얻었다. 몇 년 뒤 의사가 다시 바버라를 무시했을 때, 자리에서 일어나 외투를 들고 나왔다. 그리고 국제적인 여성운동가가 되어, 2012년에는 미국여성연구협의회National Council for Research on Women가 선정한 '변화를 가져온 여성 30인' 중 한 명이 되었다.

여성은 어떻게 자신의 의사 결정용 도구를 늘리는가? 어떻게 하면 여성이 자신의 결정을 비판하는 걸 중단하고, 여성의 결정에 대한 평가를 비판하기 시작할 수 있을까? 바버라의 뒤를 이어 유명한 활동가가 되지 않아도 된다. 그러나 여성은 자신의 사유 과정에 대해 사람들이 상정한 것을 잘 볼 수 있다. 여성은 자신이 원하는 의사 결정용 도구를 선택할 수 있고, 사람들이 오랫동안 고수해온 의사 결정에 관한 편견을 인식하고 치워버릴 수 있다. 이 책은 여성은 그럴 수 없다고 속삭이는 세상에서 더 확고하고 현명한 결정을 하고자 하는 여성을 위한 초청장이자 도구 모음이다.

여성의 직관
이해하기

이사벨은 세련되고 좀 수줍어하는 인상이었다. 나는 그녀가 빳빳하게 풀 먹인 주방장 옷을 입고 끊임없이 움직이는, 요리 쇼에 등장하는 인물처럼 활기찰 것이라 예상했다. 하지만 이사벨은 부드러운 황갈색 정장을 입고 서서 양손을 깍지 낀 채 내게 찾아오느라 힘들지 않았느냐고 조용히 물었다. 우리는 세계에서 가장 유서 깊고 유명한 요리 학교인 르코르동블루 파리캠퍼스Le Cordon Bleu Paris의 회의실로 걸음을 옮겼다. 이사벨은 완벽하게 우려낸 홍차를 내왔다. 나는 어딘가 프로피테롤 한 접시가 있기를 은근히 바랐지만, 케이크를 먹으려고 거기에 간 것은 아니다. 내가 그곳에 간 이유는 이사벨이 프랑스 요리 업계에서 영향력 있는 여성 중 한 명이기 때문이다.

이사벨은 코르동블루의 최고 관리자 중 한 명으로, 차세대 요리사를 가르칠 사람으로 누구를 채용할지 결정한다. 그녀는 코르동블루 직인이 찍힌 세계 요리사 자격증을 발급하기 전에 학생들이 통달해야 할 조리법을 고르고, 유럽의 유명한 요리 대회에 참가할 요리사를 선정한다. 이사벨은 인력본부 책임자라 불리지만, 무수한 결정을 내리는 책임자다.

나는 코르동블루에 오기로 결심한 계기를 말해달라고 했다. 이사벨은 유럽의 한 대사관에서 10년 동안 주방장으로 일했는데, 그러다보니 줄리아 차일드Julia Child(미국의 유명 셰프)부터 프랑스 총리까지 모든 이의 식사를 준비했다. 아무리 따져봐도 나쁜 직장은 아니었다.

"코르동블루 총장이 내게 전화했어요. '이사벨, 우리 학교로 초빙하고 싶습니다. 코르동블루를 운영하는 일을 맡아주셨으면 합니다'라고 했죠." 이사벨은 어깨를 으쓱하고 내게 미소 지었다. "누구라도 이런 제의를 받으면 기쁘겠지요." 그녀는 한숨을 쉬고 바닥을 응시했다. "쉬운 결정은 아니었어요. 이득이 많다는 걸 알았죠. 게다가 500명분 칵테일파티를 준비하느라 새벽 2시 반까지 서 있지 않아도 돼요. 이런 육체노동을 감당하기 벅찰 만큼 늙어가고 있었어요. 사무직이 좋아 보이더라고요. 하지만 친구 몇 명과 그때껏 형성한 모든 인맥, 실질적인 혜택을 잃죠. 날마다 요리를 할 수 없으면 요리가 그리워질 테고요. 나는 이곳의 실상을 알기 위해 르코르동블루 파리캠퍼스에서 일한 사람들과 이야기해봤습니다. 두 달, 아니 석 달 동안 고민하다가 마침내 그 일을 받아들이기로 결정했어요."

나는 놀랐고 깊은 인상을 받았다. 아무리 필요해도 석 달은 일자리를 제의 받고 대답 없이 고민할 수 있는 기간보다 길다. 정말 놀라운 것은 이어진 이사벨의 말이었다. 그녀는 바닥에서 눈을 들어 고개를 끄덕이더니 자랑스럽게 말했다. 조금도 비꼬는 기색 없이. "그냥 직관으로 결정했어요."

그냥 직관으로 결정했다? 일자리의 장단점을 따져보고 실제 상황을 조사하며 몇 달 동안 숙고하는 것은 직관적이고 본능적인 반응이 아니다. 나는 여성과 면담할 때 이런 식으로 이야기하는 걸 반복적으로 들었다. 여성은 관계와 일자리, 치료법 등을 결정할 때 선택지에 대해 오랜 시간 열심히 숙고하지만, 선택하고 나면 고등교육을 받은 능력 있고 강건한 여성조차 그 선택을 '직관으로 한 것, 머리가 아니라 마음에 따른 것, 직관에 맡긴 것'이라 표현한다. 이 모든 여성이 겸손해서 그럴까? 여기서 나는 이 결정에 여성들이 가장 만족했다는 흥미로운 사실을 발견했다. 여성은 삶을 돌아볼 때 자신이 신중하게 분석하고 곰곰이 생각했으면서도 본능이나 직관에 따랐다고 말한 결정을 인생 최고의 선택으로 꼽았다.

'남성의 직감'이라는 말을 한 번이라도 들어봤는가? 아마 듣지 못했을 것이다. 예전부터 직감은 마치 브래지어 밑에 착용하는 것처럼 여성의 소유물로 분류되었다. 인기 있는 인터넷 신문《허핑턴포스트Huffington Post》는 여성의 직감에 관한 기사를 정기적으로 싣는다. 여성을 대상으로 하는《오프라매거진O, The Oprah Magazine》같은 출판물도 마찬가지다. 2015년《사이콜로지투데이Psychology Today》의 한 칼럼니스트는 조언했다. "여성들이여, 이 주문을 실천하십시오. 내면의 지식과 직관, 직감을 믿으세요." 이 말을 받아들일 수 있는가? 아니다. 이 기사는 여성이 '직감적 레이더'에 따라 결정한다는 걸 드러내서는 안 된다고 경고한다. "남성의 세계에서 감정은 믿을 수 없는 것"[1]임을 명심하라는 조언이다.

이와 같은 칼럼을 읽을 때 나는 여기에 충격적인 모순이 있다는 걸 감지한다. 여성은 직감으로 결정하는 걸 자랑스러워하라는 말을 듣지만, 그 사실을 숨겨야 한다. 소유하되 은밀히 소유하라. 직감이라는 초

능력은 감춰야 하는가? 뒤이어 내 머릿속에는 다른 질문들이 떠오른다. 실제로 여성이 남성보다 자주 직감에 의지하는가? 여성은 그래야 하는가? 여성의 직감은 정당한가? 남성이건 여성이건 언제 오직 직감으로 결정해야 하는가?

우리는 이제 많은 사람들이 소중히 여기는 관념이자, 일부 여성이 자신을 좋은 쪽으로 구별한다고 믿는 능력을 조사할 것이다. 그들 중 몇몇은 이 장을 읽고 생각할 것이다. '여성이라서 좋은 점을 들쑤시지 말고 하나쯤 우리가 이기도록 내버려둘 수 없나?' 곧 알겠지만, 여성의 직감은 처음에 보이는 것처럼 막강하지 않다.

당신은 직관으로 결정하는가, 두뇌로 결정하는가?

자세히 보기 전에 자신의 인지 유형을 평가하여 직관 – 분석 스펙트럼에서 어디쯤 위치하는지 알면 도움이 될 것이다. 뭔가 선택해야 하는 상황에서 직관으로 결정하는 경향이 있는 직관적인 사람인가, 두뇌로 결정하는 걸 선호하는 분석적인 사람인가? 나는 당신이 어떤 방식을 선호하는지 식별하는 데 도움을 주기 위해 비공식적 설문지를 만들었다.

우선 1~14번 목록을 만들어라(여백에 적어도 괜찮다). 각 질문에 예, 아니요로 답하면 된다. 문장의 내용이 자연스럽게 여겨지거나 자신이 선호하는 방식이면 '예'라고 답하고, 문장의 내용이 자신에게 맞지 않거나 자연스럽게 여겨지지 않거나 자신이 할 수 있어도 택하지 않는 방식이라면 '아니요'라고 답하라. 지난 3개월 동안 자신이 결정한 것―'피트니스 추적기를 살지'부터 '특정 고객을 맡을지'까지 모든 결정—을 돌아보라. 정답과 오답이 있는 게 아니니 안심해도 된다. 다른 질문에 비해 더 확고히 답할 수 있는 질문도 있을 것이다. 미온적인 느낌이 드는 질문에도 최선을 다해 예, 아니요로 답하기 바란다.

1. 나는 포괄적인 설명과 개념보다 정밀한 사실과 도표를 접할 때 편안하다.
2. 내 직관은 주의 깊은 분석만큼 의사 결정에 좋은 근거가 된다.
3. 나는 의사 결정을 할 때 여러 단계를 거치는 분석적인 접근법을 택하면 시간이 오래 걸리는 경우가 많다.
4. 나는 보고서를 꼼꼼하게 읽기보다 요점을 찾아 훑어보는 경향이 있다.
5. 나는 즉흥적인 사람들과 함께할 때 일이 가장 잘된다.
6. 나는 즉석에서 결정할 때가 거의 없다.
7. 순서에 따른 논리적 접근이 필요한 프로젝트는 나를 구속하는 느낌이 든다.
8. 나는 자료를 수집하여 문제를 해결하는 걸 선호한다.
9. 나는 뒷받침하는 증거를 찾을 때까지 기다렸다가 제안할 때가 많다.
10. 어떤 과제를 수행할 때 지나치게 조직적이라는 생각이 든다.
11. 사람들이 가끔 "당신은 생각이 너무 많은 것 같습니다"라고 한다.
12. 수행할 과제의 순서가 명확할 때 가장 능률이 오른다.
13. 후회할 위험을 감수하기보다 안전한 게 낫다고 생각한다.
14. 다양한 아이디어와 가능성을 생각하다 보면 최선의 해결책이 나온다.

점수를 계산해보라. 2·3·4·5·7·10·14번 항목 중 '예'라고 답한 경우 1점씩 준다. 1·6·8·9·11·12·13번 항목 중 '아니요'라고 답한 경우 1점씩 준다.* 이제 점수를 더한다.[2]

• 이것은 과학적으로 타당성이 검증된 성격검사가 아니라 비공식 퀴즈라는 걸 명심하라. 흔히 사용되는 인지 유형 평가 항목을 수정하여 질문을 구성했다.

당신의 점수는 0~14점일 테지만, 0점이나 1점이라도 걱정하지 마라. 여기서 낮은 점수는 당신이 문제를 해결하거나 의사를 결정할 때 분석적으로 접근한다는 뜻이고, 높은 점수는 당신의 인지 유형이 더 직관적임을 의미한다. 중간에 해당하는 6~8점은 상황에 따라 분석적 방식과 직관적 방식을 섞어가며 각 요소를 활용하는 유형으로, 연구자들이 적응적 유형이라 부른다.

아주 직관적인 방식을 취하는 사람이건, 분석할 때 가장 행복한 사람이건 당신은 자신이 직관을 신뢰한다는 걸 발견할 때 정확히 무엇에 의지하는가?

내면의 나침반인가, 소방관의 잘 훈련된 감각인가?

사람들은 직관에 대해 어떻게 생각할까? 직관은 받아들이는 어떤 것, 곧바로 나타나는 어떤 것, 예상 밖의 어떤 것이지 온종일 노력한다고 만들어낼 수 있는 게 아니다. 뛰어난 정신은 위대한 발견을 할 때 직관을 믿었다. 소아마비 백신을 맨 처음 개발한 조너스 소크Jonas Salk 는 말했다. "나는 마치 바다가 무한한 선물을 내주듯이 내 직관이 내게 무엇을 던져줄지 궁금해하며 매일 아침 흥분과 설렘으로 눈을 뜬다. 나는 직관과 함께 일하고 직관에 의지한다. 그것은 내 파트너다."[3] 미국에서 가장 인기 있는 토크쇼 진행자 오프라 윈프리Oprah Winfrey는 직관을 "방향을 알려주는 내면의 GPS"이자 가만히 앉아 귀 기울이기만 해도 들려오는 "가느다란 목소리"라고 말했다.[4] 대다수 사람에게 직관은 자신이 눈앞의 데이터를 넘어서는 무엇을 안다는 갑작스런 느낌이요, 결정할 때 잠시 외부 세계를 무시하고 그 목소리에 주파수를 맞추게 하는 매혹적인 확신이다.

나는 직관을 느낌이라고 칭했지만 느낌이란 단어는 직관에 마땅하지 않다. 직관은 부러움이나 흥분이나 그 밖의 예사로운 인간의 감정과 다르다. 직관은 앎처럼 느껴진다. 특히 아무 노력도 없이 찾아오는 앎과 같다. 영국의 시인이자 소설가 로버트 그레이브스Robert Graves는 직관을 "사유의 모든 판에 박힌 과정을 잘라내고 문제에서 해답으로 도약하는 초超논리"[5]라고 말했다. 요소별로 나눠서 생각해보면 직관이라는 단어는 "내면에서 인도되고 가르침을 받는 것"을 의미하고, 외부가 아니라 내부에서 나오므로 더 정확하고 깊은 신뢰를 받을 만한 것 같다.[6] 귀 기울이고 거기에 따르고 싶은 느낌이 든다. 직관이 있는데 무시하고 외면하면 양심을 거스른 건 아닐까 하는 생각이 든다. 시간이 흘러서 '맞아, 우리가 잘못 선택했다'는 게 명확해지면 우리는 처음부터 옳은 선택을 "알았다"고 친한 친구들에게 털어놓는다. 그저 귀 기울이지 않은 것이다.

이것은 우리가 대부분 직관에 대해 생각하는 방식이고, 매일같이 직관을 찔러보고 눌러보는 과학자들은 네 가지 주요 사항에 대해 우리의 추측이 맞다는 것을 발견한다. 첫째, 그들은 직관은 신속하다고 입을 모은다. 디자이너들은 핸드백을 보고 2초 안에 프라다가 진품인지 가짜인지 식별할 수 있다.[7] 전문 소방관은 불타는 건물 안으로 들어가면 2~3분 안에 어느 부분이 곧 주저앉을지 알 수 있다.[8]

둘째, 과학자들은 대개 직관에는 강렬한 감정이, 즉 어떤 것에는 끌리고 다른 어떤 것에는 혐오감이 든다는 데 동의한다. 오하이오Ohio 클리블랜드Cleveland의 한 소방 지휘관이 팀원들과 호스로 부엌의 화재를 진압하는데 갑자기 나쁜 예감이 들었다. 이유는 알 수 없지만, 그는 소리쳤다. "모두 여기서 나가." 몇 초 뒤 부엌 바닥이 무너졌다. 조사관들은 부엌뿐만 아니라 지하실 전체가 불탔다는 걸 알아냈다.[9] 소방관이 아니라도 우리는 설명할 수 없는 거부감이나 매혹이 어떤 느낌인지 안다.

셋째, 연구자들은 직관이 눈앞에 나타난 사소한 신호와 잘 아는 것의 전체적인 연관, 놀랍도록 큰 도약을 수반한다는 데 동의한다. 소방 지휘관은 머리에서 발끝까지 안전 장비로 감싸였으나 헬멧의 귀덮개를 올린 덕분에 그 도약이 가능했다. 연구자 게리 클라인Gary Klein은 화재 후 여러 번 그를 인터뷰했다. 그들은 주의 깊게 탐색한 끝에 소방 지휘관이 반응한 두 가지를 찾아냈다. 첫째, 소방관은 자신의 귀가 아주 뜨겁다는 것을 알아차렸다. 중간 규모 화재에 예상하지 못한 열기였다. 둘째, 열기에 비해 사위가 지나치게 조용했다. 우리는 대부분 그 소소한 두 가지 신호를 알아차릴 수 없을 것이다. 부엌에 화재가 나면 얼마나 시끄러워야 하는지 누가 알겠는가? 하지만 오랜 세월 경험이 축적된 소방 지휘관은 연륜으로 뭔가 이상하다는 걸 감지했다.

단편적 정보에서 최대한 많은 걸 알아내는 법을 배우는 것은 워싱턴 주 시애틀의 하버뷰메디컬센터Harborview Medical Center 외과 의사 아만다가 레지던트에게 훈련하는 것이다. 아만다는 미국의 대여섯 주 건너 하나씩 있는 1등급 외상 센터에서 일한다. 1등급 외상 센터는 가장 아픈 환자, 가장 심하게 부상당한 환자를 받는다. 앰뷸런스는 3도 화상을 당한 한 살배기를 하버뷰로 급송하고, 헬리콥터는 골반이 으스러진 건설 노동자를 아만다의 병원으로 데리고 온다. 환자들은 수천 마일 떨어진 몬태나와 알래스카에서도 항공기로 수송된다.

아만다와 팀원들은 일주일에 여러 번 CT 촬영할 시간이 있는지,

자세한 정보 없이 환자를 수술실로 보내야 할지 신속한 결정을 내려야 한다. 숙련된 관찰력과 전문가의 직관이 중요하다(결정적인 역할을 한다). 아만다는 레지던트에게 최소한의 정보로 신속하고 정확한 결정을 내리는 법을 다양한 방식으로 훈련한다. 그녀는 중환자실에 들어갈 때마다 입구에 잠시 서서 차트를 보지 않은 채 가급적 모든 걸 감지하여 침상에 있는 환자가 어제보다 나아졌는지 맞혀봐야 한다고 말한다. "그냥 순간적으로 짐작해보는 겁니다. 그리고 차트를 보면 짐작이 맞았는지 틀렸는지 알죠." 아만다는 그들이 증상에 관심을 쏟아, 교과서에서 배운 방대한 지식과 연계할 수 있는 미묘한 단서를 찾아내기를 바란다. 그녀는 동료들이 작은 것에서 많은 걸 알아차리는 순간을 포착해주기를 바란다.[10] 이게 바로 좋은 직관에 대한 정의다.

아만다의 행동은 혁신적이다. 의료 훈련은 대부분 보이는 것과 보이지 않는 것, 증상의 패턴이 암시하는 것 등을 명료하게 말하는 것을 의미하기 때문이다. 그녀는 의료진의 의식적인 사고를 훈련하려 하지 않는다. 상당한 지적 능력이 없다면 그 병원에 있지 않았을 테니까. 아만다는 그들이 신속한 판단을 연습하도록 돕고, 그들의 무의식을 훈련한다. 대다수 전문가들은 직관이 의식적·계획적·이성적 사고에서 나오지 않는다는 데 동의한다. 우리는 직관의 단계를 계획하지 않고, 직관을 일반적으로 추적할 수도 없다. 그래서 우리는 직관이나 직감적 반응이 어디서 나오는지 모른다.

때론 우리가 직감적 반응을 의식적으로 설명할 수 없다는 것을 받아들이기 어렵다. 우리는 언제나 이유를 만들어낼 수 있다. 예를 들어 당신이 두 집 건너에 사는 여자를 싫어한다고 치자. 당신은 문밖으로 나갈 때 그녀가 보이면 발길을 돌려 안으로 들어올 것이다. 당신은 일주일에 한 번 그녀를 본다. 그리고 그녀를 왜 신뢰할 수 없는지 꼬집어 말하지 못한다. 누가 이렇게 물으며 잠시 시간을 주면 당신은 그게 실제로 당신의 반감을 촉발하지 않았어도 사회적으로 받아들일 만한 이유를 생각해낼 수 있을 것이다. 당신은 그녀가 한 번도 인사한 적이 없다고 말할 것이다. 당신도 언제 인사를 건넸는지 생각나지 않으면서. 혹은 그녀가 쓰레기통이 넘치도록 내버려둔다고 말할 것이다.

이 모든 이유는 직감이 든 뒤에 생각해낸 것이다. 당신은 지난 일을 돌아보며 자신이 왜 그렇게 느끼고 행동하는지 정당화하려 하지만, 당신이 정직하다면 사실 그 이유를 모른다. 당신은 의식적으로 데이터를 검토하고 나서 그녀를 싫어하는 게 아니다. 복잡한 루브 골드버그Rúbe Góldberg 기계처럼 조그마한 레버들이 모두 제자리를 찾아가는 걸 당신은 볼 수 없다. 그저 최종 결과를, 의식의 작은 구멍으로 굴러나온 공을 보고 거부감이 드는 것이다.

직관에 대한 우리의 일반적 이해는 과학과 궤를 같이한다. 하지만 연구자들에 따르면 대다수 사람들이 직관에 대해 말할 때 한 가지 틀린 게 있는데, 아마도 이게 가장 중요할 것이다. 우리는 직관이 당연히 우리를 더 좋은 선택으로 이끌고, 의식이 놓친 핵심을 찾아낼 것이라고 추정한다. 이 추정은 맞을 때도 있고 틀릴 때도 있다. 더 좋은 사실을 알리고 싶지만 직관은 그렇게 빈틈없지 못하다.

당신도 이런 사실을 어느 정도 알 것이다. 당신은 자주 다른 사람들의 직관이 틀린 걸 안다. 당신의 삼촌은 느낌이 좋다는 이유로 수천 달러를 투자하고, 당신이 그 회사에 대해 조사했느냐고 물을 때 삼촌은 어깨를 으쓱하며 화제를 바꾼다. 당신의 엄마가 두 집 건너에 사는 여자를 못 견뎌 하는 경우 당신은 말할 것이다. "글쎄, 그 아주머니가 뭘 잘못했어요? 모두 엄마의 상상인 것 같은데요." 이 장에서 우리가 살펴보겠지만, 과거 20년 동안 연구한 것은 어떤 직관이 가장 믿을 만하고 어떤 직관이 더 체계적인 점검이 필요한지 보여준다.

여성은 데이터를 좋아한다

그렇다면 여성의 직관은 알려진 바와 같을까? 좋은 질문이다. 그러나 이 질문 뒤에는 더 좋은 질문 두 개가 숨어 있다. 첫째, 선택할 때 여성이 남성보다 직관을 사용하는 확률이 높은가? 고정관념에 따르면 여성은 자신의 감정이나 설명할 수 없는 어떤 것에 근거해 직관적으로 결정하는 반면, 남성은 파워포인트를 이용한 프레젠테이션에서 보여줄 수 있는 논리적 주장이나 데이터로 입증되는 직선적 사유 과정에 근거해 논리적으로 결정한다. 우리는 이런 통념이 맞는지 질문해야 한다.

간단히 답하면 '아니요'다. 리즈대학교University of Leeds 경영학과 크리스토퍼 앨린슨Christopher Allinson과 존 헤이즈John Hayes 교수는 남성과 여성의 의사 결정 유형을 비교하는 연구 논문 32편을 분석했다. 이 논문들은 주로 기업인에 초점이 맞춰졌으나, 미국 대학의 경영학과 학생부터 싱가포르의 고위 경영진까지 지역과 직급이 다양한 사람들을 포함했다. 이 논문들은 모두 앨린슨과 헤이즈가 직관적·분석적 의사 결정 유형을 평가하기 위해 개발한 인지 유형 목록cognitive style inventory을 사용했다. (59페이지에서 본 질문지는 이 목록을 부분적으로 고쳐 만든 것이다.)

그들은 이 분석을 통해 여성이 반드시 직관적이지 않다는 것을 알아냈다. 연구 논문 중 40퍼센트는 대다수 사람들이 생각하는 것과 반대로 여성이 남성보다 분석적인 양식을 택했다고 결론지었다. 나머지 60퍼센트는 어땠을까? 나머지 연구 논문은 남성과 여성의 인지 양식에 유의미한 차이가 없음을 발견했다. 남성과 여성은 사고 과정에서 균등하게 직관적이거나 경우에 따라 분석적임을 보여준 것이다. 여성이 남성보다 직관적인 의사 결정을 하는 경향이 있음을 발견한 논문은 32편 가운데 하나도 없었다.[11] 논문 10편당 6편에서는 누가 직감으로 반응하고, 누가 두뇌로 반응하는지 전혀 차이를 보이지 않았다.

어떤 사람이 직장에서 더 분석적이고 체계적인 경우, 여러분은 그가 남성이 아니라 여성이라는 말을 들어도 놀라지 않을 것이다. 수많은 여성은 특히 남성과 함께 일하고 그들에게 자신의 아이디어가 받아들여지기를 바란다면, 아이디어를 내기 오래전부터 만반의 준비를 해야 한다고 느낀다. 대다수 테크놀로지 회사처럼 남성 직원이 여성보다 많은 테크놀로지 회사의 전직 CEO 캣은 여성이 회사 제품에 새로운 기능을 추가하거나 사업을 다른 방향으로 전환하고자 할 때 시장조사를 근거로 제시하는 경향이 있다는 것을 발견했다. 그렇다면 남성은? 캣은 말했다. "남성은 그냥 아이디어가 떠올랐다고 생각하는 걸 좋아했습니다." 남성은 자신을 통찰력 있는 사람으로 간주한 반면, 여성은 자신을 정당한 사람으로 보았다고 캣은 말했다.

여러 연구 결과 지정된 리더가 없는데 남성과 여성이 토론을 벌이는 경우, 의류 쇼핑이나 자녀 양육처럼 여성의 전문 영역으로 인정된 주제가 아닌 한 대화에서 남성이 우월한 지위를 누린다.[12] 남성과 여성이 어디서 예산을 삭감할지 결정하는 것과 같이 논쟁적인 과업을 함께 수행할 때 어떤 일이 일어나는지 생각해보자. 볼링그린주립대학교Bowling Green State University 사회학자들은 문제를 해결할 방법에 두 사람이 동의하지 않는 경우, 남성이 대화하는 동안 일찍이 눈에 띄는 실수를 했고 이 주제에 대해 여성이 남성보다 많이 안다는 게 분명해도 여성은 여전히 남성이 하는 말을 경청하고 자신의 결정에 남성이 영향을 끼치도록 허용한다.

여성이 눈에 띄는 실수를 하는 경우에는 상황이 달라진다. 연구 결과에 따르면, 의견이 다를 때 남성은 여성이 틀린 점을 발견하면 자기 견해를 더 고수하려는 경향이 있다. 여성이 실수하는 경우 남성보다 큰 대가를 치르는 셈이다. 이런 연구 결과는 여성의 이전 실적이 남성보다 우수할 때만 남성을 설득하고 감화할 수 있다는 것을 암시한다.[13] 그러므로 여성이 모든 각도에서 충분히 생각하고 결정하는 이유는 자신의 주장이나 의견이 진지하게 받아들여지기를 바라기 때문일 것이다.

직무가 요구하는 것도 원인이다. 일부 과학자들은 한 사람이 더 직관적일지 분석적일지 예견하고자 하면 성별이 아니라 직무를 살펴보라고 주장한다.[14] 당신의 직무가 월 가의 주식거래라면, 조간신문의 헤드라인을 다 읽기 전에 주가가 세 번 바뀔 정도로 급변하는 하루를 보내야 하므로 신속하고 직관적인 결정이 필요할 것이다.[15] 하지만 당신이 보험회사에서 일하는 회계사라면 30세 미만 주택 보유자의 보험료를 인상할지 인하할지 결정할 때 직관을 사용하는 것은 적절하지 않을 것이다. 이런 업무에서 상사는 당신이 자신의 제언을 상세한 분석으로 뒷받침할 것을 기대한다.

더 총명한 팀을 만들고 싶은가?
여성을 투입하여 그들이 실제로 참여할 수 있게 하라

일반적인 통념과 반대로, 여성은 적어도 남성만큼 자주 문서 분석에 근거해 선택한다. 하지만 어떤 이들은 '여성의 직관'이라 말할 때 아주 다른 것을 의미한다. 여성이 남성보다 사람의 감정을 읽는 데 능숙하다고 믿는 것이다. 이들은 '여성의 직관'이란 용어를 한 사람이 다른 사람의 감정을 추론하게 돕는 언어적·비언어적 단서에 대한 높은 감수성이란 뜻으로 사용한다.[16] 감수성 있는 사람은 회의실에 앉은 사람들을 둘러보면 누가 말을 꺼내기도 전에 '스티브는 뭔가에 화가 났네. 이 회의는 생각보다 어렵겠어'라고 생각할 수 있다. 토론이 시작되자 스티브가 격분한 상태라는 게 확실해진다. 여기서 '여성의 직관'은 공감을 뜻한다. 연구자들이 대인 감수성interpersonal sensitivity, 사회적 감수성social sensitivity 혹은 공감 정확도empathic accuracy라고 부르는 것이다. 이제 두 번째 질문이다. 여성은 다른 사람의 감정을 읽는 데 남성보다 탁월하기 때문에 남성보다 직관적으로 결정할까?

당신의 직장 동료들에게 다른 사람의 감정을 얼마나 잘 읽을 수 있는지 물으면 잘할 수 있다고 말하는 여성이 남성보다 많을 것이다.[17] 사회는 여성에게 다른 사람의 생각과 감정을 해독하기 위해 더듬이를 작동하는 독심술사가 될 것을 기대한다.[18] TV 시트콤의 고전 〈프렌즈Friends〉에서 챈들러와 모니카는 자주 제스처 게임 같은 대화를 하지만, 모니카는 전부 알아맞힌다. 챈들러가 속상한 표정이면 모니카는 뭔가 끔찍한 일이 일어났다는 걸 알아챈다. 챈들러가 '계속 해보라'는 듯 손짓하면 모니카는 점점 더 복잡한 시나리오를 제시하고, 챈들러는 고개를 끄덕일 뿐이다. 결국 모니카는 단지 눈을 굴려서 전체 사건을 순서대로 정확히 밝혀낸다.

챈들러는 모니카의 시큰둥한 표정에서 무슨 일이 있었는지 추정할 것이라는 기대를 받는가? 아니다. 설사 그가 추정한다 해도 빗나가기 십상일 것이다. 이것은 TV 시트콤에 불과하지만, 우리가 남성에게 다른 사람의 생각과 감정을 해석하는 일에 무료입장권을 주도록 얼마나 자주 지시받고 얼마나 쉽게 용인하는지 보여준다. 여성지는 독자에게 남성 직장 동료나 남자 친구, 남편이 감정을 잘 못 읽더라도 그들을 힘들게 하지 말라고 조언한다. 성별에 대한 어느 베스트셀러 지은이는 흔히 여성은 남성 자신보다 먼저 남성의 감정을 알아차린다고 주장한다.[19] 이처럼 우리는 여성이 공감 능력에 유리한 점이 있다는 메시지를 반복적으로 듣는다.

이 메시지는 부분적으로 사실이다. 적어도 여성이 다른 사람의 감정을 해독하는 능력에 대해서 그렇다. 남성이 감정의 단서를 찾기도 전에 여성이 남성의 감정을 알아차린다는 주장은 여성의 직관력을 과장하고, 남성의 자기 인식을 모욕하는 것이다. (우리가 곧 알 텐데, 남성은 이 경기에서 무료입장권을 얻지만 자신에게 전혀 도움이 되지 않는다.) 연구에 따르면 대다수 여성은 남성보다 비언어적 단서를 해석하는 데 능숙해서 대화할 때 동료가 짜증을 참는다는 걸 더 빨리 알아챌 수 있을 뿐만 아니라, 상사의 구부정한 자세가 좌절을 뜻하는지 집중을 뜻하는지 더 정확히 식별할 수 있다. 여성은 목소리로 그 사람이 화가 났는지 아닌지 더 빨리 알아차릴 수도 있다. 그것은 얼굴을 볼 수 없는 전화 회의로 뭔가 결정할 때 유익한 정보가 된다.[20]

이 분야의 연구에서 발견한 가장 독특하고 기이한 것은 여성이 '눈으로 마음 읽기 검사Reading the Mind in the Eyes Test'를 수행하는 방식이 아닐까 싶다. 카네기멜런대학교Carnegie Mellon University의 조직심리학자 애니타 윌리엄스 울리Anita Williams Wooley와 동료들은 남성과 여성에게 눈과 눈썹, 볼의 맨 윗부분이 보이는 가로로 긴 창문을 통해 사람의 감정을 맞혀보라고 요구했다.[21] 그 사람이 불안한지, 화가 났는지, 즐거워하는지 아니면 빈정대는지 눈으로 알아차릴 수 있을까? 완벽하게 해내는 사람은 거의 없지만, 울리와 동료들은 여러 연구에서 공통적으로 여성이 남성보다 뛰어난 능력을 보인다는 것을 발견했다.[22] 물론 한 가지 정보로 다른 사람의 기분을 판단해야 하는 상황은 그리 흔치 않다. 대개 누군가의 눈을 보면 그 사람이 얼굴을 찡그리는지, 미소 짓는지, 능글맞게 웃는지 알 수 있을 것이다.

그렇다면 여성은 감정을 읽는 데 '선천적인 재능'이 있을까? 아니다. 연구 결과에 따르면 남성도 여성 못지않게 사람의 감정을 잘 읽고, 몸짓언어 해독을 위한 토요 세미나에 참석하지 않아도 된다. 기대와 동기부여가 열쇠다. 연구자들은 남성이 자신의 감정적 감수성이 아니라 인지능력을 검사받는다고 믿을 때 주위의 여성만큼 감정을 잘 읽는다는 것을 발견했다.[23] 남성은 지능에 관한 검사일 때 최선을 다한다. 반대로 사람들에게 공감 능력을 검사한다고 말할 때 여성이 남성보다 점수가 높다. 마찬가지로 대학생 또래 남성이 다른 사람의 감정을 읽는 능력이 더 많은 섹스로 이어지는 걸 믿을 때 감정을 읽는 정확성이 즉각적으로 상승하여 어떤 훈련도 할 필요가 없다.[24] 적절한 동기부여로 남성의 능력이 여성의 능력에 필적하는 걸 보면 동기부여가 핵심 요소임을 알 수 있다.[25]

사라 호지스Sara Hodges, 숀 로런트Sean Laurent, 캐린 루이스Karyn Lewis 등

오리건대학교University of Oregon 심리학자로 구성된 연구 팀은 여성이 공감 테스트에서 아주 높은 능력을 보인 주원인 중 하나는 여성이 위태로운 게 더 많기 때문이라고 생각한다.[26] 대인 지각interpersonal awareness 검사를 받게 하면 여성은 자신이 얼마나 민감한지 증명할 필요를 느낀다. 남성은 그렇지 않다. 또 다른 연구자들은 생물학적 원인이 중요한 역할을 한다고 주장한다. 여성은 옥시토신 수치가 높고 테스토스테론 수치가 낮기 때문에 사회적 단서를 더 잘 읽어낸다는 것이다.[27] 남성과 여성의 이런 차이는 한 가지 원인이 아니라 기대치와 사회화, 생물학 등의 상호작용으로 설명할 수 있을 것이다.

권력도 영향을 미칠까? 당신에게 권력이 없다면 다른 사람의 감정을 빠르고 능숙하게 읽어내는 능력이 일자리를 유지하는 데 이로울 것이다. 사회심리학자 캐럴 트래비스Carol Travis는 "이것은 여성의 기술이라기보다 자기 보호 기술이다"라고 썼다.[28] 그녀는 사라 스노드그라스Sara Snodgrass의 명석한 연구를 언급한다. 스노드그라스는 하버드대학교 학생들을 짝지어 한 시간 동안 일하게 했다.[29] 때론 두 여성이 함께 일했고, 때론 두 남성이, 때론 남성과 여성이 파트너가 되었다. 스노드그라스는 책임자를 바꿔가며 실험했다. 30분은 남성이 팀의 리더를 맡게 했고, 30분은 여성이 이끌게 했다.

여성이 더 뛰어난 감수성을 타고났다면 누구와 함께 일하든, 어떤 역할을 맡든 비언어적 단서를 더 잘 읽어낼 것이다. 그런 일은 일어나지 않았다. 대신 하급자가 리더의 단서를 더 잘 읽어냈다. 스노드그라스는 여성 리더가 남성 하급자를 읽는 것보다 남성 하급자가 여성 리더의 감정과 비언어적 단서를 훨씬 잘 읽어낸다는 것을 발견했다. 이 연구는 여성이 책임자일 때 남성은 상사의 짜증이나 흥미를 알아차리는 법을 아주 빨리 배울 수 있다는 것을 보여준다. 스노드그라스는 그 것을 여성의 직관 대신 하급자의 직관이라 불러야 한다고 말한다.[30]

원인이 무엇이든 여성이 대인적 감수성이 더 높은 경향이 있다는 사실은 의사를 결정할 때 여성이 그룹과 팀을 유리하게 한다는 의미다. 여성이 남성보다 최소한의 얼굴 표정으로 감정을 해독하는 능력이 우수하다는 것을 발견한 연구원 울리, 매사추세츠공과대학교Massachusetts Institute of Technology와 유니언칼리지Union College의 동료들은 무엇이 능률적인 팀을 만드는지 이해하는 작업을 한다. 우리는 대부분 능력이 출중한 사람들이 함께 일하면 대단한 팀이 만들어질 것이라고 추측한다. 하지만 똑똑한 사람들이 한방에 모였을 때 얼마나 어리석은 선택을 할 수 있는지 경험한 적이 있을 것이다. 팀워크는 가망 없는 것처럼 느껴질 수도 있고, 그냥 혼자서 과업을 수행하게 두었으면 싶을 때도 있다.

울리와 연구 팀은 집단 지성을 예고하는 것, 즉 그들이 집단의 'c 인자factor'라 부르는 것이 무엇인지 궁금했다. 연구원들은 서로 모르는 사람들을 한데 모으고 2~5명씩 팀을 만들어 도전 과제를 해결하도록 했다. 팀원들이 새 아이디어를 브레인스토밍하고 창의력을 보여줘야 하는 과제도 있었다. 하지만 팀원들은 정보에 근거하여 추정하고, 자원을 어떻게 할당할지 결정하고, 모호한 도덕적 딜레마를 푸는 등 복잡한 결정에 마주치기도 했다. 다시 말해 팀원들은 우리가 일터에서 마주치는 여러 결정과 씨름했다.

울리의 연구 결과는 세계의 여러 신문에서 화제가 되었다. 타당한 이유가 있었다. 한 집단의 집단 지성을 예언하는 데 가장 중요한 것은 구성원의 평균 지능지수IQ나 그 집단에서 가장 똑똑한 구성원의 지성이 아니고, 그 집단의 사회적 감수성이라는 것을 발견했기 때문이다. 최상의 해법을 생각해낸 그룹은 팀원들의 비언어적 단서를 성공적으로 읽어낸 팀이었다. 이는 여성이 많을수록 더 좋은 결정에 이른다는 의미다.

그룹의 집단 지성은 여성의 비율(인원수)과 상관관계가 있었다. 여성이 많을수록 더 좋은 선택을 했다. 인터넷 대화방에서 의사소통을 해가며 온라인으로 일할 때도 여성이 많은 팀일수록 높은 집단 지성을 보였다. 어떻게 그럴 수 있었을까? 이메일 메시지로 다른 이의 기분을 읽기가 얼마나 어려운지 모두 안다. 우리는 대부분 문자나 이메일이 잘못 해석되고, 가볍게 건넨 말이 오해를 유발하는 경험을 한 적이 있다. 하지만 여성은 분위기를 이해하는 강점이 있는 것 같다. 몸짓 언어나 얼굴 표정이 없을 때도 행간을 읽을 수 있는 것이다.[31]

여성이 그룹의 실적을 향상하려면 공감으로 충분하지 않고, 여성의 발언에 귀 기울여야 한다. 실제 세계에서 수많은 집단의 문제는 여성이 자주 소외되고, 의혹으로 의견이 무시되거나 짓눌린다는 것이다. 울리의 연구에서 구성원들은 자신이 얼마나 참여하는지 예의 주시했다. 한 실험에서 각 실험자는 누가 발언하고 누가 다른 사람에게 발언 기회를 주는지 녹음하기 위해 목에 작은 상자를 걸었다.[32] 회의를 시작할 때 녹음기를 나눠주라고 제안하는 게 아니다. 한 사람의 공감 능력이 효과를 보려면 그의 말에 귀를 기울여야 한다.

더 많은 여성을 고용해야 하는 이유를 찾는다면 당신은 방금 하나를 발견했다. 우리는 중대한 결정을 내릴 때 팀에 더 많은 여성을 참여시켜야 한다. 그렇게 하는 것이 공정하기 때문이 아니다. 우리가 여성을 최고위 팀으로 승진시켜야 하는 이유는 단지 '다양성을 존중'하고 쿼터제가 있기 때문에, 혹은 약자를 배려하지 않으면 조직에 대한 인상이 나빠지기 때문이 아니다. 우리가 더 많은 여성이 팀에 기여할 수 있게 해야 하는 이유는 그래야 팀이 더 바람직한 목표에 도달할 수 있기 때문이다. 여성이 남성보다 지적으로 우월하다는 뜻이 아니다. 팀이 선택을 하기 위해서는 집단 역동성group dynamic을 간파하는 사람들이 필요하다.

사람들이 '여성의 직관women's intuition'이라는 용어 아래 함께 묶는 두 가지가 있다. 하나는 사회적 감수성이다. 이것은 다른 사람을 이해하는 능력으로, 여성이 전형적으로 뛰어난 영역이다. 외상 전문 외과 의사 아만다는 레지던트에게 병실에 들어설 때마다 환자가 어제보다 좋아졌는지 아닌지 맞혀보라고 독려하며 직관적 판단력을 향상하는 것에 대해 말했다. 다른 하나는 마음에서 우러나는 자동 반사적이고 설명할 수 없는 선호에 대한 감수성이다. 주방장 이사벨은 직업을 바꿔야 할지 결정할 때 이런 본능적 끌림이나 직관에 따랐다. 우리는 두 가지 직관을 살펴보았다. 하나는 여성이 다른 사람의 행동 양식을 읽는 능력이 탁월하다는 것이고, 다른 하나는 여성이 자신에게 무엇이 최선인지 알아차리지 못한다는 것이다.

와인 한 병에 37달러는 너무하다?

이 장의 나머지 부분은 TV에 출연하는 연예인부터 발명가까지 모든 사람들이 수용하는 직관의 더 대중적인 의미, 즉 마음에 따르는 것이라는 개념에 초점을 맞출 것이다. 우리는 여성이 남성만큼, 때로 남성보다 분석적이고 데이터에 주목하는 것을 보았다. 하지만 여성이건 남성이건 우리 중 누구라도 분석을 건너뛸 수 있을까? 예를 들어 당신이 선택한 것에 대해 친구나 동료가 어떻게 생각할지 걱정하지 않는다면, 당신은 번거로운 분석으로 의사 결정 과정을 정당화할 필요가 없을 것이다. 오로지 직관에 의존한다면 온전한 결정을 내릴 수 있을까?

사람들이 직관에 따를 때 흔히 편견에 의해 잘못 인도되곤 한다. 직관에는 자기 성찰의 여지가 없으므로, 우리는 자신이 생각에 어떻게 도달했는지 알지 못한다. 그저 갑작스러운 선호를 알아차리는 것에 불과하다. 끌리거나 거부감이 들 뿐, 그 섬광 같은 끌림이 우리를 자랑스럽게 하는 데 근원한 것인지, 수치스럽게 하는 데 근원한 것인지 알지 못한다. 여기에 가장 큰 문제가 있다. 즉 정확하지 않고 왜곡되고 편향된 직관과 정확하고 정보에 근거한 직관이 조금도 다르게 느껴지지 않는다는 데 큰 어려움이 있는 것이다. 심지어 확신조차 좋은 가늠자가 되지 못한다. 편향되고 그릇된 결정에 확신이 들 수도 있고, 어쩌면 편향되지 않은 결정을 할 때보다 훨씬 그럴지 모른다.

인간은 직관적 반응에 얼마나 많이 오도될 수 있을까? '닻 내림 효과anchoring effect'를 탐구해보자. 닻 내림 효과를 보여주는 훌륭한 연구가 많지만, 나는 댄 애리얼리Dan Ariely의 연구를 가장 좋아한다.

댄 애리얼리는 듀크대학교Duke University의 심리학 교수다. 익살맞고 통찰 가득한 베스트셀러 《상식 밖의 경제학Predictably Irrational : The Hidden Forces That Shape Our Decisions》에서 애리얼리는 매사추세츠공과대학교와 카네기멜런대학교의 동료 연구원들과 함께한 연구를 소개한다. 그는 학생들에게 자신의 사회보장 번호 마지막 두 자리 숫자를 기입한 다음, 레드 와인부터 무선 키보드, 벨기에산 초콜릿 등 다양한 제품에 걸고 싶은 최고 입찰가를 적으라고 했다. 입찰이 끝났을 때 애리얼리는 학생들에게 사회보장 번호를 기입한 것이 입찰가를 정하는 데 영향을 미쳤느냐고 물었다. 학생들은 물론 아니라고, 그럴 리가 있느냐고 대답했다.

애리얼리가 연구실로 돌아와 데이터를 분석해보니 뚜렷한 패턴이 드러났다. 사회보장 번호의 마지막 두 자리 숫자가 가장 높은 편(80~99)에 속하는 학생들은 그 숫자가 가장 낮은 편(00~19)에 속하는 학생들보다 훨씬 높은 가격을 제시했다. 예를 들어 사회보장 번호의 마지막 두 자리 숫자가 높은 학생은 고급 와인에 37.55달러를 지불하겠다고 한 반면, 숫자가 낮은 학생은 11.73달러를 지불하겠다고 응답했다. 사회보장 번호 마지막 두 자리 숫자가 높은 학생들이 각 항목에 216~346퍼센트나 높은 가격을 책정했다. 피험자들이 처음에 사회보장 번호를 보았기 때문에 이 숫자의 영향을 받은 것이다. 그것은 임의의 수지만 닻처럼 작용했다. 학생들은 무의식중에 모든 것을 처음에 본 그 숫자와 비교한 것이다.[33]

당신은 '그 학생들에겐 유감이지만, 난 돈을 내기 전에 사회보장 번호 따위는 결코 생각하지 않아'라고 생각할지 모른다. 좋다. 그러면 당신이 쇼핑몰에 있다고 가정해보자. 당신은 매대 사이를 걷다가 유명 브랜드 청바지가 진열된 곳으로 향한다. 당신은 오늘 청바지를 살 계획이 없었지만, 잠시 멈춰서 당신의 사이즈를 찾아 가격표를 본다. 190달러라는 숫자를 보고 생각한다. '너무 비싼 거 아냐? 그저 청바지일 뿐인데.' 그리고 재빨리 다시 걸어놓는다. 이렇게 비싼 곳에서는 옷을 더 볼 것도 없다고 생각하며 쇼핑몰 중심부로 직행한다. 차를 파는 가게 앞에서 한 여성이 방긋 웃으며 시음용 컵을 건넨다. 당신은 그것을 마셔보고, 마음에 들어 값을 물어본다. 그녀가 2온스(57그램)에 겨우 16달러라고 대답한다. 당신은 환희에 차서 생각한다. '거저네.'

정말 그럴까? 아니다. 처음 본 숫자 190이 닻, 즉 첫 기준점initial reference point으로 작용하여 두 번째 숫자는 거저 얻는 듯 여겨지게 오도되는 것이다. 당신은 의식적으로 생각한다. '나는 청바지의 가격표와 차 한 봉지의 가격표를 비교하지 않는다.' 하지만 무의식에서는 분명히 비교했다.

무의식적인 닻 내림 효과를 저지할 방법이 있는가? 있다. 여성이 잘하는 분석을 시도하라. 특히 닻에 해당하는 것을 분석하라. 연구자들에 따르면, 한 가지 방법은 처음에 본 숫자로 돌아가서 '첫 번째 숫자가 이 상황에 적절하지 않은 까닭이 있는가? 내가 이 결정을 내릴 때 첫 번째 숫자를 생각하는 게 정당한 일일까?' 자문해보는 것이다. 좀 작위적으로 들릴 것이다. 당면한 결정을 구체적으로 생각해보자. 예를 들어 위의 시나리오에서 당신은 자문할 것이다. '190달러는 차 한 봉지 값으로 너무 비싼 게 아닐까?' 닻 내림 효과는 피하기 어려울 것이다. 첫 번째 닻은 무거워서 벗어나기에 놀랄 만큼 어렵다. 하지만 주의 깊은 분석은 당신의 강력한 고착을 흔드는 데 도움이 된다.[34]

당신이 본 숫자를 모두 기억할 수는 없겠지만 새로운 환경, 특히 협상할 환경에 들어갈 때 처음 마주친 숫자에 주의하라. 예를 들어 폭스바겐 비틀을 사려고 대리점에 들어갈 때, 당신이 본 첫 번째 가격표를 의식적으로 기억하라. 판매원은 먼저 3만 5,000달러짜리 자동차를 보여줄 것이다. 비틀 모델 가운데 가장 비싼 것으로, 내비게이션이 장착된 컨버터블이다. 당신은 예의상 운전석에 잠깐 앉아본 뒤 너무 비싸다고 말한다. 그러면 판매원은 당신을 점점 값싼 자동차로 안내할 것이다. 그 결과 당신은 서너 번째로 본 2만 7,000달러짜리 루프 달린 해치백이 갑자기 저렴하다고 여겨질 것이다. 당신의 최대 예산은 2만 4,000달러였으나 기대치를 조정한다. 당신은 그 차로 시험 주행하며 생각한다. '2만 7,000달러면 거저나 다름없네.' 당신은 아무런 연관 없는 숫자의 영향을 받은 것이다.

당신의 닻을 분석하려면, 대리점에 들어갈 때 처음 보거나 들은 숫자를 다시 떠올린 다음 자문해보라. '이 차 값이 3만 5,000달러인가? 이 숫자와 이 상황은 관계가 있는가?' 그것은 당신의 직감을 몰아간 실수實數이고, 2만 7,000달러를 매혹적으로 만든 값이므로 그렇게 물어야 한다. 당신은 더 싼 이 자동차 값으로 지불하기에 3만 5,000달러가 왜 터무니없이 비싼지 많은 이유를 알 것이다. 가죽 시트가 아니고, 후방 감지 카메라나 터치스크린 내비게이션도 없다. 이 자동차가 왜 3만 5,000달러짜리라고 믿을 수 없을 만큼 부족한지 찬찬히 생각해봄으로써 그 숫자에 휘둘리지 말아야 한다는 점을 알 것이다. 그리고 원래 예산 2만 4,000달러를 다시 떠올리도록 도와줄 것이다. 당신은 2만 7,000달러도 비싸다는 것을 깨닫는다. 첫 숫자에 주의해서 그것을 무시하는 데 도움을 받으면 반反직관적인 것 같지만, 첫 가격을 의식적으로 분석하는 것이다. 그 닻을 분석하지 않으면 그것은 당신의 사유를 몰고 가는 보이지 않는 운전자가 될 것이다.

여성만 닻 내림 효과에 유혹되는지 궁금할 것이다. 아니다. 남성과 여성 모두 그것에 유혹되지 않으려고 고투한다. 의식적이고 신중한 경로를 취하고, 직감적 추정에 의문을 품으면 이런 실수를 저지를 확률이 낮아질 것이다.

나의 전문적 직관을 신뢰할 수 있는 경우는?

　사람들은 차를 구입하거나 쇼핑몰을 둘러볼 때는 미혹될 수 있지만, 일에 대해서는 이야기가 다르다고 주장한다. 직장 생활을 하다 보면 일상적으로 어떤 결정을 내려야 하는 상황을 만난다. 머릿속에 반짝 떠오른 첫 아이디어에 따르는 것이 현명할 때는 언제고, 당신의 선택을 분석해야 하는 때는 언제인가? 직관을 믿을 수 있는 한 가지 상황은 당신이 '친절한' 환경에서 관련 기술을 배운 전문가일 때다.

　'친절하다'는 것은 할머니의 부엌처럼 온화하고 우호적이라는 뜻이 아니다. 그것은 전문용어다. 시카고대학교University of Chicago에 있다가 지금은 스페인 바르셀로나의 폼페우파브라대학교Universitat Pompeu Fabra에서 경제학을 가르치는 로빈 호가스Robin Hogarth는 학습 환경은 대부분 연속체를 이룬다고 말한다.[35] 한쪽 끝에는 예견과 결정에 대한 피드백이 "명확하고, 즉각적이고, 예견 행위가 영향을 끼치지 않는 친절한 학습 환경이 있다".[36] 댄 히스Dan Heath와 칩 히스Chip Heath는 학습 환경이 친절한 직업의 좋은 예로 날씨 예보를 든다. 오늘 오후의 날씨를 예견하면 피드백이 신속하고(그날 바로) 명확하다(비가 오는지 안 오는지). 이는 패턴을 인식하는 법을 배울 수 있다는 뜻이다. 어떤 단서가 정확하고 어떤 단서가 정확하지 않은지 배울 수 있다. 마지막으로 그것은 선입관에 좌우되지 않는다. 단지 그렇게 예견했다는 이유로 날씨가 바뀌는 일은 없으니까.

　아만다는 중환자실 담당 레지던트들에게 친절한 학습 환경을 만들어주려고 했다. 그녀는 차트를 들여다보기 전에 환자의 상태가 좋아졌는지 짐작해볼 것을 요구함으로써 레지던트들이 자신의 예견에 즉각적이고 분명한 피드백을 받을 수 있도록 애썼다.

　연속체의 반대쪽 끝에는 예측과 결정에 대한 피드백이 느리고 불확실하며, 예측의 영향으로 바뀌기도 하는 고약한 학습 환경이 있다. 교직은 이 세 가지 조건에 모두 부합하는 고약한 학습 환경이다. 첫째, 피드백이 느리다. 당신은 학생들을 가르치고 반 아이들 중 다섯 명이 발표를 잘하는 걸 보고 학생들이 이해했다고 생각하지만, 과제물을 확인하기 전에는 모든 학생들이 이해했는지 알 수 없다.[37] 둘째, 피드백이 모호하다. 학생들이 제출한 과제물이 형편없다면 당신이 수업을 확실하게 하지 못한 탓인지, 학생들이 숙제를 대충 한 탓인지 의아해진다. 셋째, 올해 맡은 학생들이 작년 학생들보다 많은 잠재력을 보여줄 거라 예측하면, 당신은 아마도 학생들에게 더 많은 시간을 할애하여 피드백을 주고 그들의 질문에 답할 것이다. 이렇게 예측은 결과에 영향을 미친다.

　캔자스주립대학교Kansas State University의 심리학자 제임스 샌토James Shanteau는 다양한 직업에 대한 증거를 검토하여 회계사, 천문학자, 수학자, 보험 분석가, 시험비행사, 사진판독 요원, 가축 감정사(맞다, 가축감정사) 등은 친절한 학습 환경이라는 것을 발견했다. 또 어떤 분야는 고약한 학습 환경이다. 대학 입학 사정관, 재판관, 주식중매인, 임상심리학자, 정신과 의사, 직원 선발권자(인사부장) 등이 여기에 해당한다.[38] 샌토는 때에 따라 친절한 학습 환경에서 일하기도 하고 고약한 학습 환경에서 일하기도 하는 세 번째 직업군을 찾아냈다. 내과 의사, 간호사, 회계감사관 등이 이에 해당한다. 노련한 간호사와 내과 의사는 특정 질병을 진단하고 치료하는 데서 확고한 피드백을 받을 가능성이 높지만, 간혹 본 적이 없는 증상과 마주치기도 한다. 익숙한 듯한 증상을 보이는 환자를 검사하지만 잘못 판단하고, 잘못된 처치를 한 다음에야 다른 문제임을 깨닫기도 한다. 두 경우 모두 의료적 직관이 잘못된 방향으로 이끌 가능성이 있다.[39]

이것은 분명 완전한 직업 목록은 아니지만, 얼마나 많은 직업이 고약한 학습 환경 범주에 속하는지 알려준다. 최근에 직장에서 내린 중요한 결정을 생각해보라. 당신은 언제 옳고 그름에 대한 피드백을 받을까? 보통 피드백을 받기까지 얼마나 오래 걸릴까? 이것은 당신이 믿을 만하고 타당한 전문적 직관을 개발할 환경에 있는지 가늠하게 해줄 것이다.

그러나 이 일은 까다롭다. 우리는 자신의 직관적 반응을 신뢰해도 될 만큼 전문성이 있다고 믿는 자기기만을 저지를 수 있다. 10년 동안 관리자로 일한 당신에게 부하 직원이 사무실의 새 평면도를 제안하는 경우, 즉시 강한 의혹이 들 것이다. 당신의 직감적 반응은? '아니, 효과가 없을 거야.' 전에 누가 시도해본 적이 있는가? 없다. 부정적인 느낌이 든 당신은 부하 직원의 아이디어가 왜 문제인지 그럴듯한 이유를 2~3가지 만들어낼 만큼 영민하고 재빠르다. 하지만 그것은 당신의 반응에 대한 진짜 이유가 아닐 것이다. 당신의 강한 거부감은 아마도 무의식적인 편향성에서 비롯되었으리라. 변화에 대한 막연한 거부감 때문이거나, 정수기를 둘 만한 더 좋은 장소가 있는지 생각할 겨를이 없을 정도로 바빠서 짜증이 치밀었을 것이다.

당신의 숙련된 직관을 믿을 수 있는지 없는지 가늠하는 가장 좋은 방법은 피드백 테스트일 것이다. 정직하게 자문해보라. '나는 과거에 정기적으로 이런 결정에 대해 즉각적인 피드백을 받은 적이 있는가?' 대답이 '피드백을 받을 만큼 자주 이런 결정을 해본 적이 없다'라면 당신은 자신의 직관을 믿을 수 없다는 것을 알고 있다.

당신은 즉각적인 피드백은 중요하지 않다고 생각할지 모른다. 어느 시점이든 결정의 정확성에 대해 피드백을 받는다면 자신의 직관을 향상할 수 있다고 생각하는 것이다. 그 사이에 기술을 계속 연마하여 더 능숙해지고 직관이 향상되리라 생각하지만, 당신은 스스로 기만하는 것이다. 즉각적인 피드백은 필수적이다. 즉각적인 피드백을 받을 수 없을 때 지난 결정을 평가하는 것은 과녁을 볼 수 없는 상태에서 활쏘기를 배우려는 것과 같다.

터무니없게 여겨지겠지만 당신이 어둠 속에서 행복하게 활을 쏘는 궁수라고 상상해보라. 당신이 쏜 화살이 어디에 내려앉는지 볼 수 없을 때도 연습하고, 더 유능한 궁수가 될 수 있다. 당신은 화살을 더 빨리 시위에 거는 법을 터득할 것이다. 손목이 시큰거리지 않고 버틸 수 있게 지구력이 강해질 것이다. 쏠 때마다 화살의 깃털에 피부가 쓸리지 않으려면 팔의 위치를 어떻게 잡아야 하는지 확실히 배울 것이다. 당신의 몸은 숱한 기술을 익혀 자동적이고 무의식적으로 활을 쏠 수 있을 것이다. 그러면 좋은 궁수가 될 수 있을까? 아니다. 과녁을 볼 수 없다면, 당신이 쏜 화살이 어디에 꽂혔는지 즉시 알 수 없다면, 고쳐 쏜 화살이 의도한 방향으로 가는지 알 수 없다면 당신이 배우는 활쏘기는 더 정확해지지 않을 것이다. 당신은 부지런히 1,000번을 쏠 수 있다. 하지만 화살이 도달한 지점을 한 달 뒤에나 알 수 있다면 정확성이 오히려 더 떨어질 것이다.

직관도 마찬가지다. 연습을 많이 하면 더 편안하고 능숙하게 순간적인 결정을 할 수 있을 것이다. 아무것도 생경하거나 이질적으로 느껴지지 않으니 그런 결정을 하는 데 자신감이 붙지만, 그렇다고 해서 더 좋은 결정을 하는 것은 아니다. 결정을 내린 뒤 가능한 한 가까운 시점에 당신이 감응한 단서가 적중했는지 알지 못한다면 직관적 결정의 정확성은 향상되지 않는다.

5가지 데이터를 찾아오세요

게리 클라인은 직관의 주요 옹호자 가운데 하나다. 그는 직관을 찬양하는 책을 여러 권 저술했고, 직관을 활용해 더 좋은 결정을 내리는 방법을 제시한다. 그러나 비즈니스 계간지 《매킨지 쿼털리McKinsey Quarterly》가 "기업의 경영진은 어떤 경우에 자신의 직감을 믿어도 됩니까?"라고 물었을 때, 클라인은 놀랍게도 "직감을 믿어서는 안 됩니다"라고 답했다. 우리의 감정과 첫인상을 완전히 무시하라는 뜻일까? 아니다. 게리 클라인은 설명했다. "직감을 중요한 기준점data point으로 삼아야 합니다만, 그런 다음 그것이 상황에 타당한지 알아보기 위해 직감을 의식적이고 계획적으로 평가해야 합니다."[40] 다시 말해 첫 직감에 이어 주의 깊은 분석과 숙고가 필요하다. 이사벨이 코르동블루에서 일할지 결정할 때 그랬듯이.

직감이 떠오르면 그것으로 의사 결정 과정을 시작하라. 하지만 한 단계 더 나아가야 한다. 숙고하기. 숙고는 선택지를 분석하기 위한 의식적인 단계, 다른 사람에게 설명할 수 있는 단계를 수반한다. 선택지가 하나뿐인 것처럼 느껴지면 적어도 하나 더 만들어낼 수 있을 때까지 그 사안에 대해 곰곰이 생각해봐야 한다. 인터넷 검색으로 더 많은 데이터를 수집하고, 다양한 방식으로 그 결정을 바라보라.

급속하게 성장하는 테크놀로지 회사의 영업 담당 부사장 에밀리는 직감을 검증하는 방법이 있다. "이 사업 영역에 더 많은 관심이 필요하고, 우리 영업 팀이 더 좋은 성과를 낼 수 있을 거라는 직감이 들었어요. 그래서 지도부를 만났을 때 '이건 제 직감인데요, 이 직감이 맞는지 검증해봅시다'라고 말했죠." 에밀리는 지도부가 그 직감에 대해 논의하거나, 화이트보드에 대안을 적어보거나, 전체 회의를 소집하여 이 직감의 위험성을 자유로이 생각해보기를 원하는 게 아니다. 그녀가 원하는 것은 데이터다. 에밀리가 지도부에게 말했다. "다음 일주일 동안 여러분이 찾아보고 분석해주기를 바라는 다섯 가지 사항이 있습니다. 제 가설이 맞을 것이라고 확신합니다만, 사실fact을 수집할 필요가 있습니다." 회의실에 있던 사람 중 몇 명은 에밀리가 큰 건을 잡았다고 생각했고, 몇 명은 그녀의 생각이 과장되었다고 생각했으나, 데이터가 필요하다는 데는 모두 동의했다.

팀원들은 사무실에서 최고 권력을 가진 사람이 듣고 싶어 하는 것을 확증하는 정보만 수집하지 않을까? 그럴 가능성이 있다. 에밀리는 사람들이 흔히 자신이 원하는 정연한 이야기를 확증하고 강조하기 위해 데이터를 활용한다는 것을 인정한다. 하지만 그녀는 이를 방지하기 위해 두 가지 전략을 사용한다. 첫째, 에밀리가 아니라 팀원들이 질문을 만들어낸다. "직감을 확증하거나 기각하려면 다섯 가지 질문이 필요하다는 데 우리 모두 동의합니다." 그녀가 팀원들에게 미래를 예견할 것을 요구하지 않는다는 사실에 주목하라. 에밀리는 "어느 쪽이든 확신할 수 있으려면 어떤 증거가 필요할까요?"라고 물었다. 둘째, 팀원들은 데이터가 아니라 질문에서 시작한다. 단일한 데이터 포인트에서 시작하면 거의 모든 것을 정당화할 수 있기 때문이다.

단일한 데이터 포인트를 추출하기가 얼마나 쉬운지 보기 위해 다른 업계의 예를 들어보자. 미국인이 아이스크림을 구입하는 데 연간 54억 달러 이상을 쓴다는 기사를 읽었다고 치자.[41] 당신은 언제라도 사업을 시작할 수 있기를 열망하고, 아이스크림은 당신이 가장 좋아하는 기호 식품이다. 게다가 당신은 솔티드 캐러멜 스월salted-caramel swirl 아이스크림을 잘 만든다. 갑자기 모든 게 맞아떨어진다. 방금 건진 정보 하나가 개인적인 열정에 맞아떨어지자, 당신은 생각한다. '아이스크림 트럭을 한 대 구입하면 내가 좋아하는 일을 하면서 생활비도 벌 수 있겠는데.'

하지만 데이터 하나에 대해서는 거의 모든 것이 맞아떨어질 수 있다. 나란히 놓고 비교할 수 있는, 적어도 두 가지 이상의 정보를 생성하는 질문에서 시작하면 훨씬 더 많은 정보에 입각한 결정을 내릴 수 있을 것이다. 이를테면 '아이스크림 판매 실적이 가장 높은 도시에는 어떤 공통점이 있는가?' '54억 달러 중 몇 퍼센트가 아이스크림 트럭의 매출액이고, 몇 퍼센트가 식료품 가게의 매출액인가?' '개업 후 처음 2년 동안 대다수 푸드 트럭 주인들은 주당 몇 시간씩 일하는가?' 이제 당신은 정당화하지 않고 분석한다.

에밀리의 방법은 효과가 있을까? 그녀가 다니는 테크놀로지 회사의 매출은 3년 연속 70퍼센트 이상 증가했다. 판매가 30퍼센트 이상 증가하면 급성장이라고 일컬어진다. 에밀리는 '다섯 가지 데이터 찾기' 방식 하나로 업계에서 부러워할 만한 성공을 거둔 건 아니라고 밝혔다. 시의적절한 제품 출시, 뛰어난 과학자들과 열정적인 영업 담당 직원들, 혁신적인 마케팅 팀 등이 근간을 이루기 때문이라는 것이다. 에밀리의 사고방식 덕에 동료들은 그녀의 직감에 근거한 아이디어를 충동적으로 따르지 않을 수 있었다. 직관은 그들이 결정하는 방법의 일부일 뿐, 그 과정의 전부가 아니다.

분석적으로 생각하는 게 적절한 때임을 안다고 해서 쉽게 행동으로 옮길 수 있는 건 아니다. 때로 직관은 지나치게 강렬해서 무시하기 어렵다. 고맙게도 연구자들은 직관 모드에서 분석 모드로 전환하는 데 도움을 주는 기발한 방법을 발견해냈다. 자신이 충동적인 상태에 있다고 느끼고, 마음을 가라앉혀 선택지를 더 신중히 분석할 필요가 있을 때 30초 동안 미간을 찡그려보라. 간단하고 기이하지만, 효과가 있다. 미간을 찡그리면 비판하고 싶은 기분이 든다. 즉 덜 즉흥적인 상태가 되어 모든 결정의 세부 사항을 조목조목 비판하고 싶어진다.[42] 슬픔도 사람들을 더 분석적인 상태가 되게 한다. 그러므로 슬픈 기억을 떠올리면 강렬한 첫 끌림에서 거리를 둘 수 있다.[43]

자신의 기분을 일부러 상하게 할 필요는 없다. 어떤 사람들은 '주의 깊게 생각하자' '각각의 이유를 생각해보자'고 되뇌기만 해도 효과가 있다는 걸 발견한다. 그러면 더 분석적이 된다는 것이다. 한 집단의 구성원들이 어떤 제안에 직감적 반응을 하지 않게 하려면 이렇게 말해보라. "여러분은 어떤 선택을 하건 자신의 선택을 확신할 수 있어야 합니다." 가능한 최선의 선택을 내리라는 압력은 사람들이 더 사려 깊고 신중한 방법으로 접근하게 하는 데 도움이 된다. 하지만 어떤 압력은 역효과를 불러온다. 빠듯한 마감 기한을 주거나 "되도록 조속히 결정해주세요"라고 선언하면 사람들이 직관에 의지할 가능성이 높아진다. 다음과 같이 말하는 게 좋다. "서두르지 마세요. 오늘 결정할 수 있으면 좋겠지만, 빠른 결정보다 좋은 결정을 바라니까요." "서두르지 않을 겁니다. 40분 동안 선택지를 충분히 논의한 뒤 결정합시다."

마음으로 결정하는 게 옳다고 믿는 사람들에게

여성에게는 남성보다 강력한 내적 나침반이 있고, 여성은 자신의 마음이나 직감을 활용하여 현명한 선택을 할 수 있다고 생각하는 사람이라면, 여성이 더 직관적인 것은 아니라는 개념에 반발할 것이다. 최근의 연구는 자신의 결정 방식에 대한 생각이 결정의 질을 좌우한다는 것을 보여준다.[44] 노스다코타주립대학교North Dakota State University의 심리학자 애덤 페터먼Adam Fetterman과 마이클 로빈슨Michael Robinson은 머리로 결정한다고 말하는 사람들의 선택과 마음으로 결정한다고 말하는 사람들의 선택을 비교하는 일련의 연구를 수행했다. 결론은 두뇌형이 뚜렷이 우세했다. 자신을 머리로 결정하는 사람이라고 여기는 대학생들은 당면한 문제를 더 깊이 생각했고, 도덕적 딜레마에 부딪혔을 때 더 많은 사람들에게 이로운 선택을 했으며, 전 과목 골고루 더 좋은 성적을 냈다.

성적 문제는 원인-결과에 대한 불안을 높인다. 아마도 두뇌냐, 마음이냐 하는 방식보다 성적이 우선할 것이다. 교과목에서 좋은 성적을 거둔 학생들은 자신을 학구적인 유형, 즉 두뇌를 어떻게 써야 하는지 아는 사람이라고 생각하겠지만, 성적이 우수하지 못한 학생들은 '내 재능은 다른 데 있나 봐'라며 자신을 위로할 것이다.

사람들이 자신의 강점에 대해 생각하는 방식이 실적에 따라 형성될 확률은 상당히 높다. 하지만 연구자들은 사람들이 자신의 의사 결정에 대한 메타포를 쉽게 전환할 수 있고, 그럴 때 문제를 다르게 해결한다는 것을 보여주었다. 페터먼과 로빈슨은 연구에 참여한 사람 절반에게 집게손가락을 관자놀이에 대고, 즉 손가락으로 머리를 가리킨 채 질문에 답해달라고 요청했다. 손가락으로 머리를 가리킬 때 여성과 남성 모두 더 분석적이고 덜 감정적으로 응답했다. 관자놀이에 손가락을 대는 것이 작위적으로 여겨질지 모르지만, 그렇게 이상한 건 아니다. 책상 앞에 앉은 사람에게 문제를 곰곰이 생각해보라고 지시하면 그가 이마를 문지르거나, 손바닥으로 턱을 괼 확률이 제법 높기 때문이다. 집게손가락을 가슴에 대고 도덕적 딜레마를 어떻게 해결할지 결정하라는 지시를 받았을 때, 남성과 여성 모두 더 감정적이고 덜 이성적인 방법으로 접근했다. 몸의 자세를 조금 바꿨을 뿐인데 사고 전략이 이렇게 변하다니, 굉장히 흥미로운 결과다.

이것은 그저 한 세트의 연구일 뿐이다. 일부 연구자들은 이 작업 뒤에 숨은 더 큰 전제에, 즉 사람의 생각이 사람의 몸에 의해 영향을 받을 수 있다는 전제에 동의하지 않는다.[45] 이런 연구에서 얻을 수 있는 가장 중요한 가르침은, 손가락으로 가리키는 행위가 중요하다는 게 아니라 의사 결정 양식을 더 유동적으로 움직일 수 있다는 것이다. '마음에 따른다'는 모토를 신봉해온 사람이라도 어려운 결정에 맞닥뜨렸을 때 "머리를 어떻게 쓰는지도 알아"라고 말해보라. 그리고 어떤 새로운 해결책이 떠오르는지 보라.

하지만 나의 직감, 그게 나야

아직 확신하지 못할 것이다. 진정성이라는 문제에 부딪혔을 수도 있다. 직감에 따를 때 자신의 결정이 더 진실하고, 자신을 더 진실하게 반영한다고 느끼는 여성과 남성도 있다. 내 친구 한 명이 말했다. "내 머리는 내가 어떻게 해야 한다고 다른 사람들이 말한 것으로 가득 찼어. 하지만 나의 직감, 그게 나야."

　나는 그녀가 한 말의 뜻을 십분 이해할 수 있다. 자리에 앉아 선택지를 분석하려고 할 때, 다른 사람들이 좋아하는 것에 가려 당신이 원하는 것을 놓칠 수 있다. 새 커리어를 추구하기 위해 학교로 돌아갈지 결정하려는 경우, 당신은 현재 다니는 회사의 상사가 어떤 반응을 보일지, 당신의 배우자가 수입 감소를 어떻게 생각할지, 당신이 현재의 직업을 선택했을 때 무척 자랑스러워한 어머니가 실망하지 않을지 갖가지 생각이 떠오를 것이다. 당신에게 의지하는 사람들, 즉 집에 있는 아이나 직장의 팀원에게 미칠 영향도 생각할 것이다. 이 모든 이해관계에 가려 진짜 당신에게 중요한 것을 짚어내기 어려울 것이다. 노트에 몇 페이지를 적어도 눈에 띄는 것은 없다. 당신은 어떤 직감이 이 난마처럼 얽힌 상황을 뚫고 빛을 비추리라 믿으며 설명할 수 없는 강렬한 직감을 기다리는 것이다.

　자기 머릿속이 다른 사람들이 원하는 것으로 가득 찰까 봐 걱정이 된다면, 직감으로 결정하는 것에 끌리는 이유가 다른 모든 사람들의 욕구와 난마처럼 뒤얽힌 자신의 근본적 욕구를 거기서 풀어내는 데 도움이 되기 때문이라면 시도해볼 또 다른 방법이 있다. '돌아보기(회고)'라 불리는 것으로, 3장에서 자세히 살펴볼 전략을 바탕으로 한다.[46] 우선 당신이 결정을 내린 지 1년이 지난 시점을 상상하고, 다음 문장을 완성하라. "돌아보니 내가 ＿＿＿했다는 게 정말 기뻐." "돌아보니 올해 내가 선택한 가장 중요한 것은 ＿＿＿이야." '돌아보기' 전략은 당신에게 무엇이 가장 중요하고 가장 큰 문제인지 식별하는 데 도움을 준다.

　내가 남편과 함께 즐겨 하는 또 다른 '돌아보기' 방식은 "내가 올해

_____을 하지 않았다면 정말 후회했을 거야"이다. 2013년 어느 저녁, 우리는 이 문장을 완성하는 놀이를 하고 있었다. 내가 말했다. "올해 파리에 가지 않았다면 정말 후회했을 거야." 남편은 내 어깨에 팔을 두르며 말했다. "당신과 나 말고 파리에 뭐가 있담?" 우리가 파리에 갔을 때 나는 이사벨을 만났고, 이 모든 이야기가 시작되었다.

지금부터 1년 뒤를 상상하고 돌아보는 일이 왜 도움이 될까? 나중에 '위험 감수하기'에 관해 논할 때 이 문제를 자세히 보겠지만, 그동안 이 점을 생각해보라. 과거를 숙고하거나 미래를 예견하는 것이 더 쉬운 일일까?

장점과 단점을 열거하는 것과 '돌아보기'가 어떻게 다른지 살펴보자. 돌아보기는 소급하여 되돌아보는 것이다. 놓치기 쉬운 또 다른 통찰이 있다. 의사 결정자는 문제를 결정하는 데 도움이 될까 싶어, 자주 이득과 손실을 열거하여 목록을 만든다. 새로운 항목을 적어 넣을 때마다 명확함에 다가갈 수 있을 거라 기대하며 몇 페이지를 채운다. 목록이 길수록 좋은 것은 아니다. 칩 히스와 댄 히스 형제가 유쾌한 저서 《자신 있게 결정하라: 불확실함에 맞서는 생각의 프로세스Decisive: How to Make Better Choices in Life and Work》에서 말하듯이, 이득과 손실 목록은 "너무 많은 먼지를 일으켜 시야를 가린다".[47]

전형적인 채용 면접의 문제

직감이 직장 생활에서 지대한 영향력을 미치는 인력 채용에 관해 살펴보자. 당신은 어느 시점에 당신의 집을 지어줄 건설업자든, 당신의 사무실에서 일할 직원이든 타인을 채용하는 위치에 설 것이다. 새

보좌관을 채용해야 하는 상황을 상상해보자. 당신은 돈이 있고, 지원자와 면접하기 위해 시간을 비워두었으며, 뛰어난 후보자 네 명과 만날 약속을 정했다. 이 지점에서 사람들이 저지르는 가장 흔한 실수는 무엇일까?

지원자와 그저 격식 없이 담소를 나누는 실수다. 예비 고용주는 지원자들에게 자기소개와 업무 관련 경험에 대해 물어보면 그들을 파악할 수 있으리라고 여긴다. 이런 비체계적 면접은 채용 과정에서 흔히 일어나는 나쁜 방식 중 하나다.[48] 심지어 간단한 웹 기반 지능검사가 전형적인 면접시험보다 실무 능력을 잘 예견한다.[49] 문제는 예비 고용주들이 사람을 파악하는 데 서투르다는 점이다. 그들이 파악한 내용은 구직자의 실무 능력을 예견하는 데 유용하지 않다.

우리는 불과 30분 만에 구직자에 대해 강한 인상을 받고 '저 여성을 보니 20년 전의 내 모습이 떠오르네' '저 여성은 괜찮지만, 특별한 점이 없는 것 같아'라고 생각하기 시작한다. 인사부장들이 비체계적 면접을 좋아하는 것도 이 때문이다. 사람들은 지원자에게 이전의 직업과 5년 뒤 자신의 모습을 설명해보라고 요구하며, 그와 잠시 대화를 나누면 진짜 잠재력이 있는 사람과 문제가 있는 사람을 가려낼 어떤 특성이나 자질, 중요한 뭔가를 집어낼 수 있을 거라 믿는다. 아니 어쩌면 그저 그러기를 바라는지도 모른다.[50] 이 첫인상, 호불호의 갑작스런 거품은 디너파티에서 두 시간 동안 그 사람 옆에 앉고 싶은지 결정하는 데 도움이 될 수 있지만, 한 팀을 경영하거나 예산에 맞게 프로젝트를 수행하는 능력에 감탄할지 가늠하는 데는 쓸모없는 방법이다.

어떤 이들은 커피를 마시며 진행하는 가벼운 면접이 지원자를 평가하는 가장 좋은 방법은 아니라도 해로울 건 없지 않느냐고 생각할지 모른다. 놀랍게도 이런 면접은 해로울 수 있다. 연구자들은 일단 면접 관이 지원자에 대해 어떤 인상을 형성하면, 그 느낌이 상당히 자의적 인 것이라도 쉽게 떨칠 수 없다는 것을 발견했다. 지원자가 카푸치노 를 주문하면서 대마 우유로 만들어줄 수 있느냐고 묻거나, 잠시 양해 를 구하고 전화를 받는다면 면접관은 뭔가 좀 이상하다고 느낄 것이 다. 면접관은 이상한 점을 콕 집어내지 못하지만 그 지엽적인 단서에 큰 비중을 두는 바람에, 지원자가 이전 직장에서 거둔 뛰어난 성과와 같은 실무 능력을 예측할 수 있는 정보를 간과한다.

매력적이고 붙임성 있고 재기 발랄하지만 자격이 안 되는 지원자가 있다고 치자. 인터뷰하는 한 시간이 눈 깜짝할 사이에 지났을 때 관리 자는 직책에 필요한 자격 요건이 그렇게 중요한 것은 아니라고 합리 화한다. 심리학자들은 이를 '희석 효과dilution effect'라 부르고, 채용 면접 에서 반복적으로 목격한다. 무관한 인상이 정말 중요한 점을 희석한 다는 것이다. 당신은 면접에서 아주 자신감 있고 세상에 대해 잘 아는 듯 보이는 사람을 채용했는데, 6개월 뒤 그 사람은 걸핏하면 여행할 시간을 달라고 요구하여 당신을 실망시킨다.

당신은 이렇게 생각할 것이다. '실습이 더 필요할 뿐이야. 경험이 쌓 이면 대화를 통해 무엇을 탐색할지 알 테고, 내 직감을 신뢰할 수 있 을 거야.' 하지만 연구 결과는 온종일 지원자를 심사하며 전문적으로 면접을 실시하는 사람들조차 미래의 직무 수행 능력을 예견하는 데 형편없다는 것을 보여준다.[51] 호불호의 감정에 휩싸이기 쉬워, 아무리 노력해도 그 감정을 무시하기는 어려울 것이다.

앞서 살펴봤듯이 즉각적이고 분명한 피드백이 있는 경우에 직감 을 훈련할 수 있다. 즉각적이란 '몇 분 뒤'나 최소한 '그날 안'을 의미한다. 일반적으로 면접이 치러지고 직원이 첫 출근할 날까지 몇 주가 지나야 하고, 출근 첫날 많은 성과를 내는 사람은 없다. 복잡한 전문직인 경우 신입 직원의 능력을 평가하려면 한 달 이상이 지나야 할 텐데, 그때는 당신의 직감이 사라진 지 오래다. 첫인상이 어땠는지 그때까지 기억할 수 없다. 다행히 당신은 아직 의식적인 반응을 훈련할 수 있다. 면접할 때 당신이 질문한 것을 검토하여 막연한 질문은 집어내고, 적어도 추천인 세 명에게 전화해봐야겠다고 결정한다. 이렇게 당신은 심사하는 방식을 개선할 수 있다. 하지만 시간 격차가 너무 벌어지면 무의식적이고 직감적인 반응을 개선할 수 없다.

형식 없는 채용 면접이 그렇게 문제가 많다면 대안은 무엇인가? 가장 좋은 방법은 지원자에게 샘플 과제를 완수하게 하여 자신이 할 일을 경험할 기회를 주는 것이다. 컨설턴트를 채용하려는 경우라면, 문제가 있는 샘플 클라이언트를 데려와 두 사람이 상담하는 동안 옆에서 조용히 관찰한다. 웹 사이트를 디자인할 사람을 채용하려 한다면, 각 지원자에게 적절한 소프트웨어가 설치된 컴퓨터를 주면서 한 시간 동안 혼자 힘으로 디자인해보라고 한다. 지원자들은 한 시간 안에 완성된 웹 사이트를 만들 수 없겠지만, 당신은 지원자들이 과제에 어떻게 접근하는지 비교할 기회가 있을 것이다.

나는 이 방법을 여러 번 사용했는데, 최근에는 이 책의 작업을 도울 연구 조교를 뽑을 때 사용했다. 실력이 쟁쟁하고 전도유망한 대학생 세 명이 지원했다. 나는 이들을 개별적으로 한 시간씩 만났는데, 전형적인 면접을 진행하는 대신 샘플 리서치 과제를 내줄 것이라고 설명했다. 그들에게 조교로 채용되었을 때 정기적으로 수행할 연구 과제를 주었다. 나는 특수한 결정을 내리는 여성의 예를 찾아오라고 주문했다. 그게 미국의 회사 중역이나 독일의 정치인, 브라질의 운동선수일 수도 있다. 각자 원하는 사람을 조사하라고 했다.

나는 지원자에게 기록을 포함해서 그 프로젝트에 최대 일곱 시간을 사용할 수 있다고 말했다. 내가 매우 어려운 주제를 택했기 때문에 주어진 시간에 전혀 찾지 못할 수도 있다고 설명했다. 다섯 시간이 되면 찾는 것을 멈추고, 자신의 생각과 자신이 사용한 모든 자료를 포함한 탐색 과정을 기록하기 시작하라고 지시했다. 그런 다음 우리는 연구해야 할 주제에 관해 토의하며 남은 시간을 대부분 썼다. 나는 그들이 작업한 시간에 대해 소정의 수고비를 지급할 것이라고 말했다. 그리고 열흘 뒤 보고서를 이메일로 제출하되, 질문이 있으면 연락하라고 당부했다.

아무 질문도 없었고, 열흘 뒤 이메일 세 통을 받았다. 맨 처음 면접한 학생은 사과의 말과 함께 지원을 철회한다고 했다. 그 학생은 네시간 동안 찾아보았으나 아무것도 찾을 수 없어서 이 일이 자신에게 적합하지 않다는 것을 알았다고 했다. 두 번째 지원자는 흥미로운 한가지 예를 찾아냈는데, 우리가 논의한 개념을 보여주는 게 아니었다. 그 학생의 이메일에는 이를 인정하는 내용이 없었다. 세 번째로 면접한 학생 역시 아무것도 찾아내지 못했지만, 자신이 생각한 다양한 자료를 3페이지에 걸쳐 상세하게 분석했다. 그 학생은 어디서 찾아보았고, 어째서 적합한 사례를 찾지 못했는지 설명했다.

이런 결과물에 근거할 때 당신이라면 누구를 뽑을까? 나는 세 번째 지원자를 선택했다. 그 학생은 사례를 찾지 못했지만, 사유가 영민했고, 모든 것을 훌륭히 기록했으며, 내가 생각하지 못한 관점을 생각해냈고, 내 지시에 분명히 따랐다. 가장 흥미로운 사실은, 내가 한 시간 동안 대화하고 바로 결정을 내렸다면 지원을 철회한 첫 지원자를 채용했으리라는 점이다. 함께 보낸 시간에 기초할 때 나는 그 학생에게 가장 좋은 인상을 받았다. 나는 그 학생이 가장 통찰력 있는 질문을 했다는 사실을 내세워 그 결정을 의식적으로 정당화했을 것이다. 하지만 그것이 내가 그 학생에게 끌린 진짜 이유일까? 나는 내 반응을 촉발했을 무의식적인 원인을 12가지쯤 짐작할 수 있다. 그 학생은 내게 과거의 최우수 학생이나 오래전에 잊은 베이비시터를 생각나게 했을 것이다. 그 학생은 내 이름을 처음 부를 때부터 제대로 발음했거나, 그 학생의 복장이 내 심금을 울렸을지 모른다. 누가 알겠는가?

연구의 우수성에 근거해 선택된 세 번째 지원자는 면접할 때 계속 미소를 짓고 고개를 끄덕이며 예의 바른 모습을 보였으나, 내게 아무런 질문도 하지 않았다. 그 학생은 조용했다. 그 학생이 첫 만남을 마치고 떠난 뒤 내 직감적 반응은 '착하지만 수줍음이 너무 많은 것 같아'였다. 내가 무엇에 반응했는지 확실하지 않지만, 단지 우리의 대화를 근거로 삼았다면 나는 그 학생을 채용하지 않았을 것이다. 그러나 모의 연구에서 그 학생의 샘플 보고서가 가장 인상적이었고, 결국 연구는 내가 그 학생을 채용하려는 이유였다.

나는 이 일에 적합한 지원자를 고용했을까? 나는 니키에게 깊은 감동을 받았다. 그녀는 신속하고, 믿을 만하고, 출처를 찾는 일을 아주 영민하게 거들었다. 첫 번째와 두 번째 만났을 때는 말이 없었지만, 차츰 껍질 밖으로 나오더니 석 달쯤 되었을 때는 사실상 니키가 회의를 주도했다. 그리고 예리한 촌평과 통찰력 있는 질문으로 나를 쩔쩔매게 만들었다. 그 샘플 연구를 시행한 덕에 우수한 지원자를 가려낼 수 있었다. 그러지 않았다면 놓치고 말았을 것이다.

첫 번째 지원자는 잘 해냈을까? 그랬을지 모른다. 하지만 그 학생은 내가 요청한 과제가 자신에게 적합하지 않다는 것을 발견했다. 그 학생은 이 과업이 얼마나 힘든 것인지 알고, 막다른 골목에 다다랐을 때 좌절했을 것이다. 그 학생은 전 과목 A를 받아서 대다수 최우수 학생들과 마찬가지로 실패에 익숙지 않았다. 이 일이 그 학생에게 적합하지 않다는 걸 미리 알아낸 것은 우리 둘에게 모두 좋은 일이었다.

이런 모의실험을 선택할 수 없는 경우도 있을 것이다. 전통적인 면접을 할 수밖에 없다면, "당신의 최대 강점과 최대 약점은 무엇인가?"처럼 주관적이고 막연한 질문 대신 "지난 5년간 얼마나 많은 이사 보좌관(혹은 사장)을 만났는가?"처럼 사실적 정보를 끌어내는 질문을 하라.[52] 당신 앞의 유망한 직원이 5년간 사장을 다섯 명 만났다는 걸 안다면 이 사람이 단순히 이직률이 높은 직장에 다녔는지, 권위 있는 인물과 잘 지내지 못하는지, 더 광범위한 문제가 있는지 자세히 물어봐야 할 것이다. 연구비 제안서를 제출할 사람을 채용하려는 경우, 당신은 그의 전문성이 팩스 시대로 거슬러 올라가는지, 당신에게 뭔가 가르쳐줄 수 있을지 알아야 한다.

• • •

다시 말해 훌륭한 결정을 하려면 '여성의 직관'이라는 개념을 버리고 다른 개념을 받아들여야 한다. 여성은 마음을 들여다보는 것으로 어떻게 행동해야 할지 안다는 생각, 올바른 결정은 완전한 형태로 기다릴 것이라는 생각은 도움이 되지 않는다. 여성은 자신이 가장 중요하게 여기는 것을 먼저 처리한다고 생각할지 모르지만, 자신의 편향성을 활용할 뿐이다. 여성이 이 개념을 버린다면 결국 자신의 우선순위에 부합하는 결정을 내릴 것이다. 여성은 흔히 자신이 인정하고 싶어 하는 것보다 분석적이지만, 일단 그것을 인정하면 억압에서 자유로워지므로 의사 결정 과정을 훨씬 강화할 수 있다.

여성은 흔히 주위 사람들에게 잘 맞춰준다는 개념에 대해 어떻게 생각하는가? 이는 우리가 기꺼이 받아들일 수 있고 받아들여야 하는 여성의 직관이다. 여성은 시트콤에서 보여주는 것과 반대로 마음을 읽는 독심술사가 아니다. 하지만 여성은 주위 사람들의 정서적 단서를 더 능숙하게 알아차리고, 그럴 때 여성의 사회적 감각은 집단의 사고력과 판단력을 높일 수 있다.

1장 한눈에 보기

기억할 사항

1. 여성의 직관은 여성의 고유하고 강력한 선택 방식으로 간주된다.
2. 과학자들의 연구에 따르면 여성이든 남성이든 전문가의 직관은 빠르고 통합적이고 무의식적이며, 이 직관이 유용한 것이 되려면 명확한 피드백이 주어지는 연습을 숱하게 해야 한다.
   - 예: 의사들은 환자의 상태가 호전되었는지 악화되었는지 신속히 짐작해본 뒤 환자의 차트를 확인한다.
3. 사람들은 자신의 직감이 좋다고 생각하지만, 실상은 그들의 직감이 자주 즉각적이고 명확한 피드백을 받지 못해 본인이 생각하는 만큼 정확하지 않을 것이다.
4. 여성은 적어도 남성만큼 자주 사려 깊고 계획적이고 의식적인 분석을 사용한다.

5. 여성은 남성에 비해 다른 사람의 얼굴 표정과 몸짓언어에서 감정을 더 정확히 해독하는 법을 익혔다.

- 여성은 다양한 집단 구성원이 어떻게 반응하는지에 더 관심이 많으므로, 팀을 구성할 때 여성의 수를 늘리고 더 많은 참여를 유도하면 팀의 집단적 지성을 높일 수 있다.
- 사실 이것은 '여성의 직관'이라기보다 '하급자의 직관'으로 불려야 한다.

실천할 사항

1. 뭔가에 얼마를 지불해야 할지 결정할 때 닻 내림 효과를 인식하라.
   - 예: 와인에 입찰하는 애리얼리의 학생들
2. 당신의 직관을 기점으로 삼고 데이터를 찾아라.
3. 어려운 결정에 맞닥뜨렸을 때는 마음이나 직감에 따른다고 생각하지 말고 머리를 쓴다고 생각하라. 그런 태도가 더 명료한 사고로 이어지기 때문이다.
4. 다른 사람들의 감정과 뒤엉킨 난마에서 자신의 감정을 자유로이 풀어내려면 미래의 시점에서 돌아보라.
5. 인력을 채용할 때 전형적인 비구조적 면접을 사용하지 마라. 이런 면접으로는 지원자가 어떤 사람인지 알 수 있을지 몰라도 적임자를 가려낼 수 없다.
   - 신뢰할 수 없는, 무의식적 호불호의 감정에 따를 것이다.
   - 지원자들이 실제로 할 일을 주고, 그 수행 능력에 따라 채용하라.

결단력 딜레마

내가 다이애나의 사무실에 들어가 앉았을 때, 그녀는 리모컨을 들고 작은 TV 소리를 무음으로 했다. "저는 온종일 뉴스를 봅니다. 속보가 나올지 모르니까요." 다이애나의 직업은 신문사 기자나 CNN 앵커가 아니라 경찰국장이다.

우리는 대부분 "저는 온종일 뉴스를 봅니다"라고 말하며 사무실에서 지휘권을 유지하지 못할 테지만, 다이애나를 태만하다고 여기는 사람은 아무도 없다. 정규 경찰관 500여 명이 근무하고 미국에 89개밖에 없는 대규모 경찰국 국장으로서, 그 지역은 물론 전국에 무슨 일이 벌어지는지 알아야 상황에 맞고 정보에 입각한 결정을 내릴 수 있기 때문이다.[1]

〈로 앤드 오더Law & Order〉〈CSI〉 같은 TV 드라마는 사람들에게 법집행기관에 여성이 아주 흔하다는 생각을 심어주었다. 물론 남성이 여성보다 많지만, 이 프로그램에서는 남성 두세 명 중 한 명꼴로 여성 수사관이 나온다. 심지어 〈르노Reno 911!〉 같은 코미디 모큐멘터리도

좌충우돌하는 남성과 여성 경찰의 수가 거의 균등하다는 것을 보여준다. 현실 세계에서 이 부문의 여성은 매우 드물다. 미국의 전체 경찰관 중 여성은 15퍼센트에 불과하다. 이는 남성과 여성의 비율이 약 8대 1임을 의미한다.[2] 그리고 여성 경찰관은 근무 기간 동안 대부분 남성 파트너와 일한다는 뜻이다. 〈캐그니와 레이시Cagney & Lacey〉[1980년대에 방영된 미국 CBS 드라마로, 두 여성 형사의 활약상을 담았다]는 잊어라. 미국의 1,550개 경찰국에 관한 한 연구 논문은 2013년 현재 여성이 한 명도 없는 경찰국이 150개 이상이라는 것을 보여준다.[3]

하지만 나는 다이애나에게 TV 경찰 드라마나 법 집행기관의 불균등한 성비에 대해 어떻게 생각하는지 물어보려는 게 아니라, 남성과 여성 경찰관이 공무 수행 중에 내리는 결정 방식이 어떻게 다른지 토의하려고 간 것이다. 처음에 다이애나는 아무런 차이도 없다고 주장했다. "우리 경찰관들은 모두 동일한 훈련을 받아요. 남성이든 여성이든 같은 방식으로 대응하라고 배웁니다."

모든 경찰관이 신중하게 계획된 내용을 동일하게 교육받는다는 것은 의심할 여지가 없지만, 그 내용이 현장에서 어떻게 적용되는지 궁금했다. 상황에 따라 경찰관 자신이 판단하고 얼마간 선택해야 하는 부분이 있지 않을까 싶었다. 상황에 효과적으로 대응하는 방법이 한 가지 이상일 때 남성과 여성은 다른 방식으로 대처하지 않았습니까? 다이애나는 이 질문을 주의 깊게 생각하고 나서 대답했다. "모든 인간이 다르듯이 모든 경찰관도 다르겠지요. 하지만 이 일을 오래 하다 보면 어떤 패턴이 있다는 걸 깨닫습니다. 예를 들어 한 경찰관이 현장에 도착해보니, 두 사람이 한판 붙을 기세였어요. 서로 고함을 지르고 금방이라도 치고받을 것 같았죠. 남성은 대부분 황급히 뛰어들어 상황을 통제하려 할 것입니다. 그들의 결정은 행동 지향적입니다. 그들은 '대체 무슨 일이야?'라고 말할 겁니다." 다이애나는 위압적인 어조로 버럭 소리를 질렀다. 나는 깜짝 놀라 뒤로 물러났다.

다이애나는 여성 경찰관도 같은 질문을 하지만 대개 동정적인 어조로, 대화를 독려하는 방식으로 묻는다고 말했다. "여성이라면 걸어 들어가 '여보세요, 무슨 일입니까? 무슨 일 있었어요?'라고 말할 겁니다." 다이애나는 목격자나 부당한 취급을 당한 사람에게 말하듯 했다. 다이애나는 그동안 여성은 상황을 분석하려 한다고 말했다. "여성이라면 '여기서 가장 몸집이 큰 사람이 누구지? 필요할 때 내가 그를 제압할 수 있을까? 무엇보다 이 상황을 진정하려면 어떻게 해야 할까?' 생각할 거예요."

"하지만 그녀와 한 조를 이룬 남성 경찰관에 따라, 그 방식이 항상 잘 받아들여지는 것은 아니에요. 그가 그녀를 잘 모른다면 시간을 끈다고 여길 수 있거든요. 그녀가 해결하려는 게 아니라 머뭇거리는 것처럼 보일 수 있습니다." 그녀는 결정하는 데 너무 오래 걸린다는 듯이 말이다. 이런 침착한 접근법을 오해하는 사람이 있을 수 있다. 격렬한 상황에는 똑같이 격렬한 대응을 해야 할 것 같기 때문이다. 그녀의 파트너는 생각할 것이다. '지금은 예의를 차릴 때가 아닌데.'

나는 결단력에 대해 조사하기 시작했다. 사람들이 한쪽 성性을 중요한 결정에서 좀 더 머뭇거린다고 보는지 아닌지도 알고 싶었다. 그러나 단호하고 신속한 결정을 내리는 것에 대해 여성과 대화할 때마다 두 번째 이슈—다른 사람들을 돌보는 것—가 대두되었다. 나는 간단한 질문을 한다고 생각했다. "당신의 경험에 비춰볼 때 한쪽 성이 다른 쪽 성보다 결단력이 있다고 생각하십니까?" 하지만 다이애나를 포함하여 아무도 나를 쉽게 놔주지 않았다. 내가 결단력을 잡아당기자, 포괄성과 측은지심에 대한 이야기가 딸려 왔다.

이 장에서는 한쪽 성이 다른 쪽 성보다 결단력이 있는지 살펴볼 것이다. 남성은 더 신속하게 결정하고, 결정에 수반되는 내적 분투가 덜할까? 많은 사람이 그렇게 생각하는 것 같다. 우리는 여성이 직면하는 단호함과 타인에 대한 공감 사이의 복잡한 줄다리기도 살펴볼 것이다. 이 두 가지 특성을 다 갖춘 것으로, 즉 단호하면서도 타인과 공감하는 것으로 보이기는 어렵다. 단언하기보다 포괄할 때 여성은 어떤 대가를 치르는가?

우리는 이 책에서 내내 중요하게 다룰 문제도 살펴볼 것이다. 여성은 남성만큼 의사 결정에 능숙하지 못하다는 것을 동료가 아주 교묘히 내비칠 때, 여성에게는 어떤 일이 일어날까? 여러 단서들이 여성을 훌륭한 리더와 다른 의사 결정 프로세스를 사용하도록 조장하는 환경에서는 어떤 일이 벌어질까? 이런 환경은 여성의 의사 결정 방식을 바꾸는가? 여성이 분별력을 유지하고 고정관념을 퇴치하기 위해 할 수 있는 일은 무엇인가?

당신이 '특권'이란 말을 듣는 유일한 경우

'마음을 바꾸는 건 여성의 특권'이라는 관용구를 들은 적이 있을 것이다. 할아버지가 한 말처럼 구식이면서도 무해할 것 같고, 흔히 농담조로 하는 말이다. 나는 앞사람이 스파게티 소스 세 병 중 한 병은 사지 않겠다고 했을 때 식료품점 계산원이 그렇게 말하는 걸 들은 적이 있다. 여성이 회의에서 좋지 않은 제안을 철회하려 할 때도 농담조로 그렇게 말하는 걸 들었고, 믿거나 말거나, 한번은 세 살쯤 된 딸이 먼저 고른 인형을 내려놓고 다른 인형을 집었을 때 아버지가 고개를 저으며 이렇게 말하는 것을 들었다.

'여성의 특권'이란 관용구는 정말 오래된 것으로, 여성이 그 기원을 안다면 대부분 그 말을 하기 꺼릴 것이다. 그것은 여성의 힘이나 특권을 보여주는 증거가 아니라, 특수한 상황에서 여성의 권력이 얼마나 약했는지 보여주는 증거다. 1800년대 영국에서는 남성이 여성에게 청혼하고 마음을 바꾸면, 여성이 남성을 약속 위반으로 고소할 수 있었다. 청혼이 법적으로 구속력 있는 계약으로 간주되었기 때문이다.[4] 그는 청혼하고 그녀는 간택된다. 19세기 사회는 결혼식 제단 앞에서 버려진 여성을 하자 있는 물건으로 취급했다(역사가들에 따르면 당시 일부 남성은 결혼식 날이 임박한 만큼 여성이 약혼자에게 처녀성을 잃었을 거라고, 더욱이 그녀에게 무슨 문제가 있어서 약혼자가 떠났을 거라고 생각했다). 이렇게 거부된 여성은 대부분 다른 짝을 찾기 어려웠다.

이런 문제를 인정하여, 법률은 여성에게 실추된 평판과 결여된 장래의 전망을 보상하기 위한 방법으로 약혼을 파기한 남성을 고소할 권리를 허용했다. 1850년대에 여성은 약 390파운드를 받았다(이는 2014년 가치로 환산하면 약 53만 파운드 혹은 83만 9,000달러에 육박하는 금액이다).[5] 다시 말해 남성은 마음을 바꾸면 벌금을 내야 하지만, 여성은 마음을 바꿔도 법정에 끌려가는 일 없이 약혼을 파기할 수 있었다. 여기서 그 관용구가 유래한 것이다. 여성은 법적·경제적 파문 없이 약혼을 취소할 수 있지만, 남성은 그럴 수 없었다.

사법부도 이런 소송에서 대부분 여성에게 유리한 판결을 내렸다. 왜 그랬을까? 남성은 모든 권력을 쥐었으므로 약혼 파기에 따른 고통이 거의 없었다. 여성이 약혼을 취소해도 남성은 아내를 구하는 데 아무런 문제가 없었으나, 여성은 마음을 바꾼 쪽이 아니어도 사회에서 소외되었다(그녀가 처녀임이 의심되었다는 점을 기억하라). 끔찍한 약혼에서 벗어날 수 있는 것은 여성의 특권 혹은 특혜였으나, 이 경우 여성의 평판과 결혼 가능성은 추락했다. 반면 남성은 약혼을 취소하더라도 무거운 벌금을 내면 성공적으로 살아갈 수 있었다.

여성 유력 인사들이 새로운 상황에 입각하여 자신의 견해를 업데이트하면 언론과 식자층은 '여성의 특권'이라는 관용구를 계속 들먹인다. 바버라 부시Barbara Bush가 아들 젭 부시Jeb Bush의 미국 대선 출마를 지지한다고 선언할 때, 자신이 2년 전에 또 다른 부시는 백악관에 들어오지 않길 바란다고 한 진술을 번복했다.[6] MSNBC의 크리스 매튜스Chris Matthews는 힐러리 클린턴Hillary Rodham Clinton이 상원 의원이었을 때 이라크전에 찬성표를 던진 것을 후회한다고 인정하지 않았다는 이유로 그녀를 비난했다.[7] 두 경우 모두 기자들은 해당 여성을 비난하고 나서, 마치 이들이 세상 모든 여성의 실없는 속성을 반영한다는 듯 '여성의 특권'을 언급했다.

버락 오바마Barack Obama, 데이비드 캐머런David Cameron, 프란치스코 교황Pope Francis 같은 남성 유력 인사들이 마음을 바꾼다고 남성 일반이 망신당하는 일은 없다. 기자는 이들을 위선자라고 비난하겠지만, 그 비난이 Y 염색체를 가진 모든 남성에게 확대되는 경우는 극히 드물다. 남성이 여성보다 결단력 있다는 생각은 구시대적 발상일지 모르지만, 과거의 유물이 아니라 여전히 사회에 강력한 영향을 미친다.

2015년에 실시한 조사에서 미국인은 긍정적인 성격을 적어 내려가면서 각 항목이 남성과 여성 어느 쪽에 해당되는지 진술했다.[8] 응답자들은 여성이 더 자애롭고 계획적일 것 같고, 남성은 결단력이 있을 것 같다고 했다. 또 다른 조사에서 사람들은 '결단력 있다'를 '전형적인 미국 남성'의 10가지 특성 중 하나로 꼽았지만, 전형적인 미국 여성의 특성이라고 생각하지는 않았다. 응답자들은 '온화하다' '친절하다' '다정하다' '참을성 있다' 등은 모두 여성에게 잘 어울리는 형용사로 보았지만, '결단력 있다'는 43개 항목 중 거의 최하위였다.[9] 모두 남성이 여성보다 결단력 있다고 생각한다는 뜻일까? 아니다. 하지만 대다수 사람들이 남성의 좋은 특성에 대해 생각할 때 먼저 떠오르는 단어 중 하나가 '결단력 있다'인 데 반해, 여성의 특성으로 '결단력 있다'가 떠오르려면 종이와 펜을 들고 오래 앉아 있어야 한다.

대다수 사람들이 무슨 뜻으로 '결단력이 있다'고 말하는지 밝혀보자. 이 특성을 연구하는 과학자들은 저마다 견해가 다르지만, 보통 이 단어를 사용하는 방식에 부합하는 간단한 정의는 결단력 있는 사람은 '행동 편향성bias for action'이 있다는 것이다. 이는 톰 피터스Tom Peters 와 로버트 워터맨Robert Waterman이 베스트셀러 《초우량 기업의 조건In Search of Excellence》에서 소개한 구절이다.[10] 피터스와 워터맨은 미국의 성공적인 회사 43개를 조사한 결과 '결단력', 즉 '행동 편향성'이 고수익을 올리고 잘 운영되는 회사의 공통적인 원칙 중 하나임을 알아냈다. 태스크 포스task force를 예로 들어보자. 태스크 포스는 해결책을 내기까지 한 문제를 얼마나 오래 연구해야 할까? 피터스와 워터맨은 가장 잘 운영되는 기업에는 대개 "5일간 지속되는 태스크 포스"가 있지만, 업계의 일반적인 규준은 단일 위원회가 18개월 동안 한 문제를 연구하게 하는 것임을 알아냈다.[11]

과단성이 '행동 편향성'이라면 그 반대는 무엇인가? 생각 편향성인가? 그럴 수도 있고, 그렇지 않을 수도 있다. 연구자들은 정상적이고 건강한 것으로 간주되는 망설임indecision과 문제로 인식되는 우유부단함indecisiveness을 구별한다. 망설임은 인생이 바뀔 수도 있는 중요한 선택을 해야 하는 어느 시점에 흔히 겪는 일시적인 단계로 간주된다.[12] '학교로 돌아갈지' '전체 부서를 없앨지' 결정하는 경우, 높은 위험에 상응하는 망설임의 시간을 거쳐야 할 것이다.

하지만 우유부단함은 문제를 해결하고자 할 때 거쳐야 하는 단계가 아니라 성격이다. 우유부단함은 "다양한 맥락과 상황에서 결정하지 못하는 고질적 무능력"이다.[13] 우유부단하면 작은 것도 선택하기 어렵다. 음식점에서 무엇을 주문할지, 회의할 때 어디에 앉을지, 여행에 어떤 책을 가져갈지 선택하는 데 지속적으로 어려움을 겪는다면 우유부단함 때문에 몹시 고전하는 것이리라. 그러므로 과단성이 행동 편향성이라면, 우유부단함은 선택하지 않으려는 편향성이다. 여성이 선택과 행동을 피하려는 고질적인 편향성이 있다는 것은 여성에 대한 사회의 인식일지 모른다.

우리는 결정하고 돌아보지 않는 리더를 원한다

결단력 있게 보이는 것은 중요한가? 정치인들은 대단히 중요하다고 생각한다. 2001년 9월 11일 테러 공격 이후 수년 동안 공화당원들은 미국 대통령 조지 W. 부시George Walker Bush를 대단히 결단력 있는 인물, 즉 즉각적이고 직관적인 결정을 내리고 비난과 반대에도 결정을 번복하지 않는 인물로 묘사했다. 부시 지지자들은 이것을 그가 통치

할 때 나라가 더 안전해진 원인으로 언급했고, "나는 결정하는 사람입니다"라는 부시의 말은 많은 이에게 그가 대통령으로 재임하던 때를 연상시킨다.[14]

미국인이 최근 수십 년간 우유부단함을 경멸해온 방식과 대조해보라. 2004년 대통령 선거에서 공화당원들은 민주당 후보 존 케리John Kerry를 "결정을 홱홱 뒤집는 변절자"라고 모욕했다. 그들은 케리를 형편없는 리더로 묘사하며, 유권자들이 그에게서 등을 돌리고 부시에게 향하기를 바랐다. 이 전략은 주효했다. 그 선거에서 후보자에 대한 유권자의 결단력 감지는 결정적이었다.[15] 한 연구에 따르면 조지 W. 부시가 더 결단력 있다고 인식한 유권자들은 부시에게 투표했고, 존 케리가 더 결단력 있다고 인식한 유권자들은 케리에게 투표했다.

"무엇이 좋은 리더를 만드는가?"라고 물은 2015년의 한 연구에 따르면, 미국인은 여전히 결단력을 높이 평가한다. 퓨 재단Pew Foundation의 연구 팀은 역할과 직업이 다양한 미국인 성인 2,800명을 대상으로 리더에게 절대적으로 필요한 자질이 무엇이라고 생각하는지 물었다. 정직이 1위를 차지했으나(응답자 84퍼센트가 진실함을 꼭 필요한 자질로 꼽았다), 결단력이 뒤를 바짝 쫓았다. 응답자 80퍼센트가 유능한 리더는 결단력도 있어야 한다고 말했다.

사람들은 리더의 주요 자질이 성별에 따라 다르다고 생각했을까? 이 연구에 따르면 응답자 62퍼센트는 남성과 여성이 똑같이 결단력 있다고 생각했으나, 27퍼센트는 남성이 더 결단력 있기 때문에 더 훌륭한 리더가 될 수 있다고 생각했다. 이 통계에서 좋은 소식은 대다수 사람들이 남성과 여성을 동등하게 결단력 있다고 생각했다는 점이다. 이것은 진보다.

여기에는 여러 인기 있는 경제 경영서의 조언을 따르며 포부를 펼치는 여성들이 눈여겨봐야 할 점이 있다. 응답자들은 퓨 재단이 조사한 모든 리더십 자질 가운데 여성이 남성에게 가장 뒤처진 자질은 포부가 아니라 결단력이라고 말했다. 응답자 20퍼센트는 남성이 여성보다 포부가 크다고 생각했지만, 25퍼센트는 남성이 더 결단력 있다고 생각했다. 큰 차이가 아니지만, 이는 여성이 리더가 되고 싶다는 것을 보여주는 데 집중할 수 없고, 집단을 이끌 만큼 결단력이 충분하다는 것도 보여줘야 한다는 점을 시사한다.

리더의 자질로 결단력을 중시하고, 갑작스런 진술 번복을 혐오하는 것은 미국인뿐만 아니다. 영국에서도 '유턴'한 정부 관료들은 비난받고, 오스트레일리아와 뉴질랜드 사람들도 의견을 뒤집는 정치인을 싫어한다. 유럽 22개국을 아우르는 연구에서 한 국가를 제외한 모든 국가는 뛰어난 리더의 다섯 가지 자질 중 하나로 결단력(과단성)을 꼽았다. (천천히 시간을 두고 결정하는 리더를 받아들이겠다는 입장은 프랑스뿐이었다.)[16]

회의는 이제 그만

모든 사람이 여성을 결단력이 더 낮다고 볼까? 다행히 아니다. 내가 조직에서 최고 지위에 오른 여성들과 대화할 때, 그들은 흔히 같은 회의실의 남성들보다 열렬히 결정을 추구한다고 말했다. 테크놀로지 회사의 전 CEO 캣은 말했다. "저는 보통 95퍼센트 확신이 들면 어떤 결정을 추진하지만, 저와 함께 일한 남자들은 9를 네 개 원했어요(캣은 이것이 그들이 99.99퍼센트 확신할 수 있기를 바랐다는 뜻이라고 친절히 설명해주었다)." 경찰국장 다이애나는 전체 경찰에 영향을 미치는 중요한 정책 결정에 관해 다음과 같이 말했다. "남자들은 회의하기 위해 회의를 하고 또 합니다. 그동안 나는 생각하죠. '이런 젠장맞을 회의는 그만둬야 해. 이제 그만 결정을 내립시다.' 그러고 보니 어제 회의에서 내가 그렇게 말했네요."

이 이야기는 남성이 지배하는 환경에서 임원이 된 여성에게 도움이 될 것이다. 다이애나는 그 도시에서 10년 만에 처음 여성 경찰국장이 되었다. 다이애나의 경찰국은 일반 경찰국보다 훨씬 진보적이다. 2013년 기준으로 미국의 모든 경찰국장과 보안관 중 여성은 1퍼센트 미만이다. 이는 회의실에 모인 경찰국장 500명 중 여성은 4명뿐이라는 의미다.[17] 당신이 일반적으로 남성을 연상시키는 직업에 몸담은 여성이라면, 당신이 결단력 있게 결정할 능력과 의지가 있음을 보여준다면 중역에 오르기 더 쉬울 것이다.

우리 사회는 리더의 결단력을 중시하므로, 여성은 시원하고 명확하게 결정을 내리는 데 뒤처진다는 인식은 숱한 문제로 이어진다. 간혹 여성의 결정은 종잡을 수 없는 것으로 묵살된다. 의사 결정에 도달하기 위해 남성과 여성이 사용하는 프로세스에 관한 《하버드 비즈니스 리뷰Harvard Business Review》 최근 기사에서 익명의 남성 대기업 임원은 "때로 여성은 너무 변덕스러워서 사업상 거래하기 어렵다는 생각이 듭니다"라고 말했다.[18] 즉 여성은 관계를 중시하고 마음을 잘 바꾼다고 여겨져 대대적으로 막후교섭을 받지만, 남성은 이런 간섭을 받지 않기에 혼자서 여러 선택지를 가늠해볼 수 있다.

소프트웨어 연구원 겸 제품 담당 매니저 니나는 자신의 부서에는 여성이 '최후 교섭자'에 근거해 결정을 내린다는 믿음이 있다고 말했다. 들어본 적이 없는 표현이라 그게 무슨 뜻인지 물었다. 니나는 여성 관리자가 프로젝트에 대해 중요한 결정을 내리는 날, 사람들은 계속 그녀의 사무실에 들락거린다고 설명했다. 사람들이 여성은 최후에 들은 제안에 따를 것이라고 생각한다는 것이다. 남성 관리자의 경우는 어떨까? "그들의 방문 앞에 줄 서는 일 따위는 없습니다. 사람들은 '그래 봐야 무슨 소용이야? 그는 자기 뜻대로 할 텐데. 결정이 내려지면 알아보자'고 생각하죠."

나는 니나의 관점에 매료되었다. '최후 교섭자' 원칙이 직장에 흔하다는 뜻은 아니다. 이 회사 혹은 이 부서에 유일하게 나타나는 현상일 수 있지만, 이 일화는 더 큰 이슈를 보여준다. 그것은 우리가 이제껏 들은 메시지—사람들은 남성이 과단성 있는 행동을 좋아하는 경향이 있다고 생각하는 반면, 여성에 대한 기대는 기껏해야 뒤섞인 것이라는 의미—와 일치한다. 이 팀은 여성이 터무니없이 마음을 잘 바꾸거나, 단순히 새로운 주장에 개방적이라고 여기는 것일까? 여성은 팀원들의 생각에 더 많은 관심을 둔다는 찬사가 숨은 것일까? 아니면 여성은 자기 생각이 없으므로 방향을 바꾸기 쉽다는 뜻이 함축되었을까? 이 이야기와 민감한 결단력 문제를 이해하기 위해 내가 찾아낸 방법 중 하나는 비밀 요원과 엄마 오리에 대해 생각하는 것이다.

비밀 요원과 엄마 오리

일반적으로 우리는 남성과 여성에게 기대하는 바가 아주 다르다. 친구의 집 뒤뜰에서 열린 바비큐 파티에서 남자를 만나는 경우, 비록 그가 수영 팬츠 차림이고 한쪽 팔에 아이가 매달려 흔들대도 그에게 원대한 포부가 있다는 말을 듣고 놀라지 않을 것이다. 당신 눈앞에 보이는 단서는 그가 가정적이고 태평하고 심지어 장난스럽다는 것을 알려주지만, 그에게 커리어와 높은 목표가 있을 거라는 뿌리 깊은 사회적 기대가 있다.

여러 연구는 사람들이 남성은 성취 지향적이고 자신에 대한 독자적인 비전이 있으리라고 기대한다는 것을 밝혀냈다. 그가 기업에서 일하는 경우, 당신은 그가 빨리 승진하여 공동경영자가 될 거라고 말할 때 고개를 끄덕일 것이다. 그가 자영업자라면 당신은 계속 1인 운영 체제를 유지할 계획인지, 확장할 계획인지 물어볼 것이다. 그가 딸아이 신발 끈 묶는 것을 도와주려고 몸을 기울이는 모습을 볼 때 당신은 부지불식중에 그가 자신의 커리어에도 관심을 쏟는 야심 찬 사람일 거라고 생각한다. 《린 인: 여성, 일 그리고 리더십Lean In : Women, Work, and the Will to Lead》(린 인은 상체를 기울일 때의 적극적인 자세를 뜻함)은 우리가 남성에게 기대하는 특성을 설파하는 책이므로, 남성에게는 설득력 있는 지침서가 될 수 없을 것이다.

과학자들의 말에 따르면, 사람들은 남성이 에이전틱agentic할 것이라고 기대한다. 자신의 계획을 추진하고, 목표를 정해서 결국 달성하리라고 기대한다는 것이다.[19] '에이전틱'은 전문 용어지만, 나는 이 말을 비밀 요원을 묘사하는 것으로 즐겨 상상한다. 당신은 10편이 넘는 영화에서 이런 성 역할을 보았을 것이다. 남자 주인공은 지붕에서 지시를 기다리고, 본부에 있는 사람이 명령한다. "제임스, X, Y, Z를 순서대로 실행하시오. 제임스?" 카메라가 지붕을 다시 비추고, 관객은 수화기—아마도 주인공의 수화기—가 바닥에 떨어진 것을 본다. 그는 자신이 최선이라 결정한 것을 실행하러 떠나고, 관객은 불안과 동시에 흥분을 느낀다. 관객은 그가 지시를 무시하는 게 신경 쓰이지만, 그가 지금 꼭 필요한 일이 무엇인지 정했을 거라고 믿는다.

판단하고 결정하는 일에 관한 한, 우리는 남성이 비밀 요원처럼 행동할 것 — 유능하고 독립적이고 강인하며, 무엇보다 결단력 있을 것 — 이라고 기대한다. 결정이나 행동이 신속하다. 우리는 그가 따르는 계획이 자신이 정한 것일 때도 놀라지 않는다. 우리가 남성의 그런 특성을 좋아하거나 주위의 남성 의사 결정자가 그렇게 행동하기를 원해서 그런 것은 아니지만, 이런 상황을 볼 때 놀라지 않는다.

사람들은 의사 결정에 관한 한, 남성이 비밀 요원처럼 행동할 것으로 기대한다. 그렇다면 여성은 어떻게 행동할 거라고 기대하는가? 이렇게 말하고 싶지 않지만 엄마 오리가 떠오른다. 과학자들은 우리가 여성이 공동체적communal일 것이라 기대한다고 말한다. 즉 우리는 여성이 관계 형성과 유지를 중시하는 공동체적 삶을 지향하리라고 기대한다는 것이다. 우리는 여성이 선택할 때 엄마 오리처럼 주위 사람들의 요구를 최우선으로 여길 것이라고 기대한다.

우리는 엄마 오리와 아기 오리들이 길을 건너는 모습을 상상할 때, 엄마 오리가 모든 아기 오리가 무사히 길을 건너게 해줄 것임을 안다. 여성이 모두 이끌고 앞장서 가는 것은 그녀가 그저 길을 터주는 한 괜찮지만, 우리는 그녀가 집단 구성원을 염두에 두고 낙오자가 없는지 살필 거라고 생각한다. 여성의 결정이 그 자신의 독자적인 계획을 중심으로 이뤄진다고 생각하는가? 그렇다면 그녀는 형편없는 엄마 오리일 것이다. 반대로 우리는 여성이 자신에게 의지하는 사람들을 걱정하고 동정하고 도와주는 그녀의 역할을 반영하여 결정할 것이라고 기대한다.

이것은 여성과 의사 결정에 어떤 의미가 있을까? 우리는 여성이 회사나 팀, 가족 등 자신보다 규모가 큰 무엇을 중시할 것이라고 추측한다. 앞서 언급한 바비큐 파티에서 당신이 한 여성을 만나는 걸 상상해보라. 청바지를 입은 여성이 어린아이에게 비눗방울을 어떻게 부는지 보여준다. 그녀는 이제 막 부사장으로 승진했다고 말한다. 당신은 그녀에게 직장 일과 집안일을 어떻게 해내는지 묻는다. 당신은 남성을 비밀 요원으로 쉽게 상상할 수 있지만, 여성을 엄마 오리로 감지한 것은 쉽게 떨쳐내지 못한다.

우리는 기업의 임원들에게서 늘 이런 비밀 요원과 엄마 오리 관념을 목격한다. 2009년에 고위 관리자 약 300명을 대상으로 한 연구에서 CEO에게 보고하는 두 직급 내에 있는 임원들의 일반적 인식은 "여성은 보살피고, 남성은 통솔한다"로 특징지었다.[20] 여성 임원을 포함한 이 임원들은 대부분 남성은 직원을 결단력 있게 행동하고 상황을 통제하는 존재로 보았고, 여성은 다른 사람을 보살피고 지지하는 존재로 보았다.

비밀 요원과 엄마 오리는 우리가 남성과 여성에 대해 기대하는 온갖 복잡한 특성을 표현하는 완벽한 비유는 아니다. 특히 신뢰와 인정을 받는 문제에 대해서는 충분하지 않다. 불가능한 일을 해낸 다음 누구의 소행인지 알려지기 전에 모습을 감추는 비밀 요원은 막후에서 작업하지만, 이는 우리가 모든 남성에게 기대하는 바와 다르다. 우리 사회는 남성에게 자신의 성취에 대해 함구할 것을 요구하지 않는다. 마찬가지로 엄마 오리는 아기 오리들 위로 솟아 있어 인솔자로서 도드라져 보이지만, 여성 리더가 커피를 가져다주는 사람으로 오인되는 이야기가 많다.

우리가 남성과 여성이 결정하는 방식—독자적으로 행동하는지 아니면 다른 사람에게 맞추려고 애쓰는지—에 대해 생각한다면, 그것은 효과가 있다. 우리는 남성에게 좋은 아이디어가 있는 경우 밀어붙이기를 기대하지만, 여성에게는 모든 이의 요구 사항을 고려하여 협력하기를 기대한다. 남성 경찰관은 상황을 제압하려고 하는 반면 여성 경찰관은 타인을 보호하려 한다는 다이애나의 이야기와, 중대한 결정을 내려야 하는 날 여성 관리자는 직원들에게 막후교섭을 받지만 남성 관리자는 간섭받지 않는다는 니나의 이야기에서 우리는 그것을 목격한다.

서문에서 보았듯이 수많은 기자들은 야후의 재택근무 정책을 중단했다는 이유로 마리사 메이어를 비판했다(그녀는 야후의 모든 워킹맘을 생각하지 않는가? 여성 CEO는 더 가정적이면 안 되는가? 그녀는 업계에 어떤 선례를 남겼는가? 그녀는 거시적으로 생각해보았는가?). 일주일 뒤 베스트바이의 유베르 졸리가 같은 결정을 내렸을 때, 그를 비난한 사람은 거의 없었다. 졸리는 마지막 아기 오리를 보살피지 않아도 되었으나, 메이어는 그래야 했다.

남성은 공동체적이면 안 되고, 여성은 주도적이면 안 된다는 뜻인가? 그래도 된다. 이 책을 읽는 내내 접하겠지만, 남성과 여성은 반대 성의 전형적 특성으로 간주되는 성 역할을 취할 때 흔히 대가를 치른다. 평론가들과 기자들은 특히 비밀 요원처럼 결정하려는, 즉 자신이 최선이라 생각한 것을 선택하여 전속력으로 밀고 나가는 여성 리더를 지체 없이 비판한다.

실제로 누가 더 결단력 있을까?

정말 남성이 여성보다 선천적으로 결단력이 있을까? 연구자들은 이 문제에 대해 논쟁하지만, 현재 답은 "아마 아닐 것이다"인 듯하다.

결단력에 관해 연구하는 과학자들은 대부분 성인이 자신의 경향성을 평가한 점수에 의거하여 연구를 진행한다. 당신이 이런 설문 조사를 받는다면, 중요한 결정을 내리는 방식에 관해 20~25개 질문에 답할 것이다. 예를 들어 결정을 내리기 전에 입수한 사실을 어느 정도로 재확인하는가? 얼마나 자주 다른 사람과 상의하지 않고 중요한 결정을 내리는가? 얼마나 자주 최종 순간까지 결정을 미루는가?[21]

연구자들이 이 질문에 대한 답을 집계할 때 남성과 여성의 점수는 아주 비슷하다.[22] 이 데이터는 모든 사람이 가끔은 어떤 결정을 내리기 어렵다고 느끼지만, 대다수 남성과 여성이 모두 어렵지 않게 필요한 결정을 내리며 순조롭게 살아가고 있음을 시사한다. 결단력에 대한 이런 성적 균형은 미국에 국한되지 않는다. 터키, 중국, 캐나다, 오스트레일리아, 일본, 뉴질랜드 등 여러 국가에서도 같은 나라의 남성과 여성은 비슷한 결단력이 있는 것으로 보인다.[23] 어떤 문화가 다른 문화보다 결단력 있을 수 있지만, 한 문화에서 남성과 여성은 균형을 이루는 것 같다. 예를 들어 한 연구에서 일본 성인은 미국이나 중국 성인보다 결단력이 낮았지만, 일본 남성과 여성은 얼마나 신속하게 혹은 쉽게 선택하는가 하는 문제에서 별 차이를 보이지 않았다.[24]

일부 연구자들은 남성이 더 결단력 있다고 보고하지만, 여기에 중요한 단서가 붙는다. 이 연구는 대부분 특수 인구 집단, 특히 12~18세 청소년과 반복적으로 손을 씻는다거나 편지 봉투의 우표를 여러 차례 확인한 뒤에야 편지를 우편함에 넣는 것과 같은 강박증적 행동의 징후를 보이는 성인을 대상으로 했다.[25] 결정을 내리는 일에 관한 한 이들은 특이한 집단이다. 집안에 10대 청소년이 있다면 당신은 그들의 결정이 여러 연령대 중에서도 특이하다는 데 동의할 것이다. 강박증적 경향이 있는 여성이 같은 증상이 있는 남성보다 결정을 미룬다는 걸 알려준다는 점은 흥미롭지만, 전체 인구 집단에 해당하는 얘기는 아닐 것이다.

그러므로 여성이 결정할 능력이 없다는 생각은 오해를 살 소지가 있다. 일부 여성이 다른 이들보다 결정을 내리는 데 어려움을 느끼는 건 사실이지만, 일부 남성도 똑같이 곤혹스러워한다. 이 증거는 대개 건강한 성인 남성도 건강한 성인 여성만큼 자주 결정을 내리는 데 어려움을 겪는다는 걸 보여준다.

다리 통증, 배앓이와 함께한 애팔래치아 트레일

여성이 남성만큼 결단력 있다면, 왜 많은 사람들이 여전히 남성이 더 결단력 있다고 여길까? 우리 모두 여성이 남성만큼 자주 행동하려는 경향을 보이는지 알아보려 하지 않은 건 아닐까? 여성은 우유부단하다는 생각이 사라지지 않는 데는 수많은 이유가 있겠지만, 우리 모두 알아야 할 두 가지를 집중적으로 살펴보려 한다.

제니퍼 파 데이비스Jennifer Pharr Davis는 애팔래치아 트레일Appalachian Trail을 누구보다 빨리 종주하고 싶었다. 그녀는 2,181마일(약 3,510킬로미터)을 두 차례 완주했고, 두 번째 종주에서는 하루에 평균 38마일(약 61킬로미터)씩 57일 반나절 동안 걸어서 여자 신기록을 세웠다.[26] 대다수 사람들은 그 정도로 충분하다고 여겼을 것이다. 발에 잡힌 물집이 완전히 아물 때까지 움직이지 않으려 했을 테고, 도전하고 싶어 못 견디면 새로운 곳을 걸으려 했을 것이다.

하지만 제니퍼는 다시 해보고 싶었다. 이번에 목표는 남자 기록을 깨는 것이었다. 이 이야기가 언급된 회고록에서 제니퍼가 회상하듯, 그녀는 하루에 평균 47마일(약 76킬로미터)을 걸어 메인Maine 주에서 조지아Georgia 주까지 완주하고 싶었다. 제니퍼는 남편 브루Brew에게 이런 바람을 이야기했다. 제니퍼가 하이킹할 때면 브루는 지원군으로 두 달 반 동안 함께 이동했다. 그는 매일 밤 다음 약속 지점으로 차를 몰고 가서 따뜻한 저녁과 이온 음료를 준비하고 텐트를 쳐두었다. 브루는 교사이므로 여름에는 방학이 있었으나, 아내의 세계기록 도전을 도우며 그 시간을 보낼 터였다. 브루는 자신에게 결정권이 있다면 이 도전은 두 사람에게 너무 힘든 일이어서 결코 하지 않겠지만, 아내의 선택이 무엇이든 지원해주고 싶다고 말했다. 제니퍼는 시도하기로 결정했다.

하이킹을 시작하고 처음 이틀은 괜찮았다. 제니퍼는 정확히 자신이 바라던 대로 하루에 평균 48마일(약 77킬로미터) 이상을 걸었다. 대단한 진전이다. 하지만 그 후 걸음을 내디딜 때마다 다리가 아프기 시작했다. 겨우 사흘째에 정강이 통증이 시작되었다. 워싱턴Washington 산을 지날 때 폭풍우가 불어닥쳤고, 뉴햄프셔NewHampshire 주의 프랑코니아Franconia 산등성이에서는 기온 하강과 바람 때문에 저체온증이 왔다. 제니퍼는 그래도 계속 걸었다. 이레째 되는 날 그녀는 일종의 장염에 걸려서 한 시간에 한 번씩 화장실에 가기 위해 멈춰야 했다. 매일 밤 가까스로 여섯 시간을 자서는 몸이 치유될 수 없었다.

아흐레째 되는 날, 제니퍼는 이제 못 하겠다 싶었다. 그날 아침 길을 나설 때만 해도 괜찮았는데, 걷는 동안 통증이 심해졌다. 제니퍼는 바닥에 털썩 주저앉았다. 기운이 없어서 도저히 걸을 수 없었다. 며칠 새 이동속도가 급감하여 이대로 걸어서는 기록을 깨지 못할 터였다. 강행하지 않겠다고 결정하자, 달콤한 안도감이 밀려왔다. 그날 계획한 것보다 오랜 시간이 걸렸지만, 제니퍼는 마침내 남편이 기다리는 약속 장소에 도착했다. "몸이 말을 안 들어서 이제 할 수 없겠어. 정강이가 쑤시고 아직 배가 아파. 우리는 기록을 낼 수 없을 거야. 여기서 중단하고 싶어."

제니퍼는 남편이 괜찮다고 말할 것임을 의심하지 않았다. 브루는 제니퍼를 잠시 껴안아주고 그녀를 부축해서 자동차로 데려간 다음, 뜨거운 물로 샤워할 수 있게 호텔로 갈 거라고 확신했다.

하지만 브루는 제니퍼를 돌아보며 말했다. "당신은 그만둘 수 없어. 내가 그러도록 내버려두지 않을 거야." 그다음 말은 귀에 들어오지 않았다. 제니퍼는 너무 충격을 받아서 귀 기울일 수 없었다. 마침내 정신을 가다듬었을 때 브루의 말이 들렸다. "지금 그만두기에는 이 종주에 너무 많은 걸 쏟아부었어. 당신 자신을 위해서 계속해야 해. 내게도 조금 신세를 졌잖아. 그만두고 싶다면, 정말 그만두기를 원한다면 좋아. 내일이나 모레 복통이 진정되었을 때 결정해. 지금은 뭐라도 좀 먹고 약을 먹어. 그리고 하이킹을 계속해야 해." 브루는 지금 잘못 결정하면 평생 후회할 거라고 강조했다.

제니퍼는 남편의 퉁명스럽고 완고한 대답에 화가 났다. 하지만 저녁을 먹고 약을 먹은 뒤 잠자리에 들었다. 제니퍼는 브루의 말을 곰곰이 생각해보았다. 약효가 날 때까지 기다리는 게 사리에 맞는 일이라고 결론지었다. 제니퍼는 종주 팀─자신과 남편─을 위해 조금 더 노력해야 한다는 것을 깨달았다. 세계기록을 깨지 못해도 자신이 어느 정도까지 해낼 수 있는지 알아내기 위해서 목표를 다시 정하고 최선을 다해보기로 결심했다. 다음 날 아침, 제니퍼는 동이 트기 전에 하이킹을 시작했다. 12마일(19킬로미터)을 걸은 뒤 약효가 나기 시작했다. 이틀 뒤 제니퍼는 자신이 그만두려고 했다는 걸 상상할 수 없었다. 남편이 강하게 밀어붙인 걸 다행으로 여겼다.

제니퍼의 이야기를 듣고 무슨 생각이 드는가? 어떤 사람은 그녀가 마음을 바꾸고 계속 걷기로 했다는 사실에 고무될 것이다. 다른 이는 제니퍼의 사고방식이 믿을 수 없을 정도로 팀 위주이며, 그녀가 그만두기로 결정하고 마음의 평화를 찾은 뒤 하이킹을 계속하라는 남편의 생각을 받아들일 만큼 남편의 판단력을 깊이 신뢰하고 존중하는 게 틀림없다고 생각할 것이다. 제니퍼는 남편을 사랑하고, 남편도 그녀를 사랑한다는 데 의심할 여지가 없다. 실제로 제니퍼는 자신의 회고록 제목을 '사랑과 승리의 이야기 Called Again : A Story of Love and Triumph'로 정했다. 제니퍼가 하루에 16시간씩 2,200마일(3,540킬로미터) 가까이 하이킹한 이야기는 그녀의 의지와 인내심 못지않게 남편을 얼마나 사랑하는지 말해주기 때문이다.

모든 이들이 제니퍼의 결정에 감동하지는 않을 것이다. 어떤 사람은 그녀의 이야기를 읽고 화내며 물을 것이다. "제니퍼는 줏대도 없나요? 몸에 탈이 났고 엄청난 고통에 시달렸으니 몸부터 챙겼어야죠. 이 도전은 그녀의 소원이었으니 그만두는 것도 자신이 결정했어야 합니다." 애팔래치아 트레일 종주에 세 번 도전한 사람이 의지박약일 리 없다. 그것은 수많은 여성이 빠지는 판단의 덫judgment trap이다. 비판자들은 조언에 열린 마음을 우유부단으로 해석하여, 여성이 독자적으로 결정하지 않을 때 결정할 능력이 없기 때문이라고 추정한다.

그녀가 협력하는 경우 결단력이 없어서가 아니다

제니퍼 이야기의 행복한 결말을 이야기하기 전에, 여성이 팀을 중시하는 협동적 사고방식을 취할 때 평자들이 흔히 보이는 상반된 반응에 대해 고찰해보자. 어떤 사람은 칭찬하지만, 어떤 사람은 나약하다고 비난한다. 이런 엇갈린 반응은 직장에서도 볼 수 있다. 여성 관리자는 마지막으로 대화한 사람의 말을 토대로 결정한다는 소문이 돈다는 니나의 이야기에서 우리는 보았다. 업계 분석에서도 읽을 수 있다. 매킨지 앤드 컴퍼니McKinsey and Company의 보고서에서 한 유럽인 고위 간부가 말했다. "여성은 남성에 비해 의사 결정에서 많은 참여를 유도하는데, 이는 때로 결정하는 능력이 부족한 것으로 간주된다."[27]

내 생각에 이것은 여성의 결단력이 부족하다고 간주되는 주원인 중 하나다. 사람들은 결단력이 있으면서 협동적일 수는 없을 거라고 추측한다. 제니퍼가 그만둘지 계속 갈지 결정해야 했던 날을 떠올려보라. 제니퍼는 남편의 조언을 자기 생각과 같은 정도로 진지하게 고려했다. 그녀는 며칠간 고통에 시달린 뒤 하이킹을 중단하기로 결심했으면서도 그것을 확고부동한 것, 즉 '애초의 계획은 잊어버려. 이게 새 계획이야'라는 식으로 선언하지 않았다. 제니퍼는 "우리는 기록을 낼 수 없을 거야. 여기서 중단하고 싶어"라고 말했다. 의도했든 하지 않았든 남편의 조언이 들어올 여지를 남겨둔 것이다.

연구에 따르면 조언의 여지를 남겨두는 것은 여성에게 더 흔한 일이다. 특히 여성 리더를 남성 리더와 비교할 때 그렇다. 직장에서든 통제된 실험실에서든, 여성 리더는 더 민주적인 방식으로 선택하고 더 많은 사람들과 상의하는 경향이 있다. 추측컨대 여성의 인생 파트너는 다른 사람들보다 많은 영향을 미칠 테지만, 친밀함이 전제 조건은 아니다. 낯선 이들을 리드하도록 임의로 지명된 여성은 같은 역할을 하는 남성보다 그들의 생각을 물어본다.[28] 여성 시장은 예산편성 결정에 시민을 참여시킬 확률이 더 높고, 여성 관리자는 직원의 피드백을 얻기 위해 회의에 더 많은 시간을 할애한다.[29]

여성이 남성보다 자주 협력한다는 이런 논평은 모든 남성은 자신의 결정을 지시하지만, 모든 여성은 여론조사부터 한다는 뜻일까? 아니다. 집단의 동의를 구하는 평등주의자 남성도 많고, 구성원에게 의견을 묻지 않고 업무를 배정하는 여성도 많다. 조직 내에 문화나 일련의 방침이 있다면 의사 결정자들은 반드시 여러 관점을 생각해볼 것이다. 우리는 이런 관례가 없는 대다수 조직에서는 여성이 남성에 비해 더 평등주의적으로 지도부를 결정할 것이라고 기대한다.

당신은 거의 놀라지 않을 것이다. 우리는 대부분 여성이 남성보다 협동적일 거라고 기대한다. 우리는 여성이 다른 사람의 생각에 관심이 있고, 팀을 더 중시하고, 다른 이들을 수용하기 위해 강경한 입장을 버릴 거라고 기대한다.[30] 연구자들이 "남성 정치 지도자와 여성 정치 지도자 중 누가 타협하는 일에 더 유능하다고 생각합니까?"라고 물었을 때, 차이가 있다고 생각한 응답자들은 4대 1의 비율로 여성 정치인을 택했다.[31] 이는 엄마 오리 모델에 들어맞는다. 그녀는 이쪽으로 가고 싶지만 다른 사람들이 모두 다른 쪽으로 가고 싶어 하면 홀로 위험을 감수하기보다 타협한다. 이것은 수많은 여성이 처하는 난감한 상황이다. 민주적이면 결단력이 없고 의지박약한 사람으로 간주되고, 전제적이면 결단력은 있지만 이기적인 인물로 비친다.

아마도 여성은 직장에서 더 민주적일 것이다. 여성이 지휘할 수 있는 유일한 방식이기 때문이다. 여성이 직장 동료나 부하 직원에게 어떤 일을 지시할 때, 그들은 그런 상황을 좋아하지 않고 보통 그녀에게도 반감이 생긴다. 연구에 따르면, 사람들은 업무 평가에서 전제적인 여성에게 남성보다 낮은 점수를 준다. 심지어 남성이 똑같은 해고 통보를 할 때도 그렇다.[32] 전제적인 여성은 조직이 실패할 때 더 큰 비난을 받는다.

2014년에 진행한 실험 결과, 여성이 일을 지시한 뒤 부서의 생산성이 떨어졌을 때 관찰자들은 그녀의 책임으로 돌린다는 것을 알아냈다.[33] "그녀가 무능했다" 혹은 "열심히 일하지 않았다"며 공격했다. 하지만 남성이 중요한 결정을 지시한 다음 부서의 생산성이 똑같은 수치로 떨어졌을 때, 관찰자들은 그의 리더십 부족과 그가 통제할 수 없는 원인이 혼합된 결과라고 합리화했다. 남성 역시 책임에서 완전히 자유로울 수 없었으나, 관찰자들은 상황 탓도 있다며 더 관대한 태도를 보였다. 그들은 "증시가 침체되었다"거나 "그의 팀이 해야 하는 일을 보십시오"라고 말했다.

계획을 지시하는 대신 협동적이고 민주적인 방식을 택하고 의사 결정 과정에 다른 이들을 참여시킨 여성은 어땠을까? 이 여성은 집단의 실적이 내려가도 유능하다고 평가되었다. 관찰자들은 여성이 협의적일 때 다른 원인을 지적하려 했다. 사람들은 "그녀는 다른 사람의 말에 귀 기울였고 팀원들의 의견을 물었으므로, 운이 나빴거나 타이밍이 좋지 않았던 것 같다"고 말했다.

우리는 왜 여성보다 남성이 명령을 내릴 때 너그러울까? 노스웨스턴대학교Northwestern University의 심리학자 앨리스 이글리Alice Eagly와 서던일리노이대학교Southern Illinois University 경영학과의 스티븐 캐로Steven Karau 교수는 역할 일치 이론role congruity theory 때문이라고 암시한다.[34] 우리는 사회에서 기대하는 전형적인 역할에 부합하는 방식으로 행동하는 사람을 더 좋아하고, 그러지 않은 사람에게는 호감을 덜 갖는다는 개념이다. 우리는 남성이 일의 우선순위를 정하고, 제의를 거절하고, 일부나 대다수 사람이 불쾌하게 여길 어려운 결정을 내리는 등 관리자처럼 행동할 것을 기대한다. 하지만 다른 사람을 도와주고, 보살피고, 동정할 것이라는 여성에 대한 전형적인 기대는 일반적인 관리자의 역할에 부합하지 않는다. 우리는 여성을 관리자로서 좋아할 수도 있다. 단지 그녀가 우리 의견에 귀 기울일 때 그럴 것이다.

요컨대 남성 리더는 전제적이고 결단력이 있으면 실패한 뒤에도 살아남을 수 있지만, 여성 리더는 그럴 수 없다. 여성은 자신을 보호하려면 협의적이어야 한다. 동시에 결단력을 갖춰야 좋은 리더로 여겨질 것이다.

협의적 태도는 더 좋은 결정을 낳을까?

여성이 조언과 영향에 개방적이면 나약하다는 평을 들을지 모르지만, 이런 태도가 좋은 결정을 낳을까? 제니퍼는 몸이 회복되자 제 속도를 되찾아, 남은 구간을 하루에 평균 50마일(약 80킬로미터)씩 걸었다. 이 속도로 46일 동안 걷는 것은 물론, 단 하루에 50마일을 걷는 것도 나로서는 상상하기 어려운 일이다. 제니퍼는 몹시 아팠지만 기록적인 시간에 종주를 마쳤다. 이전에 남성이 세운 기록을 5분이나 5시간도 아니라 26시간 이상 앞당겼다.

직장에서 합의적 의사 결정 방식은 더 좋은 선택을 낳는가? 이것은 더 측정하기 어렵다. 과학자들에 따르면, 몇몇 상황에서는 다른 사람에게 조언을 구하는 리더가 결과적으로 더 좋은 결정을 한다. 예를 들어 배경이나 부서가 다양한 구성원이 모인 혼합형 팀은 협의적 의사 결정이 이롭다. 그래픽디자이너와 주방장, 홍보 담당자 등 다양한 분야 전문가들이 모여서 회의할 때, 당신이 원하는 결정을 명령하기보다 모든 이에게 참여할 기회를 주면 더 혁신적인 계획안이 만들어질 것이다.[35] 팀원들은 당신이 경청한다고 느끼면 자신의 전문 지식을 기꺼이 제공하려 할 것이다.[36] 주방장은 삼겹살은 한물갔다고 주의를 줄 수 있을 것이다. 하지만 당신이 전제적인 태도를 취하면 주방장은 아무 말도 하지 않을 것이다.

여성은 협의적 의사 결정 과정에 기꺼이 조언을 구하려는 적극성을 부여한다는 주장이 적어도 하나 이상의 연구에서 제시된다. 아무에게도 길을 묻지 않으려는 남성을 아느냐고 물어보라. 그러면 동승한 여성이 차를 세우고 도움을 청하자고 계속 제안해도 몇 마일이나 길을 벗어나 운전하는 아버지, 오빠, 배우자의 이야기를 들을 것이다.[37] 브리티시컬럼비아대학교University of British Columbia 경영학과의 모리스 레비Maurice Levi 교수는 직업적 상황에서 남성과 여성이 도움을 요청하는 일에 차이를 보이는지 궁금했다. 레비는 한 회사가 내릴 수 있는 가장 중대한 결정—다른 회사에 인수되는 걸 허용할지—에 대해 조사하는 연구 팀을 이끌었다. 당신은 이런 종류의 결정에 성별이 영향을 미치리라고 예측하지 못했을 것이다. 어쨌든 기업의 인수 합병 거래에 대해 조언을 구하는 것과 가장 가까운 주유소의 위치를 물어보는 것은 상당히 다른 문제다.

레비의 연구 팀은 인수 합병 대상이 된 회사들을 관찰하고, 그들이 오직 내부 경영진과 자문단의 결정에 의지하는지, 외부의 도움을 구하는지 질문했다.[38] 레비의 연구 팀은 거의 모든 회사가 입찰 받을 때 재정 고문을 고용한다는 것을 발견했다. 위험부담이 매우 큰 사안이기 때문에 조언을 구하는 것은 현명한 일이다. 하지만 지도부에 여성이 더 많은 회사는 일류 자문 회사에 조언을 구했다. 내부 자문단에 여성이 포함된 인수 대상 회사는 전국 최고 20대 인수 합병 전문 자문 회사 중 한 곳에 의뢰하려는 확률이 더 높았다. 자문단에 여성 비율이 10퍼센트 증가할 때마다 이 회사가 일류 자문 회사의 조언을 구할 확률이 7.6퍼센트 상승했다.

지도부에 여성이 포함된 회사들이 일류 자문 회사의 조언에 따른다는 사실은 무엇을 의미하는가? 이사회에 여성이 포함된 회사들은 외부의 조언에 더 높은 가치를 둔다는 설명이 가능하다. 골드만삭스Goldman Sachs나 모건스탠리Morgan Stanley 같은 미국 최고의 금융 자문 회사는 등급이 낮은 자문 회사보다 높은 자문료를 청구할 테니, 여성이 많은 회사에서는 외부 자문료로 더 많은 예산을 책정했을 것이다. 전원이 남성인 이사회는 이류 자문 회사에 자문을 의뢰한다는 사실에는 이 의사 결정 회의는 제의받은 액수를 사정하는 능력에 자신감이 있지만, 그래도 확인해봐야 한다고 느꼈을 것이라는 해석이 가능하다. 그들은 의무에 충실히 따르기 위해 자문 회사에 의뢰했지만, 그것은 형식적인 일이기 때문에 일류 회사에 투자할 가치가 없었다. 사람들이 자문료로 거액을 지불할 때 그 조언에 따를 확률이 높을 것이라

는 생각은 맞다.[39]

　직원이 대부분 20대와 30대 초반인 데이터 시각화 회사의 최고마케팅경영자CMO 유지니아는 리더에게 협의적 태도가 필요한 이유를 알았다. "오늘날 인력은, 결정에 참여시키거나 최소한 그들의 의견이 청취되었음을 확인하게 해주는 것은 대단히 중요합니다. 특히 밀레니얼을 참여시켜야 합니다." 유지니아는 이것이 의사 결정 과정의 속도를 늦추기는커녕 오히려 당긴다고 믿는다. "여성이 협력할 때는 결정 이후 세 단계를 미리 생각하기 위해 노력합니다. 결정은 단지 결정에 그치지 않습니다. 실행되어야 하죠. 내가 사람들에게 조언을 듣느라 일주일을 쓴다면 무슨 일이 벌어질까요? 한 주가 지났을 때 그 결정은 더 잘, 더 빨리 받아들여질 것입니다. '이것을 다시 논의해봅시다'라거나 실행해야 할 때 발을 질질 끌며 일부러 꾸물대는 일은 없을 테니까요."

　실행하기 전에 조언을 구하는 것은 언제나 더 좋은 일일까? 물론 아니다. 당신이 수술을 집도하는 의사라면 환자의 활력징후vital sign가 내려가기 시작할 때 무엇을 해야 할지 팀원들에게 물어보지 않을 것이다. 그러면 귀중한 시간을 허비할 뿐 아니라, 당신이 수술실에서 가장 숙련되고 박식한 전문의인 경우 최선의 행동 방침에 대해 단체 투표를 하는 것은 협의하는 동안 환자가 고통을 겪거나 죽는다는 의미다. 수술실에서는 담당의가 독재적으로 결정할 때 최선의 결정이 내려진다.[40] 명확히 밝혀진 최선의 선택지가 있고 협의할 여유가 없는 기타 전문직의 경우도 마찬가지일 것이다.

여성들이 협력하기 위해 치르는 대가는?

여성은 협동적이고, 세상을 모든 이에게 더 나은 곳으로 만든다는 것이 이 이야기의 결말인가? 그렇기도 하고 아니기도 하다. 우리가 다양한 전문가를 활용하고자 하는 조직에 무엇이 최선인지 살펴볼 때 여성의 협동성은 좋은 점이다. 하지만 여성에게 무엇이 최선인지 살펴볼 때 협동적이라는 것은 매우 불리한 점이다. 인식의 관점에서 그것은 '우유부단'으로 분류되기 때문이다. 사람들은 여성을 우유부단하다고 간주할 준비가 되었으므로 여성이 가능한 최고의 근거를 대며 주저하거나, 최상의 조언을 구하거나, 직원의 동의를 얻으려고 할 때조차 나쁜 평판에 시달린다. 여성은 더 좋은 결과를 낳는 의사 결정 방식을 사용할 때도 개인적인 대가를 치르는 셈이다.

여성은 협동적일 거라는 높은 기대가 있다. 이런 기대는 여성에게 부담을 가중한다. 뉴욕 브루클린Brooklyn 연방 검사장 로레타 린치Loretta Lynch가 미국 법무부 장관으로 지명되었을 때, 유명한 피고 측 변호사 제럴드 L. 샤겔Gerald L. Shargel은 린치가 언제든 시간을 내주는 점을 칭찬했다. "자문을 구하면 좋겠다 싶은 소송 관련 문제가 있을 때마다 그녀의 방문을 두드리면 언제든 반갑게 맞아주었죠."[41] 우리는 대부분 이 말을 찬사로 받아들인다. 하지만 이런 여성은 어떤 희생을 치러야 할까? 린치는 협력하기 위해 얼마나 자주 자신이 하던 일을 제쳐둬야 했을까?

유력한 남성 의사 결정자에 대해서는 아무도 그렇게 말하지 않을 것이다. "오바마 대통령의 문은 항상 열려 있습니다"라거나 "내 페이스북에 문제가 있을 때마다 마크 저커버그Mark Elliot Zuckerberg가 시간을 내줍니다"라고 말하는 사람은 없다. 일반적으로 남성은 언제든 시간을 내줄 수 있는가 하는 점에 따라 평가되지 않는다. 남성 리더가 언제나 반갑게 맞아주고 신호를 보내면 기꺼이 대화에 응한다고 어떤 사람이 말한다면, 우리는 재미있어하면서도 그가 실무는 제대로 하는지 의문스러울 것이다.

나는 인터뷰할 때 여성이 협력에 대해 높은 기준을 언급하는 걸 들었다. 하루는 전 CEO 캣이 화장실로 가는데 직원이 질문을 했다. 캣은 짧고 직접적으로 대답했다. "네, 그렇게 하세요." 캣은 나중에 이 직원에게서 화가 났느냐, 무슨 문제라도 있느냐, 왜 이 안건을 의논하려 하지 않느냐고 묻는 이메일을 받았다. 이런 우려가 왜 생기는지에 대해 남성이든 여성이든 CEO는 미묘한 태도 변화에도 주목을 받는 대상이라는 설명이 가능하다. 여성은 다른 일을 하고 있든, 그게 얼마나 급한 일이든 상관없이 가던 길을 멈추고 기꺼이 의논하려 할 것이라는 기대도 있다.

여성이 협력할 것이라는 기대는 수많은 여성 리더에게 복잡한 문제를 야기하고, 그들을 곤경에 빠뜨린다. 우리는 이런 기대에 부응하지 못하고 충분히 포용적이지 않다고 간주되는 여성에게 무슨 일이 벌어지는지 들었다. 회사 운영에 관한 결정을 하고 사람들에게 (하고 싶은 일을 묻는 대신) 해야 할 일을 명령하는 여성은 결단력이 있다는 이유로 점수를 따지만, 호감도에서 훨씬 더 많은 점수를 잃는다.

언론(과 기타 수많은 사람)은 이런 여성을 권위적이고 강압적이고 독단적이라고 묘사한다. 이런 여성을 묘사하는 형용사는 점점 더 고약해진다. 이는 조운 C. 윌리엄스와 레이첼 뎀프시가 《직장 여성이 알아야 할 것What Works for Women at Work》에서 줄타기 경향tightrope bias이라 부른 것이다. 여성은 남성스러움과 여성스러움 사이에서 줄타기하듯 살아간다. 사회는 여성 리더가 전통적인 남성처럼 행동하면 권위적이라고 비난하고, 전통적인 여성처럼 행동하면 우유부단하고 무능한 리더라는 꼬리표를 붙인다.

결단력과 협동성을 겸비할 수 있는 전략

여성은 자신이 결단력 있고 협동성도 있다는 것, 하나를 위해 다른 하나를 희생하지 않아도 된다는 것을 어떻게 보여줄 수 있을까? 어떻게 결정할지 틀을 잡으면 도움이 될 것이다. 당신이 프로젝트를 맡은 여성이라면 애초에 어떻게 진행할지 사람들에게 알려라. 자발적으로 투명해지려고 노력하라. 아마도 당신은 논의의 다양한 측면을 숙고하고, 사람들이 증거를 제시해주기 바라고, 특정 집단에게 있으나 당신에게 없는 전문 지식에 대해 듣고 싶지만, 결국 당신이 팀을 위해 무엇이 최선인지 결정하리라고 말할 것이다.[42] 당신이 얼마나 오랫동안 아이디어를 모을지 명확히 말하라. 그래야 사람들이 결정에 영향을 미칠 기회를 잡을 수 있고, 막판에 자기 아이디어를 알리려고 당신의 방에 들르지 않을 것이다.

소프트웨어 연구원 에리카는 해결책을 제안하고 나서 우려되는 점을 물어보는 방법으로 균형을 잡았다. "여러분 모두 제가 나눠드린 보고서를 읽었을 겁니다. 우리가 이 연구를 다시 검토할 수도 있겠지만, 저는 이 결정으로 밀고 나갔으면 합니다. 물론 경영진은 해결책을 바랍니다. 분석 단계로 넘어가기 전에 이렇게 진행하는 데 이의가 없습니까? 이것이 우리에게 적합하지 않은 이유를 아는 분이 있습니까?"

에리카는 이런 식으로 논의의 틀을 잡으며 말했다. 즉 행위에, 진척하는 데 집중해야 하지만, 신경 쓸 가치가 있는 문제점이 있다면 듣고 싶다는 의사를 전달했다.

당신이 중요한 결정에 도달하는 방식을 새로 규정하는 것도 도움이 될 것이다. 예를 들어 '나는 일의 전후 맥락을 헤아려보고 결정하는 사람contextual decision-maker이다. 맥락이 중요하므로 더 많은 정보를 원하는 것이다'라고 생각해보라. 텍사스대학교 알링턴캠퍼스University of Texas-Arlington의 경제학자 레이첼 크로슨Rachel Croson과 캘리포니아대학교 샌디에이고캠퍼스University of California, San Diego의 유리 그니지Uri Gneezy는 다양한 상황에서 남성과 여성의 선택을 비교했다.[43] 이들의 연구에 따르면 여성이 익명으로 결정하든 공개적으로 결정하든 맥락의 변화에 훨씬 더 민감하고, 위험한 결정이 얼마나 많은 사람들에게 영향을 미칠지 유의한다. "당신은 맥락을 중시하는 의사 결정자인 것 같습니다"라는 말은 여성에게 힘을 준다. 일부 여성은 "당신은 결정할 수 없다"는 메시지에 익숙하므로 "사실 나는 전후 사정을 생각하고 있다"는 반대 메시지가 도움을 줄 것이다.

또 다른 전략은 선별적으로 의견을 요구하는 것이다. 당신이 협동적 유형으로 분류되어 팀원들에게 너무 의존하는 듯 보인다는 생각이 들면, 어떤 결정에는 의견을 요구하되 나머지는 내놓고 단독으로 결정하라.[44] 실제로 의사 결정에 참여시킬 필요가 있는 사람이 누구인지도 선별해야 한다. 사람들이 여성 관리자는 마지막으로 대화한 사람의 영향을 가장 많이 받을 거라고 생각한 니나의 일화에서, 어쩌면 관리자가 아직 누구의 의견을 듣지 못했고 누구의 의견을 고려했는지 사람들에게 잘 전달하지 못했을지도 모른다. 물론 관리자가 "고맙지만 이 결정에 필요한 의견은 모두 받았습니다"라고 분명히 말했는데도 직원들이 줄을 섰을지 모른다. 이는 여성 리더를 엄마 오리로 보기 때문에 빚어지는 문제 중 하나다. 당신이 낙오된 아기 오리처럼 느낀다면 그녀가 당신을 두고 이동하리라고 생각할 수 없을 것이다. 여기에 착오가 있다.

이렇듯 여성이 상대적으로 결단력이 낮다고 간주되는 첫째 원인은 여성이 대개 협동적이기 때문이다. '협동적이다' '사려 깊다' '포용력이 있다'고 일컬어지면 '우유부단하다'는 꼬리표도 따라온다. '우유부단하다'는 꼬리표가 붙는 것에 대한 두려움은 여성이 결정하는 방식에 실제로 영향을 미칠까? 이 말이 머릿속에서 맴돌 때 여성은 그러지 않을 때와 다르게 결정할까? 이런 의문은 우리를 여성이 상대적으로 결단력이 낮다고 간주되는 둘째 원인으로 이끈다. 고정관념은 정말 미치도록 그들의 앞길을 가로막는가?

직무 설명에서 성별을 가장 중시하면 어떻게 될까?

케이스웨스턴리저브대학교Case Western Reserve University 경영학과의 다이앤 버저론Diane Bergeron 교수는 여성과 남성에 대한 사회의 통념을 알려줄 때 실제로 여성이 결정하는 방식이 달라지는지 궁금했다. 남성은 결단력이 있고 여성은 우유부단하다는 생각은 여성에게 아무런 흔적을 남기지 않고 튀어나올 수도 있고, 여성에게 들러붙어 결정을 방해할 수도 있다. 아니면 이런 꼬리표가 여성을 두 배로 자극해서 모든 이에게 틀렸다는 것을 입증하기 위해 놀라운 일을 해낼 수도 있다. 일반적으로 어떤 일이 벌어질까?[45]

버저론은 인적 자원 관리자human resources managers가 되려고 훈련받는 남녀 대학원생을 대상으로 수상쩍은 손해배상 요구를 승인할지 여부, 어떤 직원을 승진시킬지, 성희롱 소송을 어떻게 지속할지 등등 그들이 직무와 관련해 숙고해야 할 매니지먼트 관련 결정 24개를 제시했다. 그런 다음 버저론은 타이머를 작동했다. 각 학생은 45분 안에 좋은 결정을 가급적 많이 내려야 했다.

그렇다면 꼬리표와 기대는 어디로 들어올까? 이 부분에서 이 연구는 탁월하다. 버저론은 "여성의 선택 능력은 형편없다"고 말하지 않았다. 그렇게 말하는 사람은 거의 없을 것이다. 대신 예비 인적 자원 관리자들에게 어느 누구도 노골적으로 여성을 차별할 수 없는 21세기 미국 직장에서 일어날 법한 방식으로 고정관념에 대해 말했다. 전체 인원 중 절반에게는 이 업무를 담당한 이전 관리자가 여성이었다고 말하고, 정형화된 여성적 특성―잘 성장하도록 키우고, 이해하고, 직관적이고, 다른 사람의 감정을 잘 읽는―을 갖춘 사람을 이상적 지원자로 묘사했다. 나머지 절반에게는 이전 관리자가 남성이었다고 말하고, 정형화된 남성적 특성―매우 적극적이고, 자신만만하고, 성취 지향적이고, 결단력이 있는―을 갖춘 사람을 이상적 지원자로 제시했다.[46] 버저론이 말한 것은 남성과 여성이 실제로 그렇다는 게 아니라 고정관념이 그렇다는 의미다.

당신이 이 연구에 참여한다고 상상해보라. 당신은 자신의 능력을 입증하고 싶고 내려야 할 결정이 산더미인데, 이 직무에서 좋은 판단력을 보여주는 것과 여성스러운 여성의 캐리커처가 되는 것, 혹은 남성스러운 남성의 캐리커처가 되는 것(당신이 어느 집단에 속하느냐에 따라 달라진다)이 똑같다는 말을 들었다. 이런 직무 설명은 중요할까? 당신이 염두에 둔 이상적인 지원자는 당신이 하는 일에 영향을 미칠까? 모두 그래서는 안 된다는 데 동의할 것이다. 직원이 승진할 자격이 있는지 여부는 그 사람의 업무 능력으로 결정되어야지, 그 사람이 성장해야 한다고 생각하는 사람에 좌우되어서는 안 되기 때문이다.

이상적인 지원자에 대한 묘사는 결과에 영향을 미쳤다. 먼저 좋은 소식을 살펴보자. 여성적 역할 모델을 생각하도록 유도된 여성은 강력하고 집중된 의사 결정을 보여주었다. 그들은 남성적 역할 모델로 삼은 여성보다 많은 결정을 내렸다. 남성과 비교하면 어떨까? 여성적 직무 묘사를 들은 여성은 남성이 누구를 모방하려는지 상관없이 결정한 개수가 남성과 같았다.

이번에는 나쁜 소식을 살펴보자. 이 연구에서 해당 직무에 이상적인 사람은 남성이며, 게다가 아주 남성적인 사람이라고 믿게 유도된 여성은 어떤 그룹보다 결정하는 속도가 느렸다. 그들은 머뭇거리며 결단을 내리지 못했다. 이 여성은 여성적 역할 모델로 삼은 여성보다 결정한 개수가 평균 15퍼센트 적었고, 어느 그룹의 남성보다 9.5퍼센트 적었다.

많은 결정을 내리는 것도 중요하지만, 양이 많다고 질도 좋은 건 아니다. 질 좋은 결정을 했을까? 이 연구에 참여한 여성이 남성처럼 일을 해내야 한다는 압박감이 들 때 특히 복잡한 결정에서 실수하는 경향을 보였다. 이 시나리오를 생각해보라. 한 메시지는 성희롱 탄원서에 언급된 사람은 조사받는다는 점을 명시했고, 9~10개 항목 아래 메시지에는 직원이 조사받는 경우 해당 연도에 승진할 자격이 없다는 것을 명시했다. 그때 그들은 결정을 내려야 한다.

제삼자의 메모에 따라 성희롱 죄로 기소된 직원 아이작은 승진 후보로 고려될 수 있을까? 없다. 아이작을 승진 후보로 인정하는 것은 나쁜 결정이 될 것이다. 이 사실을 나란히 놓고 보면 단순한 듯하지만, 막상 연구에 참여할 때는 타이머가 작동되고 정보가 이런 순서로 제시되지 않기 때문에 혼동하기 쉽다. 이 사실뿐만 아니라 거의 24개나 되는 다른 사실을 동시에 생각해야 한다. 그렇다면 어떤 피험자가 아이작이 승진 자격이 있다고 응답했을까? 남성이 이 업무를 가장 잘한다고 생각하도록 유도된 여성이 이 실수를 저질렀다. 모든 여성에게 공통적으로 나타난 실수는 아니고, 이 업무가 남성적인 것이라고 설명을 들은 여성만 이런 실수를 했다. 이 업무가 여성적인 것이라고 설명을 들은 여성은 양쪽 그룹 남성들과 견줄 때, 좀 많거나 똑같은 개수로 훌륭한 결정을 내렸다.

당신이 성공적인 여성을 이상적 역할 모델로 삼은 남성이라면 어떤 일이 벌어졌을까? 이 남성도 같은 문제에 직면했을 때 망설이고 결정에 서툴렀을까? 전혀 아니다. 성공적인 여성 지원자처럼 행동하려는 남성과 여성 모두 남성적인 지원자처럼 행동하려는 사람보다 좋은 성적을 냈다. 여성적 업무 설명은 어떤 점이 그렇게 특별했을까? 피험자들은 그녀가 교육하고, 이해하고, 공감 능력이 있으며, 앞 장에서 살펴보았듯이 사람들은 다른 사람에게 무엇이 필요한지 상상해볼 때 흔히 더 좋은 결정을 내린다는 설명을 들었다(이런 성격이 특히 인적 자원부에 잘 맞으리란 것은 누구라도 알 수 있을 것이다).

남성적 업무를 할 것이라는 설명을 들었을 때 우유부단해져서 결정하는 데 고전한 여성 얘기로 돌아가자. 이 여성은 왜 그렇게 수행 능력이 저조했을까? 아무도 "여성은 이런 일엔 젬병이야" 같은 비판적인 말을 하지 않았다. 유독 인적 자원부 직원들이 직무 설명에 쉽게 위축되는가? 그렇지 않다. 이는 훨씬 더 공통된 문제로, 여러 직종에 걸쳐 나타난다. 이는 고정관념 위협stereotype threat의 한 예로, 당신이 여성이거나 소수자라면 고정관념 위협에 맞닥뜨린 경험이 있을 것이다.

고정관념 위협과 그것의 오류를 증명해야 하는 부담

고정관념 위협은 지난 20년간 사회심리학에서 중요하고 많이 연구된 개념 중 하나인데, 그것이 무엇이고 사람들에게 어떤 영향을 미치는지 모르는 사람들이 놀라우리만치 많다.[47] 그들은 왜 어떤 사람들이 옆에 있으면 갑자기 선택이 어렵다고 느끼는지, 왜 어떤 회의에서는 입을 다무는지 이 개념으로 설명할 수 있다는 걸 모른다. 고정관념 위협이 중압감에 숨 막히게 하고, 일시적으로 결정하지 못하게 할 수도 있다는 것을 모른다.

고정관념 위협은 당신이 다른 사람이나 당신이 속한 집단에 대한 부정적 기대에 부응할까 봐 불안을 느끼는 것이다.[48] 당신이 어떤 집단에 속하는지 잠시 생각해보라. 당신은 젊은이거나 노인, 우람한 체격이거나 마른 체격, 이성애자거나 동성애자, 대중교통 애호자거나 승용차 석 대를 보유한 사람일 수도 있다. 이런 식으로 계속 열거할 수 있다. 그런 다음 당신이 속한 집단에 대한 부정적 고정관념—터무니없이 잘못된 것이지만 다른 사람들이 사실이라고 믿는 어떤 것—을 생각해보라. 당신은 부정적 고정관념을 10여 개는 아니라도 최소한 하나 이상 생각해낼 수 있을 것이다. 어느 집단이나 두어 개는 있고, 일부 집단은 많은 부정적 고정관념에 시달린다.

당신이 속한 집단에 대한 달갑지 않고 경멸적인 믿음이 무엇이건,

고정관념 위협은 당신이 그 고정관념이 사실이라는 걸 보여주는 행동을 하리라는 두려움이다. 그것은 당신이 자신의 행동 때문에 특정한 부류로 분류되고, (다른 사람이 당신이나 당신과 비슷한 모든 이들이 그럴 것이라고 못 박은 것처럼) 실망스러운 존재가 될까 봐 두려워하는 불안을 말한다. 예측된 부류로 분류되는 것은 당신을 제대로 보여주지 못했다는 의미다. 이는 당신이 속한 공동체에도 누를 끼쳤다는 의미다. 당신의 일부가 이런 가능성을 생각하기 때문에 당신은 제 능력을 발휘하지 못한다.

내 가족 중에 여자는 운전을 못한다고 말하는 남자가 두어 명 있다. 나는 운전할 때 대부분 이 터무니없는 고정관념을 생각하지 않는다. 통계적으로 남성이 여성에 비해 교통법규를 많이 위반하고, 치명적인 사고도 많이 낸다.[49] 하지만 내가 운전대를 잡고 이 신사 양반 중 한 명과 동승할 때 그가 여성에 대해 한마디 하지 않는데도 나는 보통 때와 다른 결정을 하며 운전한다. 모퉁이를 돌 때마다 지나치게 조심한다. 가장 짧은 지름길보다 쉬운 길을 선택하고, 고속도로에 들어설 때 위험을 덜 감수하려 하고, 마음을 가라앉히는 재스민 차를 아무리 마셔도 평행 주차를 시도할 엄두를 내지 못한다. 마침내 시동을 끌 때는 안도감이 밀려오고 기진맥진해서, 돌아오는 길에는 보통 다른 사람에게 자동차 키를 건넨다.

나는 운전하는 것을 매우 좋아하지만, 모든 결정이 평가되고 관찰되는 듯한 느낌은 달갑지 않다. 완벽하게 해내야 한다는 압박감이 지나치게 높고, 실수하여 상대방의 낮은 기대를 충족할 것 같아 운전이 더 서툴러진다. 이것이 고정관념 위협이다.

고정관념 위협에 대해 들어본 적이 있다면, 아프리카계 미국인 학생들이 성취도 시험에서 겪는 문제를 표현하는 데 흔히 사용된다는 점을 기억할 것이다. 고정관념 위협이란 개념은 1995년에 처음 생겼다. 스탠퍼드대학교Stanford University의 심리학자 클로드 스틸Claude Steele과 조슈아 애런슨Joshua Aronson은 미국에서 아프리카계 미국인 학생과 백인 학생의 성취도 격차를 이해하고 싶었다.[50] 아프리카계 미국인 학생이 국가 표준 시험에서 백인 학생만큼 성적이 좋지 못하다는 것은 실망스럽지만 사실이었다. 초등학교부터 대학원까지 아프리카계 미국인 학생의 국가 표준 시험 평균 성적이 백인 또래 학생들에 비해 떨어졌다.[51]

스틸과 애런슨은 시험에서 지시 사항을 조금 바꾸면 차이를 줄일수 있을지 궁금했다. 이들은 대학 졸업반 학생이 대학원에 가기 위해치르는 시험인 GRE 상급 섹션에서 뽑은 30문항을 스탠퍼드대학교 2학년 학생들에게 풀도록 했다. 가장 어려운 문제를 뽑았기 때문에매우 실력 있는 이 학생들조차 고전하리라는 것을 알았다. 예상은 적중했다. 학생들은 문제 풀기를 어려워했고, 대부분 정답을 3분의 1도맞히지 못했다.

이 연구의 혁신적인 점은 다음과 같다. 스틸과 애런슨은 이 시험에대한 학생들의 생각을 조금 바꿔보았다. 이들은 학생 중 절반에게는이 시험으로 지적 능력을 측정할 것이고, 점수는 자신의 정말 뛰어난부분과 부족한 부분을 알려줄 거라고 말했다. 당신이 이런 상황에 처했다고 상상해보라. 당신은 명문 사립대학의 우수한 학생이다. 시험지를 나눠주는 사람이 이 시험은 당신의 지적 능력을 테스트하는 것이고, 당신에게 잠재력이 있는 영역과 그렇지 못한 영역을 드러낼 것이라고 설명한다. 이 시험은 당신에게 중요할까? 십중팔구 그럴 것이다. 당신이 인정하든 안 하든.

나머지 학생에게는 좀 바꿔서 설명했다. 스틸과 애런슨은 두 번째 집단에게 사람들이 문제 푸는 방식을 연구하는 중이라고 말하고, 다음과 같이 덧붙였다. "우리는 여러분의 지적 능력을 평가하려는 게 아닙니다." 이것이 그들이 바꾼 전부다. 얼핏 보기에 두 지시 사항은 그리 다른 것 같지 않다. 당신이 시험을 보려고 앉았을 때 "우리는 여러분의 지적 능력을 측정할 것입니다"나 "우리는 사람들이 문제 푸는 방식을 연구하고 있습니다. 여러분의 지적 능력을 평가하려는 게 아닙니다"라는 말을 듣는다면 어떨지 상상해보라. 백인 학생은 연구자가 무엇을 검사할 거라고 말하든 기본적으로 같은 성적을 거뒀다.

하지만 아프리카계 미국인 학생은 극적인 차이를 보였다. "우리는 여러분의 지적 능력을 측정할 것입니다"라는 말을 들은 아프리카계 미국인 학생은 백인 학생보다 문제를 잘 풀지 못해, 점수가 25퍼센트 낮았다. 뭔가 방해 요소가 있었던 것이다. "우리는 사람들이 문제 푸는 방식을 연구하고 있습니다. 여러분의 지적 능력을 평가하려는 게 아닙니다"라는 말을 들은 아프리카계 미국인 학생은 어땠을까? 그들은 백인 학생과 똑같이 높은 점수를 받았다. 인종 간 성취도 격차가 순식간에 없어진 것이다.

뒤이어 다른 대학에서도 무수한 연구를 진행했는데, 이 연구 결과와 같았다.[52] 미묘한 차이에 대한 논의가 있었지만, 합의된 내용은 다음과 같다. 아프리카계 미국인 학생이 지적 능력을 검사하는 시험을 볼 때는 불쾌한 고정관념이 그들의 수행 능력을 방해한다. 미국에는 아프리카계 미국인은 백인만큼 공부를 잘하지 못한다는 믿음이 만연해서, 아프리카계 미국인 학생은 지능검사를 받으려고 할 때 신경 쓰

이는 점이 많다.[53]

　이들은 자신에게 모멸적 이미지가 적용될까 봐 불안해한다. 시험에 집중하는 대신 자신의 정신적 자원 중 일부를 이 불안을 다스리는 데 사용한다. 이들은 좌절하여 질문에 답하지 못할 때 그저 유별나게 어려운 문제라 생각하고 어깨를 으쓱하며 다음 문제로 넘어가지 않는다. '젠장, 내겐 이걸 풀 수 있는 능력이 없어'라거나 '아냐, 평정심을 잃지 말자. 나는 이보다 똑똑해'라고 생각한다. 이들은 시험만 걱정하는 게 아니라 꼬리표에도 신경을 쓴다. 아프리카계 미국인 학생은 자신의 지적 능력을 걱정할 때도 아프리카계 미국인 전반에 붙은 꼬리표가 얼마나 부당한지 입증해야 하는 중압감에 시달린다.

　사람들이 문제 푸는 방식을 연구할 뿐이라고 생각한 아프리카계 미국인 학생은 어땠을까? 문제 풀기에 대한 어떤 고정관념도, 엄습하는 꼬리표도 없었다. 이 학생들은 백인 학생과 같은 경험을 하고 같은 결과를 냈다. 이들은 오로지 어려운 시험에 집중했다.

　고정관념 위협의 잘 알려진 다른 예는 수학이나 과학 시험을 치르는 여성에 관한 것이다.[54] 서방국가에는 남성이 여성보다 선천적으로 수학에 재능이 있다는, 좀처럼 없어지지 않는 오래된 신화가 있다. 미국과 유럽의 많은 지역에서는 열 살밖에 안 된 아이도 남자애들이 수학을 더 잘하리라는 것을 "안다". 슬프게도 수학 점수가 뛰어난 여자애들조차 흔히 그것을 사실이라고 믿는다.[55] 이 여자애들은 어른이 될 때까지 여성이 수학을 더 힘들어한다는 통념이 머릿속에 깊이 각인되어, 아주 작은 원인에도 수행 불안performance anxiety을 일으킨다. 한 연구는 시험 직전에 "여러분이 치를 이 어려운 수학 시험에 기초할 때 다른 사람들은 여러분을 어떻게 볼까요?"라는 질문을 받은 성인 여성의 점수는 평균 59퍼센트 내려간다는 것을 발견했다. 이는 자신이 어떻게 평가될까 걱정하는 여성은 성적이 10점에서 4점으로 떨어질 수 있음을 의미한다.

이런 성가신 질문에 흔들리지 않는 사람이 있을까? 분명코 있다. 백인 남성에게도 같은 시험을 치르게 하면서 다른 사람들이 성적을 토대로 어떻게 평가할지 똑같은 방식으로 물었으나, 그들은 위축되지 않았다.[56] 그들은 아무 말도 듣지 않은 듯 과업을 수행한다. 특히 수학을 잘 못하는 남성들—일반적으로 대학에서 수학 강의를 피하는 남성들—조차 세상 사람들이 점수를 토대로 그들을 평가할 것이라고 상기시키는 경우에도 끝까지 동요하지 않고 순조롭게 시험을 치렀다. 백인 남성은 어떤 경우에 자신의 과업 수행에 차질을 빚을 만큼 수학 시험에 대한 낙인을 의식할까? 아시아계 학생은 대체로 수학에 굉장히 뛰어나고, 수리 영역 시험에서 백인 학생보다 성적이 좋다고 분명히 말하는 경우에 그랬다.[57] 시험이 시작되기 전에 이 고정관념을 언급하면, 수학에 강한 백인 남학생조차 실수를 한다.

이것은 간단한 방식이다. 평소 수행 능력이 좋은 개인을 모아놓고 그들이 불우한 집단에 속한다는 점을 상기시킨 뒤, 그들이 흔들리는 모습을 지켜보라. 공정하지 않은 일이지만, 우리가 고정관념과 정면으로 부닥치는 일은 흔히 일어난다. 여성의 경우, 자신이 사회의 낮은 기대에 부응할 것 같은 불안은 정신을 산만하게 하여 난관을 헤쳐 나가기 어렵게 만드는 가공할 요소다.

버저론은 이런 현상이 인적 자원 연구에서 여성에게 일어난 일을 설명해준다고 말한다. 우리는 여성이 어떤 생각을 할지 상상할 수 있다. '이 직업의 이상적 지원자는 위압적인 남성'이라는 메시지를 들은 여성이 시간적 압박을 받으며 어려운 결정과 씨름할 때, 그들은 불안해지기 시작했다. '정말 어렵네. 난 이 일에 적임자가 아닌가 봐.' 의심이 개입되면 누구라도 정신이 산만해질 것이다. 이상적인 인물이 결단력 있는 남성이라는 설명을 들은 여성은 더 민감하게 반응했다. 그 메시지가 여성은 결정하는 데 오래 걸리고 선택하는 일을 힘들어한다는 사회 통념을 반영한 것이기 때문이다. 달갑지 않은 불안감이 집중을 방해한 탓에 몇몇 메시지를 여러 번 읽어야 했을 것이다. 결국 그들은 결정을 많이 하지 못했고, 그나마 좋은 결정이 아니었다. 그들은 여성이 우유부단하다는 고정관념이 사실임을 확증했다.

고정관념 위협은 사회가 여성의 결단력이 상대적으로 낮다고 보는 둘째 이유가 된다. 한 여성의 주위에 있는 사람들이 여성은 선택하는 데 오래 걸리고, 당장 필요한 것은 결단력 있고 강력한 남성이 지휘봉을 잡는 것이라고 말하는 경우, 그녀가 정말 어려운 결정에 직면할 때 이런 고정관념이 떠올라 그녀를 괴롭힐 가능성이 아주 높다. 이런 부정적 기대는 그녀를 주저하게 만들고, 더 지지해주고 중립적인 환경이라면 없었을 의심을 품게 한다. 여성은 자신의 결정을 후회할 거라고 사람들이 예견하면 최악의 마법처럼 실제로 그런 일이 벌어진다.

고정관념 위협이 당신에게 일어나고 있을까?

고정관념 위협은 오인되기 쉽다. 당신은 '아, 자기 충족적 예언 같은 거로군'이라고 생각할지도 모른다. 하지만 고정관념 위협이 더 해롭다. 자기 충족적 예언에서 당신의 성적이 형편없을 거라고 예측하는 사람은 자신이다. 그러나 고정관념 위협은 다른 사람들의 생각과 싸우는 것이다.

뛰어난 성적을 올리는 데 전념하니 당신에게 이런 일이 일어나지 않을 거라고 생각하는가? 불행히도 고정관념 위협은 형식적으로 무성의하게 일하는 사람보다 자기 일을 진지하게 받아들이는 사람에게 큰 문제가 된다.[58] 자신이 하는 일에 열중하지 않는, 다시 말해 훌륭한 관리자나 뛰어난 변호사(내 경우에는 능숙한 운전자)가 되려고 노력하지 않는 여성은 전형적으로 다른 사람들이 그 역할을 맡은 자신에 대해 어떻게 생각하는지 궁금해하지 않는다. 하지만 과업을 잘 수행하는 걸 중시하는 여성이라면, 커리어가 자기 정체성의 중심이라면, 사람들이 실력 있고 열정적인 여성은 드물다고 암시할 때 더 신경 쓰일 것이다.

여성이 자기 일에 비중을 두지 않는 것이 해결책일까? 그럴 리 없다. 고정관념 위협에 대비하기 위한 예방주사를 맞는 전략으로 들어가기 전에 이것이 당신에게 문제인지 아닌지 알아보자.

당신은 자신이 불안을 느끼는지 알 수 있을까? 다른 사람의 낮은 기대가 당신에게 영향을 주는지 자각할 수 있을까? 당신이 결정하려고 애쓸 때 휴대폰이나 다섯 살배기 아이, 다가오는 연휴를 위한 계획처럼 삶을 구성하는 다른 것들이 정신을 산만하게 하면 당신은 무엇이 문제인지 알아낸 다음 집중을 방해하는 것을 차단하거나, 방해받지 않고 생각할 수 있을 때까지 결정을 미룰 것이다.

당신의 내적 불안은 이런 외적 방해 요소와 다르다. 인간은 언제 자신이 불안을 느끼는지, 언제 불안이 우리의 선택을 몰아가는지 알아차리는 데 악명 높을 만큼 서투르다. 우리는 불안을 분노나 모멸감, 과로, 매혹의 징후로 잘못 해석한다.

고전적 연구에서 연구자들은 사람들이 불안을 매혹으로 오인할 수 있다는 것을 보여준다. 이 실험에서 캐나다 밴쿠버Vancouver에 있는 카필라노현수교Capilano Suspension Bridge를 막 건너온 남성 앞에 젊고 예쁜 여성이 나타났다. 높이 걸린 이 다리는 사람들을 굉장히 초조하게 만든다. 흔들거리는데다 폭이 좁고, 길이가 축구 경기장보다 길며, 강부터 높이는 230피트(약 70미터)다. 이 다리를 건너 단단한 지면을 다시 밟을 때 남성은 분명 불안한 상태였을 것이다. 이 지점에서 그는 연필과 설문지를 건네는 예쁜 여성을 발견했다. 이 매력적인 연구자는 남성에게 설문지를 작성해달라고 부탁한 뒤, 전화번호를 주면서 질문이 있으면 나중에 전화하라고 말했다. 이 여성은 근처에 있는 훨씬 더 견고한 다리—아무도 불안해하지 않을 만큼 튼튼한 다리—에서도 똑같이 했다.

무슨 일이 벌어졌을까? 초조하게 하는 다리를 막 건넌 남성은 튼튼한 다리를 건넌 남성보다 그날 밤 예쁜 연구자에게 전화할 가능성이 훨씬 높았다. 흔들거리는 다리에서 단단한 지면으로 발을 디딜 때 그들은 불안한 상태였지만, 자신의 반응을 그렇게 생각하지 않았다. 그들은 극심한 불안을 행동할 만큼 가치 있는 매력으로 오해했다.[59]

내가 아는 한 잘생긴 연구자가 흔들거리는 다리를 건넌 여성에게 다가간 연구는 없지만, 다른 연구에서 여성도 자신의 불안을 잘못 해석하거나 간과한다는 것이 밝혀졌다.[60] 수학 시험을 보려고 앉은 여성이 "남성이 수학을 더 잘한다"는 말을 들었을 때, 그들은 대부분 불안감이 늘지 않았다고 말했다. 그들은 남성이 수학을 더 잘한다는 말을 여러 번 들었으나, 뭔가를 마음 한구석에서 아는 것과 그 때문에 즉각적인 판단력이 흐려지는 것은 다른 문제다. 차분한 상태라는 주장에

도 여성의 몸은 압박감에 시달린다는 걸 보여주었다. 심장박동이 빨라지고 혈압이 올라갔다.[61]

사람들은 자신의 불안을 알아차릴 때조차 무엇 때문에 그렇게 느끼는지 짚어내지 못하는 경우가 많다. 버저론의 연구에서 예비 인적 자원 관리자들이 이 직업의 적임자는 매우 남성적인 남성(이거나 아주 여성스러운 여성)이라는 말을 들었을 때, 불안해진 여성은 실수하면 인적 자원 직무에서 평균 이하로 분류될까 봐 두려워하면서 불안한 원인을 시험 스트레스 탓으로 돌렸을 것이다. 그런 여성 가운데 '내가 불안한 건 이 일의 적임자가 결단력 있는 남성이라는 말을 들었기 때문'이라고 자각한 사람은 거의 없을 것이다. 하지만 우리는 결단력 있는 남성을 대신하려 한 이 여성들이 결정하는 데 힘들어했음을 안다. 시험을 치르고 나갈 때 이제 인적 자원부에 관심이 없다고 말한 것도 이 여성들이다.

우리가 불안을 느끼고 있음을 몸이 알려주는 걸 믿을 수 없다면, 어떻게 알 수 있을까? 주변에서 단서cue를 찾아보라. 고정관념 위협은 흔히 주변 환경에 있는 단서, 당신이 무엇을 찾는지 알 때 눈에 띄는 단서에서 촉발된다. 여성에 대한 고정관념 위협의 첫 단서는 한 공간에 있는 여성 인원수다. 남성이 압도적으로 많은 곳에 한 여성이 있으면 '한 명뿐'이라는 생각에 사로잡힐 가능성이 높다.[62] 이 생각에 사로잡히면 문제 해결 능력이 제대로 발휘되지 않는다. 세 명이 한방에서 어려운 수학 시험을 볼 때 어떤 일이 벌어지는지 살펴본 연구가 있다. 한방에서 다른 두 여성과 함께 시험을 본 여성은 평균 정답률이 70퍼센트였지만, 한방에서 두 남성과 함께 동일한 시험을 본 여성은 평균 정답률이 58퍼센트에 그쳤다.[63] 이는 미국에 있는 대다수 학교에서 합격 점수와 낙제 점수에 해당할 만큼 커다란 차이다.

그렇다면 여성의 경우, 한 집단에 필요한 마법의 여성 인원수는 얼마나 될까? 유감스럽게도 그 숫자는 하나가 아니다. 작은 집단에서는 본인 외에 여성이 한 명만 있어도 불안과 스트레스가 줄어든다. 루스 베이더 긴즈버그Ruth Bader Ginsburg 판사가 연방 대법원에 도착했을 때, 샌드라 데이 오코너Sandra Day O'Connor 판사는 자신의 직업적 세계가 바뀌었음을 발견했다.[64] 오코너는 미국 공영 라디오 방송국 NPR 인터뷰에서 니나 토텐버그Nina Totenberg에게 자신이 연방 대법원의 유일한 여성 대법관일 때 미디어 경험을 "질식하게 하는" 것이라고 말했다. 오코너는 자신에 대해 "샌드라가 가는 곳 어디에나 어김없이 언론이 따라왔다"고 말했다. 신문에 연방 대법원 판결 기사가 날 때마다 맨 끝에는 "오코너 법관은 이 판결에서 무엇을 했을까?"라는 말이 덧붙었다. 한 명뿐이라는 것은 오코너가 모든 판결을 지나치게 의식하도록 했고, 이런 상황이 12년간 계속되었다.

1993년에 긴즈버그 판사가 연방 대법원에 합류하자, 습관적으로 오코너에게 모아지던 관심이 중단되었다. 오코너는 이제 이례적인 인물이 아니었다. 오코너가 설명했다. "정말 밤에서 낮으로 바뀌는 것 같았죠. 긴즈버그 판사가 도착한 순간 미디어 스트레스가 사라졌고…… 우리는 그저 대법관 아홉 명 중 두 명이 된 겁니다."

물론 한방에 100명이 있을 때 한 여성에게 다른 여성 한 명은 충분하지 않을 것이다. (바람직한 결과를 효과적으로 얻기 위해) 필요한 것은 임계질량critical mass이라는 용어로 불리지만, 이때 정해진 숫자는 없다.[65]

여성 대 남성의 비율만 고정관념 위협을 촉발하는 것은 아니다. (사실 일부 여성은 여성과 남성의 비율에 영향을 받지 않는다.) 고정관념 위협을 촉발하는 것으로 성비 외에 무엇이 있을까? 여성이 자신의 환경과 자신이 이 환경에 어떻게 반응하는지 평가하는 것을 돕기 위해 짧은 질문 목록을 만들었다.[66] (나는 여성을 위해, 여성에 대한 고정관념을 살펴보기 위해 이 질문을 고안했다. 그러므로 이 글을 읽는 이가 남성이라면 여성이 작업 환경을 어떻게 경험하는지 궁금한 경우, 아무리 감정이입에 뛰어난 남성이라도 여성 친구에게 이 질문 목록을 건네주고 싶을 것이다.) 각 질문에 '그렇다(○)' 혹은 '아니다(×)'로 답하되, 대다수 경우에 적용되는 답을 고르면 된다.*

1. 내 남성 동료 중 일부는 여성이 남성만큼 커리어에 전념하지 않는다고 생각한다.
2. 나는 내 커리어의 발전에 대해 생각할 때 내가 다니는 직장의 남성 동료들과 나 자신을 비교하는 경우가 많다.
3. 나는 때때로 남성 동료들이 내 행동을 보고 여성에 대한 고정관념이 나에게도 적용된다고 생각할까 봐 불안하다.
4. 나는 여성적 자아와 직업적 자아 사이를 계속 오간다고 느낀다.
5. 직장에서 실수하는 경우, 나는 가끔 남성 동료가 내가 여성이라는 이유로 이 일의 적임자가 아니라고 생각할까 봐 불안하다.
6. 내 동료 중 일부는 이 직무에서 여성이 남성에 비해 능력이 떨어진다고 생각한다.
7. 나는 결단력과 공격성, 자신감, 독립성, 성취 지향성 등 고정화된 남성적 특성이 높이 평가되는 환경에서 일한다.

---

* 이것은 고정관념 위협을 측정하는 인증된 검사가 아니라 비공식 설문지다. 나는 연구자들이 고정관념 위협을 나타내는 지표로 파악한 환경적 단서를 토대로 이 질문을 고안했다.

이제 '그렇다(○)'고 답한 개수를 더하라. 점수가 높을수록 여성이 직장에서 고정관념 위협을 경험할 가능성이 높아진다.

여성이 불안을 느끼는 정도는 몇 점일까? 여기에 답할 수 있으면 좋겠지만, 개인차나 단서가 얼마나 노골적인지에 따라 달라질 것이다. 한 연구에 따르면, 대학생 연령대 여성은 두 가지 단서로 고정관념 위협이 촉발되었다. 네 명으로 구성된 팀에 여성이 한 명이고, 여성은 남성만큼 수행 능력이 좋지 못하다고 노골적으로 말하는 사람이 있을 때 그랬다.[67] 단서가 하나뿐이면 어떨까? 연구에 따르면, 그건 문제가 되지 않았다. 여성은 성취할 수 없다고 말하는 사람이 없는 한, 여성이 한 명뿐이어도 괜찮았다. 마찬가지로 여성이 팀의 50퍼센트 이상이면 누군가 여성은 성취할 수 없다고 강력히 말하는 것을 들어도 여성들은 개의치 않을 것이다. 하지만 두 가지 단서가 함께 나타나면 여성은 불안해지고, 수행 능력이 떨어졌다. 이들은 20대 초반의 학생이고, 노련한 직장 여성은 쉽게 흔들리지 않을지 모른다. 이런 결과는 단서가 많아질수록 영향력도 커진다는 것을 시사한다.

당신이 여성이라도 매일 하는 대다수 선택에서 이 문제에 부딪힌다고 생각하지는 않을 것이다. 점심 먹으러 몇 시에 갈지, 친구에게 이메일과 문자 중 어느 것을 보내는 게 나을지 결정할 때는 당신이 특정한 방식으로 평가될 것이라는 불안을 느끼지 않을 것이다.

고정관념 위협은 어려운 결정을 할 때, 완전한 집중이 필요한 선택을 할 때 발생한다. 여성이 예산을 40퍼센트 삭감하기 위한 방안을 결정하거나, 자신의 조직을 곤경에 빠뜨리는, 세간의 이목이 집중된 프로젝트를 어떻게 처리할지 결정하려고 애쓴다면 그녀는 십중팔구 좌절감이 들 것이다. 당신이 낙인찍힌 집단의 일원라면 이 좌절감을 다른 사람들의 말이 옳을지 모른다는—어쩌면 자신은 정말 이 일의 적임자가 아닐지 모른다는—신호로 해석할 가능성이 더 높다.

불안의 가시를 무시해도 고통이 없어지지 않는 이유

"남성이 더 결단력 있다"거나 "아시아계 미국인이 수학을 더 잘한다"거나 "백인 미국인이 시험 점수가 더 높다"는 말을 들으면 어째서 명확한 사고를 할 수 없을까? 재능 있는 사람은 이런 생각을 밀쳐두고 다시 일할 수 있지 않을까?[68] 그럴 수도, 그렇지 않을 수도 있다.

당신이 낙인찍힌 집단의 일원이고 이 집단에 대한 부정적인 고정관념을 방금 들었다고 상상해보자. 어려운 결정을 하려 할 때 자꾸 끼어들어 방해하는 이런 생각은 휴대폰을 밀쳐두는 식으로 물리칠 수 없다는 점이 곤란하다. 부정적인 고정관념은 부분적으로 정신을 산만하게 하는 것의 속성과 연관이 있다. 부정적인 고정관념은 당신의 정체성—당신이 자신을 인식하는 방식—을 위협하고, 자신이 부당하게 평가될지 모른다는 불안과 두려움을 늘린다. 사람들이 한 집단은 지지하고 다른 집단은 깎아내리는 순간에도 당신은 그것을 의식적으로 알아채지 못할 수 있다. 하지만 주위의 단서들이 당신을 경계하게 만든다. 이제 당신은 부정적인 말을 듣기 전보다 주변 환경을 감시할 것이다.

나머지 부분은 어려운 결정을 할 때 의사 결정자에게 필요한 것과 연관이 있다. 리더가 직면하는 수많은 문제—예컨대 '어떻게 하면 커피에 들어가는 비용을 줄일 수 있을까?'—는 최소한의 정신적 노력으로 해결할 수 있다. 하지만 '우리는 어떻게 최저임금 인상에 적응할까?' '우리는 어떻게 병원에서 감염을 줄일까?'와 같이 어려운 문제를 해결하려면 리더는 여러 정보를 동시에 검토해야 한다. 정보는 대부분 서류나 컴퓨터로 확인할 수 있지만, 어느 시점에서 그 혹은 그녀는 각축을 벌이는 모든 관련 요소를 한꺼번에 숙고해야 한다.

이런 복잡한 결정은 작업 기억working memory에 부담을 준다. 작업 기억이란 정해진 순간에 당신이 고려하는 모든 사실과 통찰, 반응 등을 유지·처리하는 정신적 공간을 말한다.[69] 독일 수도의 철자를 거꾸로 말해보거나, 잠깐 시간을 내 132에서 67을 빼보라. 우리는 이 두 문제를 풀 때 작업 기억(혹은 종이)을 사용한다. 이것은 휴대 가능한 사적인 작업 공간이요, 일상적인 계산부터 훌륭한 의사 결정에 이르기까지 모든 것을 위한 공간이기 때문에 작업 기억이라 불린다. 이것은 계산기와 화이트보드, 개인용 녹음기가 합쳐진 것과 같다. 이 모든 융통성에도 작업 기억은 무한하지 않다. 우리는 대부분 작업 기억에 일곱 가지 항목을 동시에 보유할 수 있고, 무엇을 개인적 한도 이상 억지로 밀어 넣으려 하면 다른 무엇이 떨어져 나간다.

복잡한 결정은 작업 기억을 모두 사용한다. 사실 인간은 대다수 복잡한 결정에서 최대 3~4가지 항목을 처리한다. 각 사실이나 통찰은 거대하고, 베를린Berlin의 철자보다 훨씬 복잡하기 때문이다. 예를 들어 당신이 병원 감염률이 가장 높다고 언론이 대서특필한 병원에 소속된 중간 관리자이고 감염률을 줄이기 위한 방법을 결정해야 하는 대책 위원회의 일원이라고 치자. 당신은 어떤 감염이 흔히 일어나는지, 어떤 감염이 가장 유해한지, 어떤 감염이 통제하기 가장 쉬운지 등을 숙고할 것이다. 사람들을 안심시킬 즉각적이고 손쉬운 해결책과 장기적이고 더 큰 영향을 미칠 점진적이고 구조적인 개선을 균형 있게 배분할 방법을 생각할 것이다.

당신의 사고방식이 정치적이고 이 사건에 개입해야 한다면, 어느 권력자가 변화를 거부하고 누가 지휘할지 생각할 것이다. 당신은 작업 기억을 풀가동할 것이다. 새로운 이슈가 생길 때마다 당신이 생각하던 이전의 이슈 중 하나가 치워진다. 그러므로 당신은 가장 흔히 전염되는 여섯 가지 질병과 교체를 막아줄 의사 네 명, 엘리베이터 버튼과 손잡이 등이 소독되지 않는다고 보도한 두 신문사 보도를 동시에 생각할 수 없다.

사안이 너무 복잡해서 어떻게 처리해야 할지 당혹스러운가? 이제 두 가지 정보를 추가하라. 대책 위원회의 남성과 여성 비율은 7대 1이고, 첫 회의에서 나이가 지긋한 남성이 "직원에 대한 결정을 간호사에게 맡겨서는 안 됩니다. 그들은 대부분 주차 공간조차 결정하지 못하는 위인이니까"라고 퉁명스럽게 말했다. 그는 여성이라고 말하지 않았지만 누구를 지칭하는지 명백했다. 화내거나 눈을 흡뜰 수도 있었지만 당장 처리해야 할 중대한 문제가 있었다.

감염 억제 대책에 대한 토의가 시작되었을 때, 당신은 실행 가능한 해결책을 생각할 수 없다. 불현듯 이것이 복잡한 문제이기 때문이 아니라 당신이 여성이어서 어려운 게 아닐까 하는 생각이 든다. 달갑지 않은 생각이 끼어들어 당신의 소중한 작업 기억 공간 중 한 구역(혹은 그 이상)을 차지한다. 당신은 앞으로 어떻게 할지 방안을 생각해내지만, 곧이어 '저 사람들이 어리석다고 여기지 않을까?' 싶다. 돌연 방금 떠오른 아이디어의 실마리를 잊는다.[70] 아직 기각되지 않은 방안을 내놓지 못할 때, 당신은 '나 자신을 증명할 이런 기회가 언제 또 있을까?' 생각한다. 이런 쓸모없는 생각이 계속 정신적 작업 공간을 차지하면 당신이 해결해야 할 어려운 문제에 필요한 작업 공간이 부족해진다.

당신은 아이디어가 없기 때문이 아니라 내적으로 처리할 게 너무 많아 회의에서 점점 말이 줄어든다.

원래 질문으로 돌아가자. 달갑지 않은 생각이 중뿔나게 끼어들어 방해할 때마다 그것을 물리칠 수 없을까? 그럴 수 있지만, 생각을 억제하는 것도 작업 기억을 차지한다. '좀 전에 들은 말은 무시해. 저 사람은 바보니까'라고 생각할 때마다 얼마 안 되는 작업 기억 공간 중 하나가 소모된다. 당신의 머릿속은 말 그대로 점거되었고, 당신은 모든 것을 감안하기가 더 어려워진다.[71] 한편 위협을 느끼지 않는 주위 사람들은 자신의 작업 기억을 전부 사용할 수 있다. 이는 그들이 의사 결정자이자 문제 해결자로서 순조롭게 출발하고, 계속 유리한 입장에 서리라는 것을 의미한다. 그래서 여성들에게 주위 남성들은 힘들이지 않고 앞으로 미끄러지듯 나가는 것처럼 여겨지고, 그들의 불안을 더욱 부채질한다.

고정관념 위협은 그것이 없었다면 생기지 않았을 남성과 여성의 차이를 유발한다. 여성에게 불안할 무엇이나 입증할 무엇이 있다고 느끼게 하면, 이런 생각이 결정에 집중하는 것을 방해한다. 이 위협을 제거하면, 여성은 남성과 똑같이 신속하고 효과적으로 결정할 수 있다.

위협을 최소화하기 위한 항염제

이제 좋은 소식을 살펴보자. 당신은 고정관념 위협에서 자신을 보호할 수 있다. 스탠퍼드대학교 경영대학원 심리학과의 제프리 코언Geoffrey Cohen 교수는 고정관념 위협을 줄이는 전략은 항염제와 같다고 말했다. 즉 총명한 문제 해결을 방해하는 반추와 불안, 생각, 느낌

등의 반응이 일어나지 않도록 막는 것이다.[72] 그래도 어려운 결정은 여전히 어렵겠지만, 마땅히 어려워야 하는 것보다 어려워지는 것을 막을 수 있다.

당신의 머릿속에 떠오를 질문으로 시작하자. 고정관념 위협은 모르는 게 축복일까? 이 위협적인 단서에 대해 아는 게 좋을까, 아는 것은 상황을 악화시킬 뿐일까? 사실 고정관념 위협을 아는 여성은 자신의 작업 환경을 다르게 보기 때문에 문제를 악화시킬 수 있다. 여성은 회의실에서 '사람들이 나를 우유부단하다고 여길까? 내가 상관에게 결정한 것을 일주일 뒤에 보고하겠다고 하면 나를 주위 사람에게 먼저 물어봐야 하는 전형적인 여성이라고 생각할까?' 궁금해할지 모른다. 그녀는 걱정해야 하고 통제할 수 없는 방해 원인이 하나 더 늘까 봐 고정관념 위협에 대해 듣고 싶지 않을 수도 있다.

단언컨대 고정관념 위협에 대해 아는 게 방해가 된다면 이토록 자세히 설명하지 않았을 것이다. 연구는 고정관념 위협을 알면 반은 이긴 것임을 보여준다. 사람들이 고정관념 위협을 알면 자신의 환경에 있는 부정적 단서에 영향을 덜 받는다.[73] 수많은 연구에서 고정관념 위협에 대해 아는 여성은 주위에 부정적 단서가 사라진 것처럼 행동했다. 아는 것이 어떻게 도움이 될까? 자신의 불안에 이름 붙일 수 있으니 그것이 불안임을 인정하고, 그 불안을 관리할 수 있을 만큼 낮게 유지한다. 그들은 '이 어려운 과업을 수행할 때 불안을 느끼면 나와 아무 상관없는 어리석은 고정관념 때문이다'라고 생각하도록 격려 받았다. 여성은 자기 이외의 원인을 가리킴으로써 작업 기억 공간과 정체성을 지켰다. 그들은 자기 능력을 의심하는 데 에너지를 쓰지 않았기에 당면한 과업에 집중할 수 있었다.[74] 어려운 결정을 앞두었다면 사용 가능한 정신적 에너지를 최대한 활용해야 한다.

첫 번째 보호 전략은 고정관념 위협이 언제 어떻게 일어나는지 아는 것이다. 당신이 앞서 제시한 질문지에서 여러 문항에 '그렇다(○)'로 답한 여성이라면, 예상보다 오래 걸리는 결정 때문에 불안해질 때 다음과 같이 되뇌어라. '이 일은 누구에게나 어려울 거야. 내가 불안한 건 나와 아무 관계없는 어리석은 사회 통념 때문이야.'

두 번째 보호 전략은 여기에 어울리지 않는 듯 보일지도 모른다. 미국의 기업이나 대다수 병원, 어느 법정에도 그다지 어울리지 않는다. 이 전략을 처음 접한 사람들은 머리를 긁적이며 곤혹스러워할 수도 있지만, 이 전략은 과학 저널 수백 편에 고정관념 위협을 낮추는 효과적인 방법으로 제시되었다. 엄격히 시험해본 대다수 학자들은 이 전략이 효과 있다는 것을 발견했다.

그것은 자기 확인 전략이다. 사람들은 대부분 자기 확인self-affirmation이라는 용어에서 엄마가 아이의 도시락에 넣어주는 격려의 메모를 떠올리거나, '나는 사랑스럽다' '나는 할 수 있다'를 되풀이해 말하는 사람을 상상한다. 연구는 이런 긍정적 자기 진술이 자신에 대해 좋은 인상이 있는 사람에게 도움이 되지만, 자존감이 낮은 사람에게는 역효과가 날 수도 있다는 것을 보여준다.[75] 이런 끔찍한 내적 대화를 상상할 수 있을 것이다. '나는 사랑스러운 사람이라고 생각해야 하는데, 자꾸 나는 사랑스럽지 못하다는 생각이 들어. 나는 이 일조차 제대로 못하는구나.'

이것은 어머니가 말하는 자기 확인 전략이 아니다. 스탠퍼드대학교의 제프리 코언과 그레고리 월튼Gregory Walton, 심리학자 클로드 스틸, 브리티시컬럼비아대학교의 토니 슈메이더Tony Schmader를 포함한 수많은 과학자들의 연구에 근거한 것이다.[76] 순서는 간단하다.

우선 중요한 결정을 앞둔 경우, 모두 일어나지 않은 아침 시간이든 조용한 점심시간이든 생각할 시간을 내라. 그런 다음 백지 한 장을 꺼내고, 타이머를 15~20분에 맞춘다. 맨 위에 자신의 핵심 가치core value 중 하나를 적어라. 자신이 소중하게 여기는 가치 목록은 상상력의 한계만큼 길어질 수 있겠지만, 처음에는 가족과 친구 돌보기, 건강한 생활 방식 유지하기, 경제적 안정 얻기, 종교적·영적인 삶 영위하기, 열심히 일하기, 공부를 위한 공부, 세상을 더 좋은 곳으로 만드는 것 중에서 가장 중시하는 것을 골라도 된다.[77] 가치를 두는 것이 시간 잘 지키기처럼 구체적인 것일 수도, 평온한 삶처럼 추상적인 것일 수도 있다. 다른 모든 것보다 소중한 하나를 찾아내려고 스트레스 받을 필요는 없다. 그저 '맞아, 그것은 내게 소중한 일이야'라는 생각이 드는 것을 적으면 된다.

자신이 소중하게 여기는 가치 중 하나를 적었다면, 남은 시간과 여백은 '이것이 당신에게 중요한 이유는 무엇인가?'라는 간단한 질문의 답을 적는 데 사용하라. 그것이 중요한 이유와 가르쳐준 사람을 적고, 그 핵심 가치가 당신의 삶을 바꾼 경험에 대해 기술하라. 당신의 핵심 가치 중 하나가 가족과 친구 돌보기일 수도 있다. 형제자매를 돌보면서 정말 살아 있다고 느낀 때는 언제인가? 도움이 필요한 친구를 위해 다른 약속을 취소하고 기꺼이 함께 있었는가? 대단한 일 하나를 쓸 수도, 자잘한 일 여럿을 쓸 수도 있다. 당신의 핵심 가치와 관련해 생각나는 것이면 무엇이든 써라. 시간이 다 되어 타이머가 울릴 때까지.

이 방법은 간단하고, 놀라울 정도로 효과적이다. 이 전략으로 달성할 수 있는 것은 무엇인가? 당신이 중시하는 것에 대해 적다 보면 당신의 정체성을 위협하는 것을 처리하기 쉬워진다. 예를 들어 앞서 제시한 일부 진술에 '그렇다(○)'고 답한 여성은 직장에서 자아 인식sense of self에 위협을 느낄 가능성이 상당하다. 즉 자신이 능력과 열성이 부족한 사람이라는 꼬리표가 붙을 위험이 있다고 생각한다. 자기 확인은 당신에게 "자신의 다양하고 긍정적인 면모"를 상기시키고, 이런 상기 행위는 삶에서 마주치는 다른 사건과 단서를 스트레스가 덜한 것으로 보도록 도와준다.[78] 또 당신은 자신이 속한 (낙인찍힌 집단 이외) 다른 집단을, 당신이 능동적으로 들어가고 싶은 커뮤니티를 상기할 것이다. 당신이 경제적 안정에 가치를 둔다면 자신을 주택 보유자 중 한 명으로 간주할 것이고, 세상을 더 나은 곳으로 만드는 데 가치를 둔다면 자신을 헌혈자나 무료 급식소 자원봉사자 중 한 명으로 간주할 것이다.[79]

반드시 써야 할까? 출퇴근길에 자신이 소중하게 여기는 가치 중 하나에 대해 생각하는 것으로 충분하지 않을까? 그럴 수도 있지만, 연구자들은 15분 동안 적을 때 자신에 대해 적극적으로 생각해보고 기운을 북돋울 비전을 만들어낸다는 것을 발견했다. 한 연구 팀이 표현하듯이, "말하는 걸 믿는다". 쓰기는 자신에게 말하고 메시지를 내면화하도록 돕는다.[80] 당신이 나와 비슷한 유형이라면, 자신이 소중하게 여기는 가치 중 하나에 대해 생각해보려 할 때 정신이 산만해져서 이내 어제의 대화를 곱씹거나 저녁을 어떻게 보낼지 계획할 것이다.

자기 확인 연구에서 발견한 가장 놀라운 점은, 당신은 자기 정체성의 다양한 측면을 작성하기 때문에 당신이 적는 가치가 당신이 내려야 할 결정과 연관이 없어도 적는 것으로 도움이 된다는 것이다.[81] 설령 업무에 관한 결정이라도 당신의 커리어나 처음에 그 일을 선택한 이유를 적을 필요가 없다. 대신 당신이 왜 건강한 생활 방식에 가치를 두는지 적는다. 이것은 당신이 적합한 선택지를 알아내도록 돕는 교묘한 결정 전략이 아니다. 당신이 특정한 행동 방침을 따르는 것을 확신하도록 동기를 부여하는 격려의 말도 아니다. 이것은 확인이다. 스트레스와 불안을 낮추고, 당신은 자신을 압도할 위험이 있는 성가신 고정관념보다 훨씬 복합적인 존재임을 자신에게 상기시키는 것이다.

이 전략이 처음 소개된 1988년에 연구자들은 회의적이었다. 하지만 그 후 여러 해 동안 수백 가지 연구가 이 단순한 쓰기 활동이 자신이 (자신이 속한 집단에 붙은) 꼬리표에 부응하리라는 두려움을 줄여준다는 것을 보여주었다.[82] 불안을 저지하면 더 명확히 생각하고, 더 나은 선택을 하고, 더 어려운 문제를 풀 수 있다.[83] 한 연구에 따르면, 자기 확인 쓰기 활동을 완료한 사람들은 과거에 자신이 내린 형편없는 결정마저 기꺼이 다시 평가하고 더 좋게 바꾸고 싶어 했다.[84] 우리는 흔히 자신의 입장을 고수하고 잘못된 결정을 변호하지만, 이 간단한 쓰기 활동이 그런 성향을 바꿀 수 있을 것이다. 프로젝트에서 무엇이 잘못되었는지 찾아내기 위한 회의에 참석하기 전에 이 활동을 해보라. 이 활동은 당신이 희생양이 되지 않도록 해줄 뿐 아니라, 당신이 한 가지 결정보다 훨씬 복합적인 존재라는 것을 알게 해준다.

이제 '여성의 특권'이라는 말을 사용하지 말자는 데 동의할 수 있겠는가? 처음에는 재미있게 여겨졌을지 모르지만, 진부하고 부정확한 표현이다. 사람들이 남성은 결정으로 직행하지만 여성은 그 주위를 뱅뱅 돈다는 뜻을 암시할 때, 그들은 여성에게 혜택을 베푸는 것이 아니다. 이런 고정관념이 떠오르면 실제로 여성은 좋은 선택을 하기가 더 어려워진다.

이 식상한 어구 하나 때문에 사회가 여성을 우유부단하다고 보는 것은 아니다. 여성이 어떻게 결정하는지 이해하려면, 여성은 대개 맥락을 중시하는 의사 결정자임을 인정해야 한다는 것을 이 장의 연구를 통해 살펴보았다. 여성이 주위의 단서와 사람들에 대해 쉽게 감응하는 것은 장점이다. 우리는 행동력 있는 남성을 높이 평가하지만, 분별력 있는 여성도 존중해야 한다.

남성은 동료 집단의 사회적 압력에 별로 영향을 받지 않지만, 여성은 끊임없이 사람들을 기쁘게 하는 자라는 뜻인가? 경찰국장 다이애나는 결론적으로 그렇지 않다고 말한다. 다이애나는 젊은 여성이 직장 생활 초기에 호감을 얻고 싶어서든, 자신이 일을 하기에 충분히 똑똑하다는 걸 보여주고 싶어서든 사람들을 기쁘게 하려고 애쓰는 걸 본다. 그녀는 자신도 스물다섯 살에는 그렇게 행동했다는 것을 인정한다. 하지만 나이가 들어 성숙해질수록 여성이 인기 없는 선택을 더 쉽게 한다는 것을 안다. 다이애나의 경험에 따르면, 여성은 결단력 있게 행동하는 데 더 능숙해진다. "더는 다른 사람을 불행하게 할까 봐 두려워하지 않기 때문이죠. 화내는 사람은 늘 있게 마련입니다. 모두 만족할 수는 없어요. 남성은 여전히 사내다운 사내로 보이고 싶은 나머지, 힘든 결정을 하느라 더 고생하는 것 같습니다."

남성은 자신이 다른 남성에게 어떻게 비칠지 불안해할까? 이것은 우리가 이어서 살펴볼 주제다. 우리는 남자다워야 한다는 남성의 중압감에 대해 살펴보고, 간과되기 쉬운 이 쟁점이 남성의 선택에 어떤 의미가 있는지 알아볼 것이다. 이런 압박감 때문에 남성이 직장에서 혹은 혼자 있을 때 의사 결정 딜레마를 겪는다면 그것도 문제지만, 우리는 사내다운 사내가 되어야 한다는 남성의 중압감이 어떻게 직장 여성의 선택을 더 어렵게 하는지 살펴볼 것이다.

2장 한눈에 보기

기억할 사항

1. 우리 사회에는 여성은 보살피고 남성은 통솔한다는 신념이 있다.
   - 남녀 경찰관이 긴박한 상황에 접근하는 방법에 대한 다이애나의 이야기.
   - 우리는 흔히 남성은 비밀 요원처럼 결정하고, 여성은 엄마 오리처럼 결정할 거라고 기대한다.
2. 유권자와 직원 모두 결단력 있는 리더를 높이 평가한다.
3. 사람들은 대부분 남성이 여성보다 결단력 있다고 생각하지만, 과학자들은 남성도 여성만큼 자주 선택을 어려워한다는 걸 발견한다.
4. 여성은 마치 협동성과 결단력 사이에 줄타기하는 것 같다. 사회는 여성이 의견을 요청하고 공로를 나눌 것이라 기대하면서도 다른 사람들에게 너무 의존한다고 비난한다.
5. 사내 자문단에 여성이 많을수록 더 품질 높은 조언을 구한다.
6. 고정관념 위협은 자신의 집단에 대한 다른 사람의 부정적 기대에 부응할까 봐 두려워할 때 느끼는 불안이다.
7. 당신이 고정관념을 믿지 않아도, 다른 사람들이 당신의 수행 능력에 근거해서 당신의 집단을 평가한다는 생각에 사로잡힐 수 있다.
   - 예: 성취도 시험을 보는 아프리카계 미국인 학생, 수학을 공부하는 여성, 여성은 운전에 서투르다고 생각하는 남성과 동승한 여성 운전자.
8. 고정관념 위협은 여성이 상대적으로 결단력이 부족하다고 간주되는 한 가지 이유다. 여성이 다른 사람들의 낮은 기대 때문에 불안해지면, 어려운 결정을 해야 할 경우 제 기량을 발휘하지 못한다.
9. 작업 기억이 줄어들면 주어진 순간에 생각할 수 있는 양이 제한된다.

10. 우리는 행동력 있는 남성에 대한 생각을 음미해도 되지만, 분별력 있는 여성 또한 존중해야 한다.

실천할 사항

1. 불안과 그 외 강렬한 감정을 구별하기는 어렵다. 고정관념 위협이 일어나는지 가늠하려면, 주위 환경에서 단서를 찾아라.

2. '이 결정은 누구에게나 어려울 것이다. 내가 불안을 느낀다면 그건 나와 아무 상관없는 어리석은 고정관념 때문이다'라고 생각하라.

3. 어려운 결정에 맞닥뜨렸을 때 확인 연습을 활용하면 불안이 엄습하는 것을 막을 수 있다.

   • 당신이 소중하게 여기는 핵심 가치 중 하나에 대해 15~20분 동안 써보라.

   • 당신이 누구인지 자신에게 상기시키면, 고정관념 스트레스가 의사 결정 과정을 방해하는 것을 막을 수 있다.

안녕하세요,
모험가 양반

비비안 밍Vivienne Ming은 20대 초반일 때 영화를 만들고 싶었다. 그
녀는 친구와 영화사를 차리고, 기발하지만 거의 알려지지 않은 단편
소설을 찾아 그 내용을 바탕으로 처음 영화 대본도 썼다. 그런데 자금
이 문제였다. 가진 돈이 전혀 없던 비비안은 자금을 대줄 만한 사람들
을 만나기 시작했다. 그녀는 그때를 "아이디어를 팔던 시기"라고 회상
한다. 예비 투자자들과 점심을 먹으면서 적당한 시점에 "영화를 제작
하면 엔딩 크레디트에 당신의 이름을 넣어드릴게요"라고 말하면, 별
거 아니지만 제법 효과가 있었다고 한다.

당시 비비안은 예비 투자자들에게 큰 위험을 감수할 것을 요청했
다. 그 스토리나 지은이에 대해 들어본 사람은 아무도 없었다. 게다
가 비비안은 영화를 만들어본 경험이 없었다. 그녀는 영화 산업에 대
해 무지했고, 대학도 졸업하지 않은 상태였다. 비비안은 주립 대학에
적을 두었지만 수업에는 건성으로 참여했다. 그녀의 이력서에서 인상
깊은 경력은 '여름방학 때 병원에서 일한 것'이 고작이었다.

하지만 비비안의 경험과 집중력 부족은 그다지 큰 문제로 간주되지 않았다. 사람들은 놀라울 정도로 흔쾌히 자신의 수표책을 꺼내 사업을 지원하려 했다. 몇 달 뒤 그녀는 영화를 제작하는 데 필요한 자금을 확보했다.

20년 뒤, 비비안은 다른 프로젝트의 자금을 구하고 있었다. 혁신적인 교육용 장비를 위한 프로젝트였고, 이때 그녀는 자신이 하는 일을 꿰뚫고 있었다. 비록 영화 분야는 아니지만(영화 계획은 실현되지 못했다) 비비안은 전문가가 되었다. 그녀는 학교 공부에 아주 진지하게 임했고, 인지심리학과 이론 신경과학에서 박사 학위를 받았다. 컴퓨터 천재인 그녀는 스탠퍼드와 버클리에서 교수로 임명되었다. 빌앤드멜린다게이츠재단Bill&Melinda Gates Foundation과 백악관 과학기술국OSTP이 비비안에게 과학기술과 교육 문제에 관해 자문을 구했다. 2015년까지 그녀가 설립한 회사가 다섯 개로, 점점 더 멋진 회사가 설립되었다. 《Inc. 매거진Inc. Magazine》은 비비안을 기술 부문의 '주목할 만한 여성 10인'에 선정했다.

최근에 비비안은 사업상 점심을 함께하는 자리에서 익숙지 않은 저항에 부딪혔다. 투자자들이 수표책을 꺼내는 데 오랜 시간이 걸렸다. 영화에서는 할 수 없었지만, 이제 비비안은 자신이 만들 제품에 대해 설명하고 이전 프로젝트로 벌어들인 액수를 제시해서 그때까지 성공한 것을 증명할 수 있다. 벤처 투자자들은 경청하고 나서 잠재 시장과 각 프로젝트의 리스크에 대해 질문했다. 그들은 거절하려 할 때 "이 분야에서 실로 인상적인 일을 하셨군요"라며 그녀를 안심시킨다. 비비안은 말한다. "그들은 '삼촌 같아져요avuncular-ize'. 제가 만들어낸 말인지 모르지만, 없다면 만들어야 해요. 그들은 자신이 수집한 우표를 자랑하는 일곱 살짜리 조카를 보듯 나를 대하거든요."

비비안은 여전히 투자자를 찾는다. 투자자들이 앞다퉈 그녀에게 운명을 걸 것 같지만, 그녀는 전보다 증명하고 이해시켜야 한다. 예전에 비비안은 그토록 많은 사람들이 자신을 믿고 투자하는 데 놀랐다면, 지금은 그렇게 많은 사람들이 주저하는 데 놀란다.

무엇이 바뀌었을까?

경기 때문일 수 있다. 2008년 경제 위기 이후 투자자들은 1993년보다 재무회계를 면밀히 검토하는 것 같다. 투자의 규모 때문일 수도 있다. 20년 전 비비안이 작은 독립 영화를 제작하려 할 때는 10만 달러가 필요했지만, 현재 소프트웨어 프로젝트 자금을 대려면 상당히 많은 자금을 모아야 한다. 벤처 투자자들은 오만한 젊은 창업자를 찾는 경향이 있으므로 20대의 그녀에게 더 관심 있었을 수도 있다. 존경 받는 실리콘밸리 벤처 투자자 존 도어John Doerr는 말했다. "저는 여전히 샌드위치로 끼니를 때우는 스탠퍼드 청년들을 찾습니다. 그들은 사업 계획이 무엇인지 전혀 모르면서 자신만만하게 걸어 들어오죠." 그러나 이 말도 자격증이 필요하다는 걸 인정하고 있다. 그는 스탠퍼드대학교에서 자신의 패기를 입증한 팀원을 원하기 때문이다.[1]

나는 또 다른 설명을 제시하려 한다. 나는 비비안이 현재 더 많은 저항에 부딪히는 것이 여성이기 때문이라고 생각한다. 20년 전 비비안이 영화 투자자를 유치할 때 그녀는 자신을 에번이라고 소개했다. 비비안은 성전환자다.[2] 맏아들로 태어난 그녀는 어린 시절을 대부분 남성으로 살았지만, 그 역할에 심한 우울을 느꼈다. 오랫동안 자신의 성 정체성을 여성으로 여기고 늘 여성으로 살기를 바라다가, 30대에는 그 도전적인 전환을 했다. 오늘날 비비안이 투자자들을 만날 때,

그들은 어깨 길이 금발의 총명하고 상냥한 여성이 탁자 건너편에 앉은 것을 본다.

투자자들은 그녀가 성전환자라서 주저하는 걸까? 비비안이 설명한다. "내 이력에서 그 부분을 먼저 이야기하지는 않습니다. 그 사실이 인터넷에 있으니 찾아낼 수는 있을 거예요.《뉴욕타임스The New York Times》나《허핑턴포스트》에서 내 이야기를 볼 수 있겠죠. 개인 기록을 파헤치면 내 웹 사이트에서도 찾을 수 있습니다. 하지만 대다수 투자자들이 만나기 전에 미래의 프로젝트에 대해 조사하는 것은 그런 부분이 아닙니다." 벤처 투자자들은 '저 여성에겐 뭔가 다른 점이 있어'라고 생각하며 주저할까? 그럴 수도 있다. 하지만 잠재 투자자들이 탁자를 밀치고 일어서며 "고맙지만 나한테 맞는 프로젝트는 아닌 것 같습니다"라고 말할 때 아무도 그들의 머릿속을 스치는 모든 생각을 알 수 없다.[3]

이는 성전환 여성뿐만 아니라 모든 여성에게 일어나는 문제임을 앞으로 볼 것이다. 젠더가 이 문제와 무슨 상관이 있을까? 현명한 투자는 누가 제안하든 현명한 투자가 아닌가? 하지만 사람들은 여성에게 위험을 감수하는 것을 망설인다. 사회는 위험 감수하기를 남성의 세계에 속하는 것이라 여기는데, 이는 여성에게 갖가지 문제를 야기한다. 모험을 해야 하는 여성 리더가 거의 없기 때문에 여성이 위험을 감수할 때 더 도드라져 보인다. 대개 여성의 모험은 더 위험해 보이고, 여성이 테크놀로지 회사의 설립자나 경영자같이 일반적으로 남성이 하는 일을 할 때 사람들이 투자하기를 주저하는 것도 이 때문이다.

이 장에서는 젠더와 위험의 상관관계와, 사람들이 타인에게서 깜박이는 주의 신호나 가능성을 알려주는 녹색 불을 어떻게 보는지 살펴볼 것이다. 남성과 위험에 대해 생각할 때 무엇이 떠오르는가? 여성과 위험에 대해 생각할 때 우리의 반응은 어떻게 달라지는가? 남성이 여성보다 많은 위험을 감수할 것이라는 추측이 타당한지 탐구하고, 그럴 필요가 전혀 없는데도 남성이 위험을 감수해야 한다고 느끼는 놀라운 환경을 밝혀볼 작정이다. 남성이 더 많은 위험을 감수하고 여성이 주저할 때, 그들이 다르게 행동하는 이유는 뭘까?

자금의 흐름을 추적하라

좌절한 많은 여성 기업가들은 벤처 투자자를 만날 때 비비안과 비슷한 경험을 했다고 털어놓는다. 데이터에서 볼 수 있듯이 투자자들은 여성이 지휘하는 프로젝트에 덜 적극적이다. 가장 설득력 있는 연구 결과는 사람들이 신규 업체 투자 권유에 어떻게 반응하는지 연구한 하버드경영대학원Harvard Business School 앨리슨 우드 브룩스Alison Wood Brooks 교수가 발표한 것이리라. 투자 권유는 자금이 필요한 기업가에게 필수적인 단계다. 희망에 찬 기업가는 비비안처럼 가끔 점심시간을 이용하기도 하지만, 대개 스카이프로 벤처 투자자들과 대화한다. 기업가는 최상의 아이디어를 내놓으며, 흔히 나타나는 문제에 혁신적인 해결책이 있다는 것을 투자자에게 확신시키려 한다.

브룩스와 동료들은 투자자들이 남성과 여성 기업가가 같은 아이디어를 홍보할 때조차 여성이 권유한 프로젝트보다 남성이 권유한 프로젝트에 투자하려는 경향이 60퍼센트로 더 많다는 것을 발견했다.[4] 어떤 이들은 마지막 문장을 훑어보고 생각한다. '음, 60퍼센트는 50퍼센트에 가까우니 평등한 거나 마찬가지야.' 하지만 당신의 논리를 살펴

보라. 평등이란 투자자들이 남성이 권유한 프로젝트에 투자할 확률이 0퍼센트 더 많은 상태를 의미한다.[5]

남성 기업가들이 여성 기업가들보다 자신감 있는 태도로 아이디어를 권유했을까? 다음 장에서 자신감과 관련된 젠더 문제를 살펴보겠지만, 남성이 더 많은 자신감을 보여줬다면 투자자들에게 분명 영향을 미쳤을 것이다. 그래서 브룩스는 한 가지 더 실험했다. 전문 배우들에게 여성과 남성 모두 같은 자신감을 내보이며 동일한 권유를 해달라고 부탁한 다음, 투자자들의 반응을 관찰했다. 투자자들은 이번에도 약 2대 1의 비율로 남성에게 투자하는 걸 선택했다.[6]

이는 실제로 사람들이 위험을 감수할 때 여성보다 남성이 훨씬 많은 자금을 확보할 수 있다는 의미다. 2011~2013년 벤처 투자자들은 신규 사업 프로젝트에 508억 달러를 투자했는데, 그중 493억 달러가 남성 CEO가 이끄는 기업에 돌아갔다.[7] 물론 대다수 CEO가 남성이므로, 그들이 투자액을 대부분 유치한 것이 그리 놀라운 일은 아니다. 투자자들은 이런 이유로 (에번과) 동등한 자격을 갖춘 비비안이 제안한 프로젝트보다 에번이 제안한 위험한 프로젝트를 선뜻 받아들였을까? 유감스럽게도 데이터에 따르면 그렇다. 브룩스의 연구는 사람들이 위험을 감수하는 남성에게 더 많은 돈을, 더 자주 투자한다는 것을 보여준다.

확실한 것과 위험한 모험

구체적으로 들어가기 전에 '위험 감수risk-taking'의 뜻을 정의해보자. 위험 감수란 확실한 것을 택하는 대신 손실 위험이 있더라도 결과적으로 가치가 큰 기회를 잡는 것을 뜻한다. 우리는 위험을 감수할 때 손에 쥔 새 한 마리를 택하는 대신, 숲 속의 새 두 마리를 택하기로 결심한다.

위험 감수는 직접 보지도 않고 온라인에서 믿기지 않을 만큼 저렴한 값에 자동차를 구입하는 것이다. 가까운 대리점에서 비슷한 차를 시승해볼 수도 있지만, 안심하는 대가로 25퍼센트를 지불할 것이다. 혹은 당신이 점심을 먹으러 카페에 갔는데, 몇몇 친구들이 당신을 부르며 테이블의 빈자리를 가리킨다고 치자. 당신은 그들과 함께 앉을까(확실한 것을 선택할까), 아니면 혼자 앉은 매력적인 새 인물과 합석할까(위험한 기회를 잡을까)?

우리는 모험적인 삶을 선호하는 사람이 따로 있을 거라 생각하지만, 통념과 반대로 위험 감수는 개인적인 특성이 아니다.[8] 그것은 가능한 경우 언제든 원래대로 회복되는 내성적이거나 외향적인 것과 다르다. 당신이 아주 외향적이라면 낯선 사람으로 가득한 디너파티에 가든, 가장 좋아하는 클라이언트를 만나러 가든, 사람들과 교류하는 데서 활력을 찾을 것이다. 행글라이딩과 번지점프를 좋아하는 사람들은 여가를 보내는 방식에 관한 한 격렬한 모험가지만, 노후에 대비해 어떻게 저축하고 싶은지 물었을 때 그들은 평범해 보이는 선택을 한다.[9] 어떤 상황에서 대담한 사람도 다른 상황에서는 머뭇거릴 수 있다. 회계감사를 받으면 정당화하기 어려울 몇 가지 의심스러운 세금 공제를 눈 하나 깜짝하지 않고 요구하는 사람이, 조카가 애완용 뱀을 안아보겠느냐고 물을 때는 머뭇거릴 수도 있다.

미끄럼 봉 마주하기

미국에는 남성이 이 문화에서, 그들이 그것을 좋아하는지 여부는 상관없이, 위험을 감수해야 함을 강조하는 흥미로운 (때론 터무니없는) 관용구가 있다. "사내답게 용기를 내" "남자가 할 일이니 남자가 해야 해" "남자답게 행동해" "남자가 될래, 생쥐가 될래?" "남자가 배짱이 있어야지" 같은 표현은 우리 언어가 남성에게 위험을 감수할 책임을 부과하는 방식 중 일부다. 이 표현을 자세히 보면 흥미로운 점이 있다. 이 말은 가족이나 애국을 위해 남성이 위험을 감수해야 함을 암시하는 게 아니다. 이 표현에는 남성의 남자다움은 위험을 감수할 수 있느냐에 달렸다는 뜻이 내포되었다.

여성의 여자다움도 비슷한 용기가 있어야 가능한가? 그렇지 않다. 슈링킹 바이올렛shrinking violet('움츠러드는 제비꽃'이란 뜻으로, 수줍어하는 사람을 일컫는 표현)이나 너버스 넬리nervous Nellie('겁쟁이 넬리'라는 뜻으로, Nellie는 여자 이름 Eleanor나 Helen의 애칭) 같은 표현은 사회가 여성을 자신만만하게 행동하기보다 가급적 위험을 피할 것이라고 기대함을 암시한다. 실제로 남성을 여성에 비유하는 것은 그가 마땅히 감수해야 할 위험을 감수하지 않고 겁이 많다는 것을 한 번에 알리는 방식이다.

열세 살짜리 소년이 친구들에게 "잠깐, 얘들아, 아무래도 안전하지 않은 것 같아"라고 말하는 장면을 상상해보라. 소년은 결정을 미루고 하며 다시 생각해볼 시간을 원한다. 이때 소년은 마마보이, 시시sissy, 워스wuss(wimp와 pussy가 혼합된 말)와 같이 남성성이 의심스럽다는 뜻을 내비치는 숱한 비방을 들을 것이다.[10] 위험을 흔쾌히 받아들인다는 것은 거의 '남자답다'는 뜻이고, 위험을 두려워한다는 것은 거의 '여자답다'는 뜻임을 우리 언어가 확인하게 해준다.

미국인이 젠더와 위험 감수에 대해 어떻게 생각하는지 연구할 때 많은 사실을 보여주는 장소 가운데 놀이터가 있다. 유년기 상해를 줄이는 데 관심을 쏟아온 심리학자 바버라 모론지엘로Barbara Morrongiello는 아이들이 높은 미끄럼틀 꼭대기나 정글짐에 올라갈 때 부모의 반응을 관찰하기 위해 놀이터에 갔다. 여성이 위험을 더 불편해하고 위험한 선택을 받아들이는 걸 어렵게 느낀다면, 어머니가 아버지보다 아이를 보호하려 할 것이다. 모론지엘로는 여러 연구를 통해 위험할 수 있는 방식으로 노는 아이를 보호하려는 태도에 부모의 젠더가 영향을 미치지 않는다는 것을 발견한다.[11] 놀이터에서 아이를 보호하려는 부모의 태도에 영향을 미치는 한 가지 원인은? 아이의 젠더다. 부모는 어머니든 아버지든 아들보다 딸을 보호하려 한다.

모론지엘로는 자녀가 난생처음 미끄럼 봉을 타고 내려오는 방법을 배우려 할 때 부모의 반응을 관찰했다. 미끄럼 봉은 그렇게 위험하지 않지만, 예를 들어 놀이용 모래 상자만큼 안전하지도 않다. 미끄럼 봉은 높고, 정말 단단히 잡았으면 싶을 때 놓칠 위험이 있다. 부모는 아들이 무섭다고 말해도 계속 봉을 타고 내려오라고 재촉하지만, 딸이 시도하고 싶지 않다고 말할 때 대부분 좋은 생각이라고 답했다. 신체적 기능에 차이를 보이지 않는 아이들조차 다르게 다뤄지는 것이다. 딸이 미끄럼 봉을 타고 내려오려 할 때 어머니와 아버지는 도와주러 뛰어갔다. 아이가 도움을 청하지 않아도 허리나 등을 양손으로 떠받치며 도와주었다. 아들에게는 "손을 뻗어서 봉을 잡아" "조금 더 느슨하게 잡아봐"라며 옆에서 코치하는 경우가 많았다. 첫 시도가 잘 되지 않으면 남자아이들이 여자아이들보다 자주 다시 해보라는 격려를 받왔다.

차이는 미묘하다. 부모가 두려워하는 남자아이를 나무라거나 미끄럼 봉을 타고 올라가려는 여자아이를 꾸짖지는 않았다. 하지만 성별에 따른 메시지는 확연하다. 위험을 감수하는 것은 남자아이에게 좋은 일이고, 심지어 격려와 코치도 받으니 다음에는 그렇게 위험하지 않을 것이다. 하지만 여자아이를 안전하지 않은 상태로 방치하기는 어렵다.

다행히 우리는 대부분 직장이나 가정에서 미끄럼 봉을 타고 내려오지 않아도 되지만, 다른 위험을 감수해야 하고 그래야 하는 자리가 주어지기도 한다. 커리어의 기회는 당신이 예측되는 위험을 감수할 것을 믿을 수 있는지 동료들이 내리는 즉각적이고 반사적이고 흔히 무의식적인 판단의 영향을 받는다. 당신이 아주 유능한 모험가로 보여야 하는 직업에 지원한다고 상상해보자. 혁신적인 제품 라인을 만들고, 잘못 운용된 프로젝트를 구제하고, 신규 계약을 성사하는 일이 수반될 것이다. 당신이 공무원이라면 그 직무에는 생명을 구하거나 범죄자를 수감할 수 있는 결정을 내리는 일이 포함될 것이다.

면접을 보러 오라는 연락을 받으면 준비를 해야 한다. 그 조직의 강점과 성장할 여지가 있는 부문을 알아봐야 한다. 당신이 그 일자리를 얻기 위해 남성과 경쟁해야 하는 여성이라면, 당신이 문 안으로 걸어 들어가자마자 체구가 문제가 될 수 있다. 앞에 있는 낯선 사람이 용감무쌍한 모험가인지 아닌지 판단해야 할 때 사람들은 그 사람의 체구를 본다. 키가 상대적으로 작고 약해 보이는 사람보다 키가 크고 강해 보이는 사람이 큰 위험을 감수할 수 있는 사람으로 평가된다.[12] 왜 이런 연관이 생겼는지 분명하지 않다. 신체적으로 당당한 사람이 위험을 감수할 만큼 건강해 보이기 때문인 것 같다. 대다수 여성은 키와 힘에서 남성에 비해 확실히 불리한 입장이다. 연구자들에 따르면 다른 사람이 당신의 위험 감수에 대한 의욕을 평가할 때, 당신이 100파운드(약 45킬로그램)짜리 역기를 들어 올릴 수 있을 것처럼 보이면 도움이 된다.

다음으로 관점의 문제가 있다. 즉 누가 당신을 유망한 모험가로 평가하느냐가 문제다. 평가자가 남성 관리자이고 당신이 여성이라면, 평가자가 여성 관리자일 때보다 많은 것을 입증해 보여야 할 것이다. 연구 결과가 보여주듯이, 정해진 모험에서 남성은 여성이 위험을 감수할 가능성을 20퍼센트 낮게 평가한다.[13] 당신은 "그들에겐 내 이력서가 있잖아요. 그들은 지금껏 내가 쉬운 길을 택하지 않았고, 몇몇 위험한 프로젝트를 감행하기도 했다는 것을 볼 수 있습니다"라고 항변할 것이다. 안타깝게도 사실로는 충분하지 않을 것이다. 하나 이상의 연구가 보여주듯이 남성의 편향된 인식은 쉽게 변하지 않고 지속되며, 남성은 해당 여성이 위험을 감수한 이력을 보면서도 그 여성이 위험한 결정을 할 때 조심스러울 것이라고 생각한다.[14]

미국인은 남성은 위험을 감수하지만 여성은 신중할 거라고 예측하는 데 그치지 않고, 그게 이상적인 모습이라고 생각한다. 마땅히 그렇게 행동해야 한다고 생각하는 것이다. 프린스턴대학교Princeton University의 데버러 프렌티스Deborah Prentice와 에리카 카란자Erica Caranza는 학생들을 대상으로 미국 사회에서 어떤 특성이 남성과 여성에게 얼마나 바람직한지 표시해달라고 요구했다. 프렌티스와 카란자는 독립적인 성격부터 냉소적인 성격까지, 당당한 성격부터 수줍어하는 성격까지 다양한 특성을 조사했다. 사람들이 예측하듯이, 참가자들은 여성이 주위 사람을 돌보는 것을 매우 바람직하다고 보았다. 여성에게 따뜻하고, 친절하고, 아이에게 관심을 쏟는 특성은 중요했다. 미국 사회에서 남성은 이런 영역에서 뛰어나지 않아도 중요한 인물이 될 수 있었다.

위험 감수가 남성과 여성에게 중요한 정도가 얼마나 다른지 알면 놀랄 것이다. 43가지 바람직한 특성 중 기꺼이 위험을 감수하는 특성은 남성에게 14번째('경쟁력 있는' 바로 다음)로 중요했으나, 여성에게는 37번째였다. 위험 감수가 여성에게 얼마나 낮게 평가되었는지 감을 잡으려면 '자기주장이 강하다'와 비교하는 게 도움이 될 것이다. 대다수 사람들은 가족이 선의로 한 말을 들었든, 기사에서 읽었든, 업무 평가로 짐작하든, '자기주장이 강하다'는 흔히 여성에게 조금 더 부드럽게 표현되어야 하는 좋지 않은 특성으로 간주한다. 프렌티스와 카란자의 연구에서 '자기주장이 강하다'는 여성에게 몇 번째로 중요한 특성이었을까? 39번째로 '위험을 감수하다'보다 약간 덜 매력적인 특성으로 간주되었다.[15]

이제 투자자들이 비비안을 지원하는 데 주저하면서 그녀가 에번이었을 때 열정적으로 지원한 이유가 이해되기 시작한다. 에번이 위험을 감수하는 것은 사람들이 강인한 청년에게 바라는 것이므로, 기뻐하기 쉽고 좋은 일이라 느낀다. 하지만 큰 위험을 감수하면서 다른 사람에게 위험을 감수하자고 요청하는 여성의 권유를 받아들이기는 훨씬 더 어렵다. 투자자들은 위험이 큰 사업을 제안하는 여성을 비판적으로 보는 자신을 발견할 것이다. 그들은 여성에게 위험을 감수하는 것이 바람직하지 않아서 그 불편한 느낌이 생겨난 것임을 인식하기보다, 그녀의 제안에 뭔가 문제가 있을 거라 추정한다. 벤처 투자자는 '이 사업은 뭔가 찜찜한 느낌이 들어'라며 직감을 받아들이고, 그 원인을 다른 곳을 찾아야 한다는 신호로 해석한다.

비비안이 남성 슈퍼스타가 압도적으로 많은 테크놀로지 부문 사업가라는 점 역시 도움이 되지 않는다. 언론에서 테크놀로지의 지형을 바꾼 모험가를 열거할 때 거의 언제나 남성의 이름이 오른다. 아마존의 제프 베조스Jeff Bezos, 애플의 스티브 잡스Steve Jobs, 구글의 래리 페이지Larry Page와 세르게이 브린Sergey Brin, 페이스북의 마크 저커버그, 페이팔과 스페이스X, 테슬라의 일론 머스크Elon Musk 등.[16]

위험한 결정을 내린 리더가 남성일 때와 여성일 때

예일대학교 빅토리아 브레스콜의 연구소로 돌아가 보자. 브레스콜과 동료들은 사람들이 실패한 모험에 어떻게 반응하는지 알고 싶었다. 그녀는 성인들에게 위험한 결정을 한 리더에 대한 가상의 기사를 보여주었다. 모든 피험자들은 도심에서 대규모 시위가 계획되고 있다는 것을 몇 주 전에 안 대도시 경찰국장에 대해 읽었다. 시위가 시작되고 몇 시간 뒤 시위대가 통제하기 어려워지자, 경찰국장은 경찰관들에게 조치를 취하라고 지시했다. 이 이야기의 한 버전에서 경찰국장은 현장에 충분한 경찰을 투입하지 않아 25명이 중상을 당했다. 피험자 절반은 행복한 결말로 끝나는 이야기를 읽었다. 이 버전에서는 시위대가 규칙에 따르지 않을 때 경찰국장이 경찰을 대거 투입했고, 시위는 사건이나 심각한 위험 없이 순조롭게 이어졌다.[17]

두 경우 모두 경찰국장은 위험을 감수하고 시위에 문제가 생길 때까지 경찰을 투입하지 않았다. 이 이야기의 한 버전에서 국장은 적절한 결정을 내려 모든 게 잘되었으나, 다른 버전에서 국장은 손실이 큰 실수를 했다. 브레스콜의 연구 팀은 국장에 대한 피험자들의 평판이 국장의 성별에 따라 어떻게 영향을 받는지 관심 있게 보았다. 잘못 판단한 사람의 성별이 영향을 미쳤을까? 그랬다. 여성 경찰국장의 결정으로 시민 25명이 부상당했을 때 피험자들은 그녀를 무능하다고 평가했다. 피험자들은 경찰국장이 책임자에게 필요한 판단력이 없으므로 사임까지 아니라도 강등되어야 한다고 생각했다. 남성 경찰국장이 같은 실수를 했을 때 대다수 피험자는 그렇게 비판적이지 않았다.

피험자들은 기사를 읽은 뒤 그 리더가 얼마나 많은 권력과 존중, 신뢰를 받는 게 합당한지 다양한 질문에 답했다. 이 평가는 해당 리더의 단일 직위 점수로 결합되었다. 남성 경찰국장이 상황을 오판하여 적은 경찰관을 투입했을 때 대중이 판단한 그의 직위 점수는 약 10퍼센트 하락했다. 여성 경찰국장이 같은 실수를 했을 때 점수는 30퍼센트 가까이 하락했다. 여성 경찰국장은 판단 착오로 남성 경찰국장보다 세 배에 가까운 대가를 치렀다. 위험한 결정이 성과를 거두었을 때, 즉 충분한 경찰관이 투입되어 평화가 회복되었을 때는 남성 리더와 여성 리더가 똑같이 존경 받았다. 이는 여성과 경찰국장이 무조건 어울리지 않는다고 간주되는 것은 아님을 보여준다. 여성 경찰국장이 위험을 감수했으나 실패했을 때만 어울리지 않는 것으로 평가되었다.

브레스콜과 연구 팀은 다양한 요직을 조사했다. 그들은 엔지니어링 회사의 CEO가 위험한 결정에 직면한 시나리오와 주 대법원의 수석 판사가 곤란한 입장에 처한 시나리오를 제시했다. 결과는 같았다. 위험한 결정은 이 역할을 맡은 여성에게 막대한 손실을 초래했다. 이 여성들은 같은 직위 남성들보다 많은 대가를 치러야 했다. 세 시나리오에는 공통점이 있다. 이 여성 의사 결정자들은 전통적으로 남성과 연관된 직책을 맡았다. 대도시의 경찰국장과 엔지니어링 회사의 CEO, 주 대법원의 수석 판사는 전통적으로 남성이 맡은 직위다.[18]

잘못된 결정을 내릴 때 남성 리더가 여성 리더보다 가혹하게 평가되는 상황이 있었을까? 여자대학의 남성 총장이 그랬다. 대다수 사람이 여성이 맡을 거라고 예상하는 이 요직을 맡은 남성은 서투른 판단력을 보여주었을 때 대가를 치렀다. 이외에도 여성과 관련된 대단히 존경 받는 요직이 있었을까? 내가 이 질문을 하자, 브레스콜은 여성이 우세하고 높은 지위로 간주되는 그 외의 요직은 찾을 수 없었다고 대답했다. 여자대학 총장밖에 없었다는 말이다. 브레스콜은 "솔직히 좀 서글펐어요"라고 말했다.[19]

브레스콜과 동료들은 젠더에 어울리는 역할을 맡은 리더가 결정했을 때 위험한 결정이 잘못되더라도 쉽게 용인된다고 결론지었다. 남성의 전문 영역과 여성의 전문 영역은 교체가 불가능하고, 다른 젠더의 영역에서 실수한 리더는 더 가혹한 평가를 받았다. 그러면 사람들은 첨단 기술 회사에 돈을 쏟아부었으나 실패한 여성을 더 비난할까? 아마도 그럴 것이다.

이는 두 가지 심각한 우려를 낳는다. 첫째, 남성은 CEO와 부사장, 정치인, 영화감독, 장교, 조종사, 외과 의사, 수석 연구원, 법률 회사 간부 등 대부분 최고위직과 관련이 있다. 그러므로 이런 역할에 일반적으로 남성이 연상된다면 이 직업을 택한 수많은 여성은 불공정한 게임을 시작하는 것이다. 둘째, 리더십 역할은 본질적으로 위험한 결정에 맞닥뜨릴 수밖에 없다. 어떤 사람은 위험한 결정을 하는 것이 리더의 일이라고 말할 것이다.

이 두 가지 사항을 합쳐서 생각해보면 위험을 감수하는 것은 남성 리더보다 여성 리더에게 위험하리라는 것을 예측할 수 있다. 유리 천장은 여전히 있다고 생각할 만한 이유는 수없이 많다. 남성이 후임으로 계속 남성을 선택한다는 것을 의미하는 동창회 인맥, 여성 임원들이 권위와 자신감을 잃고 진지하게 받아들여지지 않는다는 것을 의미하는 성차별, 여성은 주로 최고위직에 도달하지 못하는 부서(예를 들면 인적 자원 부서나 홍보 부서)의 리더가 된다는 것을 의미하는 직종 분리 등.[20] 이제 유리 천장이 존재하는 이유를 하나 추가할 수 있을 것이다. 대다수 사람들은 모르거나 적어도 언급하지 않는 것이다. 남성이 지배적인 분야에서 열심히 일해 정상까지 올라간 여성은 위험을 감수했으나 성공하지 못할 때 남성보다 아래로 추락한다.

이런 연구에서 우리는 어떤 가르침을 얻을까? 당신이 남성의 일로 간주되는 역할에서 위험을 감수하는 여성이거나, 여성에게 어울리는 것으로 여겨지는 역할에서 위험을 감수하는 남성이라면, 중대하고 위험한 결정을 하기 전에 연합체를 구성하고 싶을 것이다. 그것은 자신을 보호하는 현명한 방식이다. 당신이 옹호하는 선택을 지지하는 유력한 동지를 한두 명 이상 찾아라. 지위가 높아질수록 흉금을 털어놓고 지낼 만한 사람들이 줄어들기 때문에 이렇게 하기 더 어렵지만, 지지해줄 사람을 찾는 데 시간을 투자하는 것은 현명한 일이다.

60대 40 연습하기

모든 사람들은 위험을 감수하지 말아야 한다는 것이 여기서 얻는 교훈 중 하나일까? 아니다. 위험 감수는 보람 있고 후회 없는 삶의 일부다. 여러 연구가 보여주듯이, 사람들은 들춰보지 않은 돌과 상상하고 가보지 못한 길에 대해 오래도록 깊이 후회한다.[21] 코넬대학교Cornell University 연구 팀은 70대 남성과 여성에게 물었다. "다시 살 수 있다면 무엇을 다르게 하고 싶습니까?"[22] 일부 응답자들은 예컨대 "그렇게 일찍 결혼하는 게 아니었는데"라며 자신의 행동을 후회했다. 하지만 행동하지 않은 것을 후회한 사람이 네 배나 많았다. 그들은 위험을 감수하고 싶었지만 그러지 못했다고 했다. 이를테면 "직장 생활을 할 때 목표를 더 높이 잡았어야 해"라거나 "난 너무 온순했어. 내가 원하는 것을 당당히 주장하며 살걸"이라고 했다.

앞에서 우리는 위험 감수가 개인의 성격이 아니라 연습을 통해 연마하고 향상할 수 있는 기술이라는 것을 배웠다. 위험 감수가 기술이라면 어떻게 연습하고, 무엇을 연습해야 할까? 데이터 시각화 회사의 최고마케팅경영자CMO 유지니아는 두 가지 제안을 한다. 첫째, 그녀는 임원들에게 위험을 감수할 수 있는 것과 감수할 수 없는 것을 식별하는 연습을 하라고 적극적으로 조언한다. "우리는 무척 빠르게 성장하고 있으므로 당신은 동시에 많은 공을 저글링합니다. 그 모든 공을 돌려야 함은 물론, 어떤 공을 떨어뜨릴지, 그 공이 얼마나 멀리 굴러가도록 방치했다가 잡을지 결정해야 합니다. 당신은 저글링하듯 그 모든 일을 하고 있습니다."

당신이 오늘 전화 답신을 할 수 없다면? 이틀쯤 둬도 될까, 내일 아침에 제일 먼저 처리해야 할까? 유지니아는 공을 떨어뜨리는 것은 피할 수 없는 일이며, 수요가 많은 성공적인 리더는 그 위험을 감수해야 한다고 말한다. 하지만 당신이 떨어진 공의 영향을 예측하고 그에 따라 대응하는 연습을 적극적으로 하면 더 유능한 의사 결정자는 물론, 팀의 굉장한 자산이 될 것이다.

유지니아는 저글링에 대한 조언을 모든 팀원에게 하지만, 다음 조언은 여성을 위해 따로 마련한 것이다. 그녀는 이것을 여성의 80대 20 규칙이라고 부른다. 유지니아는 여성이 직장에서 프로젝트에 참여하거나 프레젠테이션을 할 때 "80퍼센트를 준비해야 20퍼센트를 즉흥적으로 할 수 있다고 생각합니다. 즉흥적으로 한다는 것은 자신의 순간적인 결정을 믿고 경험으로 아는 것을 활용한다는 뜻입니다. 한번은 마케팅 부서의 내 친구 중 일부를 조사했는데, 남성이 뭐라고 답했을까요? 남성은 즉흥적으로 하는 부분이 훨씬 더 많았습니다. 남성은 평균 65~70퍼센트를 즉흥적으로 하는 게 편하다고 했습니다. 정보는 30~35퍼센트만 준비하면 된다는 것이죠"라고 말했다. 남성은 말할 내용을 3분의 1만 준비하는 반면, 여성은 자신이 주장하고자 하는 것을 5분의 4나 준비해야 한다고 생각했다. 남성은 준비하지 않았으므로 발언하려고 일어설 때 훨씬 더 큰 위험을 감수해야 했으나, 충분히 조사하거나 계획하지 않은 의견을 말하고자 할 때 여성보다 많은 회의를 자발적으로 주도하고 발언하려 했다.

그렇다면 유지니아는 여성에게 어떤 조언을 하는가? "저는 여성에게 80대 20을 중단하고 20대 80을 시작하라고 조언합니다. 이 말에 기겁하면 '농담입니다. 60대 40을 목표로 잡으세요. 80대 20으로 하지 말고요'라고 조언합니다." 이 조언은 그녀가 코치하는 여성에게 연습할 거리를 구체적으로 제시해서 그들이 더 많은 위험을 감수하도록 도와준다. "60대 40으로 하는 법을 익히고, 즉흥적으로 대처하는 법을 알면 훨씬 더 많은 일을 해낼 수 있고, 훨씬 더 많은 존경을 받을 것입니다." 60대 40으로 회의에 참여하는 것은 상상도 할 수 없다고 말하는 여성에게 유지니아는 뭐라고 조언할까? "저는 그들에게 두 가지를 자문해보라고 말합니다. 첫째, 회의에 참여하는 다른 사람들보다 많이 아는가? 예. 둘째, 알아야 할 모든 것을 아는가? 아니요. 하지만 첫 번째 포인트로 돌아갑시다."

상사에게 위험을 감수하지 않는 사람으로 보이지 마라

이 책에서 계속 거론되는 주제는 사람들이 여성을 의사 결정자로 보는 방식이 여성의 실제 의사 결정 능력과 항상 일치하지는 않는다는 것이다. 위험 감수도 다르지 않다. 위험 감수는 흔히 리더와 매니저를 구분하는 결정적인 능력이다. 《하버드 비즈니스 리뷰》에 글을 쓰는 두 연구자 에르미니아 이바라Herminia Ibarra와 오틸리아 오보다루Otilia Obodaru에 따르면, 우리는 현 상태를 유지하기 위해 일할 수도 있지만 틀에 박힌 일상에서 벗어나 "집단을 혁신하는 변화의 동력"이 될 수도 있다.[23] 남성 임원들은 '틀에 박힌 일상에서 벗어나기'를 여성 임원들에게 부족한 자질로 보는 경향이 있다.

이바라와 오보다루는 〈여성과 비전Women and the Vision Thing〉이라는 기사에서 149개국 약 3,000명에 달하는 임원들의 수행평가를 연구한 내용을 발표했다. 여성 리더가 남성 리더보다 거의 모든(8개 중 7개) 리더십 영역에서 높은 점수를 받았다. 그중 몇 가지를 언급하면 피드백, 끈기, 우선순위 조정 등에서 여성의 점수가 높았다. 여성이 부족한 것으로 나타난 한 가지 영역은 리더의 가장 중요한 자질로 간주되는 '비전 세우기'였다. 특히 남성이 여성에게 이 영역에서 낮은 점수를 줬다. 이바라와 오보다루가 말하듯이, 비전을 제시할 능력이 있는 사람으로 보이고 싶다면 현 상태에 이의를 제기하고, 새로운 전략을 명시하고,

규칙과 일상적 틀에서 벗어나야 한다. 즉 위험을 감수해야 한다.

여기까지는 간단하게 들린다. 여성 리더는 해오던 대로 하는 걸 중단해야 한다. 하지만 대다수 여성 임원들에게 무엇을 잘하는지 물으면 그들이 처음 언급하는 것 중 하나가 틀을 깨는 것이다. 캘리퍼 코퍼레이션Caliper Corporation은 부사장 이상 여성 임원들의 특성을 조사했다. 캘리퍼가 조사한 다양한 특성 가운데 위험 감수하기에서 여성 리더들은 특히 높은 점수를 받았다. 그들은 '현재의 규칙 따르기'와 '신중하기'에서 가장 낮은 점수를 받았다.[24]

남성 임원들에게 물으면 여성이 규칙에 따라 일하고 현 상태에 머무른다고 말하고, 여성 임원들에게 물으면 자신이 신중함을 내던지고 규칙을 깨는 자라고 말한다. 누구의 말이 옳을까? 답은 사람들이 위험 감수를 어떻게 정의하느냐에 달렸다. 여성 리더들은 자신이 두어 개 규칙을 깨고 비전을 제시하는 사람이라고 칭찬하는 반면, 남성들은 그렇게 불리려면 업계를 완전히 혁신해야 한다고 생각하는 것 같다. 이는 앞에서 테크놀로지 회사의 전직 CEO 캣이 관찰하고 평한 내용이기도 하다. 캣은 여성들은 아이디어를 제안할 때 시장조사를 근거로 제시하는 경향이 있는 반면, 남성들은 자신의 창조적인 비전에서 나왔다고 주장하는 경향이 있다는 것을 경험했다.

나는 우리가 인지하고 기억하는 또 다른 핵심 요소가 있다고 생각한다. 남성 동료와 상관은 모험하는 자는 남성이라고 강력히 믿기 때문에 여성이 위험한 결정을 하는 것을 포착하지 못할 것이다. 우리는 세상에 대한 자신의 믿음을 확인시키는 사례는 주목하고 기억하지만, 자기 생각과 모순되는 사례는 흘려버리는 경향이 있다. 당신이 작은 개들은 끊임없이 짖어댄다고 믿기 때문에 작은 개들을 견딜 수 없다면, 당신을 향해 깽깽대는 모든 치와와를 기억해둘 것이다. 카페 앞에서 동요하던 미니어처 핀셔에 대해서도 이야기할 것이다. 하지만 저 먼 셰퍼드나 비글, 블러드하운드가 시끄럽게 군 것은 쉽게 잊어버린다. 당신이 포메라니안 옆을 지나갈 때 녀석이 당신을 무시한 것도 숙고하지 않을 것이다. 믿음을 확신시키는 사례는 모으고 나머지는 부지불식중에 버린다. 과학자들은 이를 확증 편향confirmation bias이라 부른다. 이것은 무의식적으로 "한쪽 사례를 쌓아올리는 과정"이다.[25]

확증 편향은 개의 품종에 대한 고정관념을 넘어 확장된다. 우리의 고정관념에 부합하는 사람은 우리에게 포착된다. 그러므로 남성이 위험을 향해 나간다고 믿는 사람은 위험한 일에 자원한 남성 동료를 얼른 기억해낼 수 있지만, "날 쳐다보지 마"라고 말한 남성은 기억에서 지운다. 위험 감수와 젠더에 관한 전문가이자 매사추세츠대학교 보스턴캠퍼스University of Massachusetts Boston 경제학과 교수인 줄리 넬슨Julie Nelson은 미국 사회에서 남성을 위험 감수자로 보려는 편향성이 어찌나 강한지, 경제학자들이 데이터를 보는 방식까지 영향을 미친다고 주장한다. 넬슨은 위험 감수에 젠더에 따라 차이가 있다는 증거가 모호한데도 과학자들이 남성이 여성보다 많은 위험을 감수한다는 주장을 끌어낸 수많은 연구를 지적한다.[26]

당신이 남성 지배적인 직업에서 성공하기를 바라는 여성이라면 당신이 위험을 감수한다는 사실에 이목을 집중시켜야 할까, 당신이 위험을 감수한 일의 결과가 부정적이어서 비판받는 처지에 놓일 때를 대비해 조용히 있어야 할까? 이 경우 당신은 서투른 결정뿐만 아니라 남성의 직업에서 실패했다는 이유로 비판받을 것이다. 줄리 넬슨은 전문직 여성에게 하고 싶은 조언은 "상관에게 당신이 위험을 감수하지 않는다는 인상을 주지 마십시오"라고 말했다.[27] 위험을 감수하고 성공적인 결과를 이끌어낸 일을 자신의 영예로 삼아라. 비영리 연구 단체 카탈리스트의 연구자들은 여성에게 가장 큰 변화를 가져온 커리어 성공 전략, 즉 여성 전문 직업인에게 더 많은 승진과 더 높은 급여, 더 큰 직업 만족도를 가져온 한 가지 습관은 자신의 성공에 이목을 집중시키는 것임을 발견했다.[28] 카탈리스트는 모든 성공에 이목을 집중시키는 것에 대해 조사했다. 여기에는 위험 감수뿐만 아니라 성공적인 위험도 포함되었을 것이다.

앞으로 기꺼이 위험을 감수하리라는 것을 분명히 알리는 것이 무엇보다 중요하다. 《직장 여성이 알아야 할 것》에서 조운 C. 윌리엄스와 레이첼 뎀프시는 남성과 여성이 직장에서 다르게 평가된다고 주장한다. 남성은 미래의 가능성과 잠재력으로 평가되는 반면, 여성은 과거의 성취에 따라 평가된다. 그것은 '다시 입증하라'는 패턴으로 여성은 결국 "당신은 재능이 있지만 경험이 조금 더 필요합니다"라는 말을 듣는 반면, 남성은 "당신은 재능이 있으니 정말 성공할 것입니다"라는 말을 듣는다.[29] 윌리엄스와 뎀프시는 성공한 전문직 여성 127명을 면담하고, 이들 가운데 68퍼센트가 직장에서 적어도 한 번은 '다시 입증해보라'는 편견을 경험했다는 것을 알아냈다.

윌리엄스와 뎀프시는 남성과 면담하지 않았기에 남성이 같은 메시지를 얼마나 자주 듣는지 알 수 없으나, 여성이 남성보다 많은 걸 입증해야 함을 보여주는 또 다른 증거가 있다. 2015년 연구에 따르면 대체로 여성 CEO가 남성 CEO보다 많은 교육을 받았고, 업무 경험도 많았다. 여성 CEO는 회사 내부에서 승진된 경우가 더 많았다. 이는 여성이 최상위직에 오르려면 전반적으로, 한 기업주에게도 자신의 능력을 입증하는 데 더 많은 시간을 들여야 한다는 것을 암시한다.[30]

여성은 자기 자랑을 하면, 특히 그녀만큼 성취하지 못한 사람 주위에서 자랑하면 사람들에게 빈축을 살 것이라고 생각한다.[31] 이런 믿음은 여성이 사회화되는 방식에서 온다. 여성은 자랑하지 말라는 지시를 받으며 성장하기 때문이다. 이런 믿음은 냉정한 현실에서 비롯되기도 한다. 자신이 성취한 것을 자랑하는 여성은 겸손한 여성만큼 다른 여성이나 남성에게 호감을 얻지 못한다.[32] 하지만 감독관과 일대일 면담을 할 때는 그 혹은 그녀에게 당신이 성취한 일을 알려야 한다. 4장에서 자세히 볼 텐데, 자기 홍보self-promotion는 여성에게 좀 난감한 일일 수 있다. 그래도 여성은 다음과 같이 말해야 한다. "저는 지금껏 명민하게 위험을 감수해왔고, 그 과정에서 기술을 터득했습니다. 앞으로도 위험을 감수할 것이라고 기대하셔도 좋습니다."

성공한 모험에 대해 이야기하는 게 생소한 여성이라면 비교적 눈에 보이는, 즉 결과를 정량화할 수 있는 모험을 찾아내는 데서 시작하라. 당신이 어떤 제안의 중대한 결함을 지적하여 조직의 시간과 돈을 구제했다면 그 사실에 이목을 집중시켜라. 처음에 다른 이들에게 묵살된 행사를 당신이 밀어붙여 그해에 가장 많은 사람들이 참석한 행사로 만든 경험이 있을지도 모른다.

수많은 여성은 다양한 모험을 하지만, 상관들은 그것에 대해 알지 못하거나 잊어버린다. 여성은 이런 사실을 알리는 데 수줍어해서는 안 된다. 나는 컨설팅 업무 초기에 새 클라이언트 중 한 명이 첫 만남과 두 번째 만남에 지각했다는 것을 알아차렸다. 두 번째 만났을 때 나는 위험을 감수하고 조심스럽지만 직접적으로 지각이 우리의 약속

외에도 그녀가 겪는 문제인지 물었다. 그녀는 말을 멈췄다. 나는 살얼음판을 걷고 있었다. 나는 클라이언트나 그녀가 일하는 방식을 몰랐고, 그녀는 기분이 상했을 수도 있다. 클라이언트는 그녀가 속한 집단에서 우리에게 처음 자문을 요청한 고객이었으므로, 나는 그녀나 그 동료들과 일할 모든 희망을 잃을지 모르는 위험을 감수한 것이다.

클라이언트는 화내는 대신 고개를 숙이며 지각은 반복적이고 당혹스러운 문제가 되었다고 말했다. 우리는 사람들에게 그녀가 신뢰할 만한 사람인지 판단하게 하는 데 지각이 어떤 영향을 미쳤을지 이야기를 나눴다. 그 후 몇 차례 만남(그녀는 약속 시간을 정확히 지켰다)에서 우리는 그녀가 시도할 수 있는 구체적인 변화를 찾아냈다. 5개월 뒤 그녀가 보낸 이메일을 받았다. 우리는 공동 작업을 하기로 했고, 그녀는 지각하는 버릇을 고치기 위해 애썼다. 그녀는 회의에서 더 좋은 아이디어를 냈으며, 우리 컨설팅 그룹을 칭찬하는 것은 물론 새 클라이언트 여러 명을 보내주었다. 당시에는 내가 이런 모험을 한 사실을 상관에게 알려야 한다고 생각하지 못했다. 그래서 나의 고객과 우리 회사에게 돌아온 혜택은 주목받지 못했다.

인정하건대 이것은 직업에 관한 전형적인 조언이 아니다. 직원 업무 평가나 취직 면접에서 내가 어떤 위험을 감수했는지, 그 결과 어떻게 되었는지 설명할 것을 요구하는 사람은 아무도 없었다. 남성은 자신이 위험 감수자라는 사실을 입증하지 않아도 된다. 남성은 위험을 감수하는 게 당연하다고 여겨지기 때문이다. 하지만 모든 여성은 자신이 성취한 것에 이목을 집중시킬 때 위험을 감수할 능력이 있음을 언급할 필요가 있다.

주식 투자, 건강 수칙, 극한의 스포츠에는 어떤 공통점이 있을까?

우리는 남성이 위험을 감수하는 것을 사람들이 더 쉽게 받아들인 다는 걸 살펴보았다. 실제로 남성이 더 많은 위험을 감수할까? 고용주는 위험을 감수하는 사람을 찾는다. 온라인 구인 목록에서 몇몇 예를 인용하면, 성장하려고 애쓰는 (혹은 변하는 시장에서 살아남으려고 애쓰는) 기업은 "위험 부담이 큰 도전을 즐기고" "자신의 기량을 혁신적 방식으로 발휘하고" "여러 주주에게 영향을 주는 결정을 편하게 내릴 수 있는" 관리자를 원한다. 다양한 방식으로 말하지만, 결국 "우리는 위험을 감수할 줄 아는 사람을 원합니다"라는 뜻이다.

정말 남성이 여성보다 많은 위험을 감수할까? 젠더와 위험 감수에 대한 영어 논문 가운데 가장 자주 인용되는 것을 살펴보자. 메릴랜드 대학교University of Maryland의 행동심리학자 제임스 번스James Byrnes 연구 팀은 1999년에 젠더와 위험 감수에 대한 연구 논문 150편을 살펴보았다. 번스가 집계한 데이터에 따르면, 이 논문 가운데 60퍼센트에서 남성이 여성보다 많은 위험을 감수했다.[33] 나머지 40퍼센트에서 여성이 남성보다 많은 위험을 감수했거나 양성이 같은 횟수로 위험을 감수했다.[34] 10편 중 6편은 남성이 더 많은 위험을 감수한다고 주장했지만, 10편 중 4편은 그 주장에 이의를 제기한 셈이다.

하지만 우리는 여기에 어떤 패턴이 있는지, 무작위로 일어나는 것인지 물어야 한다. 남성이 위축되지 않을 것이라 예측되는 경우와 여성이 두려워하지 않을 것이라 예측되는 경우가 있을까? 수많은 연구자는 '그렇다, 성별에 따라 예측 가능하다'고 말한다. 이 모든 것은 사회에서 그들에게 감수하도록 요구하는 위험에 따라 달라진다.

사회적 위험을 살펴볼 때 여성이 전면으로 부상한다.[35] 사회적 위험
이란 무엇인가? 집단에서 위험을 감수하는 것, 예를 들어 사람들이 좋
아하지 않는 이슈에 대해 자기 생각을 말하는 것, 상사의 의견에 동의
하지 않을 때 터놓고 말하는 것, 자신의 취향이 주위 사람들과 다름을
인정하는 것 등이 여기에 해당한다.[36] 직업을 완전히 바꾸는 확률도
여성이 더 높다. 이는 조직에서 한 위치를 버리고 새로 시작한다는 의
미이기 때문에 사회적 위험으로 간주된다.[37] 또 여성은 정보를 폭로할
확률이 남성보다 높다. 다른 사람에게 자신의 실수를 말하는 것은 비
행기에서 뛰어내리는 것만큼 위험하지는 않겠지만, 스스로 평가되고
거부될 위험에 노출하는 것이므로 아주 위험한 일이다.

남성이 우세한 직종에서 여성은 남성 동료와 달리 자주 사회적 위
험에 직면한다. 앞서 언급한 경찰국장 다이애나에게 직장에서 위험
감수에 대해 물을 때 나는 그녀가 경찰 업무에 관련된 영웅적 모험, 이
를테면 체포 작전 중에 폭행을 당하거나 마약 단속을 할 때 총격을 당
하는 이야기를 할 것이라고 생각했다. 하지만 다이애나는 자신의 일
상적 위험은 대부분 총과 연관된 게 아니라 의견을 말하는 일에 수반
되는 것이라고 한다. 다이애나는 최고 감독자가 경찰청장이고 국장이
여럿 있는 대도시에서 근무하는데, 여성 국장은 그녀뿐이다. 간부들
이 정기적으로 회의할 때 경찰청장(남성)과 다이애나, 다른 경찰국장
다섯 명(모두 남성)이 참석했다. 회의실에는 여성이 한 명 더 있었지만,
법률고문이어서 다이애나와 하는 일이 달랐다.

"유일한 여성 경찰국장인 나는 그 회의에서 많은 위험을 감수합니
다. 내 생각이나 의견을 말할 때마다 남성들이 나를 외계인 보듯 하며
'댁이 왜 입을 여는 거요?'라고 할 것 같죠." 다이애나는 자주 그런 표

정을 접했을까? "그런 일이 많지는 않지만, 뭐랄까…… 남성이 많은 환경에서 여성은 여전히 그런 압박감과 그럴 가능성을 느낍니다." 미국의 첫 여성 국무부 장관 매들린 올브라이트Madeleine Albright도 비슷한 말을 했다. "임기 초기에 여성 참석자가 저뿐인 회의에 수없이 참석했습니다. 나는 대화를 이어가고 싶었지만, 내가 무슨 말을 하면 사람들이 참 멍청한 발언이라고 생각할 것 같았어요."[38] 그런 회의에서 남성은 위험한 말을 할 때 위험을 감수하지만, 여성은 무슨 말이든 하려면 위험을 감수해야 한다.

그리고 여성에게는 한 부모가 될 사회적 위험이 있다. 미국의 한 부모 중 77퍼센트가 여성이고, 배우자 없이 아이를 키우는 것은 가난의 위험을 감수한다는 뜻이다.[39] 스웨덴, 터키, 일본, 멕시코 등 모든 선진국에서 한 부모 가정은 '싱글맘 가정'이라 불러도 무방할 것이다.[40] 내가 면담한 한 여성은 말했다. "사람들은 여성이 남성보다 적은 위험을 감수한다고 생각하나요? 정말요? 그 사람들은 싱글 워킹 맘이 많다는 사실을 모르는 게 틀림없어요."

남성은 어떤 경우에 더 많은 위험을 감수할까? 술을 지나치게 마시는 것, 무방비한 성교, 과속 운전, 안전하지 않은 곳에서 수영하기, 스카이다이빙 같은 극한의 스포츠 즐기기 등 레크리에이션 위험 — 관료들이 '건강 위험'이라 부르는 것 — 을 살펴볼 때 더 많은 남성을 발견한다.[41] 많은 사람들이 위험 감수에 대해 말할 때 일종의 육체적 기쁨, 충동적 행위에 수반되는 흥분, 새로운 감각과 경험을 좇는 것을 상상한다.[42]

그리고 돈 문제가 있다. 어느 성이 리스크가 있는 곳에 자신의 돈을 더 투자하고 싶어 할까? 캘리포니아대학교의 두 경제학자 개리 차니스Gary Charness와 유리 그니지Uri Gneezy는 독일, 미국, 중국 등 전 세계의 견실한 경제체제에 나타나는 패턴에 주목했다. 그들이 검토한 연구 논문 14편에서 도박이나 위험한 투자를 할 때 대체로 남성이 여성보다 많은 돈을 거는 것을 발견했다.[43] 다양한 문화를 살펴본 차니스와 그니지는 위험 감수에 관한 한 남성과 여성은 근본적으로 다르다고 주장하는 연구자들의 대열에 합류했다.

이 견해에 따르면 여성이 남성보다 용감한 영역은 앞서 보았듯이, 때로 필요에 의해 위험을 감수할 수밖에 없는 사회적 환경뿐이라는 것이다. 수많은 과학자는 이로써 데이터에 나타난 패턴을 이해한다. 이렇게 결론지으면 될까.

당연히 그럴 수 없다. 설령 그게 결론이라도 매우 불만족스럽다. 나는 만족하지 못한 것 같은 수많은 연구자와 접촉했다.

나는 남성과 여성의 위험 감수 방식이 실제로 얼마나 차이가 나는지 질문하는 것으로 시작했다. 이 질문을 통해 나는 이 장에서 언급한 경제학자 줄리 넬슨과 연결되었다. 넬슨은 남성과 여성이 얼마나 자주 위험을 감수하는지 이해하기 위해 저명한 연구 논문 수십 편의 원자료raw data를 다시 분석했다.[44] 그녀는 다른 방식으로 (통계학의 표준 도구지만 위험 감수에 대한 대다수 연구에서 사용되지 않는) 유효 크기effect size를 계산한다.

넬슨의 연구 결과를 이해하려면 여성이 늘어선 모습을 상상하라. 한쪽 끝에는 위험한 행동을 많이 하는 여성들이 있다. 세계 곳곳의 경찰과 조종사처럼 정기적으로 위험을 감수하는 여성은 물론, 라스베이거스Las Vegas에 가서 한 판에 자신이 가진 칩 3분의 2를 탁자에 올려놓는 사람처럼 덜 빈번하지만 엄청난 위험을 감수하는 여성도 여기에 포함된다. 다른 쪽 끝에는 위험한 행동을 거의 하지 않는 여성이 있다. 예를 들어 색상을 잘못 고를까 봐 집에 페인트를 칠하지 않는 당신의 이모처럼 위험을 거의 감수하지 않는 여성은 물론, 주식시장에 투자하고 싶으면서도 25달러 이상은 쓰지 않는 당신의 친구처럼 모험을 시도할 때마다 폴짝대는 여성도 여기에 해당한다. 평범한 여성은 이 행렬의 가운데쯤 위치할 것이다. 그녀가 정중앙에 있다면 50퍼센트 여성은 그녀보다 많은 위험을 감수할 것이고, 나머지 50퍼센트는 그녀보다 적은 위험을 감수할 것이다.

이와 비슷하게 늘어선 남성의 행렬을 상상해보자. 이 행렬 중에 몇 퍼센트가 평범한 여성보다 많은 위험을 감수할까? 70퍼센트? 용감하게 위험을 감수하는 것이 남성의 본질이라면 높은 비율을 예상할 수 있을 것이다. 아마도 80~90퍼센트가 그러지 않을까?

어림없다. 넬슨은 54퍼센트 남성만 평범한 여성보다 많은 위험을 감수한다는 것을 발견한다. 그렇다면 나머지 46퍼센트는 평범한 여성보다 위험을 덜 감수한다는 뜻이다.[45]

어떤 사람들은 이 수치를 보고 말할 것이다. "작은 차이 같지만, 그래도 차이는 차이지." 엄밀하게 통계학적으로 말하면 그렇다. 하지만 현실적으로 말하면 중요하지 않은 정도다. 어느 지원자가 위험을 감수해야 하는 일에 적합한지 결정할 때, 자격을 갖춘 두 지원자가 한 명은 여성이고 한 명은 남성이라면 누가 위험을 감수하고 누가 종전의 입증된 방식을 택할지 성별로 예측할 수 있을까? 그럴 가능성은 희박하다.

가상의 항아리에 가상의 팔을 뻗어

남성이 여성보다 일관되게 많은 위험을 감수하지 않는다면, 남성과 여성이 위험 감수에서 상반된 입장을 취하는 경우는 언제인가? 무엇이 남성으로 하여금 도박하게 하고, 무엇이 여성으로 하여금 확실한 것을 택하게 하는가?

남성과 여성이 초심자일 때 남성이 훨씬 더 위험한 선택을 하는 경향이 있다. 위험한 결정에 대한 결론은 대부분 실험에 근거한 것이다. 이 실험에서 사람들은 전에 본 적 없는 시나리오를 읽고, 가상의 상황에서 어떻게 할지 결정한다. 수많은 연구자들이 사용하는 시나리오 가운데 가상의 항아리에서 가상의 공을 꺼내는 것이 있다. 그렇다, 항아리. 이 실험에 참여하면 공 30개가 든 항아리를 상상하라는 지시를 받을 것이다. 항아리에는 흰 공 10개와 노란 공 20개가 있다. 눈을 가린 채 공 하나를 꺼내는데, 한 번 시도할 수 있다. (항아리를 상상하는 동안 계속 눈을 가리고 있다고 생각하라.) 흰 공을 꺼내면 바로 100달러를 받지만, 노란 공을 꺼내면 아무 소득 없이 집에 가야 한다. 이제 게임의 규칙을 알고 얼마를 얻을 수 있는지도 알았으니 다음 질문을 받는다. 당신은 이 게임을 하는 대가로 최대 몇 달러까지 지불할 의향이 있는가?

이 상황에서 남성은 여성보다 훨씬 많은 돈을 내겠다고 답했다. 160명을 대상으로 한 최근의 연구에서 남성은 평균 16.43달러를 더 내겠다고 답했다. 그러니까 여성이 이 게임을 하는 대가로 5달러를 내려 했다면, 남성은 21.43달러를 내려 했다는 것이다.[46] 이처럼 익숙지 않은 상황에서 남성은 여성보다 훨씬 큰 위험을 감수하려고 했다.

연구자들이 전문 직업인들에게 노란 공과 가상의 항아리 대신 그들이 잘 아는 주제에 관해 물을 때, 위험 감수에서 남성과 여성의 차이는 대체로 나타나지 않는다. 예를 들어 연구자들은 영국에서 재무 관리자들에게 다가가, 곧 체결하려는 계약을 평가해달라고 의뢰했다. 연구자들은 그 재무 관리자들이 의뢰인을 고참 재무 관리자에게 보낼지 궁금했다.[47] 재무 관리자들이 계약과 관련해 감수하려는 직업적 위험에서는 성별에 따른 차이가 전혀 없었으나, 여가 활동이나 취미, 재미 삼아 하는 행위에서는 남성이 더 많은 위험을 감수했다. 다른 연구팀은 미국의 뮤추얼펀드 투자자 2,000명의 선택을 조사했다. 뮤추얼펀드나 이 펀드들이 어떻게 다른지 아는 게 거의 없는 초보자인 경우, 남성이 여성보다 많은 위험을 감수했다. 뮤추얼펀드가 어떻게 운용되는지 잘 아는 투자자인 경우, 젠더에 따른 차이가 없었다.[48]

내가 읽은 연구 논문 가운데 보스턴Boston의 북아메리카브리지선수권대회North America Bridge Championship에 가서 남성과 여성이 시합하는 방식을 관찰한 연구가 가장 마음에 들었다. 콘트랙트 브리지라고도 불리는 브리지는 목표—되도록 많은 패를 따는 것—가 매우 간단해 보이는 카드 게임이다. 하지만 게임에 이기려면 많은 전략과 기민한 입찰이 필요하다. 이 대회에 참가한 남성은 각 패에 더 대담한 입찰을 했을까? 이 대회에 참가한 여성은 더 안전한 전략을 썼을까? 그렇지 않다. 남성 참가자와 여성 참가자가 대담한 시도를 한 횟수는 동일했다. 전문가가 참여하는 영역에서 그들의 위험 감수는 차이가 없었다. 그러나 쉬는 시간에 연구자들이 선수들을 한쪽으로 데려와서 자리에 앉힌 뒤 한 명이 최대 250달러까지 걸 수 있는 새로운 게임을 가르쳤을 때, 남성이 여성보다 70퍼센트 많은 돈을 걸었다.[49]

실제 환경에서 조사한 연구 논문은 통제된 실험만큼 흔하지 않다. 어떤 사람의 일터로 가서 전문가에게 계약을 평가해달라고 부탁하는 것보다 무작위로 정한 사람들에게 가상의 항아리 시나리오에 대해 묻는 것이 훨씬 쉽다. 증권시장에서 통제할 수 없는 변수를 실험실에서는 통제할 수 있기 때문이다.

실제 세계를 연구한 논문에 늘어나는 패턴이 있다. 사람들에게 생소한 분야나 취미에 관해 요청하면 남성이 더 위험한 선택을 하는 경향이 있지만, 노련한 전문 직업인에게 그들의 직무에 관한 것을 요청하면 남성과 여성의 이런 차이가 사라진다는 것이다. 우리가 예상한 것과 다른가? 결정하는 대가로 돈을 받는 전문 직업인이라면, 위험을 감수할 가치가 있는 일과 흥미롭지만 무모할지 모르는 일을 구분할 수 있어야 한다. 이것은 남성과 여성에게 모두 적용된다.

그러나 전문 직업인 중에서도 눈에 띄는 여성 리더들이 위험한 결정을 하고 그 시도가 실패할 때 치러야 하는 대가는 크다. 우리는 앞에서 여성이 남성의 직업으로 간주되는 지휘 임무를 맡았을 때 위험을 감수하는 게 불리해질 확률이 더 높다는 것을 알았다. 남성이 지배하는 직업에 종사하는 여성은 최초의 위험한 결정이 결실을 보지 못할 때 가혹한 비판을 받을 것이다. 그런 일이 벌어지고 나면 여성은 의식적으로든 무의식적으로든 신속하게 위험을 감수할 수 없을 것이다. 여성은 같은 직위에 있는 남성보다 위험 감수 기술을 연습하기가 어려워질 것이다.

탁구대와 분홍색 그림

직업적 환경에서 남성과 여성이 동등하게 위험을 감수한다는 주장은 모든 이에게 받아들여지지 않을 것이다. 내가 인터뷰한 첨단산업계나 법조계처럼 남성이 지배적인 분야에서 일하는 여성은 대부분 남성 동료가 여성보다 많은 위험을 감수하는 것으로 안다고 답했다. 이들 중 몇몇은 남성은 인습에 얽매이지 않은 독창적인 신제품을 추진하는 반면, 여성은 새 일에 뛰어들기 전에 더 많은 데이터를 원한다고 말했다. 다른 몇몇은 남성은 협상에서 터무니없는 조건을 요구하면서도 결코 주춤거리지 않을 거라고 믿었다. 이 여성은 그 분야 전문가들에 대해 말했으므로, 우리는 성별에 따른 위험 감수의 차이를 생소한 분야에 한정할 수 없다.

사람들은 남성이 위험을 추구할 거라는 자신의 기대에 부합하지 않는 기억이기 때문에 재능 있는 남성이 위험한 아이디어를 기각한 때를 기억하지 못하는 것일 수도 있다. 우리는 기대에 부합하지 않는 경험을 잊는 경향이 있다.[50] 하지만 남성이 더 많은 위험을 감수하는 것을 당신이 경험했다면, 이렇게도 설명할 수 있을 것이다. 당신의 업무 환경에 남성의 용기를 북돋우고 여성의 용기를 저해하는 단서cue가 있을지 모른다. 사무실에 '남성이여, 전진하라! 여성은 앉아 있고'라는 표지판이 있다는 뜻은 아니다. 단서는 그렇게 노골적으로 드러나는 것이 아니다. 남성과 여성은 미묘한 단서에 반응하며, 남성에게 격려가 되는 단서가 여성을 주춤거리게 하는 단서가 되기도 한다는 사실이 연구자들에 의해 속속 밝혀지고 있다.[51]

스탠퍼드대학교의 사회심리학자 프리얀카 카Priyanka Carr와 클로드 스틸은 위험 감수에 영향을 미칠 수 있는 두 단서에 주목했다. 그들은 남성과 여성에게 아주 적은 액수가 걸린 복권이라 할 수 있는 것에 참여해달라고 요청했다.[52] 피험자들은 당첨 확률이 꽤 높은 소액 복권(예를 들면 당첨 확률이 80퍼센트인 당첨금 1달러짜리 복권)과 당첨금은 3~4배 많지만 당첨 확률이 낮은 복권(예를 들면 당첨 확률이 20퍼센트인 당첨금 4달러짜리 복권) 중에서 선택했다. 이것은 사람들이 복권 판매점에서 복권을 살 때 결정하는 것과 비슷하다. 사람들은 즉석에서 긁는 복권을 구입할 수도 있고, 전국 규모의 복권을 사는 데 같은 돈을 쓸 수도 있다. 전자는 당첨될 확률은 높지만 당첨금이 적고, 후자는 당첨될 확률은 아주 낮지만 당첨될 경우 큰돈을 얻을 수 있다. 1회에 4달러는 큰돈이라 할 수 없지만, 참가자들은 손에 쥔 새 한 마리를 택할지, 숲 속의 새 두 마리(혹은 서너 마리)를 택할지 정해야 한다.

카와 스틸이 사용한 복권은 가상의 항아리 실험과 마찬가지로 위험 감수에 대해 이해하고자 하는 연구자들이 흔히 사용하는 시나리오지만, 이들은 다른 연구자들이 시도하지 않은 방식으로 실험했다. 이 결정에 대해 설명하는 방식을 달리한 것이다. 이들은 참가자 절반에게 성별을 나타내는 칸에 표시하라고 한 다음, 이제 참가자들이 결정하는 것을 토대로 '수학적·논리적·합리적 추론 능력'을 측정할 것이라고 말했다. 이런 지시 순서—서류에 성별과 나이 등 필요한 사항을 기입해주십시오. 이것은 당신의 추론 능력을 테스트하기 위한 실험입니다—는 대다수 의사 결정 실험을 시작하는 표준 방식이다.[53]

나머지 절반은 좀 다른 방식으로 실험을 시작했다. 카와 스틸은 주요 지시 사항을 바꿨다. 그들은 남성과 여성에게 '퍼즐 풀기 연습'을 할 거라고 말했다. 수학이니 뭐니 하는 말은 전혀 하지 않았으며, 실험이 끝나고 성별을 확인했다. 1장에서 살펴보았듯이 여성이 수학 문제를 풀 때 자신의 젠더를 떠올리지 않으면 수학 실력을 증명해 보여야 하는 여성에게 수반되는 수행 부담performance baggage에서 한결 자유로울 수 있다.

젠더와 평가 목적에 대한 이 작은 단서들은 사람들이 위험을 감수하려는 경향을 바꿨을까? 사람들은 단서에 영향을 받았다. 수학 그룹의 경우, 경제학자들이 수많은 재정적 위험 감수에 대한 연구에서 본 것과 같은 결과가 나왔다. 실험을 시작할 때 지급된 돈으로 남성이 여성보다 위험한 선택을 많이 했다. 수학 그룹에서 남성이 가능성이 낮은 위험한 선택을 한 빈도가 여성의 두 배였다. 남성이 매번 위험한 선택을 한 것은 아니지만, 대부분 그런 선택을 했다.

논지를 명확히 하기 위해, 당신이 직장 동료에게 위험한 제안 10개를 평가해달라고 요청하는 상상을 해보자. 남성 그룹은 위험한 제안 중 8개를 승인할 것이고, 여성 그룹은 위험한 제안 중 4개를 승인할 것이다. 그러므로 '나는 수학 시험을 보는 남성이다'라고 생각하도록 단서를 받은 남성과 '나는 수학 실력이 있다는 걸 증명해야 하는 여성이다'라고 생각하도록 단서를 받은 여성은 용감한 남성과 조심스러운 여성이라는 틀에 딱 맞는다. 이는 수학 실력을 테스트할 것이라는 말을 들었을 때 남성은 당당히 가슴을 펴는 반면, 여성은 초조해하는 것과 같다.

퍼즐을 풀 것이라고 지시받은 참가자들은 이 틀을 깼다. 퍼즐을 푸는 데 집중하고 자신의 젠더를 떠올리지 않은 여성은 남성과 똑같은 빈도로 대담한 선택을 했다. 부정적 고정관념이 그들의 생각을 방해하지 않았기 때문이다. 그렇다면 양성에게 똑같이 영향을 미쳤을까?

남성의 위험 감수 역시 그들이 자신을 어떻게 생각하느냐에 따라 늘어나기도 하고 줄어들기도 했다. '수학 문제를 푸는 남성'이라고 생각하는 남성은 '퍼즐을 푸는 사람'이라고 생각한 남성보다 25퍼센트 많은 위험을 감수했다. 당신이 퍼즐을 푸는 그룹에게 위험한 제안 10개를 제시하면 남성과 여성은 똑같이 6개를 승인할 것으로 예측할 수 있다. 젠더를 구분하는 틀을 없애면 위험 감수의 장場에서 동등한 결과를 이끌어낼 수 있다.

현실 세계는 수학 그룹과 퍼즐 풀기 그룹 중 어느 그룹과 더 비슷할까? 직장에서 다음과 같이 일을 시작하는 전문 직업인은 거의 없을 것이다. "남성분은 손을 들어주시겠습니까? 네, 좋습니다. 그럼 이제 여성분, 손 좀 들어주시겠어요? 여러분, 잘 기억하세요. 이제부터 우리는 수학 시험을 볼 겁니다." 카와 스틸의 연구를 실제 세계와 관계없는 것으로 무시하기 전에, 단서가 위험 감수에 어떻게 영향을 미치는지 실험한 두 번째 연구를 살펴보자. 이 연구는 미시간주립대학교Michigan State University의 심리학자 조너선 위버Jonathan Weaver, 사우스플로리다대학교University of South Florida의 조셉 반델로Joseph Vandello와 제니퍼 보손Jennifer Bosson이 수행한 것이다.

위버의 실험에 참여한 젊은 남성은 한 사람씩 전기드릴, 치약, 손전등 같은 물건이 무작위로 담긴 쟁반 앞에 앉아 그중 하나의 유용성을 평가하도록 요구받았다.[54] 연구자는 남성 절반에게 묵직한 전기드릴을 건네며 10초 동안 눈을 감은 채 그것을 만져보고 전기드릴의 특성 중 유용성을 높이거나 낮추는 것을 말해보라고 요구했다. 그런 다음 전기드릴을 치우고 이제부터 주사위 굴리기 게임을 해서 돈을 딸 수 있다고 말했다. 연구자는 각 남성에게 판돈 5달러를 나눠준 뒤 주사위를 굴릴 때마다 홀수나 짝수에 돈을 걸 수 있다고 설명했다. 1달러 내기란 그가 1달러를 따거나 잃을 수 있다는 의미다. 피험자는 자신이 딴 돈, 즉 끝까지 보유한 돈을 가질 수 있다. 공개적인 느낌이 들도록 비디오로 촬영된다고 알렸다.

연구자는 나머지 남성에게도 주사위 굴리기 게임에 대해 똑같이 설명했다. 다만 전기드릴 대신 과일 향이 나고 분홍색과 연보라색 용기에 담긴 핸드크림을 테스트하게 했다. 이들에게는 손에 크림을 바른 뒤 눈을 감고 10초간 크림의 특징 중 유용성을 높이는 것과 낮추는 것을 생각하도록 했다. 그런데 왜 하필 핸드크림일까? 강한 향이 나는 스위트피 크림을 듬뿍 바르면 이성애자 남성은 대부분 자신의 남성성 인식에 위협을 받는다는 것을 보여준 연구가 있다. 이들의 절반 정도는 크림을 듬뿍 발랐을 때 남자다움이 없어지는 느낌이 든다고 답했다. 위버는 내게 남성들이 남자다움이 없어지는 느낌이라고 인정하는 것은 드문 일이라고 말했다.[55] (게이라면 어땠을지 궁금할지도 모르겠다. 하지만 게이는 이 특별한 연구에 포함되지 않았다.)

남성 절반은 묵직한 전기드릴을 쥐었고, 절반은 과일 향이 나는 핸드크림을 듬뿍 발랐다. 그런 다음 그들은 모두 돈을 걸고 게임을 했다. 남성들이 자신의 남성성이 위태롭다고 느낄 때 위험 감수 행동이 얼마나 바뀌었는가 하는 점이 주목할 만하다. 과일 향이 나는 크림을 테스트한 남성은 대부분 전기드릴을 테스트한 남성보다 주사위를 굴리는 처음 두 번의 시도에 많은 돈을 걸었다. 크림을 테스트한 남성은 최대 액수를 거는 경우도 더 많았다. 요컨대 남성성에 위협을 받은 남성은 당장 할 수 있는 가장 위험한 것을 찾았고, 한 번이 아니라 여러 번 그렇게 했다.

일부 여성들은 이 글을 읽고 말했다. "내 남편은 크림을 바르고도 아무렇지 않던데요." 모든 남성이 이런 식으로 반응할까? 물론 아니다. 한 집단의 평균이 모든 개인에게 적용되는 것은 아니다. 이 영향을 더 받는 남성과 덜 받는 남성이 있을 테지만, 전반적인 패턴은 성별에 따른 차이를 분명히 보여준다.[56] 위버는 거의 10년 동안 남성성 개념을 연구해왔고, "남성성은 불안정하다. 파악하기 어렵고 불확실하다"는 결론을 내렸다.[57] 남성들은 남성성을 한 번 입증하고 나가지 않는다. 남성으로서 자신의 위치를 거듭 확인할 필요를 느낀다.

위버는 비디오카메라가 돌아갈 때 설명했고, 남성들은 크림을 듬뿍 바른 뒤 다른 사람들이 자신을 진짜 남자로 보지 않을까 봐 걱정했다. 위버와 동료들은 이성애자 남성들이 자신의 남성성이 위태롭다고 느낄 때 자신의 남성성에 의심할 여지가 없다는 것을 확실히 하기 위해 자신을 증명할 방법을 찾는 경향이 있다는 가설을 세웠다. 미국 문화에서 위험을 기꺼이 감수하는 모습을 보여주는 것은 남자답다고 간주된다. 이들의 행동은 "남자답게 굴어Man up" "계집애처럼 굴지 마Don't be a sissy", 고환의 힘을 직접적으로 언급한 "불알 값을 해야지Nut up"라는 조롱에 담긴 메시지의 메아리인 듯하다. 당신의 남성성이 불확실해지면 위험을 감수하라. 그러면 모든 게 회복될 것이다.

여성성도 마찬가지로 불안정할까? 아니다. 대다수 사람들은 여성성을 생물학적 이정표, 즉 소녀가 성숙하면서 통과하는 무엇으로 본다. 그렇다면 여성이 이제 여성이 아니라는 것은 무슨 뜻일까? 위버는 반델로, 보손과 함께 대다수 사람들이 '그녀는 이제 여성이 아니다'라는 문장을 그 여성은 성전환 수술을 받았다는 뜻으로 생각하는 반면, '그는 이제 남성이 아니다'라는 문장에는 생물학적 변화의 뜻이 내포

되지 않았다고 생각한다는 것을 알아냈다.[58] 그것은 수술을 뜻할 수도 있지만, 대다수 사람들은 성별에 구분 없이 사내가 진짜 남성이 해야 할 일에 대한 사회의 규정에 부응하지 못한다는 뜻으로 여겼다. 그러므로 남성은 위험을 감수할 만큼 강한 동기가 있는 반면, 여성은 그렇지 못하다.

남성이든 여성이든 우리는 대부분 회의실에 들어가기 전에 누가 나타나서 과일 향이 나는 핸드크림을 강제로 바르게 할까 봐 두려워하지 않는다. 하지만 크림 연구와 수학 연구를 나란히 놓고 그 의미를 살펴보면 아주 흥미롭다. 남성은 다양한 환경에서 자신의 남성성을 입증할 필요를 느낀다는 뜻이 함축되었다. 수학처럼 남성이 뛰어나다고 여겨지는 영역에서 도전할 때, 남성은 더 많은 위험을 감수한다. 그들은 자신의 남성성이 위협받아 그것을 되찾아야 할 때도 위험 감수가 해결책이 된다. 남성에게 위험 감수는 남성으로서 자기 존재를 증명하는 방식이다. 반드시 더 현명한 모험을 하는 것은 아니다. 그저 더 큰 위험을 더 많이 감수하는 것이다.

환경이 남성의 허세를 자극하며, 위험 감수가 진짜 남성성을 입증하는 대중적인 방법이라는 개념은 특히 벤처기업에서 일하고 싶어 하는 여성에게 영향을 미친다. 벤처기업의 문화는 서문에서 제시카에게 들었듯이, 매일 출근할 때 남학생 클럽 회관에 가는 것처럼 느껴질 수 있다. 나는 성차별 전문 변호사이자 패러다임Paradigm의 CEO인 조엘 에머슨Joelle Emerson과 물리적 공간에 대해 이야기를 나눴다. 패러다임은 첨단 기술 벤처기업을 비롯한 여러 기업체에 다양하고 포괄적인 조직을 만드는 방법에 대해 자문해주는 전략 회사다. 성차별 전문 변호사로서 에머슨은 한 번에 여성 한 명을 도와주곤 했는데, 지금은 조직이 언제나 모든 여성을 잘 대우하도록 도와준다.

기업 이사진은 자주 에머슨에게 왜 그들이 더 많은 여성을 자신의 회사에서 일하도록 끌어오지 못하는지 자신의 회사에 들러 자문해달라고 부탁한다. 에머슨은 사무실을 가로질러 걸어갈 때 푸스볼foosball 〔테이블에서 벌이는 축구 게임으로 테이블 풋볼이라고도 함〕 테이블과 탁구대와 맥주 통을 본다. 그녀는 "사람들은 자신의 물리적 공간을 설치할 때 전달할 메시지의 종류에 대해 생각하지 않습니다"라고 말했다.[59]

텍스티오의 CEO 키에런 스나이더는 첨단 기술 산업계를 떠난 여성들과 면담할 때 비슷한 이야기를 들었다. 한 소프트웨어 엔지니어는 남성적인 물리적 공간에 대해 불평하지 않았지만, 남성적인 언어적 공간에 대해 불평했다. "우리 사무실에서는 모든 것이 비디오게임과 맥주를 중심으로 돌아갔어요. 회계 소프트웨어 회사니까 주로 회계나 소프트웨어에 대해 이야기할 거라 생각하시겠지만 그렇지 않아요. 대부분 비디오게임과 맥주에 대해 이야기하죠."[60]

우리는 이런 업무 환경에서 환영받지 못한다고 느끼는 여성이 있으리라는 것을 알 수 있다. 이런 공간에서 발생할 수 있는 새로운 문제도 살펴보았다. 이런 공간은 남성에게 더 많은 위험을 감수하도록 자극한다. 위험 감수는 벤처기업에서 높이 평가된다. 벤처기업은 대부분 새로운 것을 시도하고, 서비스나 제품을 혁신하여 막대한 수익을 창출하고 싶어 한다. 위험을 감수하는 사람들은 찬사를 받고 승진하며, 두둑한 상여금을 받는다.[61]

비디오게임과 푸스볼 테이블, 탁구대, 맥주 통 등이 일상적으로 남성성을 상기시키면 남성은 눈에 띄게 위험을 감수하려 할 것이다. 대다수 여성에게 날마다 자신이 여성임을, 적어도 남성이 아님을 상기시키는 역학 구조도 만들어질 것이다. 여성은 눈에 띄거나 위험을 감수할 엄두를 내지 못하고, 주위 남성이 강압적으로 감수하는 위험을 따라잡기 위해 훨씬 더 열심히 일해야 할 것이다.

더 안전한 세계와 더 안전한 데이팅 앱

위험에 대해 질문하는 또 다른 방식이 있다. 누가 안전하다고 느끼고, 누가 불안하다고 느끼는가? 안전하다고, 위해에서 보호받는다고 느끼는 사람은 더 편안히 위험을 감수할 것이다. 반대로 안전하지 않고 불안하다고 느끼는 사람은 위험을 덜 감수할 것이다. 친한 친구 두 명과 술을 마실 때 당신이 우습다고 생각한 얘기를 했는데 친구들이 그렇게 생각하지 않는다 해도 대수로운 일은 아니다. 설령 한 친구의 비위를 건드렸다 해도 우정이 끝나지 않는다. 친구의 기분을 풀어주면 된다. 하지만 상견례 자리나 상사의 집에서 저녁 먹을 때는 분위기를 싸늘하게 만들 이야기는 하지 않을 것이다.

누가 일반적으로 안전하다고 느끼는지 생각해보는 것으로 시작하자. 연구자들은 특히 백인 남성이 세상을 안전한 곳이라고 느끼며, 결과적으로 그들은 위험을 가장 적게 감지한다고 평했다. 경제학자들은 '백인 남성 효과'라는 이름까지 붙였다. 백인 남성은 세상의 수많은 측면을 다른 인구 집단에 견줘 덜 위험하다고 여긴다. 그들은 기후변화와 총기 소지, 유독성 폐기물 처리 장소, 자연재해, 교통사고, 일광욕 등에 대한 위험을 덜 감지한다.[62] 1,489명을 대상으로 한 전국 조사에서 미국 백인 약 30퍼센트가 세상은 비교적 위험하지 않다고 생각했고, 이들의 극단적 지각으로 전체 백인 남성의 위험 감지도 평균이 더 낮아졌다.[63] 아쉽게도 위험한 의사 결정을 연구하는 대다수 과학자들은 인종에 특별한 관심을 두지 않았다.

하지만 인종을 분석에 포함한 일부 과학자들은 한 남성이 백인이냐 아니냐가 세상을 안전한 곳이라고 느끼는지 여부에 지대한 영향을 미친다는 것을 발견한다. 보통 미국인 중에서 아프리카계 남성, 히스패닉계 남성, 아시아계 남성은 백인 여성과 유색인 여성만큼 세상을 위험한 곳으로 본다.[64] 이 연구자들은 사람들이 남성의 위험한 결정과 여성의 위험한 결정을 비교할 때 중요한 점을 놓치고 있으며, 백인 남성의 위험한 결정과 그 외 모든 이들의 위험한 결정을 비교해야 한다는 결론을 내렸다.[65] 한 연구 팀이 표현한 대로 "백인 남성은 세상에서 많은 것을 만들고 관리하고 제어하고 혜택을 받기 때문에 세상의 위험을 덜 감지하는 것 같다".[66]

수지 J. 리Susie J. Lee는 긴장된 회의실과 유독성 폐기물 처리장 부지 문제는 제쳐두고, 세상 사람들이 여성보다 남성에게 안전하다고 여기는 또 다른 영역인 데이팅 웹 사이트에 주목한다. 수지는 여성을 염두에 두고 여성이 고안한 데이팅 앱 사이렌Siren의 CEO이자 디지털 아티스트다. 우리는 시애틀의 힙스터 분위기가 나는 동네에서 만났다. 그곳은 수지가 즐겨 찾는 에이더의 과학서적카페Ada's Technical Books다. 우리는 두꺼운 유리판으로 된 탁자에 자리를 잡았다. 앉을 때 유리판 아래 있는 조그만 장난감 나침반 수백 개의 바늘이 흔들렸다. 나는 그 상징을 알아차리지 않을 수 없었다. 우리는 상대를 찾는 남성과 여성에 대해 이야기할 예정이었고, 이 조그만 화살 모양 바늘들은 조금씩 다른 방향을 가리켰다. 몇몇 나침반은 고장 난 것처럼 보였으나, 우리 모두 같은 목표가 있다고 말해도 각기 다른 길을 따를 수 있다는 것을 암시했다.

나는 '여성을 염두에 두고' 고안한 데이팅 앱이 무엇을 뜻하는지 물었다. 수지는 자신의 아이폰을 건네며 한번 해보라고 했다. 사이렌의 인터페이스는 미술 작품 같았다. 흑백 바탕 화면에 단순하고 매혹적인 폰트가 돋보였다. 사용자는 계정을 만들기 위해 이름과 나이를 입력하고 사진을 올린다. 그런 다음 "당신이 가장 좋아하는 샌드위치는 무엇입니까?" "어린 시절 어떤 별명으로 불리고 싶었나요?" 같은 오늘의 질문Question of the Day에 답한다. 수지는 사용자들이 정감 어린 농담을 주고받을 기회를 주고 싶었다고 설명했다. (내가 이 앱을 사용한 2014년 9월에 이 모든 농담이 남성과 여성 사이에 오갔고, 이를 기초로 2015년 말에 LGBTQ 커뮤니티가 만들어졌다.)

샌드위치 질문에 대한 남성들의 대답을 스크롤하며 읽을 때, 그 대답이 많은 걸 드러낸다는 사실에 놀랐다. 어떤 여성들은 "이제 빵을 먹지 않지만, 상추로 감싼 베이컨칠면조버거를 무척 좋아합니다"라고 답한 나이 지긋한 남성에게 관심이 있는 것 같았다. 또 다른 여성들은 "절제discipline, 놀이play, 절제"라고 답한 철학적인 유형에게 호감을 느끼는 것 같았다. 두 대답에 관심을 보이지 않은 여성들은 "내게 땅콩버터젤리샌드위치PB&J를 주면 웃을 것이다"라고 쓴 남성에게 끌리는 것 같았다.

사이렌의 질문은 그때껏 내가 다른 사이트에서 본 것(예를 들면 "당신의 수입은 얼마입니까?" "일을 잘 처리하지 못한다고 느끼나요?" "아이와 동물 중 누구를 굶기는 게 더 나쁠까요?")보다 훨씬 편안하게 느껴졌다.[67] 하지만 '이 앱은 여성을 고려해 고안된 것'이라고 소리치는 건 없었다.

여성들은 샌드위치 질문을 재미있어할 것이고, 많은 남성도 그럴 것 같았다. (나는 남편에게 어린 시절에 어떤 별명으로 불리고 싶었는지 물어봐야겠다고 생각했다. 틀림없이 슈퍼맨이었을 거다.)

수지의 전화기에 있는 프로필을 스크롤하며 훑어볼 때, 수많은 남자 이름 옆에 파란색 ✔표가 눈에 띄었다. 수지가 몸을 기울이며 말했다. "그 표시는 나를 그들에게 보여준다는 뜻입니다. 내가 파란색으로 ✔표를 한 남성만 내 사진을 볼 수 있죠." 사이렌이 여성을 염두에 둔 부분이 바로 이것이다. 여성이 먼저 행동하도록 고안된 것이다. 여성이 남성의 이름 옆에 ✔표를 누르면 그녀의 사진이 그 남성의 앱에 나타난다. 사이렌을 사용하는 여성은 모든 남성의 사진과 오늘의 질문에 대한 그의 대답을 볼 수 있다. 하지만 남성이 경험하는 것은 아주 다르다. 그들은 여성이 허락하기 전에 사진을 볼 수 없다. 처음에 남성은 여성의 대답만 볼 수 있다. 남성은 그녀에게 관심을 둘지 결정해야 하지만, 여성은 그럴 여지를 줄지 결정한다.

수지가 설명했다. "점점 더 많은 사람들이 데이팅 앱을 활용하고 싶어 하면서도 실제로 경험하는 건 주저합니다. 그리고 여성이 만족하는 경우는 아주 드물죠. 많은 시간을 들여 자신의 관심사와 좋아하는 것, 현재 바라는 것 등을 입력해서 데이팅 프로필을 만들고 사진을 올립니다. 사진이 정말 매력적이면 곧 남성 30명이 관심을 표합니다. 이런 관심을 받으면 처음에는 설레고 흥분되지만, 반응을 천천히 훑어봅니다. 당신은 그들이 대부분 당신의 사진 이외 무엇에 주목했는지 알지 못합니다. 뒤이어 정말 오싹한 반응을 받고, 그 남성은 당신을 그냥 두지 않으려 합니다. 그런 남성이 한 명뿐이라도, 그런 일을 겪으면 더는 앱을 열어보고 싶지 않죠."

수지의 분석은 미국의 전국적 데이터로 뒷받침된다. 미국에서 데이팅 앱이나 웹 사이트를 이용해본 여성 가운데 42퍼센트는 "괴롭거나 불편한 느낌을 주는 방식으로" 타인의 연락을 받은 경험이 있다.[68] 이런 일은 남성에게도 일어나지만 훨씬 빈도가 낮다. 데이팅 앱을 사용하는 미국 남성 가운데 17퍼센트가 불쾌한 접근을 처리한 적이 있을 뿐이다. (연구자들은 성적 취향에 대해서는 질문하지 않았기 때문에, 동성애자 남성과 이성애자 남성이 괴롭힘을 받은 비율이 다른지는 알기 어렵다.) 데이팅 앱을 사용할 때 여성이 남성보다 성희롱 피해를 당할 위험이 높다. 하지만 수지가 지적하듯이, 당신이 사무실 이외 장소에서 누군가를 만나고 싶은 바쁜 전문 직업인이라면 무엇을 선택할 수 있을까?

수지의 소망은 여성에게 선택권을 줌으로써 성희롱 피해를 덜 받게 하는 것이다. 남성이 여성을 불편하게 하는 경우, 그녀는 버튼을 눌러 사진이 다시는 그에게 보이지 않도록 하면 된다. 지금까지는 이 구조가 효과를 보았다. 사이렌 사용자는 5,000명이 넘지만 성희롱 피해가 보고된 일은 없다. 수많은 사용자들이 다른 앱에서 경험한 불쾌한 분위기를 사이렌에는 경험하지 않았다고 평했다.[69] 여성에게 이것은 누군가를 만나겠다고 신청할 때 맞닥뜨려야 하는 위험이 줄어들었음을 의미한다.

그렇다면 실제 상황은 어떤지 살펴보자. 사용자 5,000명 중 4,990명이 여성일까? 과연 남성이 여성의 사진을 볼 수 없는 서비스를 사용하려 할지 궁금하다. 수지도 이 점이 걱정스러웠지만, 사이렌이 출범하고 1년 뒤 사용자 45퍼센트가 남성이었다. 아직 여성이 남성보다 많지만, 내가 예상한 만큼 큰 차이가 나지 않는다. 데이팅 프로필

68~72퍼센트가 여성인 전국 규모의 데이팅 웹 사이트보다 높은 수치다.[70] 수지는 설명했다. "수많은 남성이 표준 데이팅 사이트에 넌더리를 냅니다. 저는 오늘 아침, 과거에 오케이큐피드OkCupid를 사용한 남성이 보낸 이메일을 받았습니다. 그는 여성 10여 명에게 관심을 표현했지만 응답을 받은 적이 없대요. 완전히 무시당한 느낌이었지만, 2주 전에 사이렌에 가입하고 벌써 두 여성이 만나자고 한답니다." 남성도 기분 좋은 방식으로 선택받는다고 느끼는 것 같다.

백인 남성 효과와 사이렌 같은 데이팅 앱의 인기에서 무엇을 알 수 있을까? 첫째, 우리는 같은 수준의 안전을 느끼지 않는다. 여성은 남성보다 데이팅 웹 사이트에 대해 불안해할 이유가 많고, 아프리카계 미국인은 동년배 백인보다 총기 폭력을 두려워할 이유가 많다. 안전하다고 느끼면 우리가 용기 있게 감수할 수 있는 위험이 바뀔까? 물론 그렇다. 안전망이 있다고 느낄 때 위험을 감수하기가 훨씬 더 쉽다. 사이렌 웹 사이트 경험에서 배운 또 다른 교훈은, 일반적으로 여성에게 위험하다고 여겨지는 영역에서 우리가 여성에게 더 많은 통제력을 부여하면, 즉 실제로 여성에게 수반되는 위험의 수준을 낮추면 여성은 훨씬 더 많은 경험을 하려 한다는 것이다. 사이렌은 남성과 여성의 조건을 평등하게 만들어 위험 감수를 낮추지 않았다. 그들은 남성과 여성에게 다른 규율을 적용함으로써 여성이 감지하는 위험도를 낮췄다. 이는 더 많은 여성을 고용하고 유지하려고 필사적으로 노력하는 회사들에게 흥미로우면서도 유용한 가르침이다.

내가 의견을 말하면 얼마나 큰 손실을 볼까?

누가 불안을 느낄까? 켄트주립대학교Kent State University 사회학과 수전 피스크Susan Fisk 교수는 남성과 여성이 직장에서 위험한 상황에 맞닥뜨릴 때 얼마나 큰 불안을 느끼는지 연구해왔다.[71] 위험한 상황이란 무엇일까? 위험한 상황이란 한 명 이상의 타인과 함께 일하는 직장에서 안전한 방식과 위험한 방식이 공존하고, 위험한 방식이 자신에게 손해가 될지 이익이 될지 미리 알 수 없는 사회적 상황을 뜻한다.

비판적인 동료와 회의하는데 새로운 아이디어가 떠오르는 경우, 당신은 안전한 방식을 택해 새 아이디어에 대해 전혀 언급하지 않을 수 있다. 얻는 것도 없지만 혹독한 비판도 받지 않는다. 대안은 점심 먹을 때 당신의 아이디어를 지지해주는 동료에게 이야기하는 것이다. 이는 미리 반응을 살필 수 있는 안전한 방법이지만, 설령 그 아이디어가 팀원들에게 받아들여진다 해도 당신의 공로로 인정받지 못할 수 있다. 위험한 길을 택해서 회의할 때 아이디어를 발언하면 웃음거리가 될 수도 있다(당신의 팀이 어리석은 아이디어를 내는 사람에게 제재를 가할 수도 있다). 하지만 팀원들 사이에서 당신의 입지를 강화하거나, 좋은 아이디어를 낸 사람으로 알려지거나, 회의실에 혁신의 기운을 가져올 수도 있다.

또 하나 위험한 상황은 상사가 당신을 자기 방으로 불러 방금 마친 프레젠테이션에 대해 피드백을 해달라고 요청하는 경우다. 당신은 안전한 방식을 택해 장점만 말하거나, 위험한 방식을 택해 문제점을 지적할 수 있다. 위험한 방식을 택한 경우, 그는 당신이 정직하게 이야기해준 덕분에 프레젠테이션을 다시 하기 전에 개선할 기회를 얻은 것에 대해 믿을 수 없을 만큼 고마워할 수도 있지만, 방어적으로 화를 내면서 당신이 공동 작업에 서투른 사람이라고 생각할 수도 있다.

피스크는 성인들에게 이와 같은 시나리오 10여 가지를 제시하면서 이런 상황에 처했다고 상상해보고, 그 위험의 등급을 매긴 다음, 각 경우에 어떻게 하고 어떤 느낌이 들지 적어보라고 요청했다. 우호적인 동료와 이야기한 뒤 회의할 때 발언하기와 같이 시나리오의 위험도가 낮은 경우, 남성과 여성이 느끼는 불안은 아주 낮았다. 하지만 시나리오를 위험하게 만들면―모든 아이디어를 비판하면서 "정말 좋은 제안을 하실 분 없습니까?"라고 말하는 사람을 투입하면―여성의 불안과 부정적인 감정이 급증했다. 남성은 이 시나리오에서 발언하는 것은 위험하다는 데 동의했지만, 대부분 여성과 똑같은 방식으로 괴로워하지 않았다. 일부 남성은 불안이 급증했지만, 대부분 업무 상황이 위험하든 위험하지 않든 적당한 불안을 느꼈다.

피스크는 이런 불안의 차이가 중요하다는 것을 발견한다. 상황에 대한 높은 불안을 경험한 여성과 남성은 위험을 덜 감수하려는 경향을 보였다. 그러나 대다수 여성은 높은 불안을 경험했고, 이는 그 여성들이 위험을 덜 감수했다는 의미다.

이 여성들은 무엇을 걱정했을까? 이들의 불안은 일어날 수 있는 최악의 결과, 즉 강등되거나 해고당할지 모른다는 두려움에 기인했을까? 이들은 정말 어리석은 말을 할까 봐 두려웠을까?

피스크는 데이터를 면밀히 보고, 이 여성들이 실패할까 봐 두려워하는 것이 아님을 알아냈다. 이들의 불안을 부추기는 원인은 완벽한 성공을 해내지 못하리라는 걱정 때문이었다. 성공 확률이 100퍼센트에 못 미치면 위험을 감수할 가치가 없었다. 왜 이런 일이 벌어질까? 피스크는 여성이 남성 동료보다 높은 기준을 가지도록 요구되기 때문에 같은 인정을 받으려면 최고로 잘해야—사실 남성보다 잘해야—한다고 주장한다. "그럴 가치가 있는 것"에 위험을 감수하려면 여성은 뛰어난 결과를 얻을 가능성이 높다고 느껴야 하는 것이다.[72]

이런 연구 결과에 대한 나의 생각은? 여성이 회의에서 자기 생각을 말하려는 경향이나 자신의 능력을 신장할 새 직업을 구하려는 경향이 더 낮다는 것은 연구자들이 아는 사실이다. 하지만 그들이 모르거나 적어도 충분히 인지하지 못하는 것이 있다. 여성은 최선의 결과를 얻을 수 있을 때만 이런 위험을 감수할 가치가 있다고 여긴다. 위험한 환경에서 작은 승리는 어떨까? 세상이 안전한 곳이라고 생각하는 백인 남성에게 작은 승리는 위험을 감수할 가치가 있지만, 대다수 여성에게는 그렇지 않다.

위험한 결정을 측정하는 2가지 가늠자

언제 위험을 감수할지 알아낼 전략이 있을까? 여성은 위험을 두려워한다는 메시지가 은연중에 전해지는 걸 원치 않았기에 나는 이 조언을 포함할지 말지 망설였다. 이것은 데이터로 뒷받침되지 않는다. 하지만 당신이 남성이든 여성이든, 지나치게 많은 위험을 감수하는 사람이든 너무 적은 위험을 감수하는 사람이든 새 기회를 평가하는 전략이 필요하다. 당신이 숙고할 위험한 결정은 상당히 많다. 당신은 새 일자리를 구하거나 현직을 그만두는 것에 대해 생각할 수도 있고, 친구들은 가망 없다고 생각하지만 당신은 이제 시작이라고 믿는 프로젝트에 시간을 투자할지 결정하려고 애쓸 수도 있다. 이런 대담한 시도를 평가하고, 올바른 방향으로 가는지 가늠하는 데 사용할 수 있는 두 가지 도구이자 척도를 소개할 것이다.

첫 번째 도구는 기자 겸 저술가 수지 웰치Suzy Welch가 개발한 10-10-10규칙이다. 이 전략의 목표는 세 관점 가운데 하나가 명료하게 밝혀주리라는 소망을 가지고 세 각도에서 결정을 바라보도록 돕는 것이다. 웰치는 《텐텐텐: 인생이 달라지는 선택의 법칙10-10-10 : 10 Minutes, 10 Months, 10 Years : A Life Transforming Idea》에서 쉽게 기억할 수 있는 세 가지 질문을 한다. "이 결정을 한 결과 10분 뒤에 무슨 일이 벌어질까? 10개월 뒤에는? 10년 뒤에는?"[73] 그렇다, 단순하지만 꽤 강력한 잠재력이 있다.

이 도구의 목표는 당신을 엄밀한 수치로 제한하는 게 아니다. 지금부터 이틀 뒤, 6개월 뒤, 7년 뒤 어떤 결과가 있을지 생각할 수도 있다. 이 도구의 목표는 당신이 눈앞의 결과—당신의 결정이 예견할 수 있고 상상할 수 있는 미래에 미칠 영향—와 인생의 먼 미래에 미칠 영향—그 사이의 구체적인 사건을 예견할 수는 없지만 분명한 희망을 가질 수 있을 만큼 먼 미래에 미칠 영향—을 생각해보게 하는 것이다. 40년 뒤는 상상하기에 너무 먼 미래일 수 있다. 우리가 결정할 때 한 가지나 두 가지 시간 틀에 초점을 맞추는 것은 흔한 일이지만, 지혜는 세 가지 시간 틀을 모두 고려하는 데 있을 것이라는 생각에 근거해서 만들어졌다.

위험의 크기를 재는 두 번째 도구는 45년 이상 논증과 결정에 관해 연구해온, 경제학 부문 노벨상 수상자이자 프린스턴대학교 교수인 대니얼 카너먼Daniel Kahneman의 베스트셀러 《생각에 관한 생각Thinking, Fast and Slow》에서 논의된 '사전 검토premortem'다. 프로젝트나 사건이 끝났을 때 하는 '사후 검토postmortem'는 친숙할 것이다. 사전 검토는 그 이름이 암시하듯이 프로젝트를 시작하기 전, 위험이 수반되는 행동 계획을 수행하기 전에 취하는 단계다. 개념은 간단하다. 일단 구체적인 계획을 세웠다면, 당신이 결정하려는 것에 대해 잘 아는 핵심 요원을 모아 놓고 말하라. "이 계획을 계속 추진할 경우, 1년 뒤에 벌어질 일을 상상해봅시다. 결과는 대실패입니다. 5~10분 시간을 내서 실패의 상황을 간단히 묘사해봅시다."[74]

얼핏 보기에 이 전략은 별로 대단해 보이지 않을 것이다. 당신은 이렇게 생각할 것이다. '난 열 번도 넘게 뭐가 잘못될 수 있는지 자문해보았는걸.' 하지만 이 질문은 미래에 일어날 일을 내다보는 것이다. (사전 검토는 우리가 1장에서 논의한 돌아보기 전략과 비슷하다.) 돌아보기는 온전히 머릿속으로 상상하는 것이기 때문에 전략 같지 않지만, 작은 시각의 전환이 심대한 영향을 미칠 수 있다.

두 질문을 생각해보라. "아시아계 미국인이 2024년 미국 대통령으로 선출될 가능성은 얼마나 될까? 이런 일이 일어나는 이유는 무엇일까? 떠오르는 이유를 모두 열거해보라."

계속 읽어 내려가기 전에 잠시 짬을 내어 이 미래의 가능성을 생각하고, 아이디어를 내보라.

위 질문은 앞날을 예견하고 던진 것이다. 이번에는 다음 질문을 생각해보라. "지금은 2024년이고 방금 아시아계 미국인이 미국 대통령으로 선출되었다. 이런 일이 일어난 이유는 무엇일까? 이 일에 앞서 어떤 사건이 일어났을까? 떠오르는 대로 모든 것을 열거해보라."

당신이 이 질문을 받은 많은 사람들과 비슷하다면, 두 번째 회고형 시나리오에서 생생한 세부 사항이 더 다양하게 떠오를 것이다. 단지 같은 사건에 대해 두 번 생각할 기회를 갖는 것뿐만 아니라, 사람들은 첫 번째 질문을 듣지 않더라도 회고형 질문에 더 좋은 답을 생각해냈다. 펜실베이니아대학교University of Pennsylvania의 데버러 미첼 Deborah Mitchell과 코넬대학교의 J. 에드워드 루소J. Edward Russo, 콜로라도대학교University of Colorado의 낸시 페닝턴Nancy Pennington이 공동으로 연구 프로젝트를 진행한 결과, 회고형 시나리오를 받은 사람들이 예견형 시나리오를 받은 사람들보다 25퍼센트 많은 이유를 생각해냈다.[75] 사람들이 회고형 시나리오에서 더 구체적이고 명확한 이유를 생각해냈다는 것이 훨씬 중요한 사실이다.

우리는 미래의 사건을 예상할 때 포괄적인 일반론으로 생각하는 데 만족하지만, 일어난 중요한 일에 대해 생각할 때는 더 확실한 설명을 제공해야 한다고 느낀다. 그러므로 허구적 사건을 마치 일어난 일처럼 회고하는 사전 검토는 매우 효과적이다. 당신은 늘 사후 통찰이 예견보다 나으며, 놀랍게도 이 사후 통찰에 상상적 사후 통찰이 포함된다는 말을 들어왔다.

자신의 불안에 대해 알기

우리는 때로 불안감이 든다는 이유로 위험 감수하기를 주저한다. 당신이 아침 회의 자리에 있다고 상상해보자. 믿을 수 없을 만큼 비싼 소프트웨어를 구입하는 사안을 놓고 의논하는데, 사람들은 대부분 고개를 끄덕인다. 당신의 머릿속에 이런 생각이 스친다. '올해 배당된 예산을 생각하면 이런 일을 논의한다는 걸 믿을 수 없어. 이게 어리석은 생각인 이유를 지적하는 사람이 없나? 내가 말해야 할까?' 당신은 발언할까 말까 망설일 때 자신이 몹시 불안하다는 것을 느낀다. 손바닥이 땀으로 축축하다.

우리가 수전 피스크의 연구에서 보았듯이, 직장의 위험한 상황에서 흔히 여성이 남성보다 많은 불안을 느낀다. 이런 불안은 그 자리에서 발언하는 것이 감수하지 말아야 할 나쁜 위험이라는 것을 알려주는 중요한 단서처럼 여겨진다. 그리고 자신이 불안하다는 걸 감지하면 왜 입 다물고 있어야 하는지 정당화하는 이유가 머릿속을 가득 채운다. '내가 신참이어서 창피를 당할 거야.' '내 나이가 많아서 첨단 기술을 이해하지 못한 걸 거야.' '다른 사람들이 모두 괜찮다면 내가 모르는 뭔가가 있겠지.'

다음에 이런 일이 일어나면 그 상황 외에 당신을 불안하게 하는 다른 일이 있는지 자문해보라. 전혀 무관한 일이라도 오늘이나 이번 주에 당신을 안절부절못하게 하는 일이 예정되었는가? 오늘 저녁에 전 남편과 약속이 잡혀서, 오후에 프레젠테이션을 할 예정이어서 불안할 수 있다. 회의하려고 자리에 앉을 때 옆자리에 있는 사람이 몸을 기울여 소곤댔을지도 모른다. "사무실 이전에 대한 이메일 받았어요?" 일단 불안이 촉발되면 서서히 스며들어 쉽사리 없어지지 않고, '전남편과 처리해야 할 일 때문에 불안한 거야'라는 생각은 떠오르지 않는다. 무슨 일 때문이든 가슴속의 불편함은 같다.

연구자들은 사람들이 곧 닥칠 위협적인 사건 때문에 불안한 경우, 믿을 수 없을 만큼 조심성이 많아진다는 걸 발견했다. 한 실험에서 사람들이 곧 해야 할 연설 때문에 불안한 경우, 위험 감수율이 85퍼센트 내려갔다. 독감 예방주사를 맞는 것과 같이 완전히 무관한 리스크나, 사람들이 평소에는 대수롭게 여기지 않는 리스크조차 위험하게 여겨졌다. 하지만 연구자들은 "당신이 느끼는 불안은 사람들이 흔히 연설을 앞두고 불안해하는 것과 같습니다"라고 말해주는 것만으로 문제를 바로잡을 수 있다는 것을 발견했다. 이 짧막한 말은 절실히 요구되는 관점을 제공했고, 피험자들이 자신이 불안한 진짜 이유를 생각해내면 위험 인식은 보통 수준으로 돌아왔다.[76]

불안을 느낄 때 불편한 느낌은 그 순간 일어나는 일에 의해 촉발되었다고 생각하기 쉽다. 자신이 위험을 감지한 것이라고, 위험한 일을 시작하려는 것이라고 생각하기 쉽다. 불안은 실제로 당신이 맞이할 위험과 관련된 것일 수도 있으나, 그렇게 생각하기 전에 당신의 삶에 드러나지 않은 것과 다른 스트레스가 불안을 촉발하지 않았는지 점검해보라. 그래도 위험한 방식을 선택하지 않기로 결정할지 모르지만, 훨씬 더 분별력 있는 결정을 내릴 수 있을 것이다.

인계철선 설치하기

훌륭한 의사 결정자를 평범한 의사 결정자나 형편없는 의사 결정자와 구분하는 기준은 재평가다. 훌륭한 의사 결정자는 재평가할 줄 안다. 재평가란 과감하고 위험한 선택을 했든, 안전한 선택을 했든, 나중에 현황을 점검하고 과거의 선택을 정직한 시선으로 바라본 다음 지금 아는 것을 토대로 다시 선택할지 여부를 결정하는 것이다.

인계철선tripwire 설치는 가장 필요할 때 반드시 재고하게 하는 방법이다. 인계철선이란 말은 1900년대 초에 사용된 군대 용어다. 전쟁에서 인계철선은 지면 바로 위에 설치된 철사로, 침입자가 여기에 걸려 넘어지면 경보음이 울려 다른 이들에게 적이나 침입자가 해당 지역에 들어왔다는 것을 알린다. 그러나 의사 결정에서 인계철선은 특정한 길이 잘못된 것으로 판명되었을 때 그 길로 너무 멀리 가지 못하도록 예방하는 역할을 한다.[77]

디지털 인계철선은 흔히 주식 투자에 사용된다. 예를 들어 당신은 최근에 주식 투자를 시작했고, 사우스웨스트항공Southwest Airlines 주식을 매입하려고 한다. 당신은 이 주식의 가격이 33~34달러 선임을 알고 5,000달러를 사우스웨스트항공에 투자하기로 결정할 때 좀 위험하다고 느끼면서도 주가가 오를 거라 기대한다. 그러나 주가가 내릴 때를 대비해 '주가가 30달러 이하로 떨어지면 팔아버려야지'라고 생각한다. 실제로 당신은 주식이 그 가격 아래로 떨어지는 경우 저절로 팔리게 시스템을 설정할 수 있다. 일종의 인계철선인 셈이다. 돈을 조금 잃겠지만, 큰 손실을 보기 전에 투자를 조정할 수 있으므로 더 쉽게 위험을 감수하는 것이다.

인계철선은 투자 외의 위험을 감수할 때도 사용할 수 있는 설득력 있는 방법이다. 피츠버그에서 시애틀로 이사할 때 남편과 나는 인계철선을 설치했다. 서문에 밝혔듯이, 남편이 꿈에 그리던 직장에서 제의를 받았을 때 우리는 3,000마일(약 4,830킬로미터) 떨어진 곳으로 이사할지 결정해야 했다. 우리가 그 어마어마한 위험을 감수할 수 있었던 건 1년이라는 인계철선에 동의했기 때문이다. 우리는 시애틀로 이사하고 나서 내가 1년 안에 만족할 만한 일자리를 얻지 못하면, 둘 다 새 직장을 구하고 다시 이사하기로 했다. 우리는 인계철선이 있음을 알았기에, 즉 내 커리어가 영원히 중단되지 않으리라는 것을 알았기에 위험을 감수할 수 있었다. 다행히 나는 1년을 기다리지 않아도 되었다. 남편이 일을 시작하고 석 달 뒤 일자리를 얻었다.

인계철선은 미리 설치해놓으면 잘못된 결정으로 밝혀진 것을 고수해야 한다는 압박감에 덜 시달린다는 장점이 있다. 캐럴 태브리스Carol Tavris와 엘리엇 애런슨Elliot Aronson이《거짓말의 진화: 자기 정당화의 심리학Mistakes Were Made (but Not by Me): Why We Justify Foolish Beliefs, Bad Decisions, and Hurtful Acts》에서 말하듯이, 사람들은 자주 자신이 결정한 것을 중단하지 못한다. 잘못된 선택을 했을 때 인정하는 것은 고통스러운 일이므로, 잘못을 인정하기보다 자신의 선택을 정당화하려 한다. 우리는 자신에게라도 옳은 방향으로 가고 있음을 증명해야 한다는 압박감에 시달리는 것이다. 선택을 철회하고 바보처럼 보이고 싶은 사람은 아무도 없다. 그래서 우리는 상황이 바뀔 때까지, 즉 주식시장이 반등할 때까지, 회사에 다시 채용될 때까지, 우리가 대량 살상 무기를 찾아낼 때까지, 결국 우리가 다시 똑똑해 보일 때까지 결정을 바꾸지 않고 견뎌내려 한다. 인계철선을 설치해두면 이런 만일의 사태에 대비할 수 있다. 당신이 실패할 수도 있다는 걸 알 만큼 현명하다면 상황이 더 나빠지기 전에 다시 결정할 것이다.

이 장은 남성과 여성과 위험에 대해 생각할 때 무엇이 떠오르는지 묻는 것으로 시작했다. 남성이 위험을 감수하다가 실패하면 사회는 그에게 두 번째 기회를 준다. 사람들은 그에게 다시 미끄럼 봉에 올라가 보라고 격려하며 기회를 주고, 심지어 같은 실수를 하지 않도록 코치한다. 하지만 여성이 위험을 감수하다가 실패하는 경우, 특히 역사적으로 남성이 우세한 직종에 종사하는 경우 사람들은 그녀가 정말 그 일의 적임자인지 미심쩍어한다. 그녀는 다른 곳에서 일해야 한다는 메시지를 듣는다.

위험에 관한 이 무의식적 편견이 우리가 선택하는 리더와 우리가 지속시키는 리더에게 무엇을 의미하는지 생각해봐야 한다. 리더가 반대 성에게 더 적합해 보이는 고위직에서 실수할 때 사람들은 쉽게 판단하고 탐색한다. 여성 경찰국장과 여자대학의 남성 총장을 기억하는가? 사람들은 한 번만 비틀거려도 성급히 그 리더를 무능하다고 여기고, 중대한 결정을 다른 사람에게 맡기려 한다. 미국에서 막강한 역할의 절반이 여성을 연상시킨다면 이 역할을 맡은 남성은 가공할 도전에 마주칠 것이다. 하지만 현실에서 이런 도전에 대해 아는 남성은 거의 없다. 이 나라의 거의 모든 유력한 역할은 남성을 연상시킨다. 남성이 서투른 결정을 할 때 사람들은 쉽게 흘려버린다. 여성의 서투른 결정은? 두 배로 불리하게 작용한다.

우리가 이 평가에서 멈춘다면 낙담하지 않기 어렵다. 그러므로 우리의 생각을 조금 더 밀고 나가자. 수많은 사회에서 남성은 진정한 위험 감수자로, 위험 감수는 당연히 남성이 해야 하는 일이라고 주장하며 기꺼이 새로운 일을 시도하는 용감한 행위자로 간주된다. 그러나 지금까지 수많은 남성은 여성을 리더로 고용하거나 최고위직에 승진시키기를 꺼렸다. 아이러니하게도 수많은 남성은 외려 안전한 길을 택해 남성을 승진시킨다.

우리가 이 아이러니에서 멈춘다면 좌절하지 않을 수 없다. 하지만 남성이 위험을 감수한다는 믿음을 지렛대로 이용하면, 즉 그들의 위험 감수 정신에 호소하여 위험을 감수하고 여성을 기용하도록 유도한다면 고위직에서 더 많은 여성을 발견할 수 있을 것이다. 그것이 쉬운 일이라는 말은 아니다. 우리가 놀이터에서 깨달은 교훈을 포기하기는 어려울 것이다. 우리가 계속 남성은 비전을 제시하는 자로, 여성은 꽃

장식 역할을 하는 자로 생각해야 한다는 말도 아니다. 현실적 환경과 사회적 단서, 세상에서 여성이 실제로 하는 일 등을 생각하면, 위험 감수자로서 여성에 대한 우리의 견해를 바꿀 수 있을 뿐 아니라 더 많은 사람이 여성이 감수하는 위험을 인정하고 존중할 수 있을 것이다. 한편 남성이 포용한 위험 감수를 활용하고, 그들이 더 많은 여성 리더를 인정하고 승진시키고 지지할 기회를 찾도록 격려하면 상황을 개선할 수 있을 것이다.

3장 한눈에 보기

기억할 사항

1. 사람들은 여성보다 남성에게 운을 거는 것을 편안하게 느낀다.
   - 벤처 투자자들은 여성보다 남성의 제안에 투자할 확률이 높다.
2. 위험 감수는 성격적 특성이 아니라 기술이다.
3. 미끄럼 봉에서 얻은 교훈을 잊지 마라. 놀이터에서 부모는 아들에게 위험을 감수하는 연습을 하도록 격려하지만, 어린 딸이 안전하지 않은 것은 방치하지 못한다.
4. 사람들은 위험한 결정이 실패할 때 젠더에 적합한 직무를 담당한 리더에게 더 관용적이다. 전통적으로 남성이 담당해온 직무를 맡은 여성이 위험을 감수했다가 실패하면 동일한 결정을 한 같은 직책의 남성보다 불리해진다.
5. 여성은 남성보다 많은 사회적 위험을 감수한다. 때로는 필요에 의해 어쩔 수 없이.
   - 예: 남성이 가득한 회의실에서 발언하기, 싱글맘으로 살아가기.
6. 이제 기술을 배우기 시작한 경우 남성이 여성보다 많은 위험을 감수하지만, 일단 전문 기술을 획득하면 위험 감수의 차이는 사라진다.
7. 위태로운 남성성은 문제가 된다. 남성성을 위협하는 환경적 단서는 남성이

보통 때보다 많은 위험을 감수하게 한다.

8. 백인 남성 효과에 주의하라. 백인 남성은 다른 사람들보다 세상을 안전한 곳으로 생각한다. 이는 여성(혹은 아프리카계 미국인 남성 혹은 히스패닉계 남성)에게 위험해 보이는 행동이 백인 남성에게는 안전하다고 느껴진다는 의미다.

실천할 사항

1. 당신의 성공에 대해 이야기할 때 당신이 감수한 성공적인 위험에 사람들의 이목을 집중시켜라.

2. 당신이 숙고하는 위험이 현명한 결정이 될지 평가하려면 10-10-10규칙과 사전 검토를 도구로 활용하라.

3. 당신이 숙고하는 위험한 결정에 불안을 느낀다면, 당신이 불안을 느끼게 할 만한 다른 일이 있는 건 아닌지 자문해보라. 당면한 상황과 무관한 일이 불안을 야기하기도 한다. 기분은 전염되기 때문이다.

4. 인계철선을 설치하라. 재평가를 위한 구체적인 계획을 세우면 위험을 감수하기가 더 쉬워진다.

여성의 자신감

하버드경영대학원의 수업 첫날, 자리에 앉은 남녀 학생은 동등한 자격을 갖췄다. 성별 구분 없이 모든 학생이 대학에서 졸업생 대표로 고별사를 읽었거나 시험 점수가 완벽에 가까웠으며, 이력이 다양하고 인상 깊었다. 하지만 수업이 시작되자 동등한 입장이 허물어지기 시작했다. 남성이 더 높은 점수를 받았다. 남성은 토론 수업을 주도했다. 《뉴욕타임스》 1면에 실린 기사에서 조디 캔터Jodi Kantor는 대다수 여성이 "얼어붙은 듯 앉았거나 머뭇대며 말했다"고 썼다.[1]

하버드의 성별 격차는 상위 5퍼센트 졸업생에게 수여하는 베이커 장학생Baker Scholar 발표와 졸업식이 다가올 때 뚜렷해졌다. 베이커 장학생은 아카데미상 후보에 오르는 것과 같아 직업적·개인적으로 앞길을 열어주지만, 남학생이 불균형할 정도로 많이 받았다. 2010년경에는 졸업반 중 거의 절반이 여학생이지만, 베이커 장학생은 5분의 1이 여학생일 뿐이었다.[2] 이런 불공평한 일이 한 번 일어났다면 하버드도 대수롭지 않게 여기고 신입생의 성별 불균형이나 새 교육과정을 탓했을 테지만, 10년 넘게 나타난 패턴이다.

하버드는 남학생에게 유리하거나 여학생에게 불리한 체제의 문제가 있다는 것을 인지했다. 하버드대학교가 2007년에 첫 여성 총장 드루 길핀 파우스트Drew Gilpin Faust를 고용했을 때, 그녀는 즉시 대대적인 개혁에 착수했다. 행정관을 새로 임명했고, 경영대학원에서 여성 교수를 더 많이 채용했고, 교수들은 고전적인 사례 연구를 더 많은 여성이 주요 인물로 등장하는 것으로 고쳐 썼다.

하버드경영대학원의 선임 부원장 로빈 일리Robin Ely는 말했다. "우리는 성별의 차이를 탄광 속의 카나리아—우리 문화가 일부 학생들을 다른 학생들에 비해 더 지지해온 것을 알려주는 신호—로 보았습니다."[3] 2014년에 하버드경영대학원 니틴 노리아Nitin Nohria 원장은 하버드가 여성을 대우해온 방식에 대해 여성들에게 공개적으로 사과했다. 그는 샌프란시스코San Francisco에서 하버드경영대학원 졸업생들에게 말했다. "학교는 여러분을 더 잘 대우해야 했습니다. 앞으로 더 나아질 것이라고 약속합니다."[4] 페미니스트들은 하버드가 여성에게 더 우호적인 분위기를 만들기 위해 노력한다며 찬사를 보냈다.

하버드경영대학원은 일부 사람들에게 잘난 체한다는 인상을 준 일도 했다. 손들기 훈련을 한 것이다.

"자신 있게 손을 드세요!" 워크숍 지휘자가 허공에 팔을 곧게 들며 말했다.[5] 그녀는 신입생 수업 참여 워크숍의 일환으로 그들을 지도하는 2학년 학생이다. "사과하듯 반만 들어 흔들지 마시고요!" 그녀는 주의를 주었다.

이 워크숍에 여학생만 초대되었을까? 나는 하버드 MBA 과정을 수료한 두 연령 집단에 속하는 세 여성을 인터뷰했다. "제가 이 과정을 수료할 때는 남학생과 여학생 모두 의무적으로 참여해야 하는 워크숍이었어요." 2011년에 수업 참여 워크숍을 들은 미아가 회상하며 말했다. 2013년경 이 워크숍이 선택 강좌가 되자, 남학생은 거의 참여하지 않았다. 앨리스는 2013년 가을, 강의실에는 여학생만 있었다고 회고했다. "남학생도 당연히 초대되었습니다. 학년 초 여학생협회가 이 워크숍을 개최했는데, 전교생에게 초대장을 보냅니다. 누구든 참석할 수 있어요. 하지만 선택할 수 있는 행사가 아주 많다는 것을 이해해야 합니다."

이 말에는 여학생은 자발적으로 참여하고, 남학생은 참여하지 않는다는 뜻이 함축되었다. 한편으로는 여학생협회가 이 행사를 주관하면서 MBA 과정 여학생은 이 워크숍에 우선적으로 참여했다. 다른 한편으로는 여성 단체가 행사를 주관하고 초대장을 배부하자, 대다수 남학생은 자신에게 필요한 행사로 보지 않았다.

이 워크숍에서 다룬 주제 중 하나는 자신감 있게 행동하는 것이다. 의견이 있거나 질문에 답하고자 할 때는 모든 의심을 억누르고 행동해야 한다. 이들은 가족과 함께 식사하는 자리 이외 장소에서 처음 자기 의견을 말하려는 소심한 18세가 아니다. 이들은 대부분 경쟁력 있는 대학을 가장 우수한 성적으로 졸업한 재원이다. 이들은 성공한 투자은행가, 최고경영자의 고문, 국제 컨설턴트다. 이사회에 자기 자리가 있는 여성들이 큐 사인에 맞춰 손을 들라는 주문을 받았다.

수업 참여 워크숍은 성공적이었을까? 하버드경영대학원은 동시에 여러 변화를 꾀했으므로 손들기 세미나의 효과만 떼어놓고 생각할 수는 없다. 하지만 여성의 수업 기여도는 상승했다. 수업 참여도는 하버드경영대학원의 대다수 과목에서 성적의 50퍼센트를 차지한다. 일단 남성과 여성이 더 동등한 입장에서 참여하자 성적 차가 사라졌다. 여성은 무리에 있을 때만 잘한 게 아니라, 최고 수준에서도 자신의 입지를 굳혔다. 2013년 전체 졸업생 가운데 여성은 35퍼센트에 불과했지만, 베이커 장학생의 38퍼센트를 차지했다. 이는 하버드 역사에서 유례없이 높은 비율이다.[6]

이 이야기에서 우리는 무엇을 배울 수 있을까? 여성은 언제나 남성 못지않게 자신감이 있어야 한다는 것이 하버드경영대학원 사례가 전하는 메시지일까? 성공하려면 여성은 자신감을 쌓고, 보여주고, 없는 자신감이라도 있는 척해야 할까? 하버드의 성공적인 손들기 프로그램에 대해 듣고 이런 결론을 끌어낸 사람도 있을 것이다. 여러 대중적인 책과 잡지 기사는 여성에게 남성만큼 성취하고 싶다면 자신감을 높이고, 계속 높게 유지해야 한다며 이 메시지를 강화했다.

나는 하버드 사례에서 다른 시사점을 얻을 수 있다고 생각한다. 물론 어떤 경우에는 자신감이 매우 중요하다. 90명이 모인 강의실에서 눈에 띄려면 자신감이 있어야 할 것이다. 하지만 조직에서 의미 있고 지속적인 영향을 미치고 싶어 하는 여성은 자신감이 언제 자산이 되고, 언제 문제가 되는지 알아야 한다. 이 장에서 살펴보겠지만, 자신감이 넘치면 대개 근시안적인 선택을 한다. 직관력 있는 의사 결정자가 되고 싶다면 언제 자신감을 높이고, 언제 자신감을 낮출지 알아야 한다. 여성이 남성보다 적당한 자신감이 있을까? 어떤 경우에는 그렇다. 하지만 나는 더 적당한 자신감을 갖춘 여성이 중대한 결정을 내릴 때 핵심적 역할을 할 가능성이 높다는 것을 보여줄 것이다.

당신의 능력과 자아 개념은 일치하는가?

심리학자들은 주로 자신confidence과 과신overconfidence이 어떻게 다른지 논한다. 자신감이 있는 경우, 자신에게 있는 기술과 능력은 자신이 그 기술과 능력을 어떻게 생각하는지와 현실적으로 보조가 맞는다. 간단히 말해 자신감은 자신이 아는 것과 할 수 있는 것을 정확하게 감지하는 것이다.[7] 측정 가능한 예를 들어보자.

당신은 경험 있는 마라톤 주자인 친구와 5킬로미터 단축마라톤을 하기로 결심했지만, 한 번도 해본 적이 없는 경기다. 아마 당신은 10분에 1마일(약 1.6킬로미터)씩 30분 좀 넘게 달리면 5킬로미터를 완주할 수 있으리라고 생각할 것이다. 1마일을 10분에 달릴 계획인 다른 사람들과 나란히 서서, 더 빠른 주자들과 선 친구에게 손을 흔들며 30분 뒤 행복하게 결승선을 통과할 것을 확신했다. 이는 적절한 자신감, 즉 일부 과학자들이 '잘 조절된 확신well-calibrated confidence'이라 부르는 것이다. 당신의 능력과 믿음은 일치한다.

과신은 이와 대조적으로 자신의 기술과 자질, 지식을 과대평가하는 너무나 인간적인 특성이다.[8] 과신할 때 당신의 믿음은 능력을 넘어선다. 당신은 대학 시절 이후 1마일도 달려본 적 없지만, 1마일을 7~8분에 달릴 수 있을 거라고 생각한다. 당신이 그렇게 생각하는 이유는 무엇일까? 아마도 당신의 친구가 그럴 수 있으니까, 당신보다 나이 많고 덜 건강해 보이는 사람들조차 그 속도 앞에 늘어선 걸 보았기 때문에, 그저 '8분은 아주 긴 시간'이라고 생각하기 때문일 것이다. 당신은 1마일을 8분에 달릴 계획인 다른 주자들과 친구의 대열에 합류한다. 경주가 시작되자 자신을 밀어붙인다. 첫 마일의 절반쯤 달렸을 때 당신은 숨을 쉴 수 없어 멈추고 만다. 옆구리가 쑤시고 무릎이 아파 3분 동안 걸어갈 수밖에 없다. '다른 사람들이 얼마나 잘하는지 몰라도, 많은 사람들이 하는 걸 나라고 못 하겠어?'라고 생각할 때 과신이 되는 것이다. 이렇듯 과신은 언제나 생겨날 수 있다.

자신감이 부족할 수도 있고, 자기 능력을 과소평가할 수도 있다. 언뜻 보기에 자신을 과소평가하면 기대한 것보다 잘할 때 기뻐하며 놀랄 것 같다. 가끔 이런 일이 일어나기도 하고, 사람들이 자기 능력보다 잘할 때도 있다. 하지만 자신감 부족이 수행 능력을 떨어뜨리는 경우가 더 흔하다. 자기 능력을 과소평가하면 문제나 도전에 맞닥뜨렸을 때 쉽게 포기한다. 이는 자신에게 '난 이 일을 할 수 없어. 그런데 왜 시도해?'라고 말하는 것과 같다. 5킬로미터 마라톤은 어땠을까? 자신감이 부족한 이들은 뒤에서 천천히 걸어가는 대열에 합류하거나, 대부분 시합 날 아예 나타나지 않는다.

자신이 짐작으로 답했다는 걸 알면 손을 들어라

대다수 사람들은 자기 능력을 정확히 평가할 수 있을까? 없다. 남성과 여성 전부 두 영역에서 과신하는 경향을 보인다. 첫째, 대다수 사람들은 쉬워 보이거나, 친숙해 보이거나, 머리를 쓰지 않아도 될 것 같은 일은 뭐든 비교적 잘할 수 있으리라고 생각한다. 남성에게 신발끈을 매는 데 얼마나 걸리느냐고 물으면 지나치게 짧은 시간을 답한다—아이들도 할 수 있는 일이니까.[9] 자전거를 그리는 것도 간단한 일이라고 생각하지만, 생각보다 훨씬 어렵다. 짭짤한 크래커 다섯 개를 1분 안에 먹는 것도 쉬워 보이지만, 보통 사람들은 물을 마시지 않

고 두 개를 삼킬 수 있을 뿐이다.[10]

둘째, 양성 모두 자신이 사회에서 중요한 것으로 간주되는 특성을 타고났다고 과대평가하는 경향이 있다. 연구자들은 이 패턴을 평균 이상 효과better-than-average effect 혹은 워비곤 호수 효과Lake Wobegon effect라고 부른다. 워비곤 호수 효과는 개리슨 케일러Garrison Keillor의 소설에 나오는 마을 이름을 따서 지은 것으로, 이 마을의 "여성은 모두 강건하고 남성은 모두 잘생기고 아이들은 모두 평균 이상이다".[11] 우리는 대부분 자신이 다른 사람의 말을 얼마나 경청하고, 얼마나 똑똑하며, 낯선 이에게 얼마나 친절한지 과대평가한다.

우리는 대부분 자신을 실제보다 조금 더 착하고, 빠르고, 인상적이라고 생각하는 경향이 있다. 그렇다면 성별에 따라 그 정확도에 차이가 있을까? 남성이나 여성이 일반적으로 자기 능력을 평가하는 데 더 정확할까? 미시간주립대학교의 교육심리학자 메리 런더버그Mary Lundeberg는 처음 이 질문을 한 연구자 중 한 명이다.[12] 1990년대 초 런더버그와 동료들은 여러 심리학 과목의 기말고사 때 학부생과 대학원생이 어떻게 행동하는지 살펴보았다. 시험의 각 질문은 두 부분─학생의 성적에 반영되는 학과 내용에 관한 통상적인 질문과 학생들이 방금 응답한 것을 얼마나 확신하는지 평가하는 질문─으로 구성되었다. 학생들은 각 질문에 '매우 확실하다'부터 '그냥 짐작으로'까지 중 하나를 표시할 수 있었다. 강사들은 학생들이 확신해서 답했는지, 짐작으로 찍었는지에 따라 시험 점수나 과목 성적이 달라지지 않을 거라고 설명했다.

실험 결과는 흥미로운 사실을 보여주었다. 남성과 여성은 옳은 답을 택했을 때 똑같이 적절하게 확신했다. 사람들은 옳은 답을 할 때 자신이 옳다는 것을 알았고, 그렇게 말했다. 실수할 때는 다른 양상이 나타났다. 여성은 틀린 질문에 주저하는 경향을 보였다. 그들은 자신이 짐작으로 답했다는 것을 알았고, 기꺼이 인정했다. 그러나 남성은 틀린 답에 여전히 높은 확신을 보였고, 틀렸을 때도 '매우 확실하다'나 '확실하다'를 표시한 경우가 여성보다 많았다.

무슨 일이 벌어지는 걸까? 아마도 남성은 자신이 짐작으로 답하는 걸 알아채지 못하거나, 알면서도 자신의 짐작이 옳다고 확신했을 것이다. 이런 차이는 남성과 여성이 기꺼이 인정하려고 한 것을 드러낼 뿐이다. 여성은 불확실함을 더 기꺼이 인정하려고 했을 것이다. 남성은 확실하지 않다고 인정하면 점수나 강사와 자신의 좋은 관계, 자기 이미지에 해로울 수 있다고 생각했을 것이다. 근본적인 동기가 무엇이든 여성이 확신하는 정도를 표시하는 방식은 오르내림을 반복하며 자신의 확신을 실제로 아는 것에 단단히 연결했으나, 남성이 확신하는 정도를 표시하는 방식은 한결같았다. 남성의 추정에는 자신이 아는 게 얼마나 적은가 하는 점이 반영되지 않았다.

런더버그와 연구 팀이 저서를 출간한 뒤 여러 해 동안 수많은 연구자들은 남성이 여성보다 과신한다는 것을 밝혀냈다. 남성과 여성 모두 자신이 평균보다 뛰어나다고 생각하는 경향이 있지만, 평균보다 훨씬 뛰어나다고 생각하는 쪽은 일반적으로 남성이다.[13] 지능을 예로 들어보자. 거리에서 무작위로 사람들에게 다가갈 때 당신은 그중 약 50퍼센트는 평균 지능이고, 25퍼센트는 평균 이상, 나머지 25퍼센트는 평균 이하일 거라고 예측한다.[14] 하지만 여론조사를 하면 주위를 둘러보고 나서 자신의 지능이 평균이라고 말하는 사람은 거의 없다. 미국에서 여론조사 한 결과 남성은 71퍼센트가 자신의 지능이 평균 이상이라고 말하고, 여성은 57퍼센트가 같은 주장을 했다.[15] 지능에 대한 남성의 자만 혹은 여성의 겸손이라 부를 수 있는 이 기본 패턴은 아프리카, 유럽, 중동, 동아시아에서도 동일하게 나타나 특정 언어나 교육제도, 문화에 한정 지을 수 없다.[16]

우리는 남성과 여성의 자신감이 어떤 분야에서 차이를 보일지 예측할 수 있을까? 여러 연구자들은 여성이 '여성적'인 것으로 간주되는 활동에 적절한 자신감을 보이는 경향이 있을 것으로 추론했다. 예를 들어 여성은 보통 자신의 감성지수EQ가 높은 편인지, 낮은 편인지 정확히 예측한다. EQ는 전통적으로 여성이 우월한 영역으로 간주되었다. 이 영역에서 여성은 자신의 수행 능력을 정확히 예측한다. EQ가 높은 여성은 그 사실을 알고, EQ가 낮은 여성도 자신이 다른 사람이 어떻게 느끼는지 알아내는 데 서투르다는 걸 인정한다.[17]

이와 마찬가지로 여성은 여성 시청자를 겨냥한 영화나 TV 쇼에 대한 잡다한 지식을 자신이 얼마나 많이 아는지 정확히 예측한다. 〈섹스 앤 더 시티Sex and the City〉〈다운튼 애비Downton Abbey〉 같은 드라마나, 〈헬프The Help〉〈와일드Wild〉 같은 영화를 생각해보라. 어떤 여성은 어깨를 으쓱하며 자신은 이런 것에 대해 잘 모른다고 할지 모르지만, 이게 핵심이다. 연구는 당신이 여성이라면 이런 드라마나 영화에 대해 자신이 얼마나 아는지 혹은 모르는지 정확히 판단할 거라고 예견한다. 자신의 지식에 대한 믿음과 실제 지식이 일치하는 것이다.

여성은 '남성적'인 것으로 간주되는 분야에 대한 자신의 지식과 능력을 과소평가하는 경향이 있다. 대다수 여성은 자신이 스포츠에 대한 정보를 실제보다 덜 알 거라고 예측하고, 새 컴퓨터를 파악하는 데 실제보다 시간이 더 걸릴 거라고 추정하는데, 이 두 영역은 사회에서 남성이 뛰어나다고 간주된다.[18] 심지어 남성이 지배하는 분야에서 생계를 책임지는 여성 전문 직업인조차 자신이 아는 것에 대해 과소평가하는 경향이 있다. 한 연구는 전통적으로 남성과 관련된 또 다른 영역인 금융계에서 식견이 높은 여성이 자기 능력에 대한 자신감이 부족하고, 그들이 실제로 아는 것보다 금융에 대해 덜 안다고 여긴다는 점을 밝혀냈다. 식견이 높은 남성은 자신이 그렇다는 것을 알고, 그렇다고 말했다.[19]

여기 흥미로운 반전이 있다. 남성은 여성적인 것으로 간주되는 일에서 자신을 과소평가하지 않는다. 연구에 따르면 남성의 과신은 여성적인 것으로 간주되는 지식이나 기술에 의해 저지되지 않는다. 한 연구에서 남성에게 여성을 겨냥한 TV 쇼와 영화에 대한 퀴즈에서 몇 점을 얻을 수 있을지 예측하라고 요구했는데, 실제보다 많이 알 것으로 추정했다.

또 다른 연구에서 남성은 자신의 EQ를 과대평가했다. 이 흥미로운 연구에서 남성과 여성은 자신의 EQ를 예측한 뒤, 감정을 인지하고 이해하고 조절하는 실제 능력을 측정하는 시험을 치렀다. 남성은 자신의 EQ가 여성보다 높을 거라고 예측했지만, 실제는 그 반대였다.[20] 여성은 감정과 연관된 문제를 해결하는 데 남성보다 유의미하게 뛰어났다. 이를테면 여성은 한 감정이 시간이 지나면 어떻게 다른 감정으로 변하는지 더 잘 이해했다. 남성은 시험을 치른 뒤 겸손해졌을까? 그들은 자신의 능력을 다시 평가하고 자신감이 떨어졌을까? 아니다. 그들은 여전히 여성보다 자신에게 높은 점수를 주었다.

그렇다면 남성은 상투적인 남성의 관심사에 대해 더 정확히 예측할 수 있을까? 아니다. 연구에 따르면 남성은 이른바 '사나이의 영역'

에서 적절한 자신감을 보이거나 과신한다. 남성은 자신이 스포츠 지식을 얼마나 많이 아는지 정확히 감지하지만, 자신이 주식거래를 얼마나 잘하고, 밤에 얼마나 안전하게 운전하고, 룰렛을 몇 번 이길 수 있는지 등 결과를 제어할 수 없는 확률 게임에서도 과신하는 경향이 있다.[21]

모든 연구에서 남성이 여성보다 과신한다는 것을 발견할까? 아니다. 연구자들이 남성적인 것이나 여성적인 것으로 간주되지 않은 새 과업을 고안할 때, 일반적으로 남성과 여성 모두 과신한다는 것을 발견한다. 심리학자로 구성된 팀이 펜실베이니아 주 피츠버그 주민에게 무작위로 선택한 날짜에 그 도시의 최고 기온이 얼마였을지 추정해보라고 요청했다.[22] 앞에서 보았듯이 친숙함은 우리에게 잘 안다는 허위 인식을 하도록 하고, 피츠버그 남성과 여성 주민 모두 자신이 실제보다 일기예보를 잘한다고 생각했다. 기온을 추정하는 데는 성별에 따른 부담이나 예측이 수반되지 않았다.

그렇다면 뭐가 문제일까? 여성이 자신은 스포츠에 관한 문제에 답하는 데 어려움을 겪으리라고 생각한다면? 남성이 연속극에 대해 자신이 얼마나 아는지 감지하지 못한다면? 우려하는 이유는 미국 문화의 너른 영역이 '남성에게 더 어울리는' 것으로 둘러쳐진 탓에 여성은 이 저지선을 통감하며 남성이 지배하는 영역으로 들어설 때 자기 능력을 과소평가한다는 데 있다. 직장에서 수많은 과업은 남성적인 것으로 간주된다. 남성은 경영상의 결정이나 협상, 재무 기획, 직접적이고 간결한 의사소통 등을 더 잘할 것이라고 기대되는데, 이는 전문 직업인의 직장에서 수준 높은 자신감은 남성에게 전형적으로 나타나는 행동 양식이지만 여성에게는 그렇지 않다는 것을 암시한다.[23] 이런 양상은 직장 여성의 삶에서 아주 큰 부분을 차지하므로, 여성에게 자신감 부족을 일으켜 성공을 저해하는 요소가 된다.

남성은 정말 자신을 다른 사람들이 보는 것보다 나은 리더로 여길까? 플로리다국제대학교Florida International University의 경영학과 서맨사 포스천-언더달Samantha Paustian-Underdahl 교수는 리더십 연구 문헌에 이상한 모순이 있다는 것을 알아냈다. 연구 논문 가운데 절반은 남성이 더 훌륭한 리더가 된다고 보고했지만, 나머지 절반은 여성이 그렇다고 보고했다. 어떻게 양쪽이 가능할까? 회의적인 유형은 양손을 저으며 젠더와 리더십에 관한 연구가 무의미하다고 말할지 모른다. 하지만 포스천-언더달은 평가 주체에 따라 차이가 생기는 게 아닐까 궁금했다. 그녀는 남성과 여성의 리더십 능력에 대한 99개 조사 연구를 면밀히 검토하는 팀을 지휘했다.[24]

회사 직원들에게 리더로서 자신의 능력을 평가하라고 요청했을 때, 남성은 자신에게 더 높은 등급을 주었고, 여성은 더 낮은 등급을 주었다. 이런 연구에서는 남성이 더 유능한 리더로 보였다. 연구에 다른 사람의 평가 등급도 포함했을 때 점수는 자기평가 점수와 일치하지 않았다. 직장 동료나 부하 직원, 상사 등은 여성이 더 좋은 리더가 된다고 말했다. 포스천-언더달은 직장 동료의 성별에 따라 중요한 차이가 생기는지는 조사하지 않았다. 그러나 이 연구 결과는 당신의 조직이 연례 직원 업무 평가를 할 때 남성의 자기평가와 여성의 자기평가는 확연히 다르다는 것을 시사한다.

이 연구 결과는 우리가 남성과 여성에게서 보는 자신감 과잉과 자신감 부족 패턴에 부합한다. 수십 년 동안 남성이 여성보다 훌륭한 리더가 될 것이라는 추정이 받아들여졌다.[25] 사회과학자들은 심지어 이런 믿음을 나타내는 캐치프레이즈(관리자＝남성)까지 만들어냈다. 남성이 더 훌륭한 리더가 된다는 생각은 여러 해 전부터 바뀌고 있으나, 포스천-언더달은 남성은 여전히 자신이 실제보다 특히 이사급에서 뛰어난 지도력을 발휘할 수 있을 거라 생각하는 반면, 여성은 자신의 업무 능력을 과소평가한다고 분석했다.

수많은 과학과 통치, 전문적 역할은 전통적으로 남성과 연관되었고, 그 결과 남성이 누리는 과신의 혜택을 우리는 상상할 수 있다. 남성이 '나는 여기 있는 사람 3분의 2보다 지도력이 뛰어나다'고 생각한다면, 그는 십중팔구 임금 인상을 요구할 것이다(그리고 임금 인상을 얻어내기 위해 강력한 논거를 제시할 것이다). 그는 자기 이력서가 자신의 끓어넘치는 잠재력을 반영하지 않는다고 확신하면 현재 직업보다 어려운 직업을 찾아 나설 것이다. 이런 혜택은 우리의 상상에 그치지 않는다. 실제로 남성은 여성보다 자주 임금 인상을 요구하고 승진을 추구한다. 카네기멜런대학교의 조직심리학자 린다 뱁콕Linda Babcock에 따르면, 조직에서 여성 한 명당 남성 네 명의 비율로 더 많은 임금을 요구한다.[26] 휴렛패커드Hewlett-Packard의 2008년 보고에 따르면, 여성은 고시된 자격 요건을 100퍼센트 충족했다고 확신할 때 그 회사에 지원한 반면, 남성은 60퍼센트만 충족해도 지원했다.[27]

여기서 논의가 끝난다면, 우리가 살펴봐야 할 데이터가 더 없다면 결론은 분명할 것이다―여성은 자신감을 가득 채워야 한다. 남성의 수준 높은 자신감과 대등하게 맞추는 것이 성공하기 위한 여성의 타당한 목표가 될 것이다. 이는 성공하고 싶다면 성공한 사람들이 하는 대로 하라는 거의 모든 리더십 관련 서적의 전제를 기반으로 한다. 하지만 우리는 의사 결정으로 관심을 돌려야 한다. 가장 성공적인 의사 결정자는 어떻게 할까? 당신의 미래를 좌우할 수 있는 중대한 결정을 할 때 자신과 과신은 어떤 역할을 할까?

2시 규칙을 무시한 이유

1996년 5월 10일 금요일 오후, 등반가 23명은 세계에서 가장 높은 에베레스트Everest 산 정상에 오르느라 분주했다. 이들은 대개 몇 달간 훈련을 거쳤고, 일부는 몇 년간 훈련했다. 이 모든 준비에도 5월 10일은 이 산의 역사상 가장 끔찍한 날이 되었다. 5명이 살아서 돌아오지 못했기 때문이다. 그중 2명은 대원을 인솔한 대장이다. 이 탐험대의 22퍼센트가 사망했을 뿐 아니라―어떤 탐사대라도 끔찍한 기록―나머지 대원 중 10여 명도 간신히 목숨을 부지한 상태였다. 그들은 몇 시간 동안 어둠 속에서 비틀거리며 헤매느라 동상에 걸려 곧 부러질 것처럼 쇠약하고 검푸른 상태였다.

당신은 존 크라카우어Jon Krakauer가 베스트셀러《희박한 공기 속으로Into Thin Air: A Personal Account of the Mount Everest Disaster》에서 흥미진진하게 묘사한 이 이야기를 알지도 모르겠다. 비극적인 사건이라는 점이 우리의 관심을 끈 유일한 이유는 아니다. 이 이야기에는 기이한 점이 있다. 대원들은 에베레스트 산 정상에 당도했고, 높은 고도와 희박한 산소에 어렵게나마 적응한 상태였으므로, 가장 힘든 고비를 지난 것 같았다. 급류 타기를 하는 사람들이 기술적으로 최고난도 급류를 안전하게 넘었으면서도 마지막 15분 사이에 다섯 명 중 한 명이 물에 빠져 죽은 것과 마찬가지다. 수많은 사람들은 대원들이 실질적인 성취를 한 뒤 상황이 그토록 끔찍하게 어긋난 원인을 알아내려고 했다. 문제의 부분적인 원인은 분명했다. 갑자기 폭풍이 불어왔고, 기온이 갑자기 영하 40도로 떨어졌다. 하지만 에베레스트 산에서 폭풍을 만나리라는 것은 예상 가능한 일이고, 이 산에서 많은 경험을 한 대장이 수없이 겪은 일이었을 것이다.

크라카우어 이후에 나온 최근의 분석은 지나친 자신감이 제어되지 못했음을 밝혀냈다. 두 대장 중 스콧 피셔Scott Fischer는 등반 전에 대원들에게 말했다. "우리는 거대한 에베레스트 산을 파악했습니다. …… 최근에 우리는 노란 벽돌 길(목표 지점까지 이어진 편안하고 아름다운 길.《오즈의 마법사》에서 도로시와 친구들이 노란 벽돌 길을 따라 에메랄드 시에 당도하는 데서 유래한 표현이다)을 만들었습니다." 그는 기자들에게도 말했다. "나는 언제나 옳은 선택을 할 겁니다." 다른 대장 롭 홀Rob Hall도 "적당히 건강한 사람이라면 누구든 정상에 도달하게 할 수 있습니다"라며 지나친 자신감을 내보였다. 저널리스트로서 이 탐험대와 함께한 크라카우어가 정말 정상에 당도할 수 있을지 의심을 표명하자, 홀은 "친구, 지금껏 서른아홉 번이나 해냈다네"[28]라고 일축했다.

두 대장은 산을 파악했다고 확신했는데, 자기 능력에 대한 과신이 등반 마지막 날에 잘못된 결정을 낳은 것 같다. 2시 규칙이 좋은 예다. 피셔와 홀 모두 정상 등반의 엄격한 데드라인에 대해 말했다. 피셔는 대원들에게 "어둠은 여러분의 벗이 아니므로" 오후 1~2시까지 정상에 당도하지 못했을 때는 아무리 목표 지점에 다가갔어도 발길을 돌려야 한다고 누누이 강조했다. 하지만 사건 당일 두 대장은 2시가 지났는데도 이 규칙을 지키지 않았다. 대원 중 한 명은 4시까지 정상에 당도하지 못했는데, 홀은 그에게 자유재량을 주었다. 그 대원도, 홀도 돌아오지 못했다.

과신만이 문제는 아니었다. 그날따라 유독 산소 농도가 낮아서 등반과 하산 속도가 예상보다 늦어졌다.[29] 하지만 그 기록을 면밀히 조사한 연구자들은 두 대장이 자신을 과신한 나머지 평소 다른 사람들에게 하지 말라고 충고한 위험을 거리낌 없이 감수하려 했다는 것을 알아냈다.

처참한 재앙을 불러온 지도부의 결정, 즉 아무도 되풀이하고 싶지 않은 실수에 주목한 여러 연구는 끔찍한 결정이 내려진 상황에는 공통적으로 자신을 과신하는 리더—자신이 더 잘 안다고 믿기 때문에 입수 가능한 데이터를 간과하는 의사 결정자—가 있다는 것을 발견한다. 의사를 결정할 때 과신은 2009년 글로벌 금융 위기와 2010년 멕시코Mexico 만의 브리티시페트롤륨BP 원유 유출 사고, 2011년 일본 후쿠시마福島 원전 사고를 일으켰다.[30] 3년 동안 1년에 한 번꼴로 일어난 재앙이다.

이 모든 일은 지도부가 더 성실히 논의했다면 방지하거나 피할 수 있었다. 하지만 과신이 논의를 억압했다—예비 토론자들을 건물의 다른 구역으로 보냈다. 글로벌 금융 위기의 경우, 가능한 최후의 심판일 수치를 계산하는 10여 명이 서브프라임 모기지를 지원하는 것은 아주 위험한 일이라고 말했다. 2006년 주식시장이 폭락하기 2년 전, 시티그룹Citigroup Inc.의 선임 부회장 리처드 보웬Richard Bowen은 이사회에서 모기지의 60퍼센트에 문제가 있다고 경고하기 시작했다.[31] 그는 매주 보고서를 보냈다. 다른 이사들과 자문단은 보웬을 성가신 존재로 여겼고, 결국 그의 책임을 대부분 박탈한 뒤 이사회 회의에 참석할 필요가 없다고 통보했다.[32] 사람이 과신할 때 시티그룹 이사들이 그랬듯이 위험을 알리는 정보를 무시한다. 데이터가 (그리고 데이터를 가진 사람이) 틀린 것이라고 확신한다.

이 재앙을 일으킨 원인이 과신만은 아니다. 탐욕과 표준을 부과하는 것을 꺼리는 태도, 공공의 이익보다 개인 주주를 우선시하는 관행 등이 원인이 되었다. 후쿠시마 원전 사고의 경우, 지진에 이어 쓰나미가 밀려왔으니 인간의 실수만 탓할 수는 없다. 하지만 과신이 피해를 가중했다. 과신하는 리더는 더 많은 데이터를 찾아보거나 자기 앞에 있는 데이터를 충분히 검토하지 않으므로, 가설적 문제가 실제 문제가 될 가능성이 증가한다. 자신이 다른 사람들보다 잘 안다고 확신할 때 2시 규칙 같은 지침조차 지키지 않는 경우가 생기는 것이다.

여러분은 이렇게 생각할지도 모른다. '나는 탐험대를 인솔하는 사람이 아니고, 원자력발전소를 관리하는 사람도 아니니까 내 결정을 과신하더라도 다치는 사람은 없어.' 과신은 그 결정이 재난을 일으키지 않을 때도 고비용 선택으로 이어진다. 컬럼비아대학교의 매튜 헤이워드Mathew Hayward와 도널드 햄브릭Donald Hambrick은 다른 회사를 거대 합병하거나 인수하는 일에 연루된 53개 회사를 추적 조사했다. 헤이워드와 햄브릭은 CEO의 자만심이 다른 회사를 매입하는 결정에 어떤 영향을 주는지 궁금했다. 하지만 두 사람은 CEO의 과신을 측정하기 위해 지필검사를 실시하는 대신 간단히 신문 검색을 택했다. 헤이워드와 햄브릭은 각 인수 합병이 있기까지 3년 동안 주요 신문과 경제 잡지를 샅샅이 검색했다.

우호적인 기사가 난 CEO는 공개적으로 찬미되지 않은 CEO보다 기사 하나당 평균 4.8퍼센트 높은 가격에 회사를 인수했다. 우호적인 기사가 두 개 발표된 CEO는 평균 9.6퍼센트 더 많은 금액을 지불했다. 9.6퍼센트 할증료를 대수롭지 않다고 생각할 수도 있지만, 인수 비용이 1억 달러인 경우 회사 하나를 매입하는 데 960만 달러를 더 내는 것이다. 이는 회계사 자격증이 없는 우리가 생각하기에도 상당히 큰 액수다.[33]

《블룸버그 비즈니스위크Bloomberg Businessweek》 표지에 얼굴이 나오는 것이 왜 사업에 좋지 않을까? 헤이워드와 햄브릭은 과신이 경영진의 판단을 흐리는 것이라고 추론했다. 그래서 자기 실적에 대해 찬사를 받은 CEO는 실제로 회사에 더 많은 비용을 치르게 하고, 중대한 의사 결정에서 제 능력을 발휘하지 못하는 것이다. 덜 알려지고 덜 칭송된 CEO는 시가를 가늠하는 데 탁월한 능력을 발휘할 가능성이 높다. 상황이 좋을 때 과신은 현명한 결정을 내리는 데 장애가 된다. 특히 상황이 좋을 때 그럴 확률이 높다.

자신감은 실제로 무엇을 의미하는가?

과신에 대한 이런 교훈의 시사점은 무엇일까? 자신이 모든 해답을 안다고 확신하지 않는 리더―과신하는 동료보다 정확하게 자기평가를 할 수 있는 리더―는 지속적으로 주변 환경을 살피고 선택지를 조사하면서 데이터에 관심을 기울일 것이다. 현실에 근거한 자신감을 갖춘 여성은 전후 상황을 면밀히 검토하고 의사 결정을 한다. 그래서 여성의 자신감은 의사 결정에서 유리하다. 의사 결정을 할 때 주위 남성보다 겸손한 여성은 회의실에서 가장 귀중한 자산이 될 것이다.

당신은 '남성도 자신감을 제어할 수 있는데……'라고 생각할지 모른다. 맞는 말이다―그들이 자신감을 제어할 이유가 있다고 판단한다면. 한편 여성은 자신감의 유리한 점을 활용하고자 하면 자신감을 올바른 도구로 봐야 한다. 수많은 사람이 자신감을 망치로, 모든 문제를 못으로 본다. 지금쯤 당신은 그렇지 않다는 사실을 알 것이다. 의사 결정에서는 더더욱 그렇지 않다. 자신감은 망치라기보다 볼륨 조절 다이얼에 가깝다. 자기 의견을 말해야 할 때는 자신감을 높이고, 다른 이의 의견을 듣고 어려운 결정을 내려야 할 때는 자신감을 낮출 수 있다. 그러므로 여성이 해야 하는 것에 대해 지금껏 세상에 떠돌던 메시지는 잘못된 것이다. 여성의 자신감은 지나칠 정도로 이성에 근거한 것이므로, 여성은 자신감을 조절하는 방법을 배울 준비가 더 잘된 셈이다. 오만한 사람이 자신감을 낮추는 것보다 소심한 사람이 자신감을 높이는 것이 쉽지 않을까.

어째서 사람들은 높은 자신감을 조절할 수 있고 조절해야 하는 다이얼로 보지 않고, 모든 경우에 필요한 도구로 볼까? 우리는 대부분 자신감이 나타내는 신호를 오해한다. 높은 자신감은 그 사람이 옳다는 것을 보여준다고 생각하는 경향이 있다. 어떤 사람이 자신 있어 보이면 그가 자신이 말하는 것을 안다는 신호다. 어떤 사람이 자신 있다고 느끼면 앞으로 일어날 일을 안다는 신호다. 갑자기 확신이 밀려들면 당신은 미래를 언뜻 본 것처럼 느끼고 낙관한다. (우리는 대부분 미친 소리처럼 들릴까 봐 그렇게 말하거나 '나는 미래를 보았다'고 의식적으로 생각하지 않지만, 그것은 말로 표현되지 않은 확실한 가능성이다.)

하지만 자신하는 것과 옳은 것은 다르다. 그것은 솔직하게 진술할 때 드러나는 듯하고, 연구에 의해 확증되었다. 자신감이 얼마나 끔찍하게 정확성을 대리하는지 알고 싶다면 형사재판 시스템을 살펴보라. 어떤 사람이 거짓말할 때 정확히 짚어낼 수 있다고 확신하는 형사나

경찰은 실제로 탁자 건너편의 사내가 사실대로 말하는지 아닌지 알아
맞히는 데 보통 사람보다 그렇게 뛰어나지 못했다.[34] 늘어선 사람 중
범인을 확실히 알아볼 수 있다고 장담하는 목격자는 어깨를 으쓱하
며 최선을 다해보겠다고 말하는 행인만큼이나 자주 범인을 잘못 지목
했다.[35] 크리스토퍼 차브리스Christopher Chabris와 대니얼 사이먼스Daniel
Simons는 《보이지 않는 고릴라: 우리의 일상과 인생을 바꾸는 비밀의
실체The Invisible Gorilla : And Other Ways Our Intuitions Deceive Us》에서 자신감과
올바름을 혼동하는 경향을 '자신감 착각illusion of confidence'이라 부른다.
사람은 자신의 결정을 확신할 때도 틀릴 수 있다.

당신은 이렇게 생각할지도 모르겠다. '범행을 우연히 목격한 사람
과 훈련받은 전문가는 다르다. 전문 직업인은 자신감을 낮춰야 하는
때를 안다.' 이 논리는 일리가 있어 보인다. 하지만 더 자세히 보자.
TV에 나와 "정치적·경제적 동향에 관해 논평하고 조언하며" 생계를
꾸리는 전문가를 생각해보라. 펜실베이니아대학교의 정치학자 필립
테틀록Philip Tetlock은 자신의 예측에 최고의 자신감을 표명하는 TV 전
문가들이 가장 덜 정확하다는 것을 알아냈다.[36]

그들은 특정 후보가 선출되리라 예견하고 결과적으로 그 예견이
맞으면, 자신의 정치적 예견 능력이 막강하다는 피드백으로 받아들인
다. 자신감이 한 단계 상승하는 것이다. 상대 후보가 이기면 어떤 일이
벌어질까? 그 전문가는 그 결과를 자신의 예견 능력을 반영한 것으로
간주하지 않아도 된다. 선거 결과는 낮은 투표율이나 유동층 유권자
의 기분을 상하게 한 다른 정치인의 발언 등 갖가지 외부적 원인에 따
라 설명될 수 있다. 이런 원인을 누가 예측할 수 있겠는가? 따라서 다
른 후보가 승리할 때 전문가는 자신감을 낮출 필요 없이 그 자리에 있

으면 된다. 자신감은 늘어날 뿐, 좀처럼 줄어들지 않는다.

자신감이 자신이 옳다는 신호가 아니라면 무엇을 나타내는 것일까? 자신감은 자신이 아는 것을 나타내는 게 아니라, 자신에게 좋은 이야기를 할 수 있었다는 것을 나타낸다. 대니얼 카너먼은《생각에 관한 생각》에서 자신감이 실제로 무엇을 의미하는지 설명한다. "사람들이 경험하는 자신감은 입수 가능한 정보를 근거로 자신이 구성해내는 일관성 있는 이야기에 의해 결정된다. 좋은 이야기를 만드는 데 중요한 것은 정보의 완벽함이 아니라 일관성이다. 우리는 아는 게 적을 때 자신이 아는 모든 것을 일관성 있게 짜 넣기 더 쉽다는 것을 흔히 발견한다."[37]

이것이 가장 자신하는 TV 전문가들의 정확성이 가장 떨어지는 이유다. 그들이 검토하는 데이터의 양은 차츰 줄어든다. 그들은 A, B, C에 집중하고 Y와 Z를 간과하기 때문에 아무개가 선거에서 승리할 것이라고 확신한다. 자신에게 일관성 있는 이야기를 할 수 있는 한, 자료를 더 찾아볼 필요를 느끼지 못한다. 모든 것이 맞아떨어진다고 생각하기 때문이다.

다이얼을 언제 조절해야 하는지 알기

우리가 필요한 모든 도구와 기술을 갖췄다 해도 아직 언제 무엇을 해야 하느냐의 문제가 남았다. 자신감이 도움이 될지 방해가 될지 어떻게 알아차릴 수 있을까? 자신감을 내세우거나 낮춰야 할 때를 어떻게 알 수 있을까? 지금까지 살펴봤듯이 자신감은 좋은 의사 결정을 방해하지만, 다른 사람들에게 당신이 옳다는 것을 설득하는 데 도움이 된다. 직장에서 프레젠테이션을 하거나 수업 시간에 교수에게 호명을 받으려면 설득력이 필요하다. 하지만 너무 일찍 과신하면 당신의 결정이 위태로워진다.

자신감을 어떻게 활용해야 할까? 성공적인 리더는 결정하는 과정에 있을 때 자신감을 낮춘다. 수용적인 태도로 다른 사람의 의견을 주의 깊게 듣고 가급적 모든 정보를 받아들인다. 당신은 "호기심을 유지하라"고 되뇐다. 하지만 결정을 내리면 전략적으로 자신감을 높이고 그 사안을 밀어붙여라.

현실에서 이것은 어떻게 나타날까? 미국 유수의 병원 중 한 곳에서 폐 전문의로 일하는 릴라를 예로 들어보자. 그녀는 중환자실 담당이지만, 이 병원 다른 병동에 있는 환자에 대해 이야기해주었다. 이 환자는 심장 수술을 받은 뒤 심장은 예정대로 회복되었으나 폐는 그렇지 못했다. 수술 후 며칠간 호흡 장애가 와서 인공호흡기를 부착했는데, 여전히 호흡하는 데 어려움을 겪었다. 의사는 환자의 목 앞부분을 절개해서 기도로 관을 삽입했다. 이게 영구적인 해결책이 될 수 있을까? 심장외과 의사는 폐 전문의 가운데 누가 들러서 조언해줄 수 있는지 문의했다.

릴라는 환자의 병실에 가서 차트를 보았지만, 여느 훌륭한 의사와 마찬가지로 단지 그것으로는 어떻게 해야 할지 결정할 수 없었다. 평소 그녀는 환자와 이야기를 나누곤 하는데, 그 환자는 인공호흡기를 부착해서 말할 수 없었다. 릴라는 환자의 입 모양으로 무슨 말을 하고 싶어 하는지 이해했으나, 세세한 사항은 알 수 없었다. 다행히 환자의 아내가 침대 옆에 있었다. 릴라는 환자가 수술 전에 천식이나 기관지 질환을 진단 받은 적은 없지만, 열심히 운동한 날에는 가끔 호흡하기 어려워했다는 이야기를 그 아내에게 들었다. 릴라는 그 말을 경청할 때 환자의 손을 잡고 안심시켰다. 이것은 분명한 사례였을지 모르나, 확신이 들지 않았기에 릴라는 계속 질문했다. 그녀는 호흡 장비를 살펴보고, 간호사에게 환자의 상태에 대해 말해달라고 부탁했다.

릴라가 내게 말했다. "누구라도 침입자가 들어와 자기 환자를 살피는 걸 좋아하지 않을 거예요. 내가 흰 가운을 입고 병원 배지를 달았어도 그 병동에서는 알려지지 않았으니까요. 내가 환자의 상태에 대해 물을 때 간호사는 차트를 고갯짓으로 가리킨 다음, 환자가 누운 침대를 향해 고개를 돌리면서 '글쎄요, 보시는 대로입니다'라고 말했습니다." 릴라는 두 가지 문제가 있다는 것을 알았다. 최선의 치료 방법을 결정하기 위해 더 주관적인 정보가 필요했고, 도와주는 걸 내켜하지 않는 간호사에게서 그 정보를 얻어야 했다. 릴라는 내적으로나 외적으로 자신감 수준을 억제했다. (나는 그녀가 분노도 억눌렀음을 알 수 있었다.) 릴라는 자격을 내세울 수도 있었지만, 일주일 이상 환자를 담당한 이 간호사에게 구체적인 관찰 소견을 들어야 했다.

릴라의 부드러운 격려와 인내에 마음이 움직였는지 간호사는 그 환자가 날마다 보인 증상, 다양한 약에 반응하거나 반응하지 않은 미묘한 차이 등 구체적인 정보를 알려주었다. 조각들이 제자리를 찾아가기 시작했다. 환자의 심장 치료 계획은 적절했지만, 호흡 문제에 더 적극적인 해결책이 필요했다. 환자에게 맞는 호흡 치료가 가능한 다른 병동으로 옮길 필요가 있었다. 이런 식으로 치료한다면 인공호흡기를 계속 부착해야 할지도 모른다. 릴라는 이제 자신감을 높여 폐 전문의의 조언을 요청한 심장외과 의사에게 말했다. "저 환자를 우리 병동으로 옮기고 싶습니다. 인공호흡기를 뗄 수 있을 것 같아요. 우리가 치료할 수 있게 해주십시오." 다음 날 환자가 옮겨졌다.

몇 달 뒤 릴라는 환자의 아내에게서 편지 한 통을 받았다. 남편이 병원에서 66일을 보내고 마침내 퇴원한 뒤 쓴 편지였다. 기도에 삽입한 관이 제거되었고, 고압산소탱크도 필요 없었다. 그는 이제 자기 힘으로 숨을 쉴 수 있었다. 편지에는 '운 좋게도 선생님이 거기 계신 덕분에 병동을 옮길 수 있었습니다. 선생님께서 저희를 구해주셨습니다'라고 적혀 있었다.

릴라는 결정하고 환자를 옮기기 위해 다양한 호흡기에 대한 지식부터 대인 관계 민감성까지 많은 수단을 활용했다. 여기서 자신감을 적절한 때 내세우거나 낮추는 능력이 얼마나 필수적인지 살펴보자.

릴라가 지나친 자신감을 가지고 그 환자의 병실에 갔다면 어떤 일이 벌어졌을까? 앞서 살펴봤듯이 과신은 데이터를 더 찾아볼 필요를 못 느끼게 한다. 사람들은 자기 앞에 있는 모든 정보가 명확하고 정연한 이야기로 맞아떨어지면 곧바로 질문을 멈춘다. 당신이 자신감을 기대하는 경우, 그 자리를 떠날 때 당신이 불확실하게 느끼거나 불확실해 보이도록 하는 복잡한 이야기를 원하지 않는다. 릴라는 환자의 차트를 보며 거기 적힌 모든 내용이 다른 의사의 진단과 맞아떨어지는 것을 발견했으리라. 그것은 호흡기능상실repiratory failure의 전형적 사례였다. 그녀는 관행대로 기도에 관을 삽입하는 처치가 옳다는 데 동의했을 것이다. 릴라는 환자의 증상을 한 번에 하나씩―가장 심각한 증상을 먼저 해결하고 다음 증상으로 옮겨가는 식으로―해결해야 한다는 그들의 의견에 동의했을 것이다.

그러나 릴라는 그 이야기를 온전히 받아들일 수 없었다. 분명해 보이는 모든 데이터에 대해 납득할 만한 설명이 있을 때도 더 많은 정보를 원했고, 각각의 새로운 정보가 여전히 맞아떨어지는지 알아보기 위해 끈질기게 질문했다. 릴라는 자신이 이해하지 못하는 것을 발견할까 두려워하지 않았고, 인공호흡기를 세심하게 조절하며 손보았다. 그녀는 환자가 침대에서 어떤 자세로 있을 때 기침하는지, 기침에 유달리 물기가 많을 때는 언제인지 질문했다. 릴라는 원래의 이야기와 일치하지 않는 데이터를 찾는 중이었다. 그녀는 즉시 모든 걸 확신하려고 하지 않았기에, 환자의 작은 증상 하나까지 동시에 처치되어야 한다는 것을 차츰 깨달았다.

작은 위안이 될지 모르겠지만, 그 환자의 담당 의사는 폐 합병증에 널리 인정된 처치를 따르고 있었다. 릴라가 일하는 병원은 누구라도 이름을 들으면 알 수 있는 저명한 곳임을 기억하라. 부족한 보살핌이 문제가 아니라, 불충분한 데이터를 활용해서 불충분한 결정을 내린 게 문제였다. 릴라는 자기가 자신 있고 우월한 태도를 유지했다면 그 환자의 담당 간호사가 소소하지만 중요한 관찰 소견—릴라가 환자를 진단하는 데 도움을 준—을 알려주지 않았을 것이라고 생각한다. 여성 간호사는 여의사에게 잘 응대하지 않을까? 꼭 그렇지는 않다. 곧 우리가 살펴보겠지만, 여성과 남성 모두 불공정한 일이나 위압적인 여성에게 쉽사리 호의를 보이지 않는다.

데이터를 모으고 결정하는 동안 자신감을 낮추는 게 중요하지만, 릴라가 계속 자신감을 낮췄다면 어떻게 되었을까? 결정을 내리고 나서 자신감을 내세우지 않았다면, 담당 의사에게 "인공호흡기를 떼도 됩니다"라고 말하지 않았다면 어떻게 되었을까? 담당 의사가 환자를 계속 중환자실에 두고 기도에 삽입한 관을 그대로 두었다면, 그 환자는 지금도 인공호흡기를 부착하고 있을 것이다. 릴라가 공손하고 불확실한 태도를 보였어도 담당 의사는 환자의 병동 이전을 허락했겠지만, 환자의 치료에 관한 모든 점에서 릴라를 신뢰하지 못했을 테고, 결과적으로 환자와 보호자에게 희망과 절망이 뒤섞인 메시지가 전해졌을 것이다. 릴라는 환자가 의료진을 믿지 못하면 잘 회복되지 않는다고 말했다.

이 일화에서 인상적인 점은 무엇일까? 릴라는 그 환자를 직접 치료한 게 아니라, 다른 의사에게 치료 받을 수 있도록 길을 열어주었다. 그 환자가 다시 스스로 호흡할 수 있게 도와줄 믿을 만한 동료에게 치료를 부탁한 것이다. 릴라는 상황을 판단하고 "내가 더 잘 알아"라고 말하는 대신 "더 좋은 방법이 있을 거야"라고 말했다.

엠마 스톤과 원더 우먼

여성 509명을 대상으로 설문 조사한 결과, 자신감은 타고나는 게 아니라 후천적으로 습득할 수 있는 특성이라는 데 92.8퍼센트가 동의했다.[38] 이들은 지나치게 비판적인 동료나 세세한 것까지 관리하려 드는 상사 때문에 좌절을 경험하면 자신감이 꺾일 수 있다고 말했다. 그렇다면 자신감을 내세울 때 어떻게 해야 할까? 여기 자신감 다이얼을 높일 몇 가지 팁이 있다.

첫째, 음조를 낮춰라. 목소리는 들려야 하니까 속삭이지 말고 음조를 낮춰서 말하라. 엠마 스톤Emma Stone, 캐슬린 터너Kathleen Turner, 로렌 바콜Lauren Bacall, 우피 골드버그Whoopi Goldberg, 레이철 매도Rachel Maddow, 토니 브랙스턴Toni Braxton의 깊은 목소리를 떠올려보라. 연구에 따르면 목소리를 낮출 경우 더 많은 권위를 느끼고 자신감이 넘치며, 추상적으로 생각하기가 수월해진다.[39] 사람들은 낮은 어조로 말하기 시작한 지 5분도 안 되어 자신감과 문제 해결 능력이 상승하는 경험을 한다. 필요한 자신감이 공급될 것이다.

다르게 말하기 시작하면 자신감이 솟구칠 뿐 아니라 주위 사람들도 당신을 달리 볼 것이다. 사람들은 음성이 낮은 남성을 선호한다. 음성이 깊이 울리는 남성은 목소리가 높은 남성보다 매력적이고 유능하고 강한 사람으로 간주되는데, 이런 사실은 연봉에 나타난다. 음조가 1퍼센트 낮아질 때마다 남성 CEO의 연봉이 1만 9,000달러 높아진다.[40]

최근에 연구자들은 여성 리더 역시 음조가 낮은 사람이 선호되는지 질문하기 시작했다. 사람들은 음조가 높은 여성이 더 섹시하고 육체적으로 매력적일 것이라고 기대하는 반면, 음조가 낮은 여성이 더 유능하고 믿을 만하고 훌륭한 리더가 될 거라고 기대한다.[41] 공직에 출마한 낯선 여성 후보 두 명 가운데 선택하라고 하자, 사람들은 목소리가 낮은 여성을 뽑았다. 영국의 전 총리 마거릿 대처Margaret Thatcher는 과학계의 확증이 있기 수십 년 전에 이 사실을 알았다. 그녀는 정치 경력 초기에 더 많은 존경을 받기 위해 음조를 낮추는 데 도움이 되는 발성 지도를 받으려고 애썼다. 일부 분석가들은 덕분에 대처가 1979년 선거에서 이길 수 있었다고 말한다.[42]

자신감을 북돋우는 또 다른 방법은 자세를 바꾸는 것이다. 이 제안은 몸이 마음에 얼마나 영향을 미치는지 질문하는 심리학과 철학의 학제 간 연구 분야인 '체화된 인지embodied cognition' 영역에서 나온 것이다. 지금 당신이 어떤 자세로 앉았는지 잠깐 살펴보라. 양팔이 몸에 놓였는가? 손으로 얼굴이나 목을 만지고 있는가? 두 다리를 발목께 얌전히 교차해 몸 아래 밀어 넣은 자세인가? 이 모든 자세가 내게는 편안하고 자연스럽지만, 권력 없는 자의 포즈low-power pose다. 에이미 커디Amy Cuddy가《프레즌스: 위대한 도전을 완성하는 최고의 나를 찾아서Presence : Bringing Your Boldest Self to Your Biggest Challenges》에서 설명하듯이, 권력 없는 자의 포즈를 취할 때 팔과 다리가 상대적으로 몸 가까이 붙어 몸이 차지하는 공간이 줄어든다. 스크린 속의 우디 앨런Woody Allen을 그려보면 권력 없는 자의 포즈가 어떤 것인지 분명해진다.

이제 높은 권력자의 포즈high-power pose를 취해보자. 등을 기대앉은 채 팔꿈치가 밖으로 가게 양손을 머리 뒤에 넣고 양발을 탁자에 올린 다음, 느긋하게 몸을 쭉 펴라. 어떤 결정을 곰곰이 생각하는 기업체 부회장이나 법률 파트너에 어울릴 법한, "나는 거물이고 책임자"라고 말하는 듯한 자세다. 사람들은 높은 권력자의 포즈에서 말 그대로 육체적 공간을 더 차지한다. 발을 탁자에 올리는 게 불가능하면, 일어서서 양손을 허리께 얹고 양발을 18인치(약 46센티미터) 너비로 벌린다. 처음 이 자세를 취했을 때 나는 〈원더 우먼Wonder Woman〉 포스터의 모델이 된 느낌이었다.

슈퍼히어로의 이미지를 머릿속에 떠올리는 건 나쁜 일이 아니다. 이 자세는 높은 권력자의 포즈라 불린다. 2분만 이 자세를 취해도 자신감이 훨씬 더 높아지기 때문이다.[43] 여성들은 직장에서 자신감을 개선하기 위해 이 방법을 사용하기 시작했다. 자유주의 정치 평론가 샐리 콘Sally Kohn은 폭스뉴스Fox News의 열띤 논쟁에 참여하기 전, 높은 권력자의 포즈를 연습한다. 그녀는 스튜디오에 들어서서 몇 분 동안 원더 우먼 자세를 취하고 섰다가, 훨씬 더 자신 있고 덜 불안하고 충분히 할 수 있다고 느끼며 성큼성큼 세트장으로 걸어온다.[44]

자신감을 제어하는 도구

위와 상반된 문제에 맞닥뜨려 자신감을 낮춰야 하는 경우에는 어떻게 해야 할까? 자신감을 낮추는 방법에 관한 조언은 흔치 않지만, 모든 결정을 내리는 데 완전한 도구 상자를 원한다면 이 전략 또한 필요하다.

어떤 이는 릴라처럼 더 많이 경청하는 전략이 비효율적이라고 생각할 것이다. 회의에서 말없이 앉았을 때 '내가 있어야 할 더 중요한 곳이 있는데'라는 생각이 든다면, 당신은 자신감을 낮추거나 새로운 정보를 받아들이는 것이 아니다. 그럴 바에는 3장에서 배운 사전 검토를 시도해보라. 사전 검토를 할 때 당신은 미래의 어느 시점—지금부터 석 달 뒤, 1년 뒤, 5년 뒤—에 가 있으며, 당신의 결정이 처참하게 실패했다고 상상하라. 그런 다음 실패한 이유를 적어보라. "무엇이 문제였을까?"라고 물을 때가 "무엇이 문제가 될 수 있을까?"라고 물을 때보다 보통 일어날 가능성이 30퍼센트 높은 문제를 생각해낼 수 있다. 무엇이 문제였을까? 하고 물을 때 당신은 머릿속의 성공 스토리를 실패 스토리로 교체하며 자신감을 낮춘다.[45] 연구자들은 사전 검토를 세가지 다른 방법(대다수 사람들이 손쉽게 사용하는 장점과 단점을 적어보는 것이 여기에 포함된다)과 비교할 때 사전 검토가 과신을 가장 효과적으로 줄일 수 있다는 것을 발견했다.[46]

권력 없는 자의 포즈를 취할 수도 있다. 높은 권력자의 포즈는 자신감을 높이고, 권력 없는 자의 포즈는 자신감을 낮춘다. 팔다리를 몸에 붙여 공간을 덜 차지하고, 양손을 무릎에 올려놓거나 목이나 팔뚝을 감싼다(이는 추워서 몸을 따뜻하게 하려 할 때 취하는 자세이기도 하다). 당신은 몇 분 안에 위험이 더 적은 쪽을 택하고 싶어지고, 권한이 줄어든 것처럼 느낄 것이다.

"여성의 거만한 태도는 볼썽사납다"

내가 지금까지 대개 공적인 무대에서 자신감에 대한 것—하버드 MBA 학생들이 수업에 어떻게 참여하는지, 목소리를 낮추는 것이 권위를 나타내는 데 어떻게 도움이 되는지, 저널리스트가 에베레스트산 탐험대를 따라다니며 모든 움직임을 녹화할 때 탐험대의 두 대장이 어떻게 행동했는지 등—을 이야기했음을 알아차렸는지 모르겠다. 자기 제시self-presentation는 우리가 보는 남성과 여성의 자신감이 차이나는 결정적 부분이 아닐까?

이 질문은 25년 전에 버크넬대학교Bucknell University와 윌리엄스대학교Williams College의 심리학자 킴벌리 도브먼Kimberly Daubman, 로리 헤더링턴Laurie Heatherington, 얼리샤 안Alicia Ahn이 한 것이다. 그들은 여학생과 여성이 사적인 상황에서 자기 능력을 믿는지 궁금했다. 놀랍게도 여성은 버스나 지하철을 타고 학교나 직장에 가는 동안 야심 찬 미래상이 있지만, 막상 목적지에 도착해서 다른 사람에게 자신이 얼마나 괜찮은 사람인지 말해야 할 때는 자신감을 낮추고 얼버무렸다.

도브먼과 헤더링턴, 안은 대학 신입생(남성과 여성 모두)에게 1학기 평균 성적을 예측해보라고 요청했다. 일부 학생은 예상 학점을 소리 내어 말해야 했다. 이들은 실험자를 보면서 "전 과목 A를 받을 테니 예상 학점은 4.0입니다"라거나 "철학 교수님이 깐깐해서 2.9 정도 나올 것 같아요"라고 말해야 했다. 이것은 공개적인 상황이었다. 나머지 신입생은 예상 학점을 익명으로 적어 봉투에 넣고 봉했는데, 그 전에 그들이 쓴 내용은 비밀에 부칠 것을 약속받았다. 이것은 사적인 상황이었다.[47]

좋은 아이디어를 가지고 회의실에 들어갔다가 그 공로가 남성에게 돌아가는 것을 보고 어리둥절한 경험이 있는 여성이라면 이 연구자들이 발견한 사실이 별로 놀랍지 않을 것이다. 역량 면에서 남학생과 여학생은 아무 차이가 없었다. 실제 남학생과 여학생이 받은 평균 학점은 대체로 같았다. 여학생도 남학생만큼 수업 시간에 잘했다.

하지만 예상 학점은 자기 성적을 공개적으로 알리느냐, 비공개적으로 써내느냐에 따라 남학생과 여학생의 차이가 현격했다. 비공개적으로 써낸 남학생은 자기 학점을 정확히 예측했지만, 공개적으로 알린 남학생은 예상 학점을 부풀렸다. 자기 능력을 과장한 것이다. 남학생은 자기 예상 학점을 다른 사람에게 말해야 하는 경우, 실제 학점보다 높은 점수를 제시했다. 여학생은 정반대다. 여학생은 다른 사람에게 자신이 얼마나 잘 해낼지 말해야 할 때 실제 학점보다 상당히 낮은 점수를 제시했다. 이 여학생은 방 안에 타인이 실험자 한 사람뿐이고, 그가 만난 지 10분밖에 안 된 사람일 때도 겸손했다.

여학생이 자기 능력을 잘못 판단한 것은 아니다. 예상 학점을 비공개적으로 써낸 여학생, 자신이 잘하는 것과 못하는 것이 무엇인지 주의 깊게 평가할 기회를 부여받은 여학생은 비공개적인 상황에서 남학생만큼 정확했다. 그들은 자기 역량을 알았다. 올바른 방식으로 질문하면 되었다.

여기서 몇 가지 분명한 의문이 생긴다. 정말 자신감이 문제일까? 여학생은 살아오는 동안 겸손한 처신에 익숙해진 게 아닐까? 연구자들은 여성은 그때껏 자기 능력을 과소평가할 때 더 여성스럽고 바람직하다는 메시지를 받아들인 반면, 남성은 자기 능력을 근사하게 부풀릴 때 더 남성적이라는 메시지를 받아들였을 거라는 가설을 세웠다. 하버드 MBA 여학생 중 한 명이 내게 해준 말이 떠오른다. "아버지는 나한테 항상 '건방진 여성은 볼썽사나워'라고 말씀하셨어요."

연구자들은 더 많은 여성과 남성을 대상으로 이 실험을 다시 했다. 같은 결과가 나왔다.[48] 연구자들은 그 후 여러 해 동안 이 개념에 자기 홍보self-promotion라는 이름을 붙였다. 자기 홍보는 "자기 능력을 알아볼 수 있게 만드는 것"이므로, 자기 홍보를 할 때는 자기 능력을 아는 것은 물론 그 능력을 알려야 한다.[49] 자기 홍보에서 가장 곤혹스러운 성별 차이는 여성이 자기 홍보를 하는 빈도가 남성만큼 많지 않다는 것이다. 여성은 자신이 성취한 것에 대해 말하거나 다른 사람보다 많이 아는 것을 내보이기 꺼리는 경향이 있다. 여성은 자기 홍보를 하면 불리해지는 반면, 남성은 그렇지 않다는 것을 보여주는 증거가 늘어나고 있다는 점이 우려스럽다. 여성이 직접적으로 자신이 성취한 것을 부각하는 경우, 이들은 같은 말을 하는 남성보다 매력 없고 비호감형이고 덜 채용할 만하다고 여겨진다.[50]

정치 캠페인 전략가 레이철은 10여 년 전, 상사에게 승진을 요구했다. 그녀는 여성이 승진이나 진급을 요구하는 방법에 대해 그때까지 읽은 모든 조언에 따라 자신이 조직에 어떻게 기여했는지, 자신이 그 조직에서 일하는 것을 얼마나 좋아하는지, 현재 직위에서는 왜 자기 능력을 충분히 활용할 수 없는지 기록한 보고서를 상사에게 건넸다. 레이철은 응답을 기다렸다. 상사는 보고서를 보더니 "음, 이런 일은 일어나지 않을 거야"라고 말하며 그 종이를 공중에 던졌다.

이것은 지독한 상사의 사례에 불과할까? 어쩌면 그럴지도 모른다. 하지만 이 이야기는 (사람들은 자기 홍보를 하는 여성을 좋아하지 않는다는) 더 큰 패턴에 부합한다.

러트거스대학교Rutgers University의 사회심리학자 로리 러드먼Laurie Rudman은 자기 홍보를 하는 여성에게 사람들이 어떻게 반응하는지 연구한다. 러드먼은 ("나는 스트레스가 심한 상황에도 잘 응대합니다"와 같이) 자신이 공헌한 점에 대해 직접적으로 언급하는 남성과 여성에게 사람들이 어떻게 반응하는지, ("잘은 모르지만……" "이게 옳은지는 모르겠지만……"과 같이) 권위를 내려놓는 부드러운 표현을 쓸 때 사람들이 어떻게 반응하는지 비교했다. 지금은 고전으로 간주되는 연구에서 러드먼은 레이철이 상사에게 자신이 성취한 점에 대해 말한 것과 같이 자신의 자질과 능력에 대해 말하는 구직자를 촬영한 비디오테이프를 참여자들에게 보여주었다.[51]

참여자들은 그 구직자에 대해 어떤 인상을 받았을까? 적어도 여성은 강한 여성에 대해 수용적이었으리라 생각하고 싶겠지만, 그렇지 않았다. 남성과 여성 모두 자기 능력에 대해 강력하고 직접적인 진술을 하는 남성을 같은 어조와 같은 언어를 사용한 여성보다 채용하고 싶어 했다. 참여자들이 자기 홍보를 한 여성을 선택한 경우는 팀을 위해 가장 영민하고 똑똑한 사람을 찾아야 금전적인 이득을 볼 거라는 확실한 동기가 있을 때뿐이었다. 참여자들에게 더 개괄적으로 "프로젝트를 성공시킬" 사람을 찾으라고 했을 때 그들은 자기 홍보를 한 여성을 선택하지 않았으나, 자기 홍보를 한 남성은 일을 아주 잘할 것이라고 평가했다. 남성에게 자기 홍보는 흔히 능력으로 간주되고, 혹여 그렇지 않더라도 무시된다. 하지만 여성에게는 그런 무임승차권이 주어지지 않는다.

왜 참여자들은 업무와 관련해서 자신이 성취한 바를 직접 언급한 여성을 선택하지 않으려 할까? 면접 볼 때 당연히 해야 하는 행동이 아닐까? 문제는 그렇게 간단하지 않다. 자신이 성취한 바를 언급한 여성은 같은 행동을 한 남성보다 지배적이고 공격적이고 오만하다고 평가될 확률이 높다.[52] 이런 형용사로 묘사된 여성은 팀워크에 결코 이상적이지 않은 지원자로 평가된다.

공개적 홍보는 여성이 자신에 대해 말할 때뿐만 아니라, 다른 사람에 의해 공개적으로 인정받을 때도 문제가 된다. 페이스북 최고운영책임자COO 셰릴 샌드버그Sheryl Sandberg의 커리어에서 여러 절정의 시기 중 두 시기를 살펴보자. 첫 번째 절정의 사건은 그녀가 페이스북에 들어가기 오래전인 1994년에 일어났다. 당시 샌드버그는 하버드경영대학원에서 MBA 과정을 공부하고 있었다. (손들기 세미나보다 여러 해 전에 일어난 일이다.) 경영대학원 1학년 과정을 끝내고 2학년이 시작되기 전 여름에 샌드버그는 클래스에서 가장 높은 학점을 받은 것을 축하하는 편지를 받았다. 그녀는 헨리 포드 장학생Henry Ford Scholar이 되었지만, 공개적인 우등상이 아니었다. 학과 게시판에 명단을 붙이지 않았고, 발표도 없었다.

샌드버그는 가장 친한 친구 외에 학교의 아무에게도 알리지 않기로 결심했다. 자신과 같은 장학금을 받은 사실을 공표한 남학생에게 급우들이 살갑게 구는 것을 보고, 순간적으로 자신이 장학금을 받은 사실을 알리지 않은 게 실수는 아닐까 싶었다. 하지만 그 순간은 지나갔다. 그녀는 자신의 성공과 자기 능력에 대해 아는 것을 끝까지 알리지 않았다. 샌드버그는 《린 인》에서 이유는 모르지만 그렇게 하는 게 옳다는 느낌이 들었다고 말했다. 그녀는 이 영예를 공표하지 않았다는 것에 더 큰 자부심을 느꼈을지 모른다.

이 일과 17년 뒤인 2011년 여름에 일어난 그녀의 커리어에서 또 하나 절정에 해당하는 일을 비교해보자. 《포브스》는 샌드버그를 '세계에서 가장 영향력 있는 여성 5인'으로 선정했다. 그녀는 페이스북의 저명인사였고, 《포브스》에 의해 퍼스트레이디 미셸 오바마Michelle Obama와 인도의 정치인 소냐 간디Sonia Gandhi보다 영향력 있는 여성으로 뽑힌 것이다. 샌드버그는 그 소식을 듣고 깜짝 놀랐다고 말했다. 사람들이 복도에서 자신을 불러 세우고 축하 인사를 할 때 그녀는 "터무니없는 결과"라고 말했다. 친구들이 페이스북에 해당 기사의 링크를 게시했을 때, 샌드버그는 친구들에게 내려달라고 부탁했다.[53] 인정을 받자 자신감이 치솟기는커녕 불편함을 삼켜야 했다. 이처럼 대다수 여성은 심지어 셰릴 샌드버그 같은 저명인사조차 공개적인 찬사보다 은밀한 성공을 편안해한다.

균형 있게 자기 홍보하는 법

전문직 여성은 그 어느 때보다 많은 임금과 큰 도전, 높은 지위를 요구할 것을 재촉 받는다. "당신의 능력과 자질을 믿으면 당신의 가치만큼 받을 수 있습니다"라는 조언을 듣는다. 일부 여성은 자신과 자신의 가치를 믿는 것이 문제가 될 수도 있다. 하지만 이제 우리는 무엇이 자신감이고 무엇이 자신감이 아닌지 더 깊이 이해했으니 수많은 여성이 임금 인상이나 승진을 요구하려 할 때 남성보다 자신 없어 하는 심층적인 이유를 알 수 있다.

예를 들어 아주 유능한 전문 직업인 남성과 여성이 둘 다 임금 10퍼센트 인상을 요구할 생각이다. 그들은 동일한 주요 사항을 숙고한다. '회사의 재정이 흑자인가, 적자인가? 나는 이 회사에 없어서는 안 될 사람인가? 나와 같은 일을 하는 사람이 일반적으로 받는 임금은 얼마인가? 다른 곳에 내가 기대하는 것과 비슷한 지위가 있을까?' 여기까지는 여성과 남성이 동일한 조각을 일관성 있는 이야기로, 다시 말해 자신이 협상하기 좋은 입장인지 아닌지 이야기로 맞춰보려 한다.

하지만 여성은 고려해야 할 부분이 더 많다. '임금 인상을 요구하면 불이익을 당하지 않을까? 이런 주장을 하면 사장이 나를 미워하거나 나한테 너절한 업무를 맡기지 않을까? 까다롭거나 버릇없는 사람으로 찍히면 어쩌지?' 같은 문제를 생각해야 하는 것이다. 아카데미상을 수상한 여배우 제니퍼 로렌스Jennifer Lawrence는 소니픽처스엔터테인먼트Sony Pictures Entertainment, Inc.의 해킹 사건이 터졌을 때 자신이 남성 스타들보다 적은 출연료를 받는다는 것을 알았으나, 이 마지막 우려 때문에 출연료 인상을 위해 싸우지 않기로 결정했다고 말했다.[54]

이런 걱정은 여성의 상상력의 소산이 아니라, 그녀가 자신에게 하는 이야기에 넣어야 하는 사실이다. 그녀나 다른 여성 동료가 과거에 자기 홍보로 불이익을 받은 경험이 있다면 더 그럴 것이다. 그녀는 사장이 어떻게 생각하든 개의치 않겠다고, 부당한 대우를 받으면 새 직장을 구하겠다고, 버릇없다는 소리를 들어도 나쁠 게 없다고 마음을 다잡는다.

이런 것들이 남성 동료에게는 고려할 필요가 없는, (자기 이야기를 완성하는 데 별 필요가 없는) 이야기의 잉여 조각일 뿐이다. 남성은 협상이나 자기 홍보를 할 때 호감을 거의 잃지 않기 때문이다. 남성은 자신이 원하는 사무실 위치나 임금 인상을 얻지 못할 수도 있지만, 요구한다고 해로울 건 없다. 사람은 모든 조각이 잘 들어맞는 이야기를 자신에게 할 수 있을 때 자신감이 든다는 것을 기억하라. 남성은 맞춰야 할 조각이 하나 적고, 고려해야 할 불이익이 없으니 자신감을 갖기가 훨씬 더 쉽다.

최근 연구는 여성들이 '질문해도 괜찮을까?' 퍼즐 조각을 놓고 고민한다는 것을 확인했다. 연구는 구직자 약 2,500명이 두 직업 광고에 응답한 방식을 비교했다.[55] 초봉이 명시되고 연봉이 협상 가능한지 여부가 명확하지 않을 때 남성이 임금 협상을 하고 더 많은 임금을 요구할 확률이 여성보다 훨씬 높다. 구인 광고에 초봉을 협상하여 정할 수 있다는 것을 분명히 밝힌 경우, 더 많은 임금을 요구하는 남성의 확률과 비슷할 정도로 더 많은 임금을 요구하려는 여성의 확률이 급격히 높아졌다. 이 연구 결과는 대다수 남성은 여성처럼 '질문해도 괜찮을까?' 같은 문제로 고민하지 않으므로, 고용주가 그런 고민을 할 필요가 없게 만들면 여성도 남성만큼 자신감 있게 행동할 수 있다는 것을 시사한다.

이런 사실에 비춰볼 때, 고용주는 임금 협상 가능 여부를 고용인에게 알려 경쟁의 장을 공평하게 만들 책임이 있다고 할 수 있다. 하지만 고용주는 그런 공표를 하지 않으려 할 것이다. 임금 협상이 가능하다고 알리면 더 많은 사람이 임금 인상을 요구할 것이고, 더 많은 관리자가 그런 논의를 처리해야 할 것이다. 하지만 임금 협상이 가능하다는 것을 공표하지 않으면 성차별을 야기할 수 있다. 남성이 여성보다 임금 인상을 요구하는 경우가 많고, 그 결과 실제 급여가 달라지기 때문이다.

사장은 좀처럼 "임금을 다시 협상합시다" "승진하려면 로비하는 게 좋을 겁니다"라고 말하지 않는다. 대다수 관리자가 이런 대화를 자초하지 않는다면, 여성이 더 많은 임금을 요청하면서도 후폭풍의 가능성을 최소화하는 방법이 있을까? 심리학자들과 협상 전문가들은 몇 가지 조언을 한다.

이 조언을 제시하기 전에 분명히 해둘 게 있다. 솔직히 나는 여기 소개할 조언이 모욕적으로 여겨진다. 여성이 세세한 것까지 신경 써가며 요청할 필요가 없었으면, 여성이 남성과 같은 언어를 사용해도 같은 결과를 얻을 수 있었으면, 여성이 특별한 전략을 개발해가며 동등하게 대우받기를 요청할 필요가 없었으면 좋겠다. 나는 "굴복하라. 그러면 성공할 것이다"라는 메시지를 읽거나 쓰고 싶지 않다. 하지만 여성이 처한 현실도 안다. 실험적 상황이나 현실 세계에서 여성이 가장 가혹하게 평가되는 경우를 하나 꼽으라면, 그들이 "제가 원하는 것은 이겁니다"라고 말할 때다. 내가 소개하는 이 조언이 10년 뒤에는 "자전거를 타려면 페티코트를 가능한 한 적게 입으세요"만큼이나 우스꽝스러운 것이 되기를 바란다.[56] 지금은 여성이 현실적이 되어야 한다. 당신이 협상해야 한다고 느끼는 여성이라면, 당신은 혼자가 아니라는 것을 잊지 마라.

자기 홍보를 위한 조언은 무엇일까? 가볍게 시작하자. 우선 협상에 들어갈 때 여성은 여유로운 태도로 임하도록 노력해야 한다. 이게 무슨 뜻일까? 미소를 머금고 상체를 앞으로 기울이고 차분한 손짓을 써가며 말하는 여성은 표정 없는 얼굴로 주저 없이 빠르게 말하고 경직된 태도를 유지하는 여성보다 협상에서 설득력 있는 인상을 주었다.[57] 다시 말해 여성이 긴장할 때 하는 모든 행동은 사장과 협상할 때 도움이 되지 않을 것이다.

임금 인상을 요구하려면 연습해야 한다. 편안하고 친근하게 협상할 수 있을 때까지 친구와 역할극을 해보라. 어느 지점에서 긴장한 모습이 드러나는지 비디오로 찍어도 좋다. 모든 경우에 무분별하게 미소 지으라는 뜻이 아니다. 러드먼은 여성의 헤픈 웃음은 도움이 되기는커녕 역효과가 난다는 것을 발견했다. 당신의 유쾌함이 가장된 것으로 보이면 사람들은 당신이 뭔가 숨긴다고 생각하며, 진짜 감정이 드러날 때 당신이 어떤 모습일지 의아해할 것이다.

더 논쟁적인 조언으로 넘어가자. 젠더와 협상 전략을 연구하는 하버드대학교의 해나 라일리 볼스Hannah Riley Bowles 교수와 카네기멜런대학교 교수이자 《여자는 어떻게 원하는 것을 얻는가Women Don't Ask》를 공동 집필한 린다 뱁콕은 여성에게 후폭풍의 확률을 줄이기 위해서 두 전략을 결합하라고 조언한다. 당신이 이런 상황에 처한 여성이라면 동료와 관계를 유념하고 있다는 것을 무엇보다 강조해야 한다. 엄마 오리를 기억하라. 사람들은 일반적으로 여성, 특히 여성 리더에게 그 점을 가장 기대하므로 동료들과 좋은 관계가 당신에게 중요하다는 것을 보여줘야 한다. 관계가 중요하다는 것을 분명히 밝힐 필요가 있다. "이런 질문을 해도 괜찮았으면 좋겠는데요. 제 임금에 대해 몇 가지 질문이 있습니다"라는 볼스와 뱁콕의 언어로 말을 시작하라. "······해도 괜찮았으면 좋겠는데요"는 1950년대 말투처럼 들리지만, 볼스와 뱁콕의 연구는 2013년에 발표되었다.

이런 표현은 어떤 효과가 있을까? 당신이 접촉할 사람과 관계에 신경 쓴다는 것을 보여준다. 그런 다음 당신이 원하는 변화를 설명한다. 10퍼센트 임금 인상이나 특정한 액수, 당신의 직위에서 최고 수준 임금일 수도 있다. 더 긴 휴가나 다른 직위를 원할 수도 있다. 볼스와 뱁콕은 일단 요구했다면 관계를 중시하는 당신의 속성을 계속 확언하라고 조언한다. "당신에게서 귀중한 조언을 들을 수 있을 거라 생각했습니다. 여기서 일하는 동료들과 관계는 저한테 매우 중요합니다. 더 높은 보수에 관한 이 질문에 마음을 열고 이야기해주시겠습니까?"[58]

너무 대본을 읽는 것 같은가? 그럴 수도 있다. 그러니 당신의 스타일과 상황, 상사와 당신의 관계에 맞게 수정해야 한다. 좀 아부처럼 들리는가? 사실 그렇다. 이런 표현이 당신에게 맞지 않거나 눈을 홉뜨게 한다면, 표현을 바꿔라. 이 책이 출간되기 전에 읽어본 사람 중 일부는 "분명 모든 관리자가 이런 말을 듣고 싶어 하지는 않을 거예요"라고 말했다. 맞는 말이지만, 볼스와 뱁콕은 이런 전략이 상사 역할을 맡은 사람이 남성이건 여성이건 실험에 참여한 여성의 협상 결과를 향상한다는 것을 발견했다.[59] 그들이 협상을 하는 진짜 관리자가 아니라 협상하는 관리자 역할을 맡은 사람이라는 것은 간과해서는 안 될 주의사항이다.

여성들은 실제 상사와 협상하려 할 때 흔히 다음과 같은 딜레마에 빠진다. '내가 더 많이 요구하면 어떤 대가를 치를까?' 수많은 여성은 이런 걱정 때문에 요구하기를 주저한다. 그 사람이 당신이라면 효과적인 표현을 활용하라. 즉 역효과를 줄이기 위한 전략을 쓰는 것이다. 당신의 상사가 "허락을 구하지 말고 그냥 임금을 인상해달라고 요구하십시오"라고 말한다면, 나는 이렇게 말하고 싶은 유혹을 받을 것이다. "그렇게 말씀해주셔서 감사합니다. 저는 가슴을 졸이거나 보호막을 두르지 않아도 되겠네요?"

당신이 이런 사교적 규준을 비웃을 수 있다면 쌍방이 편안해질지도 모른다. 하지만 당신이 맞추려고 노력하는 성 역할 기대를 상사가 거부한다 해도—나는 그 혹은 그녀가 그러기를 바란다—당신이 관계에 세심하게 신경 쓰는 사람임을 알리는 것은 여전히 도움이 될 것이다. 연구자들은 자신을 공정한 사람이라 여기는 수많은 사람도 무의식적인 성별 편견gender bias이 있다는 것을 발견한다.[60]

볼스와 뱁콕이 여성에게 권장하는 두 번째 전략은 협상을 정당화하는 것이다. 더 일반적인 이야기가 있는 경우 상사는 그녀를 쉽게 승진시킬 수 있다고 여길 것이다. 남성은 임금 인상을 요구할 때 자신이 끌어온 거래처나 새로 맡은 지휘 업무를 언급하는 등 성취한 바를 늘어놓을 수 있다. 하지만 여성은 개인적 공로 이상의 이야기를 할 필요가 있다는 것을 연구는 보여준다. 그러지 않으면 관리자는 '이 여자는 자신에게 관심이 집중되었군' '이 여자는 협동심이 부족하군'이라고 생각할 것이다.

당신이 이 일을 추진하려는 여성이라면 임금 인상의 근거로 업계 표준을 제시하거나, 조직 내 선배에게서 당신의 급여에 대해 논의해보라는 격려를 받았다는 설명을 할 수 있을 것이다. 관리자가 그런 주장을 펴는 외부적 근거를 쉽게 찾을 수 있도록 도와라. 당신이 짜증을 내도 이해가 된다. 뛰어난 업무 능력으로 임금 인상을 요구할 수 있어야 하지만, 볼스와 뱁콕은 추가적으로 이런 이론적 설명이 있어야 관리자들이 '저 여자는 대체 왜 임금 인상을 요구할까?'라는 질문(그들의 머릿속에 맨 처음 떠올라서는 안 되는 질문이라는 데 모두 동의할 수 있을 것이다)에서 벗어날 수 있다는 것을 발견했다.

볼스와 뱁콕은 여성이 이 두 접근법—"이 관계를 소중하게 생각합니다"라고 말하는 것과 자신이 원하는 바를 정당화할 외부적 근거를 제공하는 것 — 을 함께 사용할 때 역효과를 줄이고 남성 못지않은 협상 성공률을 기록한다는 것을 발견했다. 두 전략 중 하나만 사용하면 두 전략을 동시에 쓰는 것만큼 설득력이 없었다. 임금 협상을 할 때 여성은 이런 도구를 사용할 수 있다. 여성이 이런 표현법을 알고 그 효과를 인지함으로써 확신을 높이는 방법을 하나 더 얻을 수 있기를 바란다.

어쩌면 이 조언은 당신이 예상한 것보다 모욕적이거나, 지금껏 당신이 들어온 이야기와 비슷하지 않다고 생각할지도 모른다. 여성은 이런 지시에 따라야 하고 남성이 사용하지 않는 표현을 익혀야 한다는 건 불쾌한 일이지만, 여성이 실질적인 변화를 가져올 수 있고 다른 여성을 위해 시스템을 바꿀 수 있는 최고위직에 오르면 체제의 편향성을 인지하고 필요할 때 거기에 대처해야 한다. 나는 문화가 바뀌기 바란다. 그리고 여성이 원하는 성취에 이르기를 바란다.

집단에게 보내는 메시지가 중요하다

관리자들이 성적 불균형을 개선하려고 노력해온 현대의 하버드 MBA 강의실에 대해 다시 얘기해보자. 내가 인터뷰한 MBA 과정의 세 여학생 중 한 명은 손들기 코칭이 필요 없어 보였고, 한 명은 그런 코칭에서 얻는 게 있으리라고 여겨지는 조용한 타입이었다. 그녀는 MBA 과정을 시작하기 전에 고용주한테서 회의할 때 자주 의견을 발표하라는 말을 들은 적이 있다. 하지만 그녀는 강의실에서 발표하는 법을 배운 것은 하버드의 참여 세미나가 아니라 수업 시간에 갑자기 호명을 받고 즉흥적으로 하는 발표 덕분이라고 말했다. 교수가 불시에 호명하면 그 자리에서 생각해야 했다. 그녀는 자신이 무슨 말을 하든 강의실 안의 누군가는 거기서 얻는 게 있다는 것을 알았다.

다른 학생은 자신이 용감한 편이라고 시인했다. 그녀는 MBA 과정에 입학하기 전에 군대 훈련을 받았고, 하버드경영대학원 수업이 경쟁적인 환경이라는 것을 알면서도 손을 내리고 있으라는 지시에 익숙하다 보니 손이 잘 안 올라간다고 말했다. 하지만 이들이 MBA 과정을 시작할 때 자신감이 있는 쪽이든 없는 쪽이든, 손들기 코칭이 다른 여성에게 도움이 된다는 것을 믿는다고 말했다. 반복되는 메시지는 "그것은 가치 있는 일이지만 나는 필요하지 않다"는 것이었다.

나는 이 불일치에 강한 호기심이 생겼다. 수많은 여성은 손들기 시연이 그들이 느끼는 자신감을 프로젝트에 필요한 자신감으로 바꾸는 것을 도와주거나, 이 세미나가 가혹하게 경쟁적인 환경에서 살아남는 팁을 제공했다고 생각했을 것이다. 하지만 적어도 하버드경영대학원 학생은 자신에게 손드는 법을 알려줄 사람이 필요하다는 것을 인정하고 싶지 않았으리라.

하버드 관리자들이 불평등을 바로잡기 위해 다른 어떤 방법을 사용할 수 있었을지 상상해보라. 그들은 처음 한 달 동안 충분히 참여하지 못한 학생들을 선별해서, 더 자신감 있고 적극적으로 수업에 참여하는 방법에 대해 일대일 지도를 받도록 개별적으로 초대장을 보낼 수도 있었다. 이것은 수많은 관리자가 맨 처음 시도하는 방법이다. 목소리를 더 자주 듣고 싶은 사람을 사무실로 불러 용기를 북돋우고 몇 가지 조언을 해준 다음, 그녀에게 필요한 자신감을 제공했기 바라며 스스로 해보도록 보내는 것이다.

개별적인 자신감 코칭은 세미나를 여는 것만큼 효과가 있었을까?

아닐 것이다. 몇몇 학생이 수업 참여 코치를 만나도록 초대되었다면 그들은 더 스트레스 받았을 것이다. 성적은 절반이 수업 시간의 참여도에 달렸기 때문에 조용한 학생들은 압박감이 들었다. 월 가에서 일한 경력이 있는 학생은 대부분 다른 사람의 주의를 끄는 방법에 대해 알 필요가 없었을 것이다.

세미나는 어떨까? 세미나는 집단에게 전하는 메시지다. 그것은 여성이 개인적으로 느끼는 자신감만큼 공개적 상황에서도 편안하게 자신감을 드러낼 수 있다면 여성뿐 아니라 남성에게도 필요한 집단 메시지다. 학생들이 수업 참여 세미나에 모여 "우리는 여러분 모두 이렇게 손들기를 기대합니다"라는 말을 들을 때 무시당하는 느낌을 받을 수도 있을 것이다. 관리자들은 모르는 사이에 강력한 무엇을 활용했다. 그들이 전한 본질적인 메시지는 "우리는 여러분 모두 자기 홍보를 하기를 기대합니다. 그렇게 할 때 여러분은 불이익을 당하는 대신 보상받을 것입니다"였다. 그들은 성별에 따라 다르지 않은 이상적인 행동의 표준을 공개적으로 설정하여 남성이 하는 것을 여성도 자유로이 할 수 있게 하고, 여성에게 그런 행동으로 불이익을 당하는 일은 없으리라고 약속한 것이다.

처음에 하버드의 손들기 세미나에 대해 읽었을 때 나는 모욕감이 들었다. 하지만 집단의 기대가 얼마나 중요한지 더 잘 이해하고 보니, 그들에게 한 걸음 더 나아가라고 부탁하고 싶다. 수업 참여 워크숍을 다시 필수과목으로 만들어 여성뿐 아니라 남성도 메시지를 얻었으면 좋겠다. 여성이 공적인 장에서 얼마든지 자신감을 표출할 수 있을 만큼 자신감을 갖기 바란다면 워크숍에서든, 회의에서든, 회사 이메일에서든 그들의 기여를 끌어내는 방법을 명시해야 한다. 우리가 집단에 전하는 메시지는 개인을 자극하거나 격려하는 것보다 중요하다. 하버드 사례에서 얻을 수 있는 교훈은 여성이 자신 있게 행동해도 불이익을 받지 않으리라는 것을 알면 여성은 자신 있게 행동한다는 것이다. 그러므로 여성은 전체 집단이 그 메시지를 받았다는 것을, 즉 경영진이 그 메시지에 승인했다는 것을 알 필요가 있다.

　잘 조절된 자신감이 있는 경우 대다수 여성은 좋은 결정을 내릴 수 있다. 여성과 남성 할 것 없이 모든 사람은 자신감을 필요에 따라 높이거나 낮출 수 있는 것으로 봐야 한다. 하지만 자신이 같은 방에 있는 사람들보다 잘 안다고 확신할 때 자신감을 낮추기란 자신의 계획을 밀어붙이기 위해 자신감을 높이는 것보다 어려운 일이다.
　여성이 일단 결정을 내리면 자기 홍보 영역에서 골디락스(영국 전래 동화 《골디락스와 세 마리 곰The Goldilocks and the 3 Bears Show》에 나오는 금발 소녀. 어느 날 골디락스는 숲 속에서 곰 세 마리가 끓여놓고 나간 뜨거운 수프와 차가운 수프, 적당히 식은 수프 중 적당히 식은 수프를 먹고 기뻐한다)가 되어야 한다. 즉 자기 홍보가 지나치거나 부족하지 않도록 주의해야 한다. 이것은 성가시고 불만스럽고 부당한 일인지 모른다. 하지만 여성은 자신감과 의혹을 혼합하는 게 자립을 포기하는 게 아니라, 현명하고 통찰력 있는 의사 결정을 낳는 자산임을 인식해야 한다.
　이 장의 모든 사실 중 가장 우려스러운 것은 여성은 채용 공고의 자격 요건을 100퍼센트 충족할 때 지원하는 반면, 남성은 60퍼센트만 충족해도 지원한다는 점이다. 이 문제와 관련해 여성은 세상의 모든 어머니에게서 배워야 한다. 내가 아는 여성들은 말한다. 그들이 무슨 일을 하든 엄마가 될 준비가 100퍼센트 되었다고 느낀 적은 한 번도 없었다고. 죽 해나가다 보면 필요한 것을 배우리라고 믿어야 한다고. 나는 여성들이 이 방법을 직장 생활에도 적용하기를 바란다.

4장 한눈에 보기

기억할 사항

1. 남성과 여성 모두 자신이 평범하다고 생각하는 것을 어려워한다.
2. 하지만 여성과 비교할 때 남성은 자신이 평균보다 훨씬 높다고 생각하는 경향이 있다.
3. 자신감 격차는 사회에서 남성적이거나 여성적이라고 간주되는 분야에서 가장 크게 나타난다. 여성은 남성적 분야에 대해 자신의 지식과 능력을 과소평가하는 반면, 남성은 자신이 여성적인 것으로 간주되는 분야에서도 여전히 잘 해낼 것이라고 생각한다.
4. 문제는 대다수 전문직이 남성적 영역으로 간주된다는 것이다.
5. 자신에 대한 과신은 현명한 의사 결정에 주요한 걸림돌이다(예: 2시 규칙과 회사 인수에 지나치게 많은 비용을 지불하는 CEO).
6. 여성의 비교적 더 정확한 자기평가는 여성이 결정할 때 과신의 오류를 피해 현명한 결정을 내릴 준비가 되었음을 뜻한다.
7. 자신감은 자신이 옳다는, 자신이 올바른 방향으로 가고 있다는 신호가 아니라 자신에게 좋은 이야기를 해왔다는 것을 나타낼 뿐이다.
8. 개인적으로는 자신감을 느끼는 여성도 공적인 상황에서는 겸손해야 한다고 생각한다.
9. 여성이 자기 홍보를 하는 경우 역효과가 나기 쉽다. 러드먼의 연구는 자기 홍보를 한 남성은 더 채용할 만하다고 평가되는 반면, 자기 홍보를 한 여성은 호감도가 낮아져 덜 채용할 만하다고 평가된다는 것을 보여주었다.
10. 고용주가 임금 협상이 가능하다고 공표하는 경우, 여성은 남성 못지않게 임금 인상을 요구했다.

실천할 사항

1. 자신감을, 높이거나 낮출 수 있는 다이얼로 여겨라.

2. 결정을 내리고, 선택지를 비교·검토하고, 더 많이 경청해야 할 때는 자신감을 낮춰라.

3. 일단 결정을 내렸다면, 당면한 과제가 다른 사람들을 설득하여 당신의 결정을 받아들이고 당신을 따르게 하는 것일 때는 자신감을 높여라.

4. 목소리와 자세에 따라 자신감이 달라지므로, 자신감을 신속하게 불어넣으려면 높은 권력자의 포즈를 취하거나 목소리를 낮춰라. 자신감을 낮추려면 사전 검토를 실시하거나 권력 없는 자의 포즈를 취하라.

5. 당신이 조직의 리더라면 자기 홍보에 대한 규준을 분명히 알려라. 그러지 않으면 남성은 자신을 옹호하고, 여성은 주저할 것이다. 그럴 만한 이유가 있기 때문이다.

5장

스트레스는 여성을
취약하게 하는 대신
집중하게 한다

2015년 6월 8일 한국의 서울, 화창하고 따뜻한 오후. 여성 과학자
와 엔지니어, 기자들은 여성이 과학에 미친 영향에 대해 논의하기 위
한 오찬 모임을 가졌다. 2015세계과학기자대회World Conference of Science
Journalists 첫째 날, 두어 시간이 지났을 때 여성들의 오찬 모임에서 세
여성이 발표했다. 전 세계 각지에서 모인 사람 중 그들이 말하는 데
주의를 기울이는 사람은 거의 없었다.

하지만 뒤이어 발언한 남성의 악명 높은 논평은 대다수 사람들의
신경을 건드렸다. "여성들girls과 어떤 문제가 생길 수 있는지 말씀드리
고자 합니다. 여성과 같은 연구실에서 일할 때 세 가지 일이 발생합니
다. 그들이 우리와 사랑에 빠지거나, 우리가 그들과 사랑에 빠지거나,
비판이라도 할라치면 눈물바람을 하죠." 2001년 노벨 생리·의학상을
받은 팀 헌트Tim Hunt는 남성과 여성이 다른 연구실에서 일할 때 최상
의 과학 연구가 진행될 것이라고 말을 이었다.[1]

수많은 사람들이 여성을 유혹이나 일삼는 요부쯤으로 여긴다며 헌

트를 비웃었다. 아프리카부터 극지방까지 세계 각지에서 온 여성 과학자들도 큼직한 보안경을 쓰고 비닐장갑을 끼고 방호복을 입은 상태에서는 결코 집중을 방해할 만큼 섹시한 느낌이 날 수 없다고 맞장구쳤다.

내가 우려한 것은 그의 메시지 중 마지막 부분이다. 헌트는 여성이 비판에 직면하거나 극도로 스트레스 받을 때 감정에 압도된다고 말했다. 그는 그들을 'girls'라고 불렀으나, 그가 지칭한 사람들은 학교 육상부에 가입하지 않은 침울한 13세 소녀가 아니다. 그들이 최고 수준의 연구소에서 헌트와 나란히 일한다면 그가 언급한 여성은 석사나 박사 학위를 받은 여성 연구원일 거라고 추정할 수 있다.

사회는 스트레스에 지친 여성들에 대해, 심지어 오랜 경험과 세계적 수준의 자격을 갖춘 여성들에 대해 어떻게 예측하는가? 헌트보다 정치적으로 올바른 언어를 구사하는 사람들에게도 우리가 듣는 메시지는 여성은 스트레스 받을 때 심리적으로 불안정해져서 까다롭고 예측할 수 없는 감정의 집합체가 된다는 것이다. 사람들은 스트레스가 극심한 상황에서 여성이 감정적이고 비이성적이 될 것이라고, 취약하여 쉽게 무너질 것이라고 여긴다. 하지만 남성은? 사회에서 남성은 흔들림 없이 냉정과 이성을 유지할 것으로 간주된다. 남성은 극도로 힘든 상황에서도 냉철함을 유지할 것이라고 사람들은 말한다.

이 장에서 보여줄 놀라운 사실은, 의사 결정에 관한 한 여성은 스트레스가 많은 상황에서 남성보다 침착하고 분별 있다는 것이다. 앞으로 살펴보겠지만, 여성은 예측할 수 없고 변덕스러운 골칫거리가 되지 않는다. 사실 그 반대다. 여성은 스트레스 받을 때 사람들이 생각하는 것보다 훨씬 인상적인 의사 결정자가 된다. 혹독한 상황에서 선택지와 마주쳤을 때 남성과 여성이 상반된 반응을 보인다는 사실이 가장 흥미롭다. 남성은 이성적이고 여성은 비이성적이라는 게 아니라, 남성은 위험을 갈구하고 여성은 그렇지 않다는 것이다. 스트레스가 심한 상황에서 현명한 결정을 내리고 통찰력 있는 선택을 하기 원한다면 남성과 여성을 분리하지 말아야 한다. 압박감 속에 힘든 결정을 내려야 할 때 균형을 잡으려면 회의실에 남성과 여성이 골고루 있어야 한다.

'여성은 리더가 되기에는 너무 감정적이다' vs.
'우리에게 필요한 사람은 바로 그 남성이다'

기자들이 바글거리는 자리였으니 헌트의 발언을 놓고 사람들은 격분했다. 수많은 사람들이 그의 말은 자신이 괴팍한 노인임을 드러낼 뿐이라고 지적했다. 다른 사람들은 그를 공룡에 비유하며 다행히 그런 성차별적 발상을 하는 사람은 거의 절멸했다고 말했다.

헌트의 말은 현대에 거의 사라진 생각이 용감하게 튀어나와 마지막으로 본색을 드러낸 희귀한 볼거리였을까? 내 연구는 그렇지 않다는 것을 보여준다. 서구 사회에서 여성은 수세기 동안 힘든 상황을 처리하기에는 감정적으로 준비되지 않았다고 여겨졌다. 히스테리컬hysterical이라는 단어는 1600년대에 감정적으로 동요할 기미가 있고 '도덕적·지적 능력'이 허약한 여성을 묘사하는 데 사용되었다. (당시 모두 남성이던) 의사들은 그런 격심한 기분이 자궁의 기능 이상으로 초래된 것이라고 생각했다. 히스테리아hysteria라는 말은 '자궁의'라는 뜻이 있는 라틴어 히스테리쿠스hystericus에서 유래했기 때문이다. 의사들은 감정적인 남성을 히스테리컬하다고 진단할 수도 있었겠지만, 그런 경우는 거의 없었다.

오늘날 '히스테리컬'이라는 말에는 성차별적 뉘앙스가 줄었고, 비이성적인 사람이 아니라 웃기는 사람을 묘사하는 데 흔히 사용되지만, 이 말 외에도 여성의 감정은 장애라고 말하는 다른 방법이 많다. 힐러리 클린턴 상원 의원이 2008년 대선에 출마했을 때, 뉴햄프셔 연설에서 목소리가 갈라졌다. 시사 해설자들은 클린턴이 감정을 주체하지 못했다, 감정에 압도되었다, "침착함을 잃었다"며 그녀가 "지나치게 감정적이거나 민감하거나 나약한" 게 아닌지 의혹을 제기했다.[2] 윔블던선수권대회에서 여섯 번이나 우승한 세리나 윌리엄스Serena Williams 같은 여성 프로 운동선수들은 경기할 때 감정이 방해가 되지 않았느냐는 질문을 자주 받는다.[3]

카메라 앞에서 감정적인 모습을 보이는 남성도 같은 언어로 묘사될까? 그런 일은 거의 없다. 미디어는 눈물이 남성의 성격을 보여주는 증거라고 확언한다. 2002년 대통령 취임식에서 조지 W. 부시가 울었을 때《뉴스위크Newsweek》는 "그는 울음을 털어내는 법을 배우지 못했다"고 보도했고, 2007년 그가 살해된 전쟁 영웅의 가족에게 명예 훈장을 수여할 때 눈물이 샘솟는 모습이 찍힌 사진에 대해《워싱턴포스트The Washington Post》는 "이 사진은 백악관이 원하는 것이었다"고 보도했다. 전미대학체육협회NCAA 농구 선수들이 '3월의 광란March Madness'에서 우는 모습은 "고통스럽지만 마음을 따뜻하게 하는" 것으로 묘사되었다.[4] 경기가 끝나고 키가 7피트(약 2미터)인 남성에게 마이크를 치켜들고 "전국 각지의 팬을 대신해 질문하자면, 감정이 문제였습니까?"라고 묻는 기자는 거의 없다.

단순히 미디어가 여성의 격한 감정을 탐탁지 않아 하고, 남성의 격한 감정을 합리화한 것이라면 한 가지 문제에 그칠 수 있다. 하지만 여기에는 훨씬 더 복잡한 문제가 얽혔다. 여성이 스트레스 상황에서 강렬하고 부정적인 감정을 표출할 때, 미디어는 여성을 좋은 결정을 내릴 수 없는 존재로 묘사한다. 2008년 선거 유세에서 힐러리 클린턴이 격앙되어 목소리가 갈라지자, 언론은 그녀에게 국가 안보 위기를 극복할 능력이 있는지 의혹을 제기했다. 뉴스 기고가 딕 모리스Dick Morris는 말했다. "제 생각에는 그녀가 이런 식으로 감정을 주체하지 못하면 미국에 심각한 위협이 되는 때가 올 수도 있습니다. 그녀는 대통령감이 아닌 것 같습니다."

《뉴스위크》는 20년을 거슬러 올라가 클린턴의 상황을 1987년에 팻 슈로더Pat Schroeder 하원 의원이 감정을 드러낸 일에 비유했다. 당시 캐런 브레슬라우Karen Breslau 기자는 이렇게 썼다. "콜로라도Colorado 주 출신 팻 슈로더 전 하원 의원은 대선 불출마를 공표하는 기자회견에서 눈물을 보여, 가방에 휴지를 넣고 다녀야 하는 사람은 이 나라의 리더로 적합하지 않다는 것을 확인시켰다."[5]

"그녀는 감정적이다"라는 말은 여성이 강경한 어조로 내린 결정을 깎아내리려 할 때 효과적인 멘트로 사용되었다. 다각도로 정밀 조사를 받아온 미국 군대의 심문 기법에 대해 생각해보자. 캘리포니아California 주 출신 다이앤 파인스타인Dianne Feinstein 상원 의원은 2001~2013년에 사용된 심문 기법을 심사하는 상원정보위원회Senate Intelligence Committee를 이끌었다. 몇 주간 회의를 마친 2014년 봄, 파인스타인은 뉴스 카메라 앞에서 위원회는 "반미국적이고 잔혹한 구금·심문 프로그램이 다시는 고려되거나 허용되지 않도록" 보고서의 기밀 취급을 해제하기로 표결했다고 설명했다.

이 결정을 발표할 때 마이클 헤이든Michael Hayden 전 중앙정보국CIA·국가안전보장국NSA 국장은 여러 측면에서 공격할 수 있었을 것이나, 그녀가 감정적으로 안정적이지 못했다며 비난했다. 헤이든은 위에 언급한 말을 인용하며 그것은 파인스타인의 "깊은 감정"을 드러내고, 이 감정 때문에 그녀가 객관적일 수 없었다고 말했다.[6] 헤이든은 파인스타인에게 히스테리컬하다고 말하지 않았지만, 그런 것이나 마찬가지였다. 여기서 파인스타인은 위원회가 심의한 내용을 전달한 것일 뿐, 개인적 의견을 말하지 않았다는 점을 주목해야 한다. 그러나 헤이든은 그녀를 개인적으로 공격했다.

남성 상원 의원이 같은 심문 기법을 비판할 때는 다른 상황이 전개되었다. 애리조나Arizona 주 출신 존 매케인John McCain 상원 의원은 미국의 특정 심문 기법을 비난할 때 목에 핏대를 세우며 훨씬 더 강경한 언어를 사용해왔다. 다이앤 파인스타인은 그 심문 기법을 "잔혹하다"고 말했을 뿐이지만, 존 매케인은 더 나아가 어떤 방식은 "이론의 여지가 없는 고문"이며 물고문은 "모의 처형mock execution"에 해당한다고 말했다. 하지만 매케인에게 감정적이라고 비난하는 사람은 거의 없다.[7] 매케인의 반대편 중 일부는 그가 현대적인 심문 기법을 이해하지 못했다고 말했고, 나머지는 그가 심문에서 얻는 정보를 간과했다고 말했다.[8] 그들은 매케인에게 감정적이라고 말하지 않았다. 그들은 매케인의 성격이 아니라 그의 주장에 이의를 제기했다.

《보스턴글로브Boston Globe》의 칼럼니스트 이본 에이브러햄Yvonne Abraham은 흔히 여성 정치인을 대우하는 방식으로 남성 정치인을 대우한다면 보도가 어떻게 바뀔지 궁금했다. 정치 후보자 찰리 베이커Charlie Baker가 2014년 매사추세츠Massachusetts 주지사 선거 토론 중에 울음을 터뜨렸다. 이때 현지 보도 기사는 대부분 이 일로 그가 얼마나 인간적인지 알 수 있으며, "찰리 베이커는 토론에 짐으로써—평정을 잃음으로써—이겼다"[9]고 말했다. 이본 에이브러햄은 미디어가 여성에게 흔히 적용하는 가혹한 평가를 베이커와 남성의 지도력에 적용했다. "위험한 세계다. 새벽 3시에 긴급 전화가 울릴 때 베이커처럼 유약한 사람이 받기를 원하는가?"[10]

이런 식으로 말하면 대답은 당연히 '아니요'다. 아무도 유약한 리더를 원하지 않는다. 하지만 이것은 스트레스가 심한 상황에서 감정을 드러내는 여성을 묘사하는 미디어의 방식이다.

눈물이 단지 여성에게 직업적으로 해로운 것이 아니라는 점은 분명히 해야겠다. 남성이 해고에 관한 소문을 들었거나, 컴퓨터에 고장이 나서 일주일 동안 작업한 것을 날려버린 상황에 눈물을 보인다면 그역시 비판을 받는다. 암스테르담대학교Universiteit van Amsterdam의 아그네타 피셔Agneta Fischer가 이끄는 팀은 직장에서 남성이 울 때 여성보다 가혹한 평가를 받는다는 것을 발견했다.[11] 남성과 여성 모두 지나치게 감정적이고 무능하다는 꼬리표가 붙는데, 남성이 좀 더 그랬다. 문제는 여성이 갑자기 감정을 분출하고 감정에 압도될 것이라는 사람들의 추측이다. 남성에게도 심신을 약화하는 감정은 용인되지 않으나, 이런 추측은 받지 않는다.

2015년 연구에 따르면, 미국의 공화당 유권자들은 흔히 남성을 정치와 리더십에 "감정적으로 더 적합하다"고 생각한 반면, 여성을 지나치게 "감정적"이라고 생각했다. 그래서 공화당원은 더 많은 남성 후보를 공직에 선출하는 것 같다.[12] 유감스럽게도 여성에 대한 이런 견해는 정당에 국한되지 않는다. 남성이 울면 그 사람 개인이 감정적인 것이 되지만, 여성이 울면 여성 전체가 감정적인 것이 된다.

그녀는 감정적이지만, 그는 운수 나쁜 날을 만났을 뿐이다[13]

자, 그럼 일상적인 상호작용에서 일어나는 일을 살펴보자. 우리는 대부분 날마다 동료가 책상 앞에서 우는 걸 보지는 않지만, 비교적 가벼운 부정적 감정을 목격한다. 프로젝트가 예정보다 늦어진 걸 안 관리자가 눈살을 찌푸리는 것을 보고, 비난받은 팀장이 닫힌 문 너머에서 분통을 터뜨리는 소리를 듣는다. 긴장된 회의를 끝내고 복도를 성큼성큼 걸어가는 여성이 보이는 경우, 이에 대한 미디어 보도나 편향된 헤드라인은 없고 스스로 해석해야 할 때 여러분의 머릿속에 어떤 생각이 떠오르는가?

신경과학자들은 우리가 스트레스 받은 남성보다 여성을 훨씬 가혹한 시선으로 바라보는 것을 발견한다. 노스이스턴대학교Northeastern University의 리사 펠드먼 배럿Lisa Feldman Barrett과 캘리포니아대학교 데이비스캠퍼스University of California, Davis의 엘리자 블리스-모로Eliza Bliss-Moreau는 피험자에게 부정적 감정을 표출하는 남성과 여성의 얼굴을 보여주는 실험을 했다. 슬픈 얼굴과 화난 얼굴, 겁먹은 얼굴이지만, 하나같이 스트레스를 받고 압박감이 드는 표정이었다. 과학자들은 모프맨MorphMan(이미지를 조금씩 바꿀 수 있는 컴퓨터 프로그램)을 사용해 슬퍼하는 얼굴이 똑같은 정도로 시무룩한 모습으로, 겁먹은 얼굴이 똑같은 정도로 불안해하는 모습으로, 화난 얼굴이 똑같은 정도로 좌절한 모습으로 보이도록 만들었다.

머릿속에 떠오른 이미지가 분노에 차서 치아를 드러낸 여성의 흑백 사진이라면 대학의 심리학 교재에 나오는 전형적인 사진을 기억하는 것이리라. 감정의 강도를 반으로 낮춰라. 이것들은 훨씬 더 온화한 버전이다. 화난 사람은 입술을 굳게 다물고 눈썹을 찡그린 모습이다. 엘리베이터에서 마주친 낯선 사람이 이런 표정이라면 당신은 그 분노를 알아채고 좀 더 간격을 넓히겠지만, 다음 층에서 내려야겠다고 결심하지는 않을 것이다.

배럿과 블리스-모로는 각 사진 아래 그 사람이 스트레스 받은 이유를 설명하는 간단한 문장을 덧붙였다. 화난 얼굴에는 '방금 사장한테 야단을 맞았다'거나 '직장에서 승진하지 못했다'는 설명이 붙었다. 슬픈 얼굴에도 '지금 막 나쁜 소식을 들었다'거나 '애인이 실망시켰다' 같이 비슷한 설명이 붙었다. (배럿과 블리스-모로의 연구는 팀 헌트가 악명 높고 우스꽝스러운 발언을 하기 여러 해 전에 시행되었으나, 헌트가 언급한 애인에게 차인 경우와 관리자에게 비판을 받은 경우가 포함되었다.) 연구자들은 피험자에게 나중에 기억할 수 있도록 스트레스 받는 상황에 처한 각 사람을 상상해보라고 요구했다.

피험자들이 모든 얼굴을 한 번씩 보고 평가를 내리는 실험의 후반부가 이어진다. 배럿과 블리스-모로는 두 번째로 스트레스에 지친 얼굴을 전부 보여준다. 다만 이번에는 설명이 없다. 피험자는 가급적 빨리 각 사진 속 인물이 '감정적인지', 단지 '일진이 사나웠는지' 결정해야 한다. 피험자는 왜 빨리 결정해야 했을까? 배럿과 블리스-모로는 우리가 늘 내리는 결정의 종류를, 즉 즉각적인 결정을 평가하고자 했다. 웨이트리스가 짜증스러운 표정을 지을 때 사람들은 함께 아침 식사를 하는 친구에게 "까칠한 여자네"라거나 "직원이 부족한가 봐"라고 웅얼거린다. 앞에 있는 남자가 버스 차창 밖을 멀거니 쳐다보며 낙담한 표정을 짓는다면 사람들은 '몹시 낙담한 모양이네'라거나 '무슨 일이 있었나 보다'라고 생각한다. 엘리베이터에서 화난 사람이 보일 때 우리는 머릿속으로 가혹하거나 너그러운 해석을 한다.

자, 그럼 스트레스에 지친 얼굴은 어떻게 보였을까? 사람들은 피험자가 각 사람에게 화날 만한 이유가 있었다는 말을 들었으므로 동일한 평가를 내릴 것이라고—일진이 사나웠다고—추측할 것이다. 그녀는 지금 비보를 들었기 때문에 슬퍼하고, 야단맞았기 때문에 화가 났다고. 그들 모두 곤란한 상황이라고. 스트레스에 지친 남성의 사진을 본 피험자는 그들의 표정을 좌절하게 하는 상황 탓으로 돌렸다. 그들은 사진 속 남성이 슬프든 화났든 겁먹었든 일진이 사나웠을 뿐이라고 생각했다.[14]

하지만 스트레스에 지친 여성의 사진을 본 피험자는 상황을 무시하고 성격을 과장하려는 경향이 있었다. 여성에 대한 즉각적 판단은 방금 일어난 일 때문에 나타난 우발적이고 일시적인 반응이 아니라는 것이 대부분이었다. 남성은 일진이 사나웠을 뿐이지만, 같은 표정을 지은 여성은 감정적이라는 딱지가 붙었다. 대다수 사람들은 특히 슬퍼하는 여성을 감정적이라고 여겼다. 지금쯤 여러분은 남성과 여성 모두 사진 속 여성을 그렇게 평가했다는 말을 들어도 놀라지 않을 것이다.

이 실험은 사람들이 스트레스 상황에 있는 여성을 어떻게 인식하는지에 대해 우려스러운 메시지를 전달한다. 스트레스가 얼굴에 나타나지 않는 사람은 없다. 일주일 내내 준비한 프레젠테이션을 누군가 조목조목 비판할 때 당신은 적어도 평정을 되찾기까지 미소 짓지 않는다. 당신의 직원 업무 평가 내용이 '기대에 못 미친다'일 때 행복을 느낄 수도, 행복한 표정을 지을 수도 없다. 그보다 방어적이 되거나 낙담할 것이다.

사람들은 여성과 남성이 스트레스 상황에서 똑같이 힘든 감정을 경험할 때도 여성이 감정을 내비치면 더 가혹하게 평가한다. 사람들은 순간적으로 분노가 번득이거나 감정이 상했을 때의 표정을, 그녀가 진짜 감정적이거나 까다로운 사람이라는 것을 나타내는 창으로 여긴다. 다시 말해 성격적 결함으로 여기는 것이다. 헌트의 말에 따르면, 그런 여성은 남성과 함께 연구실에서 일하지 않는 게 좋다. 똑같이 좌절하거나 풀 죽은 표정인 남성은? 그 표정은 일시적인 것이다. 하필운 나쁜 날 그를 목격했을 뿐이다.

사람들이 여성이 낙담하거나 불행해하는 모습을 찍은 사진을 보고 그녀의 본성이라고 판단하는 것은 부당하다. 이런 젠더 편견이 의사결정과 리더십에 미치는 영향을 생각할 때 문제의 소지가 훨씬 더 크다. 당신은 몹시 감정적으로 보이는 사람과 방금 골치 아픈 회의를 마친 것처럼 보이는 사람 중 누가 중요한 결정을 내리기 바라는가? 간단한 문제다. 감정을 제어하고, 좋은 결정을 내릴 것이라는 데 의심할 여지가 없는 리더를 바랄 것이다.

서문에서 보았듯이 사람들은 분노를 표출하는 여성은 강등하고, 분노하는 남성은 승진시키고 싶어 한다. 브레스콜과 울만의 연구는 구직자가 과거에 실수한 경험을 이야기해달라는 요청에 난처한 표정을 짓는 남성은 더 많은 책임을 맡을 자격이 있다고 여겨진 반면, 같은 표정을 짓는 여성은 '통제 불능'으로 간주된다는 것을 보여주었다. 여기에 우려스러운 패턴이 있다. 사람들은 화난 남성을 비난할 때 그가 평가한 내용에 이의를 제기하지만, 화난 여성을 비난할 때는 그녀의 판단력에 이의를 제기한다. 우리가 남성에 대해서는 스트레스가 심하고 분노가 치미는 상황에도 적절한 위험을 감수할 거라고 믿는다는 뜻인 것 같다. 우리는 남성의 감정에는 건전한 이유가 있을 거라고, 설령 그 감정이 아무리 격렬해도 판단력을 흐리지 않을 거라고 믿는다. 하지만 여성은 감정이 격렬할 때 판단력이 흐려질 거라고 생각한다.

과학은 뭐라 말하는가? 스트레스 상황에서 남성이 더 좋은 결정을 내리는가? 남성은 안정적이고 흔들림 없이 현명한 선택을 하고, 여성은 신뢰할 수 없을 만큼 비이성적인 선택을 하는가?

스트레스는 모든 것을 바꾼다

여러 신경과학자들은 스트레스 받는 상황에서 여성은 의사 결정에 고유한 힘을 부여한다는 것을 암시하는 증거를 발견했다. 서던캘리포니아대학교University of Southern California의 마라 매더Mara Mather와 듀크대학교의 니콜 라이트홀Nichole Lighthall, 텍사스대학교 오스틴캠퍼스University of Texas at Austin의 마리사 골릭Marissa Gorlick은 스트레스가 사람들이 결정하는 방식에 영향을 미치는지, 그렇다면 어떤 식으로 영향을 미치는지 알고 싶었다. 이들은 피험자에게 풍선을 부풀리면서 최대한 많은 돈을 따내는 컴퓨터게임을 하도록 요구했다.

버튼을 누르면 화면 속 풍선이 좀 더 커지고 돈을 약간 딴다. 버튼을 다시 누르면 좀 더 많은 돈을 딴다. 각 단계에서 계속 풍선을 부풀릴지, 중단하고 돈을 인출할지 선택한다. 딴 돈은 언제든 현금으로 인출할 수 있다. 단 1라운드만 하고 중단해도 뭔가 얻을 수 있다. 물론 작은 풍선으로 1라운드에서 멈춘다면 많은 돈을 딸 수 없을 것이다. 매더와 동료들은 게임을 계속하도록 유인하는 강력한 동기를 제공했다. 풍선을 한 번 부풀릴 때보다 10번 부풀릴 때 많은 돈을 딸 수 있고, 50번 부풀릴 때는 그보다 훨씬 많은 돈을 딸 수 있다.

이런 게임을 왜 중단할까 의문이 들 것이다. 풍선이 터지면 그때껏 딴 돈을 전혀 받을 수 없다는 게 문제다. 언제 풍선이 터질지 예측할 수 없다는 점이 사람을 미치게 한다. 완전히 무작위다. 어떤 풍선은 3번 부풀릴 때 터지고, 어떤 풍선은 123번째까지 터지지 않는다.

어떤 의미에서 각각의 새 풍선은 아주 낮은 예산으로 하는 (그리고 그다지 흥미롭지 않은) 퀴즈 쇼 〈누가 백만장자가 되고 싶은가?Who Wants to Be a Millionaire?〉의 버전 같았다. 피험자는 위험을 얼마나 감수할지 정해야 한다. 계속 진행하면 더 많은 돈을 딸 가능성이 있지만, 모두 잃을 수도 있다. 물론 풍선 부풀리기 게임에는 생명 줄이나 극적인 무대조명, 까다로운 퀴즈도 없지만, '수익을 거둘 수 있을 때 그만두는 게 좋을까, 돈을 더 따기 위해 좀 더 위험을 감수할까?' 끊임없이 자문해야 한다.

남성과 여성은 풍선 부풀리기 게임에서 다른 반응을 보였을까? 그들이 편안한 상태에 있을 때는 다르지 않았다. 평온할 때 남성과 여성은 비슷하게 위험을 감수했고, 거의 유사한 결정을 내렸다. 남성이 게임을 중단하기까지 풍선을 부풀린 횟수는 여성보다 3~4번 더 많았으니(남성이 게임을 중단하기까지 풍선을 부풀린 횟수는 평균 42번이었고, 여성은 평균 39번이었다), 차이는 크지 않았다. 비교적 평온하다고 느끼고 심장박동이 안정적일 때 남성과 여성은 위험에 접근하는 방식이 동일하게 안정적이다.

스트레스가 더해지면 양상이 달라진다. 스트레스는 평범한 일상에서 사고나 말싸움, 비난 등 숱한 이유로 발생할 수 있다. 마감에 맞춰야 하는 일이나 소개팅이 있을 때도 스트레스가 생긴다. 매더와 동료들은 스트레스 원인을 단순화했다. 이들은 전체 인원 중 절반에게 얼음물 항아리에 손을 담그게 했다. 화씨 32~37도(섭씨 0~3도)로 고통스러울 만큼 차가운 물이다. 나도 해보았는데 1분쯤 지나자 처음의 약간 불편한 느낌이 확연히 고통스러운 경험으로 변했다.

이 실험에서 사람들은 3분 내내 손을 담그고 있어야 한다. 위험할 만큼 긴 시간은 아니지만, 스트레스가 되기에 충분히 긴 시간이다. 사람의 신체는 이런 불편에 적응하려 할 때 심장박동과 혈압이 상승한다.[15] 입술을 깨물며 참는 사람도 있고, 다리를 흔들거나 자리에서 몸을 뒤틀며 참는 사람도 있다. 거의 모든 사람이 인상을 찌푸리고 눈을 찡그리며 시간이 빨리 가기를 바란다.

이것은 전 세계 실험실에서 사람들에게 스트레스를 느끼게 하는 확실한 방법으로 사용되는 한랭 압박 검사cold pressor test다. 매더의 실험에서 피험자 절반은 추위를 느끼며 스트레스를 받았다. 편안하고 스트레스가 없는 조건에서 실험에 임한 사람들은 실내 온도와 같은 물(화씨 72~77도, 섭씨 22~25도)이 든 대야에 손을 담갔다. 그들은 스파에서 네일 케어를 받기 위해 기다리는 것 같았다. 두 그룹은 3분간 손을 물에 담그고 15분간 손과 팔을 말린 뒤 휴식을 취하고 풍선 부풀리기 게임을 시작했다.

15분은 심신을 회복하기에 긴 시간으로 여겨질 수도 있지만, 연구자들이 그렇게 어리석지는 않다. 사람의 주요 스트레스 호르몬 중 하나인 코르티솔은 스트레스 경험이 시작되고 20~40분이 지나야 최고

점에 도달한다. 스트레스 원인이 사라진 다음에도 15분이 지날 때까지 신체는 계속 반응한다. 레스토랑에서 친구와 저녁을 먹으려고 헐레벌떡 뛰어왔을 때 테이블에 앉아 메뉴판을 펼친 다음에도 안정을 취하기 어렵다. 힘든 일이 지나도 스트레스는 사라지지 않기 때문이다. 스트레스는 오래 남는다. 마음이 떠난 뒤에도 몸은 대체로 그러지 못한다.

아나나 다를까, 풍선 부풀리기 게임이 시작되었을 때 스트레스 받은 남성과 여성에게서 아주 다른 양상이 나타났다. 남성과 여성의 반응이 서로 달랐을 뿐만 아니라, 편안한 조건에서 실험에 임한 남성이나 여성과도 달랐다. 편안한 조건의 여성은 39번 내내 풍선을 부풀린 반면, 얼음물에 손을 담근 여성은 더 빨리 멈췄다. 스트레스 받은 여성은 편안한 조건의 여성보다 18퍼센트 적은 횟수로 풍선을 부풀린 뒤 그때까지 딴 돈을 현금으로 인출했다. 즉 스트레스 받은 여성은 더 큰 위험을 감수하기보다 안전한 방식을 택한 것이다.

스트레스 받은 남성은 반대로 풍선을 계속 부풀렸다. 한 연구에 따르면 이들은 평균 50퍼센트 많이 풍선을 부풀린 뒤 게임을 중단했다. 풍선을 더 부풀릴 때마다 받는 액수는 늘어나지만, 더 많은 위험을 감수해야 한다. 풍선이 터져 모두 잃을 확률도 높아지기 때문이다. 신체가 여전히 스트레스를 느낄 때 남성은 여느 때보다 많은 위험을 감수하면서 게임을 계속하려고 했지만, 스트레스를 느끼는 여성은 돈을 더 따려고 그때껏 딴 돈을 잃을 필요는 없다고 생각하며 게임을 중단하기로 결정했다.

약속 시간에 늦어 뛰어오느라 스트레스를 받은 레스토랑 시나리오에서는 어땠을까? 스트레스 받은 여성은 메뉴판을 보고 웨이터가 설명하는 스페셜 요리보다 자신이 좋아하는 요리를 선택한다. 스트레스 받은 남성은 그때껏 한 번도 먹어본 적 없는 스페셜 요리 중 하나를 선택한 뒤 생소하고 값비싼 와인을 주문하며 말한다. "에라, 제값을 하겠지!"

위험을 추구하는 남성과 경계하는 여성

매더와 동료들은 정확히 무엇을 발견했을까? 스트레스 받을 때 남성은 더 많은 위험을 감수한 반면, 여성은 확실하고 안정적인 길을 선택한 것이 그저 일회적인 우연일까? 사회 전체가 남성이 스트레스 받을 때 반응하는 방식에 찬사를 보내고 여성이 반응하는 방식을 비난하는 현상을 이해하는 일에 더 깊이 들어가기 전, 과학자들도 남성과 여성에 대해 말할 때 편견 섞인 언어를 사용한다는 것을 알아야 한다. 수많은 신경과학자와 경제학자들은 위험에 대한 태도를 논할 때 흔히 남성은 '위험을 추구하는risk-seeking' 반면, 여성은 '위험을 기피한다risk-averse'고 말한다. 옥스퍼드 영어사전에 따르면, 'averse'는 '피하다; 방향을 바꾸다'라는 뜻이 있는 라틴어에서 유래했다. 여성에게 위험을 꺼린다는 꼬리표를 붙이는 것은 그들이 잘못된 길로 가고 있으며, 전반적으로 올바른 방식이 있다는 암시다.

남성을 묘사하든 여성을 묘사하든 더 적절한 용어는 '위험을 경계하다risk-alert'이다. 사람들이 위험을 경계할 때는 정신을 바짝 차리고 울릴지 모를 경종에 귀 기울이며 주위를 살핀다. 위험 기피라는 용어가 어디서 나왔는지 알 만하다. 손실 기피loss aversion와 위험 기피risk aversion는 경제학의 오랜 두 원칙이다. 하지만 위험에 대해 편견 없는 대화를 하려면 최소한 중립적이거나, 위험 추구만큼 긍정적인 용어가 필요하다. 우리는 뭔가를 추구하고 방심을 경계하고 싶어 하지만, 뭔가를 기피하고 싶어 하는 사람은 아무도 없다.

남성은 스트레스 받을 때 그저 좀 더 위험을 추구하는 게 아니라 거의 위험을 갈구하는 수준이 된다는 점이 흥미롭다. 몇몇 연구는 남성은 스트레스가 충분히 크고 기대되는 보상이 충분히 유혹적일 때, 상식과 신중함을 내던지고 무모하게 행동한다는 것을 보여준다. 네덜란드 라드바우드대학교Radboud University의 루드 판 덴 보스Ruud van den Bos와 연구 팀은 남성은 흔히 신체가 긴장되고 코르티솔 수치가 최고조로 상승할 때 큰 보상에 관심을 집중한다는 것을 발견했다.[16] 판 덴 보스는 스트레스 받는 남성은 그렇지 않은 남성보다 훨씬 많은 판돈을 걸고 도박한다는 것을 알아냈다.

이들은 매일 밤 포커 테이블로 모이는 상습적인 도박꾼이 아니라 실험실에 끌려온 평범한 남성과 여성이고, 카드 게임을 처음 배운 사람들이다. 이들은 카드 게임을 할 때 자기에게 선택권이 있다는 것을 알았다. 이들은 조금 따고 조금 잃지만, 결국 잃은 것보다 딴 것이 많은 안전한 버전으로 게임을 할 수 있다는 것을 알았다. 안전한 버전에서는 거액을 따거나 잃는 일이 많지 않았지만, 딴 돈이 서서히 늘어나는 것을 볼 수 있었다. 간혹 큰돈을 따지만, 그 과정에서 많은 돈을 잃기도 하는 위험한 버전으로 게임을 할 수도 있었다. 위험한 버전에서 게임은 참가자들이 결국 아무것도 얻지 못하고 돌아가거나, 더 나쁘게는 빚을 지도록 조작되었다. 참가자들은 게임을 하는 동안 위험한 버전이 아주 위험하다는 것을 알았다.

당신이라면 어떤 버전으로 게임을 하고 싶은가? 이따금 만족스러울 만큼 거액을 따지만 여러 번 잔액이 0으로 떨어지는 것을 보는 아주 위험한 버전을 택하겠는가, 아니면 안전한 버전을 택해서 얼마라도 확실히 받고 돌아가겠는가? 편안한 상태일 때 남성과 여성은 잠시 스릴을 맛보기 위해 위험한 버전으로 돌아간 적이 있을지언정 대체로 안전한 버전을 택했다. 그러나 남성은 스트레스 받을 때 위험한 데크(카드 더미)에서 손을 떼지 못했다.

판 덴 보스는 스트레스를 받은 대다수 남성이 가장 위험한 데크에서 21퍼센트 더 많은 카드를 뽑고, 잃은 액수가 늘어나는 것이 스트레스 받은 여성이나 평온한 남성을 저지하듯이 스트레스 받은 남성을 저지하지 못한다는 것을 발견했다. 스트레스 받은 남성은 딴 돈보다 잃은 돈이 많았다.[17] 스트레스 받은 남성은 왜 계속 지면서도 위험한 데크를 선택할까? 더 많은 위험을 감수하도록 유인할 정도로 큰돈을 간간이 딸 수 있기 때문이다. 남성은 스트레스 받는 상황에서 보상받을 희미한 가능성이 있을 때 평상시보다 자주, 큰 위험을 감수하며 도박을 한다.

스트레스가 증가할 때 누가 자신의 전략을 조정하느냐 하는 문제도 있다. 미시간대학교University of Michigan의 신경과학자 스테파니 프레스턴Stephanie Preston과 동료들은 참가자에게 20분 내에 말해야 하고, 그들의 말하기 능력이 평가될 것이라고 했다. 상사가 느닷없이 "20분 뒤에 열릴 회의에 참석할 준비가 되었나요?"라고 하는 말을 들어본 적이 있는 사람이라면 심장이 두방망이질할 만큼 어려운 일임을 알 것이다. 먼저 이 실험에 참가한 사람들은 판 덴 보스가 사용한 것과 동일한 카드 게임을 해서 가급적 많은 돈을 따야 했다. 곧 연설해야 해서 불안하고 심란하고 동요되었을 때, 처음에는 남성과 여성 모두 어

떤 데크에서 카드를 뽑을지 선택하기 어려워했다.[18]

하지만 여성은 연설해야 하는 스트레스 상황에 가까워질수록 카드 게임에서 객관적으로 더 좋은 결정을 내렸다. 여성은 스트레스 받을 때 더 전략적으로 행동하는 경향이 있었다. 즉 위험한 쪽보다 작지만 확실한 성공을 추구함으로써 더 많은 돈을 땄다. 스트레스 받은 남성은 그렇지 않았다. 타이머의 숫자가 0에 가까워질수록, 연설할 시간이 임박할수록 큰돈을 딸 실낱같은 가능성에 많은 위험을 감수했다. 큰돈을 딴다고 연설을 면제받지 않는데도 말이다. 위험 감수는 그 자체가 보상이었다.

이 패턴은 남성은 스트레스가 상승할 때 위험을 추구하는 경향이 있고, 스트레스가 제일 심한 남성은 위험을 갈구하므로 손실이 증가하더라도 기꺼이 위험을 감수한다는 것을 알려준다. 여성은 정반대다. 긴장이 증가할 때 여성은 위험에 더 빨리 싫증을 내는 듯하다.

코르티솔은 스트레스 받은 남성과 여성을 반대 방향으로 몰고 간다

스트레스 받을 때 남성은 고위험 선택지에 끌리고, 여성은 확실한 것에 끌리는 이유가 뭘까? 코르티솔이 열쇠인 것 같다. 여러분도 기억하겠지만 매더와 연구 팀은 코르티솔 수치가 최고조에 이르도록 15분을 기다렸다가 풍선 부풀리기 게임을 시작했다. 우리는 언론에서 흔히 묘사하듯 코르티솔이 '스트레스 호르몬'이라고 알고 있다. 코르티솔은 신체가 스트레스에 대처하기 위해 만들어내는 스테로이드다. 코르티솔이 의사 결정에 미치는 영향을 이해하려면, 우선 신체가 스트레스 경보를 울릴 때 어떤 일이 일어나는지 이해해야 한다.

위협을 느낄 때, 경찰이 전화로 당신의 아들을 체포했다고 알릴 때, 동료가 이사진 앞에서 회의를 주재하라는 말을 겨우 10분 전에 할 때 당신의 신체는 즉시 조치를 취한다. 당신의 신체는 방어해야 하거나 회의실을 나가야 할 때에 대비해 그 유명한 투쟁 혹은 도피 반응fight-or-flight response을 준비하는 것이다. 투쟁 혹은 도피 반응의 첫 파도는 개인의 신경세포에 의해 전신에 분비되는 아드레날린이다. 아드레날린이 활기를 불어넣으면 심장박동이 빨라져 더 많은 산소가 유입되고, 동맥이 열리면서 근육이 씰룩이는 느낌이 온다. 얼굴이 빨개진다. 가만히 앉았기보다 움직일 준비가 되었다. 그렇지 않으면 차를 몰고 경찰서로 가거나, 비즈니스 회의에서 프레젠테이션을 하기가 더 어려워질 것이다.

코르티솔은 신체가 스트레스에 반응하는 두 번째 파도에 해당한다. 아드레날린은 현장에서 즉시 분비되는 반면, 코르티솔은 길바닥에 떨어진 아이스크림콘 두 개처럼 신장 맨 위에 있는 봉우리 모양 부신에 의해 혈류로 서서히 분비된다. 두 번째 호르몬 파도는 반응에 필요한 에너지를 확보해 신체가 스트레스에 대처하도록 돕는다. 당신이 첫 위협을 감지하고 20~30분 뒤에도 스트레스에 반응한다면, 여전히 경찰서로 가는 중이거나 프레젠테이션을 한다면 단지 심장박동이 빨라지는 것으로 부족하다. 스태미나도 필요할 것이다. 하지만 첫 파도에서 분출된 아드레날린은 위와 소장을 폐쇄하므로 소화기관에서 들어오는 연료가 전혀 없다. 이때 코르티솔이 간을 자극하여 글루코오스를 충분히 공급하게 함으로써 생각하고 기능하는 데 필요한 혈당을 확보한다.

스트레스에 대한 반응으로 남성과 여성은 모두 코르티솔을 분비하지만, 매더와 판 덴 보스를 비롯한 여러 과학자는 이 화학물질이 남성과 여성에게 반대 행동을 유도한다는 것을 알아냈다. 당신이 여성이고 몸속에 코르티솔이 분출되면 당신은 위험을 더 경계한다. 당신이 남성이고 몸속에 코르티솔이 분출되면 당신은 위험을 더 추구한다. 동일한 화학물질이 두 가지 다른 반응을 야기하는 것이다.

현실적인 관점에서 이것은 무엇을 의미할까? 사장한테 '지금 내 방으로 오시오'라고 적힌 쪽지를 받는다고 상상해보자. 어떤 설명이나 맥락도 없다. 사장이 평소에 하는 것과 다른 방식이다. 당신은 와락 불안해진다. 무슨 문제가 생겼을까? 팀원 중 누가 사고라도 쳤을까? 이런 상황에서 남성은 보통 위험을 더 추구한다. 그렇다고 사장의 무능을 비난하는 이메일을 회사 전체에 뿌리지는 않을 것이다. 여성은 대체로 위험을 더 경계하지만, 책상 밑에 숨지는 않을 것이다. 아무도 사회규범을 망각하지 않기 때문이다.

더 현실적으로 말해, 몸속의 코르티솔 수치가 상승하면 사장과 이야기하기 시작했을 때 다른 선택을 할 것이다. 사장실에 도착했는데 사장이 통화 중이라 당신은 입구에서 기다려야 한다. 몇 분이 느릿느릿 지나가고, 마침내 사장이 들어오라는 손짓을 하며 설명한다. "이렇게 불러들여서 미안하네만, 아버지가 심장마비를 일으켜서 고향에 가는 비행기 표를 예약했다네. 내가 없는 동안 자네가 내 업무를 대신 처리해주겠나?"

좋지 않은 일이 닥칠 것 같은 위협이 사라졌다. 당신은 안도하지만, 당신의 몸은 여전히 코르티솔을 뿜어낸다. 코르티솔은 얼마 동안 뿜어져 나오고, 이런 생리적 반응으로 인해 당신의 마음은 어떤 선택지에 끌린다. 연구에 따르면 여성은 더 확실한 승리에 끌릴 것이다. 여성은 자신이 잘할 수 있다는 것을 아는 업무를, 자신의 능력으로 해낼 수 있다고 확신하는 프로젝트를 맡으려 한다.

반대로 남성은 자신이 실패할지 여부에 신경 쓰지 않으므로 가장 큰 수익을 낼 수 있는 프로젝트에 더 끌릴 것이다. 남성은 자기 능력을 한껏 발휘할 수 있는 일을 맡으려 할 것이다. 세간의 이목을 끌고 성공의 길을 열어주는 프로젝트라면 더 그럴 것이다. 이는 남성과 여성에게 직장에서 무엇이 중요한지 물었을 때, 남성이 여성보다 "출세 기회"를 최우선으로 삼는 경향이 높은 이유를 설명해준다.[19]

어쩌면 당신은 '하지만 나는 극심한 스트레스에도 동요하지 않는 듯 보이는 남성과 여성을 알아'라고 생각할지도 모른다. 그럴 가능성은 충분하다. 루드 판 덴 보스에 따르면, 높은 코르티솔 수치가 모든 차이를 만든다. 판 덴 보스는 사람이 두 범주로 나뉜다고 본다. 스트레스 받을 때 코르티솔 수치가 50~250퍼센트 상승하는 고반응군과, 스트레스 상황에 맞닥뜨렸을 때 코르티솔 수치가 20퍼센트밖에 상승하지 않는 저반응군.[20]

저반응군의 신체는 여전히 스트레스 경고를 보내지만, 음식이 다 되었을 때 전자레인지에서 나는 삐 소리와 같다. 거기 있다는 걸 알리지만 급박하지 않은 상태다. 그러나 고반응군의 신체는 전면적인 건물 소개疏開 경보를 들은 것과 같다. 판 덴 보스와 연구 팀은 위험을 추구하는 측은 고반응군 남성이고, 위험을 경계하는 측은 고반응군 여성이라는 것을 발견했다. 저반응군은 편안한 상황과 스트레스 받는 상황에서 동일한 결정을 내리는 등 위험에 접근하는 방식이 더 일관적이었다.

우리 중 얼마나 많은 사람이 스트레스를 받으면 신체가 비상 모드로 바짝 긴장하고 선택이 급격히 바뀌는 고반응군에 해당할까? 알기 어렵다. 판 덴 보스는 중앙에 선을 그어 실험 참가자 중 절반은 고반응군으로, 절반은 저반응군으로 나눴다.[21] 한 무리를 관찰할 때 여성의 절반은 스트레스 상황에서 뚜렷하게 위험을 경계하고 남성의 절반은 현저하게 위험을 추구하겠지만, 나머지 남성과 여성은 의사 결정 방식에 큰 변화를 보이지 않을 것임을 예측할 수 있다. 이 결과는 어떤 집단이냐에 따라 달라질 수 있다.

고반응군의 마음을 끄는 특정한 환경이 있을까? 코르티솔이 급격히 상승하는 고반응군은 코르티솔 분출을 흥분으로 받아들여 뉴스 보도나 항공교통관제와 같이 스트레스가 많은 직업에 끌릴 수도 있고, 또는 코르티솔에 과도하게 압도되어 감당하기 어려워하며 시력검사나 마사지 치료와 같이 더 예측 가능하고 차분한 분야에 끌릴 수도 있다. 고반응군과 저반응군에 관한 연구는 생소하여 확실히 알기 어렵다.

스트레스 받을 때 우리의 뇌는

높은 코르티솔 수치가 한 가지 원인이지만, 영향을 미치는 인자가 더 있을 것이다. 남성과 여성이 그토록 다르게 행동하는 데는 틀림없이 무슨 원인이 있을 것이다. 남성과 여성이 동일한 스트레스 상황에서 다른 결정을 하는 이유를 어떻게 설명해야 할까? 남성과 여성의 몸에서는 동일한 스테로이드가 분출되지만, 그들은 상이한 보상에 마음이 끌린다. 남성은 위험을 보람 있는 일로 여기는 반면, 여성은 신중한 방식에 만족감이 든다. 뇌 속을 들여다보면 그 원인을 알 수 있을까? 스트레스 상황에서 위험한 결정을 할 때 남성과 여성은 뇌 영역의 다른 부위가 활성화될까?

마라 매더와 연구 팀은 의문을 품기 시작했다. 이들은 풍선 부풀리기 게임과 한랭 압박 게임을 새로운 장소—참가자들이 게임 하는 동안 뇌 활동을 모니터할 수 있는 실험실—에서 시행했다. 이들은 의사 결정을 할 때 뇌의 어떤 부위가 가장 활성화되는지 관찰하기 위해 기능적 자기공명영상fMRI을 사용했다. 남성과 여성은 전반적으로 풍선 부풀리기 게임을 하는 동안 동일한 뇌 활동을 보였다. 이는 놀랍지 않다. 풍선을 보고 버튼을 눌러야 하므로 모두 시력과 운동 제어를 관장하는 뇌 영역이 활성화되었다.

하지만 흥미로운 사실을 보여주는 차이가 있었다. 매더와 연구 팀은 스트레스 상황에 있는 참가자들이 성별에 따라 뇌의 두 부위—조가비핵putamen과 전측 섬엽anterior insula—가 정반대로 반응하는 것을 발견했다. 두 부위는 뇌의 작은 부분으로, 과학자들이 앞으로 이 부위가 하는 다른 역할을 발견할 때 언론에서 더 많은 내용을 들을 것이다.

조가비핵은 복숭아씨의 바깥쪽 막을 뜻하는 그리스 단어에서 유래한 이름이다. 복숭아씨처럼 동그랗지만 좀 납작하고, 복숭아씨가 과일의 중앙에 자리한 것처럼 조가비핵도 뇌의 중앙 깊은 곳에 있다. 조가비핵의 주요 임무 중 하나는 활동과 운동에 착수하는 것이다. 신체의 내부 상태는 물론 오감을 통해 얻을 수 있는 것을 받아들이고, 행동하기 적당한 시기인지 가늠하고, 그렇다고 판단되면 뇌의 나머지 영역에 "행동하라, 당장"이라고 명령한다. 고속도로에 진입하려 할 때 속력을 낼지 진입로에서 기다릴지 결정해야 하는데, 이때 조가비핵이

"가속페달을 밟아"라고 명령하는 것이다.

전측 섬엽은 대뇌피질의 일부로, 부서지기 쉬운 용기를 감싸는 구깃구깃한 박엽지처럼 뇌의 나머지 부분을 감싸는 섬세하게 주름진 연회색 막이다. 전측 섬엽은 대뇌피질의 나머지 부분과 마찬가지로 조가비핵보다 최근에 진화된 것으로 보이며, 인간이 더 복잡한 방식으로 생각하고 행동하게 한다. 뇌의 오래된 부위가 "가속페달을 밟아"라고 성급히 말할 때, 뇌의 신생 부위는 그것이 최선인지 판단한다. 전측 섬엽의 역할 중 하나는 결정을 내리는 동안 감정을 알리는 것이다.

사람이 위험한 선택을 할 때 전측 섬엽은 크고 분명하게 신호를 보낸다. "젠장, 이건 위험해." 한 사람이 고속도로에 진입하기 위해 가속페달을 밟을 때 자동차가 얼마나 빨리 속도를 높이는지, 교통의 흐름이 얼마나 원활한지, 최종 시도에서 얼마나 성공적으로 합류했는지에 따라 전측 섬엽은 꽥꽥대며 신체에 경계 태세를 취하라고 명령함으로써 지금 하는 일 때문에 곤경에 처할 수도 있다는 것을 알리거나, 잠잠하게 지금 하는 일은 위험한 선택이 아님을 알려 안심시킨다.

매더와 동료들은 스트레스에 지친 남성이 위험한 결정을 할 때 조가비핵과 전측 섬엽 모두 경계 태세를 취한다는 것을 알아냈다. 두 부위가 극도로 활성화되었다. 이는 남성이 어떤 단계에서 '행동하라, 당장'과 '젠장, 이건 위험해!'를 둘 다 생각한다는 의미다. 감정을 알리는 전측 섬엽이 고도로 활성화된다는 것은 무엇을 의미할까?

일반적으로 남성이 묘사되는 방식과 반대로, 남성이 위험한 결정에 대단히 감정적인 반응을 한다는 의미다. 여성은 스트레스 받은 경험을 하고 이와 똑같이 위험한 결정에 맞닥뜨렸을 때, 두 영역이 현저히 차분해졌다. 마치 여성은 의식적인 의지 없이 '서두를 필요 없어' '불

필요한 위험은 감수하지 말자'고 생각하는 것 같다. 여성은 남성에 비해 동요하거나, 급하게 위험한 선택을 해야 한다는 내적 압박감에 시달리지 않았다.

이제 뭔가 윤곽이 잡히는 것 같다. 남성과 여성에게 같은 조건에서 같은 결정을 내리게 했을 때, 신경조직은 그 결정과 위험을 매우 다르게 처리한다. 남성의 뇌가 긴급 신호를 보내는 동안 여성의 뇌는 서두르지 말라는 신호를 보낸다. 남성의 뇌가 '위험에 맞서 행동하자'고 말할 때, 여성의 뇌는 '우선 주의하자'고 말한다.

이 연구에서 남성이 일반적으로 간주되는 만큼 충분히 침착하지 않다는 점이 눈에 띈다. 스트레스 받을 때 코르티솔이 결정을 내리는 방식에 영향을 미치므로, 남성이나 여성 모두 자신이 원하는 만큼 냉철할 수 없는 것이다.

수족관과 쥐 우리를 살펴보면

이 모든 게 단지 인간에게 적용된다 해도 충분히 흥미로울 테지만, 여기서 약간 변형된 이야기가 하나 더 있다. 인간은 이런 반응을 보이는 유일한 동물이 아니다.

영국 스완지대학교Swansea University의 동물학자 앤드루 킹Andrew King이 이끄는 연구 팀은 가시고기stickleback fish가 스트레스 받을 때 의사 결정에 반응하는 방식에 주목했다.[22] 가시고기는 길이가 약 3인치(8센티미터)이며, 등지느러미 앞에 날카로운 가시가 있어서 붙은 이름이다. 뾰족한 가시가 보호해주니 이 물고기는 무엇이 두려울까? 대개 아무것도 두려워하지 않지만, 이들의 평온한 환경에 커다란 어망을 깊이 드리워 스트레스를 주면 물고기의 세계는 기업이 인수되었을 때와 같은 환경이 된다.

킹은 수족관에 있는 가시고기의 거처 중앙에 어망을 내려뜨릴 때 그들이 어떻게 반응하는지 시험했다. 누가 어망을 탐색하기 위해 밖으로 헤엄쳐 나오는가? 어망은 그들에게 미지의 존재다. 가시고기 관점에서 뭔가 새로운 것이 수족관으로 떨어졌고, 그것은 위험한 것일 수도 있지만 먹잇감일 수도 있고 친구가 될 수도 있다. 그럼 누가 용기 내서 위험을 감수했을까? 미지의 좋은 것은 위험을 감수할 만큼 가치가 있을 수 있기 때문이다. 주로 수컷들이다. 가시고기 암컷은 대부분 플라스틱으로 만들어진 기다란 풀숲에 머물렀다. 기다리고 지켜보며 위험을 최소화했다.

연구자들은 다른 동물들에게서 이와 비슷한 패턴을 관찰했다. 루드 판 덴 보스와 케임브리지대학교University of Cambridge의 졸 졸스Jolle Jolles, 세인트앤드루스대학교University of St. Andrews의 닐처 부거트Neeltje Boogert는 위스타 쥐wistar rat 수컷과 암컷이 서로 다른 상황에서 어떻게 결정을 내리는지 연구했다. 당신이 영화에서 실험용 흰쥐가 분홍색 코를 킁킁대며 미로를 뛰어다니는 걸 보았다면, 아마 위스타 쥐일 것이다. 다른 실험용 흰쥐에 비해 위스타 쥐는 몹시 활동적이다. 가만히 있지 못하고 이리저리 다니며 탐색하는 것을 좋아한다. 판 덴 보스와 연구 팀은 수컷과 암컷 쥐가 스트레스에 다르게 반응하는지 알고 싶었다. 그들은 한쪽에 위스타 쥐가 겨우 몸을 숨길 만한 오두막이 있는 커다란 우리를 만들었다.[23]

첫째 날, 연구자들은 쥐들을 실험용 우리에 조심히 넣었다. 위스타 쥐는 워낙 활발해서 킁킁대며 돌아다녔다. 은신용 오두막을 포함한 구석구석을 탐색하며 새로운 환경에 익숙해졌다. 연구자들은 밤에 쥐들을 다시 원래 우리로 가져다놓았다. 둘째 날, 판 덴 보스는 실험용 우리 구석에 작은 수건을 걸어 스트레스 원인을 만들었다. 수건은 일반적으로 쥐에게 위협을 주지 않지만, 이것은 고양이가 3주 내내 그 위에서 잠을 잔 수건이다.

쥐들을 다시 실험용 우리에 넣은 둘째 날, 무슨 일이 일어났을까? 암컷 쥐들은 좁은 오두막에 들어가 꼬리를 감추고 가만히 있었다. 곧 공격이 닥칠 것 같을 때 그들은 몸을 완전히 숨긴 채 거의 모든 시간을 보냈다. 수컷 쥐들은 수건을 향해 성큼성큼 걸어갔을까? 그렇지 않다. 가시고기들이 어망에 호기심을 보인 것과 달리, 그 수건은 쥐들에게 전혀 불명확한 게 아니다. 풍기는 냄새로 보아 그것은 포식자다. 수컷 쥐들도 몸을 숨겼지만, 부분적으로 숨겼다는 점이 암컷과 달랐다. 수컷들은 위에서 볼 수 있을 만큼 머리를 내놓았다. 수컷 쥐들은 같은 스트레스 상황에 있는 암컷 쥐들보다 큰 위험을 감수한 것이다.

작은 물고기와 실험용 쥐는 수많은 복잡한 결정을 내리지는 않겠지만, 결정을 내릴 때 인간과 비슷한 패턴을 보인다. 스트레스 상황에서 수컷과 암컷은 다른 방식으로 위험에 접근한다. 위협을 감지하면 암컷은 위험을 최소화할 방도를 찾지만, 수컷은 그러지 않는다. 적어도 같은 정도로는.

수컷과 암컷은 왜 다르게 반응할까? 수컷이 위험을 감지하기 위해 코를 내놓고 킁킁댈 때 암컷은 왜 가장 안전한 방법을 선택할까? 우리는 동물과 사람이 위협을 느낄 때 투쟁 혹은 도피 반응을 보인다고 배웠다. 싸우기로 결심하면 주먹을 들거나 발톱을 세웠고, 도주하기로 결심하면 가장 가까운 출구를 향해 돌진했다. 물고기들이 어망을 향해 뛰쳐나오고 쥐들이 머리를 내밀었을 때, 그들은 싸우기로 결심한 것이라고 할 수 있다. 가시고기 암컷들이 풀숲에 있을 때와 위스타 쥐 암컷들이 은신처에 마지막 수염까지 꼭꼭 숨겼을 때, 그들은 도주를 선택했다고 말할 수 있을 것이다. 수컷들은 싸우고 암컷들은 도주한다. 논의는 끝난다.

그렇게 간단할까? 사실 그렇지 않다. 그것은 물고기의 행동을 설명할 수 있을지 모른다. 하지만 위스타 쥐 수컷들도 허겁지겁 몸을 숨기지 않았는가? 4인치(10센티미터)짜리 쥐가 실물 크기 고양이가 있는 것 같은 냄새를 맡았을 때 도망가는 건 당연한 일이다. 그리고 수컷은 싸울 준비를 하는 동안 암컷은 도주할 준비를 한다는 개념은 인간들 사이의 역학 관계를 설명하지 못한다.

풍선 부풀리기 게임을 보라. 여성들은 얼음처럼 차가운 물 때문에 스트레스 받을 때 1분 안에 손을 빼지 않았다. 남성들과 똑같이 3분 동안 지속했다. 풍선 부풀리기 게임이 시작되었을 때 여성들은 첫 라운드에서 멈추지 않았다. 그들은 도망치지 않았다. 연구자들이 모든 피험자에게 언제든지 중단할 수 있다고 말했으므로, 여성들은 그럴 수도 있었다. 여성들은 도주 대신 계속 게임 하기를 선택했지만, 남성들과 다른 전략을 썼다. 작지만 확실한 승리를 택해서 위험을 최소화하는 동시에 승리를 최대화한 것이다. 싸우거나 도주한다는 개념은 심장이 뛰기 시작할 때 남성과 여성이 어떻게 달라지는지 충분히 설명하지 못한다.

캘리포니아대학교 로스앤젤레스캠퍼스University of California, Los Angeles의 건강심리학자 셸리 테일러Shelley Taylor는 '싸우거나 도주하기'는 인간을 포함한 수많은 종의 수컷들이 스트레스가 심한 상황에 반응하는 방식을 묘사한다고 주장한다. 때로 남성들은 위험을 향해 용감히 나아가고 싸우는 것을 선택한다. 풍선 부풀리기 게임에서 남성들은 보상이 많은 더 큰 승리에 도전하고, 가시고기 수컷들은 수족관 중앙으로 돌진한다. 남성들은 위스타 쥐 수컷들이 숨기 위해 달려간 것처럼 가끔 도주를 선택하기도 한다.

테일러는 암컷이 스트레스에 어떻게 반응하는지 묘사하는 또 다른 방식이 있다고 믿는다. 암컷은 싸우거나 도주하는 대신 "보살피고 친구가 되어준다".[24] 테일러는 진화론적 관점에서 수컷이 스트레스 받을 때 더 공격적인 행동을 하는 게 당연하다고 주장한다. 수컷들은 위험을 가늠해보고 이길 수 있다고 생각하면 공격하지만, 덤비는 건 끔찍한 일이라고 판단되면 대안으로 도주를 선택한다. 수컷들이 언제나 도주를 선택할 수 있다면, 그들에게 위험은 주시하고 감수할 가치가 있는 것이다.

암컷은 늘 도주를 선택할 수 있는 게 아니다. 대다수 종에서 암컷은 새끼를 돌보는 책임을 맡는다. 어린 새끼가 성숙해질 때까지 보살피는 일을 하는 것이다. 그들은 수컷들보다 새끼에게 많은 시간과 노력을 쏟기 때문에, 도주가 새끼를 두고 가는 것을 의미할 때 스트레스 상황에서 도주할 수 없다. 싸움도 새끼를 무시하고 공격자에 맞서는 것이다 보니 새끼를 보호받지 못하는 상태로 방치한다. 그러므로 싸우거나 도주하기는 암컷에게 적용할 수 없을 것이다.

암컷은 위협 받을 때 받아들이기보다 위험을 최소화하는 전략이 필요하다. 이런 디폴트 접근법default approach은 위협적인 상황에서 가만히 있는 것을 수반하지만, 암컷이 생존할 가능성을 높여주므로 새끼가 생존할 가능성도 높아진다.[25] 그래서 암컷들은 협력자를 찾는 것이라고 테일러는 주장한다. 암컷이 친구를 사귀어 강력한 네트워크를 형성하면, 위협이 있을 때 더 많은 존재의 도움을 받아 자신과 새끼를 보호할 수 있을 것이다. 그것은 보호책이 되므로 개별적 암컷에게 좋은 일이고, 다른 암컷들 역시 보호할 새끼가 있을 테니 종을 위해서도 좋은 일이다. 암컷은 혼자가 아니므로 안전을 꾀하는 게 좋다.

당신은 그들이 누구에게 친구가 되어줄지 궁금할 것이다. 이 모든 연구에는 친구가 되어줄 대상이 없었다. 가시고기는 수족관에 암컷 친구가 없었고, 위스타 쥐도 새끼가 없었으니 암컷에게 응원하고 격려할 대상이 없었다. 함께 옹기종기 모일 필요가 없다는 점이 흥미롭다. 분명 위험을 최소화하는 반응을 촉발하는 것은 다른 대상의 존재가 아닐 것이다. 위험을 최소화하는 방식은 심한 스트레스 상황에서 촉발되는 것 같다. 가시고기 암컷들은 갑자기 어망이 나타났을 때 풀숲에 가만히 머물렀고, 위스타 쥐 암컷들은 포식자의 냄새가 날 때 오두막에 몸을 숨겼다. 위험을 최소화하는 것은 그들이 선택한 최선의 방법이다.

풍선 부풀리기 게임에서 스트레스 받은 여성은 숨지 않았지만, 위험을 최소화하는 더 정교한 방법을 찾아냈다. 그들은 가급적 많은 돈을 따면서도 그때까지 딴 돈을 잃기 전에 멈추는 것을 택했다. 스트레스 받은 여성은 스트레스 받은 남성보다 일찍 위험에서 물러났지만, 도박을 하지 않은 건 아니다. 그들은 중도를 선택한 것뿐이다.

이는 스트레스 상황에서 의사 결정을 할 때 나타나는 성별 차이에 대해 생각하는 매혹적인 방식이다. 남성은 (필요한 경우) 언제든 떠나거나 도망칠 수 있다는 깊고도 무의식적인 믿음과 함께 진화해온 것 같다. 남성은 더 다양한 결정을 내릴 수 있고, 위협에 맞닥뜨렸을 때 위험을 추구할 만한 여유가 있다. 여성은 역사적으로 그런 호사를 누리지 못했다. 외면하고 도망치는 게 언제나 가능한 선택지가 아니었기에, 여성은 의사 결정을 할 때 더 안정적이고 신중하도록 진화된 것 같다. 심장이 뛰기 시작하고 코르티솔이 분출될 때 여성의 뇌는 '가장 안전하고 확실한 것을 하라'고 속삭인다.

보살피고 친구 되어주기tend-and-befriend 이론에 회의적인 일부 과학자들은 이것이 여성의 반응적 대처 방식일 수 있지만, 능동적 대처 방식을 택하는 여성도 있다고 지적한다. 이런 여성은 스트레스가 커지는 걸 느낄 때 다른 사람에게 의지하기보다 나서서 상황을 바꾸려고 노력한다.[26] 테일러의 보살피고 친구 되어주기 견해를 지지하는 연구도 늘고 있다.[27]

최근 빈대학교Universität Wien의 심리학자 리비아 토모바Livia Tomova와 동료들이 출간한 연구 논문 세 편은 스트레스 상황에서 여성이 다른 사람들과 의견을 더 잘 조율한다는 것을 밝혀냈다.[28] 한 실험에서 사람들은 커튼 뒤로 손을 뻗어 깃털이나 목화송이처럼 촉감이 좋은 것, 끈적끈적한 버섯이나 플라스틱 민달팽이처럼 촉감이 불쾌한 것을 만졌다. 이들은 자신이 만지는 것의 사진과 칸막이 옆의 다른 사람이 만지는 것의 사진을 동시에 보고, 자신의 경험에 대한 호감도를 평가했다. 사람들은 일반적으로 다른 사람의 경험과 자신의 경험을 결합했다. '내가 촉감이 좋은 걸 만지면 당신이 민달팽이를 만진 경험을 내가 평소 느끼는 것보다 기분 좋은 것으로 평가할 것이다.'

토모바의 연구 팀이 내린 결론은 놀랍게 여겨지지 않을 것이다. 여성은 편안할 때보다 사람들 앞에서 연설해야 하는 스트레스를 받을 때 다른 사람에게 높은 관심과 공감을 보였다. 스트레스 받은 여성은 평상시보다 쉽게 다른 사람의 관점을 취했다. 스트레스 받은 남성은 더 자기중심적으로 변했다. 남성은 스트레스 받을 때 자신의 경험에 집중한 나머지, 다른 사람이 어떤 일을 겪는지 상상하는 것을 더 어려워했다. 남성은 이렇게 생각하는 것 같았다. '내가 만지는 이 실크 조각은 믿기지 않을 정도로 촉감이 좋아. 그러니 당신이 만지는 우설牛舌의 촉감도 그렇게 나쁠 리 없어.'

스트레스는 남성의 관심을 한곳에 집중하는 효과를 내므로, 그들이 다른 사람의 관점을 취해야 할 때 실제로 생각의 속도가 상당히 느려졌다. 이 말은 남성에게 모욕적으로 들릴 수 있겠지만, 남성이 반응하는 방식은 당신이 모든 사람에게서 예상하는 것이리라. 당신은 스트레스 받을 때 정말 다른 사람의 필요에 주목할 것 같은가? 위기 상황에서 당신의 자동적 반응이 보살피고 친구 되어주기일 때만 그럴 것이다.

생물의 속성이 운명과 같은 것은 아니지만, 우리는 이런 성향을 알 필요가 있다. 우리는 스트레스 받을 때 선택지의 매혹적인 측면에 끌린다. 그러나 우리가 매혹적으로 느끼는 것은 아주 다를 수 있다. 스트레스 받을 때 남성은 위험을 매혹적으로 느끼지만, 여성은 확실한 것에 끌린다.

회의실에 여성이 있느냐가 관건이다

의사 결정을 위한 한 가지 전략이 다른 전략보다 우월할까? 큰 위험을 감수하고 보상이 큰 성공의 가능성에 집중하는 것이 나을까, 보상은 작지만 위험이 작고 안전한 길로 가는 게 나을까? 루드 판 덴 보스는 어떤 방법도 언제나 최적일 수 없다는 것을 보여주기 위해 불이 난 집을 예로 들었다.[29] 누군가 불타는 집 바깥에 있다고 가정하자. 불길이 뒤쪽 작은 방에 한정되었으므로 그나 그녀가 집 안에 갇힌 사람을 안전하게 구해낼 가능성이 아주 높다. 확률이 높으니 사람들은 불타는 집으로 뛰어드는 위험 추구자는 영웅적이지만, 인도에 서서 위험을 경계하는 사람은 나쁜 선택을 한다고 생각할 것이다. 하지만 불이 집을 통째로 집어삼켜서 지붕이 무너지고 안전하게 사람을 구할 가능성이 대단히 낮은 경우, 사람을 구하러 들어가지 못하고 그저 인도에 서 있기가 아무리 어려워도 현명한 선택이라는 데 모두 동의할 것이다.

실제 세계에서 우리는 대개 위험이 얼마나 큰지 알지 못한다. 이런 확실성이 없으므로 중대한 결정을 내릴 때 위험 추구 관점과 위험 경계 관점을 모두 반영할 필요가 있다. 한 관점이 다른 관점을 완화할 수 있도록.

여성이 의사 결정 과정에서 완전히 배제되면 어떤 결과가 나타날까? 글로벌 금융 위기가 일어나는 동안 이사회에 여성이 포함된 회사와 여성이 포함되지 않은 회사에 어떤 일이 벌어졌는지 살펴보자. 크레디트스위스Credit Suisse는 2005~2011년 글로벌 기업 약 2,400개를 조사한 결과, 이사회에 여성이 한 명 이상 포함된 대기업이 이사회 임원이 모두 남성인 비슷한 회사보다 주가가 26퍼센트 높은 것을 발견했다. 순수익 성장률도 이 회사들이 높았다. 대다수 기업이 몹시 고투하던 6년 동안 이사회에 여성이 포함된 회사는 이사회에 여성이 전혀 없는 회사보다 평균 40퍼센트 많은 수입 증가를 기록했다.[30] 이 성공은 대부분 이 회사들이 더 빠르게 만회했기 때문이다. 이사회에 여성이

한 명 이상 포함된 회사는 2008년 12월 주가가 대부분 바닥을 친 지 3년 만에 나락에서 헤어났고, 이 회사들의 공영 주stock shares는 이사회 전원이 남성인 회사들이 회복되는 동안 계속 더 가치 있었다.[31]

어떤 이들은 이렇게 말할지도 모른다. "좋아요, 좋습니다. 다음에 글로벌 금융 붕괴가 일어나면 일부 여성에게 지휘권을 주는 게 현명하겠군요. 동의합니다. 하지만 주식시장이 활황인 평상시에는 여성이 방해가 될 겁니다. 그들은 우리에게 안전하게 가자고 할 테니까요. 정상적인 상황에서는 모험하는 회사가 더 큰 수익을 낼 겁니다."

흥미로운 주장이다. 위기 상황에는 이사회에 여성을 포함하고, 수익이 높은 시기에는 그러지 말자는 것이다. 이는 2008년 주가 폭락 이전의 시장을 살펴봄으로써 검증할 수 있는 실증적 주장이기도 하다. 이사회의 의사 결정 팀에 여성이 포함된 회사는 주가 폭락 이전에 더 낮은 수익을 보았을까? 전혀 그렇지 않다. 2005~2007년 이사회에 여성이 한 명 이상 포함된 회사의 주식 실적은 이사회가 모두 남성으로 구성된 회사와 거의 비슷했다. 회의실에 여성이 있다고 발전이 저지되지 않는다. 잃은 것은 없고 얻은 것은 많았다.[32]

기업 이사회의 젠더 다양성은 눈보라 같은 논란과 눈사태 같은 경쟁적 결과를 불러일으킨 논쟁적인 주제다. 어떤 경제학자들은 여성 리더가 있는 회사와 여성 리더가 없는 회사에 아무런 시가 변동이 없다고 생각하는 반면, 어떤 경제학자들은 그 변동이 현저하다고 주장한다. 이 모순을 해소하기 위해 실시한 광범위한 분석은 기업 본사가 어디 있느냐에 따라 달라진다고 보고했다. 이사회에 여성을 포함해서 큰 이득을 본 회사는 젠더 평등이 잘 보장된 나라, 즉 여성이 같은 일을 하는 남성과 똑같은 보수를 받고 여성이 동등한 비율로 공직에 선출되는 국가에 위치했다.[33] 여성의 견해가 진지하게 받아들여질 때, 회의실에 더 많은 여성이 참석하는 게 도움이 된다.

스트레스 받을 때 여성은 확실한 승리에 주력한다는 연구 결과는 2013년 10월 여성 상원 의원들이 미국을 이끌어 정부 폐쇄를 막은 이유를 설명하는 데 도움이 될 것이다. 80만 명에 육박하는 연방 정부 직원이 일시 해고되었고, 폐쇄 비용으로 시간당 1,250만 달러의 세금이 들어갔다.[34] 15일째 되던 날 해결책을 찾아야 한다는 압박감이 고조되자, 여성 상원 의원들이 선도했다. 여성 상원 의원들은 자신들이 그 난국을 해결하는 데 성공한 건 남성 동료들보다 의사 결정에 더 협동적인 방식을 취하고, 더 자주 초超당적으로 협력하기 때문이라고 말했다. 이제 우리는 여성이 지금껏 인정받지 못한 힘을 회의실에 부여한다는 것을 안다. 스트레스 받는 긴급한 상황에서 여성은 100만 번에 한 번 일어날까 말까 한 기적의 승부를 기대하지 않는다. 여성은 과업에 더 집중하고, 지나친 것을 추구하지 않으며, 성취할 수 있는 것을 목표로 한다.

이는 우리의 조직 운영 방식에 적어도 두 가지를 시사한다. 첫 번째 시사점은 중요한 결정을 내릴 때, 특히 그 결정에 위험을 가늠하는 것을 수반할 때 회의실에 더 많은 여성을 포함해야 한다는 것이다. 2013년 12월 현재《포천》이 선정한 500대 기업의 이사회에서 여성은 16.9퍼센트에 불과하고, 기업 10개당 하나는 이사회에 여성이 전혀 없다.[35] 그나마 영국은 이보다 훨씬 나은 상황이다. FTSE 250(런던증권거래소 상위 250개 회사)의 이사회 여성 비율은 28.6퍼센트다.[36] 물론 기업에서만 남성이 의사 결정을 지배하는 것은 아니다. 100percentmen.tumblr. com에는 '여성이 아직 발을 디디지 않은 세계 구석구석'이라는 슬로

건과 함께 남성이 운영하는 다양한 조직이 열거되었다. 내가 검색한 주에는 "사회에 도움이 되는 유의미한 경제학"을 개발하는 데 전념하는 신경제사고연구소Institute for New Economic Thinking의 리더 사진이 게재되었다. 리더 23명 전원이 남성이다.

사람들은 여러 해 동안 지도자급 여성이 적은 것에 관심을 기울여 왔으니 이런 우려는 새롭지 않다. 하지만 이것을 다루는 이유는 새롭다. 이는 단지 공정함이나 직장에서 동등한 기회, 심지어 다양한 민주적 혜택의 문제가 아니다. 여성을 포함하는 이유는 당면한 상황에 따라 더 구체적일 것이다. 스트레스 받는 상황에서 남성과 여성은 매우 다른 방식으로 위험한 결정에 접근한다. 더 많은 여성이 핵심적인 의사 결정자가 된다면 조직은 작은 스트레스에 더 능숙하게 대처할 수 있고, 그것이 큰 문제로 악화되는 것을 막을 수 있을 것이다.

두 번째 시사점은 좀 덜 분명하지만 마찬가지로 중요하다. 일단 회의실에 들어가면 여성은 자기 생각을 분명하고 거리낌 없이 말할 필요가 있다. 최근에 《린 인》《나는 오늘부터 나를 믿기로 했다Confidence Code》 같은 베스트셀러는 이런 주장을 하면서 남성은 받지만 여성은 받지 못하는 혜택을 강조했다. 남성은 더 자유롭게 발표하고 대화를 주도하기 때문에 더 많은 신뢰와 영향력, 존경, 보수를 받는다. 그러나 여성의 자유로운 의견 개진으로 얻을 수 있는 또 다른 혜택이 있다. 이것은 내가 많은 이들이 이 장에서 상기시키기를 바라는 점이다.

여성은 자신의 개인적인 이익뿐 아니라 좋은 결정을 내리기 위해서라도 자기 생각을 자유롭게 발언해야 한다. 긴장이 흐르는 의사 결정 회의에서 아무도 당신의 귀에 경종을 울려대는 위험을 말하지 않는 경우, 그것이 모두 사려 깊게 그 위험을 따져보고 중요하지 않다고 판단했다는 뜻은 아니다. 평소에는 성실한 집단일지 모르나, 스트레스를 받으면 당신에게는 분명해 보이는 위험을 아무도 알아채지 못할 수 있기 때문이다. 위험을 제시하고 평가하기 위한 방법은 그 위험을 언급하는 것뿐이다.

유리 절벽

이 말은 스트레스 상황에서 여성에게 지휘를 요청하는 게 좋다는 뜻일까? 여성이 스트레스 상황에서 위험 측정에 균형을 잡아주고 다른 이들의 요구를 더 잘 조율한다면, 어떤 방법도 효과가 없을 때가 여성의 조언을 구하기에 가장 좋은 시기일까? 그렇지 않다. 결정적 위기에 여성을 리더로 내세우는 것은 엑서터대학교University of Exeter의 사회심리학자 미셸 라이언Michelle Ryan과 알렉스 하슬람Alex Haslam이 처음 관찰한 현상으로, '유리 절벽glass cliff'이라 불린다.

2005년 라이언과 하슬람은 런던증권거래소의 상위 100대 기업이 최고위직, 특히 이사직에 더 많은 여성을 임명하는 것을 알았다.[37] 처음에는 대단한 뉴스처럼 보였다. 활동가들이 오랫동안 그런 종류의 최고위직 구성을 요구해왔고, 마침내 여성이 유리 천장을 뚫고 올라간 것처럼 보였다. 하지만 이 이야기에는 더 많은 내막이 있다. 기업들은 몇 달간 암울한 주식 실적을 간신히 견뎌낸 뒤인 결정적 위기에만 능력이 뛰어난 여성을 이사회에 위촉했다. 조직이 잘 굴러가고 주가가 안정적이거나 오를 때 회사는 이사회 임원으로 남성을 뽑았다. 라이언과 하슬람은 이런 패턴을 유리 절벽이라 명명했다. 유리 천장을 부수고 올라온 여성이 남성보다 위태롭고 위험 부담이 많은 지도부

임무를 맡는 확률이 높았기 때문이다. 이 여성들은 위기에 처한 기업을 인계받은 탓에 추락하기 쉬운 위치에 있었다.

처음에 이것은 단지 영국의 문제처럼 보였다. 하지만 다음 10년 동안 같은 패턴이 전 세계에 나타났다. 연방준비제도FRB에 최소 1조 달러의 위험한 모기지 담보 증권이 있을 때 임명된 첫 여성 의장 재닛 옐런[38]과 남성 전임자가 국제적 성폭행 혐의를 받고 사임한 뒤 선출된 IMF의 첫 여성 총재 크리스틴 라가르드[39]를 보라. 메이저 자동차 회사의 첫 여성 CEO가 된 메리 배라Mary Barra를 보라. 제너럴모터스General Motors Corporation가 다음 CEO는 배라임을 발표했을 때 수많은 사람이 역사적인 순간을 축하하며 조직이 여성에게 유리한 형세로 바뀌는 증거라고 말했다. 마침내 여성이 근본적인 남성 조직인 자동차 회사를 지휘하는 것이다.

하지만 제너럴모터스는 배라가 임명되고 몇 주 만에 자동차 수백만 대를 리콜하기 시작했다. 두어 달 뒤, 자동차 두 종에 치명적인 결함이 있음을 이 회사 이사진은 여러 해 전부터 알았다는 것을 보여주는 문서가 나타났다. 그들은 결함 있는 점화 스위치가 13명의 죽음에 책임이 있다는 것을 알았으므로, 유가족과 대중과 정부에게 거짓말해왔음이 드러났다.[40] 사람들은 상황이 어려워질 때 여성을 리더로 내세울 뿐, 형세는 전혀 바뀌지 않은 것이다.

스트레스 상황에서 위험을 경계하는 여성에 대한 연구를 가리켜 다음과 같이 말할 사람도 있을 것이다. "위기가 닥쳤을 때 여성에게 지휘권을 주는 것은 현명한 일이다. 여성은 남성과 똑같은 실수를 하지 않을 것이기 때문이다. 여성은 거의 완전히 침착함을 유지할 것이다. 여성의 전측 섬엽과 조가비핵은 과열될 가능성이 낮기 때문이다."

하지만 조직의 번영기에 더 많은 여성이 주요 의사 결정자가 되면 조직 내 소소한 스트레스에 효과적으로 대처할 수 있기에, 큰 문제가 생기지 않을 것이다. 여성이 조직이 무너지려 할 때만 지휘하도록 요청받고 그 조직을 구하는 데 실패한다면, 즉 여성이 배가 가라앉으려 할 때만 지휘한다면 사람들은 그 실패를 지적하며 "보세요, 결국 여성에게 지휘권을 줘봐야 아무런 효과가 없잖아요"라고 말할 것이다.

선택지 둘이 하나보다 낫다

여성이 스트레스 받는 상황에서도 강한 결정을 내리려면 어떻게 해야 할까? 우리는 폭넓은 영향을 미치는 결정을 검토할 때 반드시 남성과 여성이 모두 참여하게 함으로써 얻을 수 있는 이득에 대해 살펴보았다. 남성과 여성에게 꼭 필요한 전략이 하나 더 있지만, 이것은 자연스러운 일이 아니다. 맨 처음 떠오른 생각을 받아들이지 마라. 스트레스 받을 때는 결정하기 전에 최소한 두 가지 선택지를 생각하라. 스트레스 받을 때는 대개 '어떻게 해야 할까?'에서 '적어도 난 뭔가 하고 있어'로 재빨리 옮겨가고 싶기 때문에, 두 가지 선택지를 생각하기는 믿을 수 없을 만큼 어려울 것이다. 선택지를 하나 더 만드는 것은 머뭇거린다는 의미다. 즉 결단으로 얻는 안도감을 지연한다는 뜻이다.

하지만 사람은 일단 움직이기 시작하면 생산적인 방향으로 가려는 경향이 훨씬 높아진다. 스트레스 받을 때는 왜 더 많은 선택지를 만들어야 할까? 맨 처음 떠오른 아이디어가 나쁘기 때문이 아니라, 실제보다 좋은 것으로 생각되기 때문이다. 연구에 따르면 남성과 여성이 스트레스 받는 상황에서 결정할 때, 그들 앞에 놓인 선택지에 딸린 보상에 더 많은 관심을 쏟는다는 공통점이 있다.[41] 풍선 부풀리기와 카드 게임 실험에서 위험한 결정에 관해 살펴보았듯이, 남성과 여성이 주목하는 보상의 종류는 다르지만(여성은 대단하지 않아도 획득 가능한 보상을 주시하는 반면, 남성은 더 크지만 얻기 어려운 보상에 주시한다) 보상에 주목한다. 스트레스 상황에서 결정해야 할 때, 선택지가 하나뿐이면 평상시보다 그 선택지의 긍정적인 측면에 쉽게 유혹된다.

예를 들어 당신은 어떤 회사에 지원하고, 거기서 후한 제의를 받는다. 그러나 그들이 결정할 시간을 일주일밖에 주지 않아서 압박감에 시달린다. 당신은 그 제의에 대해 생각해보고 현재의 일자리보다 좋을지 결정할 시간이 더 많을 거라 기대했다. 이런 경우 당신은 십중팔구 새 일자리의 어마어마한 특전에 초점을 맞출 것이다. 새 일자리로 옮기면 후한 보수를 받고, 그것은 대단히 영예로운 일이며, 이 분야의 최고 인사들을 만나리라는 생각이 머릿속을 채울 것이다. 제한된 시간에 결정해야 하는 스트레스를 받을 때 당신은 새 일자리의 부정적인 측면—주당 업무 시간이 운용 가능한 40~50시간 혹은 그 이상으로 늘어난다는 점이 가장 크다—을 간과할 확률이 높다.

두 번째 선택지가 있을 때 의사 결정 프로세스가 어떻게 달라질까? 여전히 긍정적인 측면에 주목하겠지만, 첫 선택지의 가능성에 희희낙락하는 데서 그치지 않고 두 선택지의 긍정적 측면을 비교할 것이다. 이 경우 '현재 일을 아무 변화 없이 계속하는 것'은 두 번째 선택지가 될 수 없다. 이게 두 번째 선택지라면 낙담할 것이다.

두 번째 선택지는 제안이 바뀌는 것이어야 한다. 다른 일자리를 찾아볼 수도 있다. 이제 자신의 능력이 얼마나 가치 있는지 알기에 채용 공고를 다르게 볼 것이다. 임금 인상이나 승진, 연차휴가를 일주일 더

줄 것, 일주일에 하루는 재택근무 하게 해줄 것 등 당신이 중요하게 여기는 것을 현재의 사장에게 요구하는 것을 또 다른 선택지로 만들 수도 있을 것이다. 한 주가 지나기 전에는 다른 일자리를 확보할 수 없으므로 사장은 임금 인상이나 당신이 요구한 것을 빨리 승인하지 않을지 모르지만, 제의받은 일자리에 집중하기보다 여러 선택지를 탐색한다면 나쁜 선택을 하도록 자신을 설득할 확률이 줄어든다.

이렇게 프로세스가 개선되면 결과 역시 개선된다. 연구는 선택지가 증가하면 최종적으로 내리는 결정의 질도 좋아진다는 것을 보여준다. 오하이오주립대학교The Ohio State University 피셔경영대학원Fisher School of Business의 폴 너트Paul Nutt 교수는 기업과 비영리단체, 정부 기관이 내린 168개 결정을 분석했다.[42] 그는 건물을 확장하여 약물중독 치료 병실을 증축할지 고려하는 시골 병원 같은 소규모 조직의 선택뿐 아니라 전국의 모든 지점을 다시 디자인할지 결정하는 맥도날드McDonald's Corporation처럼 대규모 조직의 선택도 관찰했다.

그는 이런 결정을 하는 팀 가운데 71퍼센트가 한 가지 선택지를 고려한다는 점을 발견했다. 위의 사례에서 대다수 사람들이 "이 제의를 받아들여야 할까, 거절해야 할까?"라고 질문하는 것과 마찬가지로, 이 팀들도 대부분 단순히 "그것을 할까, 말까?" 질문했다. 한 가지 선택지가 회의석에 올라온 경우가 대부분이고, 이 선택지를 받아들일지 거부할지 깊은 분석을 했다. 의사 결정 팀이 "그것을 할까, 말까?" 질문할 때 생각해낸 결정은 52퍼센트가 장기적인 안목에서 문제가 있는 것으로 간주되었다. 한 가지 선택지에 정신적 에너지를 집중하는 경우, 절반 이상 나쁜 결정이 나온 것이다. 하지만 선택지를 두 가지 이상 숙고한 팀은 68퍼센트가 성공적인 결정을 생각해냈다. 각 조직을 집중적으로 살펴보면 팀에서 한 가지 선택지를 고려하는 대신 두 가지 선택지를 고려할 때 혜택이 얼마나 많은지 알 수 있다.

한 독일 회사의 이사진이 18개월 동안 자신들이 회사에서 내린 결정을 회고해보니 "그것을 할까, 말까?"로 내린 결정은 단 6퍼센트가 장기적 관점에서 '매우 잘한' 선택으로 평가되었다. 선택지를 추가하여 최소한 두 가지 대안을 고려했을 때 그들은 선택의 40퍼센트에 만족했다.[43] 이 연구는 결정을 내리는 팀을 조사한 것이고, 이 독일 회사의 기준은 높았다. 하지만 팀 전체가 좁은 시야tunnel vision로 한 가지 선택지를 평가한다면 팀원 개개인도 성공하리라는 희망을 가질 수 없을 것이다.

스트레스 상황에서 더 많은 선택지를 생각하기는 어려운 일이다. 차분하고 편안할 때 연습해서 습관화하라. 파티 초대를 수락할지와 같이 간단한 문제를 결정할 때 '갈까, 말까?' 외에 고려할 선택지를 하나 더 생각해보라. '파티에 가지 말고 한 달쯤 뒤에 이 친구와 따로 만나는 게 낫지 않을까?' 자문해보라. 비교할 두 선택지가 있으면 좋은 선택지가 하나 더 생각날 수도 있다.

배리 슈워츠Barry Schwartz가 쓴 《점심 메뉴 고르기도 어려운 사람들: 선택의 스트레스에서 벗어나는 법The Paradox of Choice : Why More Is Less》의 팬들은 이 제안에 동의하지 않을 것이다. 슈워츠는 선택지가 지나치게 많으면 '선택 과부하choice overload'에 걸려 결정하기 어렵다고 주장한다. 이런 상상을 해보자. 어느 화창한 토요일에 잠이 깼을 때, 몇 년 동안 타지 않던 자전거를 수리해야겠다는 마음이 든다. 드라이버를 사려고 자전거 가게로 차를 몰고 간다. 그런데 드라이버처럼 생긴 공구가 50개나 있는 게 아닌가. 순간 아연해져서 어차피 자전거 수리하는 방법을 모른다고 합리화하며 빈손으로 돌아가고 싶다. 이것이 선택 과부하다. 슈워츠는 선택지가 지나치게 많으면 선택을 향한 애초의 의욕과 선택에 대한 사후 만족도가 감소한다는 것을 발견한다.

하지만 선택 과부하에 대한 연구는 복합적이다. 칩 히스와 댄 히스가 《자신 있게 결정하라》에서 설명하듯이, 선택 과부하는 보통 선택 지가 여섯 개 이상일 때 그 효과가 나타나기 시작한다.[44] 스트레스 상황에서 결정해야 할 때 선택지를 두어 개 더 생각해도 선택지에 압도 되는 일은 없을 것이다.

지금 내가 느끼는 건 (스트레스가 아니라) 흥분이다

스트레스 상황에서 의사 결정을 향상하는 또 다른 방법은 생각을 바꾸는 것이다. 우리는 보통 스트레스를 나쁜 것으로 간주한다. 프레 젠테이션 하기 위해 자리에서 일어나기 전, 심장이 쿵쾅거리면 당신 은 할 말을 잊어버리거나 실수할까 봐 두려워진다. 이때 당신은 대다 수 사람들처럼 긴장이 일을 그르칠 것이라 생각하기 때문에 '차분해 지자'고 되뇐다. 하버드경영대학원 앨리슨 우드 브룩스 교수는 이 방 법이 효과가 없다는 것을 발견한 수많은 과학자 중 한 명이다. 자신에 게 차분하라고 말하면 역효과가 날 수 있다.[45] 당신의 몸은 확연히 침 착함을 잃고 당장 쓰러질 것 같다. 평정을 찾지 못하면 어떻게 좋은 발표를 할 수 있을까?

브룩스는 더 좋은 제안을 한다. 스트레스가 심한 상황을 무시하거 나 축소하려 하기보다 신체의 긴장을 흥분으로 재해석하라. 자신에게 '정말 기쁘고 흥분된다'고 말하라.[46] '흥분하다'와 '스트레스 받는다'라는 말이 얼마나 다르게 사용되는지 고려하면 좀 억지스럽게 들릴 것이다. 우리는 새 차를 구입하고, 휴가를 떠나고, 옛 친구를 만날 때 들뜨고 흥분한다. 하지만 기한을 맞추고, 시험을 보고, 4년 만에 아버지를 만나는 일에는 스트레스를 받는다. 흥분은 미래를 당신이 고대하는 도전으로 보게 하지만, 스트레스는 미래를 당신이 대처할 능력이 없는 위협으로 보게 한다.

사람마다 생각이 아주 다르지만, 스트레스 받는 상태와 흥분한 상태는 얼마간 비슷한 점이 있다.[47] 심장이 두근거리고, 손바닥에 땀이 나고, 볼이 붉어진다. 긴장된 행사가 있기 전날 밤에 잠을 이루지 못하듯이, 신나는 행사가 있기 전날 밤에도 잠을 못 이룬 경험이 있을 것이다. 그러므로 신체의 모든 스트레스 반응을 인정하고, 그것을 흥분으로 재해석하라.

이 방법이 실제로 효과가 있을까? 사람들은 스트레스 상황에 처했을 때 자신에게 '지금 내가 경험하는 것은 흥분이야'라고 말할 수 있을까? 브룩스는 이 질문에 대한 답을 알아내야겠다고 결심했다. 그녀는 피험자들에게 스트레스를 주기 위해 우리가 대부분 술을 몇 잔 들이켜야 하고 싶어 하는 노래 부르기를 시켰다. 술집에서 친구들의 환호를 받으며 노래 부르는 것은 흥겨운 일인지 모르나, 조용한 방에서 멀쩡한 상태로 낯선 사람 앞에서 노래하는 것은 완전히 다르다.

유급 지원자들이 실험실에 도착했을 때 브룩스는 닌텐도 위Nintendo Wii의 가라오케 비디오게임으로 저니Journey의 1980년대 히트 곡 〈Don't Stop Believin〉을 청중 앞에서 불러야 한다고 설명했다.[48] 브룩스는 각 참가자가 이 노래를 아는지 확인한 다음 특이한 요구를 했다. 그녀는 실험자가 방에 들어와 피험자에게 어떤 느낌이냐고 물으면 정해진 대답을 해야 한다고 말했다. 브룩스는 참가자 절반에게는 "불안하다"고 말할 것을 요구했고, 나머지 절반에게는 "흥분된다"고 말할 것을 요구했다. 피험자는 무작위로 각 집단에 배정되었으므로, 불안 집단에 속할지 흥분 집단에 속할지는 운수소관이었다. 일부는 거짓말을 하겠지만, 브룩스는 그들에게 자신이 말하는 것을 믿으려고 노력하라고 지시했다.

그러고 나서 어려운 순간이 왔다. 피험자들은 낯선 사람들 앞에서 마이크를 잡고 최선을 다해 노래했다. 그들은 노래방에서 하듯 TV 화면에 나오는 가사를 보고 노래했지만, 그 외 다른 도움은 받을 수 없었다.

무슨 일이 벌어졌을까? 브룩스는 닌텐도 위의 가라오케 비디오게임으로 각 참가자의 노래 실력을 평가했다. 닌텐도 위는 적절한 순간에 얼마나 큰 소리를 내는지, 음정은 정확한지, 음을 충분히 길게 내는지 등에 근거해 0점에서 100점까지 객관적이고 냉정하게 점수를 매겼다. "흥분된다"고 말한 사람들이 "불안하다"고 말한 사람들보다 훨씬 노래를 잘했고 점수도 높았다는 점이 흥미롭다. 흥분한 사람들은 평균 점수가 80점이었으나, 불안한 사람들은 겨우 52점이었다. 단지 두어 단어를 말하는 것으로 점수가 극적으로 바뀐 것이다. "흥분한" 사람들이 선천적으로 더 낙관적이거나 열성적인 상태로 실험에 참여한 것이 아님을 유념해야 한다. 그들은 큰 소리로 "흥분된다"고 말하고, 그렇게 믿으라는 요구를 받았을 뿐이다. 그들은 놀라울 정도로 그 말을 잘 믿었다. 적어도 불안해하는 친구들을 능가할 만큼.

"흥분된다"는 말이 가라오케 노래 점수를 올릴 뿐 그 외 다른 것에는 별 효과가 없다면, 토요일 밤 외출에서 멋지게 시간을 보내는 데 도움이 되겠지만 월요일 아침에 업무를 시작하는 데는 별 도움이 되지 않을 것이다. 브룩스는 여기서 멈추지 않았다. 그녀는 "흥분된다"고 말하는 것이 일상의 다른 불안을 극복하는 데 도움이 되는지 검사했다. 브룩스는 수학 성적을 관찰했다. 시간을 정해놓고 수학 시험을 볼 때 흥분하라는 지시를 받은 사람이 침착하라는 지시를 받은 사람보다 많은 정답을 맞혔다. 대중 연설은 어떨까? 이 경우에도 '흥분된다'는 말이 마법을 발휘했다. 일어나서 연설하기 전에 자신에게 이 말을 하라고 지시받은 사람들은 외부 평가단에게 더 자신감 있고 유능하고 설득력 있다는 평을 받았다.[49]

스트레스를 흥분으로 재해석하는 것이 어떻게 더 좋은 결정을 낳을까? 이 연구 분야는 다소 생소하기 때문에 스트레스 재해석이 의사 결정 개선에 직접적인 영향을 미친다는 것을 보여주는 연구는 아직 많지 않다. 하지만 브룩스를 비롯한 여러 연구자들은 재해석이 사람들의 의견을 여러모로 향상해 의사 결정에 도움을 준다는 것을 알아내고 있다. 첫째, 사람들은 자신에게 '흥분된다'고 말할 때 자기 능력에 더 자신감을 갖는다. 4장에서 살펴보았듯이, 적절한 자신감은 더 좋은 결정을 내리게 한다.

스트레스를 재해석할 때 사람들은 잠재적인 부정적 평가에 덜 연연한다. 스트레스 받을 때 일어나는 현상 가운데 부정적 단서에 더 민감해지는 것이 있다. 모든 것이 위협처럼 보이고 들린다. 마치 밖으로 뻗친 더듬이가 진동하며 비판을 찾아내는 것 같다. 연간 직원 업무 평가에 대한 스트레스가 있는 상황에서 '회의를 금요일로 연기한다'는 이메일을 받는 경우, 상사가 바빠서 일정을 조정한 것이라고 생각하는 대신 상사가 나쁜 소식을 전해야 해서 시간을 끄는 것으로 이해한다. 첫 데이트에서 스트레스를 느끼고 "아주 재미있는 가죽 재킷을 입었네요"라는 말을 듣는 경우, 칭찬보다 비난으로 해석할 확률이 높다. 거의 모든 일을 위협으로 간주하면 판단력이 흐려질 것이다.

하지만 재해석은 이런 위협에서 사람들을 보호한다. 하버드의 두 연구자 제레미 제이미슨Jeremy Jamieson과 매튜 녹Matthew Nock은 캘리포니아대학교 샌프란시스코캠퍼스University of California, San Francisco의 웬디 베리 멘데스Wendy Berry Mendes와 함께 우리가 스트레스를 재해석할 때 주위의 부정적 단서에서 더 많은 보호를 받는다는 것을 보여준다.[50] 스트레스에 대한 신체의 반응을 자신의 실적을 향상할 무엇으로 해석한다면, 자신에게 '내 심장이 두근거려서 기쁘다. 이건 내가 이 일을 할 만반의 준비가 되었다는 뜻이니까'라고 말한다면, 세상이 다르게 보이고 들릴 것이다. 그러면 이 사람의 찌푸린 이맛살이나 저 사람의 애매한 말에 심란해지지 않을 것이다. 어디에나 있는 위협을 보지 않으면 더 좋은 결정을 내릴 것이다. 직원 업무 평가에서 언급할 사항의 우선순위를 정하기가 더 쉬워지고, 두 번째 데이트를 좋아할지 더 정확히 판단할 것이다.

스트레스 받는 상태와 흥분한 상태의 경계는 모호하지만, 가능하면 흥분하는 쪽으로 기울여라. 그러면 더 확고한 결정을 내리고, 어려운 도전 과제를 더 쉽게 해내고, 집중이 더 잘될 것이다. 우리는 대부분 긴장되는 것을 막을 수 없지만, 긴장으로 일을 그르치는 것은 막을 수 있다.

우리는 스트레스와 젠더에 대한 선입관을 재검토할 필요가 있다. 남성과 여성이 스트레스 상황에서 불안해할 때 우리는 여성을 감정적이고 변덕스럽다고 평가하고, 남성을 참을성 있고 침착하다고 평가한다. 이 장의 연구는 이런 관념을 약화한다. 스트레스 받는 남성이 스트레스 받는 여성보다 침착하거나 이성적인 것은 아니다. 그들은 보통 때라면 피했을 위험에 돌진하고, 도를 넘는 판돈을 걸고, 그물 안에서 얻을 보상이 무엇인지 알아보러 뛰쳐나온다.

여성은 이런 사실에서 무엇을 취해야 할까? 당신이 부담이 큰 결정을 내려야 하는 여성이고, 주변 남성들이 당신이 생각하기에 믿을 수 없을 만큼 위험해 보이는 아이디어를 추구한다면 당신의 생각을 거리낌 없이 말해야 한다. 이 사람들이 평소 판단력 있고 분별 있는 동료라 해도 스트레스는 사람을 바꾸기 때문이다. 그리고 같은 스트레스를 받아도 여성은 위험을 경계하고, 그물에 늘 좋은 것이 가득하지 않다는 것을 알 확률이 더 높다.

팀 헌트가 성별에 따라 실험실을 분리하면 과학 연구가 향상될 것이라고 농담 삼아 말했을 때, 남성과 여성 모두 심기가 불편해졌다. 우리 모두 이 모욕적인 말에 발끈했다. 하지만 연구실을 분리하는 것이 끔찍한 생각인 것은 단지 성차별적이기 때문이 아니라 근시안적이기 때문이다. 스트레스 상황에서 결정할 때 여성과 남성은 상대의 충동을 견제하며 균형을 잡아줘야 한다. 그러므로 회의실이든 연구실이든 한곳에 여성과 남성이 모두 있어야 한다. 학계나 정부, 기업에서 위험 부담이 큰 결정을 할 때 스트레스를 줄일 수는 없겠지만, 압박감이 상승할 때 큰 위험을 감수하려는 의견과 안전하고 확실하게 전진하려는 의견 사이에서 균형을 더 잘 잡을 수는 있을 것이다.

기억할 사항

1. 여성은 스트레스 받을 때 감정적이 되어 일을 그르치는 반면, 남성은 냉철함을 유지하여 일을 잘 처리한다는 것이 통념이다.
   - 여성이 부정적인 감정을 표출할 때 사람들은 그녀를 감정적이라고 생각한다.
   - 남성이 부정적인 감정을 표출할 때 사람들은 그에게 좋지 않은 일이 있었나 보다고 생각한다.

2. 신경과학자들은 여성이 감정의 무게에 짓눌려 이성을 잃기보다 의사 결정에 고유한 힘을 부여한다는 것을 암시하는 증거를 발견했다.

3. 연구자들은 코르티솔 수치의 급상승이 남성과 여성이 위험한 결정에 접근하는 방식에 상반된 영향을 미친다는 것을 발견했다.
   - 극심한 스트레스를 받는 남성은 비용이 많이 들고 가능성은 낮지만 이득이 큰 선택을 추구하는 반면, 극심한 스트레스를 받는 여성은 작지만 확실한 성공을 선택하는 경향이 있다.

4. 스트레스 상황에서 위험한 결정을 할 때 남성과 여성의 뇌는 흔히 다르게 반응한다.
   - 매더와 동료들은 스트레스에 지친 남성이 위험한 결정을 내릴 때 뇌의 조가비핵과 전측 섬엽이 과열되는 것을 발견했다.
   - 같은 스트레스를 받은 여성은 두 부위가 더 잠잠해지고 덜 활성화되었다.

5. 문제: 성공한 여성은 유리 절벽에 맞닥뜨리며, 위기에 임원으로 승진되는 경우가 많다.
   - 더 많은 여성이 의사 결정 과정에 참여한다면 조직은 작은 스트레스에 효율적으로 대처해서 큰 문제가 생기는 걸 막을 수 있을 것이다.

6. 압박감이 큰 의사 결정에 대해 성별에 따라 다른 반응을 보이는 건 인간뿐만 아니다. 위스타 쥐와 가시고기도 수컷은 위험을 감수하고, 암컷은 위험을 최소화한다.

7. '싸우거나 도주하기'는 다양한 수컷이 위협적인 상황에 대처하는 방식을 포착하는 것 같고, '보살피고 친구 되어주기'는 여성이 대처하는 방식을 더 잘 묘사하는 것 같다.

8. 스트레스에 대한 여성의 반응은 남성의 반응과 균형을 잡는 데 도움이 되므로, 여성을 의사 결정 과정에 포함하면 여성에게 이로울 뿐만 아니라 현명한 결정을 내리는 데 도움이 된다.

실천할 사항

1. 스트레스 받을 때 결정하려면 선택지를 하나 이상 만들어라. 상정된 선택지가 많을수록 더 좋은 결정을 내릴 것이다.
2. "두렵고 불안하다"를 "신나고 흥분된다"로 재해석하면 당신의 결정이 눈에 띄게 향상될 것이다.

다른 사람들이
형편없는 결정을
하는 걸 볼 때

"언니는 일곱 달 동안 아무 조치도 취하지 않았습니다. 일곱 달이나." 내 맞은편에 앉은 여성은 언니가 왜 그렇게 오래도록 시간을 끌다가 의사를 찾아갔는지 이해할 수 없다는 듯 고개를 내저었다. 49세 로리는 텍사스Texas에서 초등학교 교사로 일한다. 그녀는 시간을 거슬러 올라가 일이 어떻게 시작되었는지 말한다.

"그러니까 언니가 문제를 처음 감지한 것은 6월이었어요. 그날 도서관에서 자신이 주재할 회의에 늦어 서둘러 집을 나가려는 참이었는데, 화장실에서 볼일을 본 뒤에 출발하는 게 낫겠다고 생각했대요." 로리는 목소리를 약간 낮춰서 말했다. "언니는 좀 구식이라 공중화장실에서 볼일 보는 것을 싫어하거든요. 물을 내리려다가 변기에 피 같은 게 조금 있는 걸 봤대요. 언니는 아주 조금이었다고 주장합니다. 깜짝 놀라 주치의에게 전화해볼까 생각했지만, 약속 시간에 늦은 터라 나중에 처리하기로 했어요. 다녀와서 전화할 생각이었는데, 나가서 정신없이 휘둘리다 보니 그 일을 까맣게 잊었습니다. 1~2주 뒤 다시 피가 보일 때까지 말이죠. 이번에는 잠자리에 들기 직전이었어요. 전화하기에 늦은 시각이었다고 합니다."

로리는 잠시 허공을 응시한다. "통증이 전혀 없어서 대수롭지 않은 문제로 여겼다는 거예요. 언니는 섬유질이 많은 음식을 먹기 시작했어요. 1~2개월 지나 통증이 시작되었을 때, 언니는 애드빌Advil을 먹었어요. 고섬유질 식이 요법이 도움이 안 되는 점과 통증 부위 등을 전제로 언니는 폐경기에 나타나는 현상일 것이라 생각하고, 알리브Aleve를 복용했어요. 의사를 만나거나 형부에게 말하지 않았대요. 어느 시점에 언니가 형부한테 말했는데, 형부는 왜 바로 응급실에 데려가지 않았는지 모르겠어요."

"결국 언니가 병원에 찾아간 이유가 뭔지 아세요?" 로리가 내게 물었다. "손자를 안을 수 없었기 때문이에요. 손자를 안아 올리려니 통증이 심해서, 그제야 뭔가 조치를 취해야겠다는 마음이 들었답니다. 언니는 약속을 잡고 단골 병원에 갔어요. 그들은 언니를 바로 큰 병원에 보내 검사 받도록 했죠. 다음 날 우리는 언니가 암에 걸렸다는 것을 알았습니다. 점심시간에 전화를 받았는데, 그때 이 이야기를 처음 들었어요. 장암 3기. 장암 말기라니, 정말 끔찍했어요. 나는 예후를 찾아보고, 말기에 이르면 생존율이 50~60퍼센트밖에 되지 않는다는 것을 알았습니다."

"너무 화가 나요. 남동생과 나는 언니의 목을 조르고 싶을 정도예요. 당혹스럽기도 하고요. 언니가 상황이 이렇게 될 때까지 가만히 있을 만큼 어리석은 사람이 아니라 더 이해가 되지 않아요. 게다가 언니는 여러 해 동안 치과 의원에서 일한 경험이 있어, 병을 예고하는 초기 징후를 무시하면 어떤 일이 벌어지는지 알거든요."

우리는 이런 이야기를 들을 때 고개를 저으며 우리가 사랑하는 사람들은 더 현명하기를 바란다. 하지만 평소 지적이고 분별 있는 사람이 터무니없이 어리석은 결정을 하는 걸 본 적이 있다. 어떤 친구는 남편이 여러 번 배신했는데도 남편에게 돌아가기로 결정하고, 당신의 의뢰인은 후한 제의를 생각하려고도 하지 않을 수 있다. 당신은 그것이 끔찍한 결정이라는 사실을 분명히 알 수 있다. 하지만 고집스러운 사람은 자신이 최선의 선택을 한다고 믿는다. 어떻게 똑똑한 사람이 형편없는 결정을 하면서 그렇지 않다고 확신할 수 있을까? 우리는 모두 "설마 한 입 먹었다고 아프겠어?" "아무도 눈치 채지 못할 거야"라며 자기 행동을 합리화하는 데 능숙하다. 여기에는 자신을 조금 속이는 것 이상의 무엇이 작용하는 것 같다.

이 장에서는 사람들이 왜 자신을 기만하는지 살펴볼 것이다. '우리는 실수에서 배운다'는 격언은 어리석은 결정을 돌아볼 기회를 소중히 여기고, 거기서 배운다는 것을 암시한다. 그러나 그럴 수 있는 사람은 소수다. 이제 우리는 실수에서 멀어지는 것이 같은 실수를 반복하는 것에 비해 굉장한 노력이 필요하다는 사실을 안다.

분명히 해두는 게 좋겠다 — 이 장은 잘못된 추론에 대한 것이 아니다. 잘못된 추론은 분명 인간적인 결함이고, 우리는 누구나 일상생활에서 마주치는 소소한 결정에서 눈에 띄지 않는 실수를 한다. 1장에서 살펴보았듯이 우리는 대부분 어떤 것의 가치를 결정할 때 '닻 내림 효과'를 경험하므로, 그 숫자가 얼마나 임의적이고 터무니없는지와 상관없이 맨 처음 보거나 들은 숫자에 영향을 받는다. 3장에서 살펴본 '확증 편향'에 빠지기도 한다. 우리는 스스로 '조사한다'고 믿을 때 사실은 자신이 결정하고 싶은 것을 지지해줄 정보만 수집하는 것이다.

이렇듯 우리의 추론은 왜곡되었을지 모른다. 하지만 아무도 알아채지 못한다. 그 결정은 합리적으로 들리기 때문이다.

이 장에서 이야기할 것은 합리성이 아니라, 명백히 드러난 나쁜 결정에 대한 것이다. 사람들이 선택하는, 눈을 가리고 싶을 만큼 명백하게 미심쩍은 선택지들에 대해 말한다. 그 선택을 한 사람 외에 모든 이들이 그것이 형편없는 선택임을 안다. 그 사람 혼자 그 결정이 옳다고 확신하는 것 같다. 그는 다른 사람들이 동의하지 않는다는 걸 알면 마음을 바꾸는 대신 그 일에 대해 입을 다문다.

이 사실이야말로 다른 무엇보다 가장 많은 것을 가르쳐주는 교훈일 것이다. 다른 사람의 미친 결정에 소스라치듯 놀라며 '제발 그렇게 했다고 말하지 마세요'라는 반응이 늘 변화를 이끌어낼 수 있는 것은 아니다. 우리는 그 사람이 알아들었다고 생각하지만, 일주일 뒤 그는 다시 근시안적 선택을 한다. 우리는 흔히 가족과 친구가 형편없는 선택을 하는 이유를 잘못 이해하고 엉뚱한 문제를 표적으로 삼는다. 우리는 그들이 선택의 결과를 충분히 생각하지 않았다고 여기지만, 우리가 정말 해야 할 일은 그 선택을 한 동기를 숙고하는 것이다. 그들이 향하는 곳이 아니라, 그들이 출발한 지점을 생각해야 한다.

이 장의 목적은 형편없는 결정을 하게 하는 동기를 이해하도록 돕는 것이다. 어떤 일이 일어날지 알면 조금 덜 좌절하고, 다른 사람의 분별을 조금 더 믿을 수 있을 것이다. 다양한 동기를 파악하는 방법, 사람들이 더 나은 선택을 하게 하는 방법도 찾아낼 것이다. 현실을 직시하자. 그것은 다른 사람의 결정이므로 당신은 그의 최종적인 선택을 통제할 권한이 없다. 하지만 그 사람이 특정한 길로 나아간 이유를 알면, 그가 더 나은 선택을 하도록 도울 수 있을 것이다.

334

'누가'를 묻지 말고 '언제'를 물어라

우리는 특정한 유형의 사람이 어리석은 결정을 하는 것이라고 생각하는 경향이 있다. '그는 판단력이 형편없어' '그녀는 사업 감각이 없어' '저 두 사람은 자기 방식에 고착되었어'라고 생각하는 것이다. 우리는 그것을 시력이나 운전 같은 것이라 생각한다. 어떤 사람들은 10피트(약 3미터) 앞도 보지 못하므로 믿고 운전대를 맡길 수 없다는 식으로. 하지만 그것은 지나친 단순화다. 어떤 사람들은 중요한 결정을 내리지 못할 거라고 생각하는 순간에 중요한 점을 놓친 것이다. 형편없는 선택은 어떤 이의 세계관에 내재된 결함으로 야기되는 게 아니라 상황 때문이라는 것을 과학자들이 속속 밝혀내고 있다.

시력과 운전의 비유를 조금 더 확장해보자. 물론 몇몇 사람은 다른 사람들보다 시력이 좋지만, 거의 모든 사람들은 밤중에 퍼붓는 빗속에 운전하는 것을 어려워한다. 우리는 이런 상황이 운전하기에 나쁜 조건이라는 것을 나타내는 신호임을 알기에 속도를 줄인다. 결정하기에 나쁜 조건이라는 것을 알아보는 방법도 배울 필요가 있다. 우리는 누구에게 그런 문제가 있는지가 아니라, 사람들이 언제 결정하는 데 어려움을 겪는지 물어야 한다.

부모가 은퇴할 나이가 되면, 성인이 된 자식들은 부모의 의사 결정 능력을 믿을 수 있는지 궁금해질 때가 많아진다. 나이가 들수록 인간의 기억력이 쇠퇴하기 시작한다는 것은 주지의 사실이지만, 의사 결정 과정도 나이에 따라 변한다는 것을 아는 사람은 거의 없다. 여기서 '쇠퇴하다decline'보다 '기울다tilt'가 적확한 표현일 것이다. 사람들은 나이가 들수록 특정한 정보에 마음이 기울어 의도적으로 나머지 것에서 멀어진다.

이 장은 형편없는 결정을 내리는 여성에 관한 내용이 아니라, 다른 이들이 형편없는 결정을 하는 걸 보는 여성과 거기에 더 잘 대처할 수 있는 방법에 관한 것임을 분명히 밝혀둔다. 다른 사람이 형편없는 선택을 하는 것에 여성이 더 괴로워하기 때문은 아니다. 여성이든 남성이든 가족이나 친구가 터무니없는 결정을 하는 걸 볼 때 곤혹스럽기는 마찬가지다. 하지만 다른 사람이 결정하는 방식이라는 렌즈로 여성에 대해 생각해봐야 하는 두 가지 이유가 있다. 첫째, 2장에서 보았듯이 여성은 다른 사람들의 의견을 구하며 더 민주적으로 결정하는 경향이 있다. 이는 여성의 삶이 다른 이의 끔찍한 결정에 더 많은 영향을 받는다는 의미다.

둘째, 여성은 주로 다른 사람이 결정할 때 도와주는 역할을 한다. 여성은 남성보다 자주 결정의 조력자를 자처하거나 자임한다. 남편이 병원 치료에 대한 결정을 내려야 할 경우, 아내는 대개 입장이 바뀌었을 때 남편이 담당했을 역할보다 의사와 의논하는 과정에서 큰 역할을 맡고자 한다.[1] 대학생은 대학원에 진학할지 여부, 어떤 회사에서 일할지 등 인생의 큰 전환점에 대해 묻고 싶을 때 남성 교수보다 여성 교수한테 조언을 구한다.[2]

아들과 딸도 다른 역할을 맡는다. 나이 든 부모가 자식의 도움이 필요할 때 아들은 은행에 가기, 식료품 사 오기, 처방대로 약 지어 오기 등 집 밖에서 심부름하는 경향이 있는 반면, 딸은 어머니나 아버지의 목욕하기, 화장실 가기, 입을 옷 고르기, 비용 계산하기, 음식 만들기 등 일상생활을 도와주는 경향이 있다. 그러다 보니 딸은 부모의 가장 내밀하고 숨겨진 선택을 안다.[3] 다시 말해 딸은 아버지가 새 재무 설계사에게 터무니없이 많은 수수료를 낸다거나, 어머니가 개봉하지도 않은 에이본Avon 제품이 늘어난다는 것을 알아차린다. 이처럼 누군가 어리석은 선택을 하려 할 때 일찍 알아차리는 여성은 그 사람을 설득해서 다른 길로 가게 도울 수 있는 좋은 여건에 있다.

우리는 언제 나쁜 결정을 경계해야 하는가?

그렇다면 결정하기에 어려운 조건은 무엇일까? 당신의 주변 사람들은 언제 형편없는 결정을 내릴까?

첫 번째 경우는 알기 쉽다. 사람들은 어떤 조언에 거액을 지불할 때 형편없는 선택을 한다. 이런 일은 문제 해결을 도와줄 컨설턴트를 고용할 때나 건강보험이 적용되지 않는 의사의 치료비를 자기 호주머니에서 지불할 때 일어날 수 있다. 이 전문가들이 언제나 형편없는 결정을 야기하는 질 낮은 조언을 하는 것은 아니다. 전문가들은 대개 식견있는 권고를 하거나 가장 발전된 최선의 길을 안다. 하지만 사람들은 자문에 대한 비용으로 거액을 지불할 때 그것의 질을 못 본다.

하버드경영대학원의 경영학 교수이자 의사 결정에 관한 책《결심의 기술Sidetracked : Why Our Decisions Get Derailed and How We Can Stick to the Plan》을 쓴 프란체스카 지노Francesca Gino는 사람들이 조언에 반응하는 방식을 연구해왔다. 그는 조언에 드는 비용이 소액이거나 무료일 때보다 거액일 때 사람들이 조언에 따르는 경향이 훨씬 높다는 것을 발견했다.[4] 지노가 대학생을 대상으로 한 실험에서 무작위로 선정된 피험자 절반에게는 요금이 싼 조언 조건이 부과되었고, 나머지 절반에게는 요금이 두 배 비싼 조언 조건이 부과되었다. 지노는 요금을 정했고, 각 참가자는 조언해준 사람에게 정해진 돈을 지불할지 결정했다.

조언을 받고 나면 어떤 일이 벌어질까? 비싼 조언에 돈을 지불한 참가자들이 싼 조언에 돈을 지불한 참가자들보다 조언에 따르는 확률이 높았다. 사람들이 식견 있는 전문가에게서 얻은 조언이 아니라는 것을 알 때도 비싼 조언에 따랐다는 점이 놀랍다. 지노는 처음에 그 조언이 같은 질문에 답한 다른 대학생들한테서 얻은 것임을 참가자들에게 밝히며, 그것이 좋은 조언일지 장담할 수 없다고 덧붙였다. 비싼 요금이 무작위로 정해지는 것까지 보여주었다.

지노가 요금을 정할 때 각 참가자에게 말했다. "당신을 위해 준비된 조언이 있습니다. 우리는 먼저 당신이 그것을 무료로 얻을지, 요금을 지불해야 할지 결정해야 합니다." 그런 다음 참가자가 보는 가운데 동전을 공중으로 던졌다. 조언에 대한 요금을 지불해야 하는 참가자는 그것이 자신의 운수소관임을 알았다. 하지만 그 조언이 비싸다는 것을 알면 "들인 돈에 상응하는 가치를 얻고" 싶어지므로, 반대쪽 동전면을 얻은 운 좋은 사람들보다 조언에 따르겠다고 선택한 확률이 높았다.

이 실험에 참가한 사람들은 조언을 얻기 위해 아무것도 하지 않았음을 기억하라. 그들은 캠퍼스 내의 건물에 나타나 문을 두드렸을 뿐인데, 놀랍게도 조언이 준비되었다. 하지만 조언을 구하려고 온갖 노력을 한 사람들에게 무슨 일이 벌어질지 상상해보라. 당신의 사장이 자문을 구할 컨설팅 회사를 알아보고 고르느라 몇 주를 보냈다면? 반복되는 두통 때문에 고생하는 당신의 친구가 최면 요법으로 증상을 완화하는 의사를 만나기 위해 편도 한 시간 거리를 오가며 일주일에 200달러를 지불한다면?

두 경우 모두 실질적인 혜택을 볼 수도 있다. 당신의 사장은 때맞춰 전략적 조언을 얻을지 모르고, 당신의 친구는 몇 달 만에 처음 두통에서 벗어나 편안함을 느낄지도 모른다. 하지만 당신의 사장과 친구는 둘 다 조언을 얻기 위해 많은 시간과 돈과 노력을 쏟아부어서, 그 조언을 평가해야 할 때는 평소만큼 똑똑하지 못할 것이다. 그들은 분명 당신이 말해야 하는 어떤 것보다 그 얻기 어렵고 값비싼 조언을 가치 있게 여길 것이다. 당신이 사장의 급여 대상자라도 당신의 조언은 대개 공짜로 인식된다.

값싼 조언은 어떨까? 사장이 할인된 가격으로 전문 컨설턴트—아마 사업을 막 시작한 사람일 것이다—에게 조언을 의뢰했다 해도 여전히 걱정해야 할까? 지노는 저렴한 조언이 공짜 조언보다 설득력 있지만(즉 당신의 사장은 여전히 당신의 조언보다 외부의 조언을 가치 있게 여길 것이다), 저렴한 조언은 비싼 조언만큼 설득력이 없다는 것을 알아냈다. 사람들은 지불한 만큼 얻을 것이라고 기대한다.

누가 많은 돈을 내고 조언을 구할 계획이라는 걸 당신이 안다면, 그 조언이 분별 있는 것이든 아니든 그가 맹목적으로 거기에 따를까 봐 걱정이라면, 할 수 있는 일이 몇 가지 있다. 당신의 사장이 컨설턴트에게 회사의 웹 사이트를 더 많은 사람이 이용할 수 있게 하는 방안에 대해 조언을 의뢰한다고 치자. 이때 당신은 사장이 컨설턴트의 조언을 읽고 그게 훌륭한 까닭을 합리화하기 전인 기획 단계에서 조언을 해야 가장 큰 도움을 줄 수 있을 것이다.

컨설턴트가 가장 좋은 제안 하나가 아니라 적어도 세 개는 제공하도록 사장에게 제의하라. 그러면 회사 측에서 논의를 거쳐 그중 하나를 선택할 수 있을 것이다. 우리가 앞 장에서 살펴보았듯이, 연구는 조직이 여러 선택지를 숙고할 때 더 좋은 결정을 한다는 것을 보여준다. 하지만 컨설턴트가 한 가지 조언을 제공한다면 일반적으로 "그것을 따를까, 말까?" 논의할 뿐이다.[5]

기획 단계에서 해야 할 또 다른 중요한 일은 회사가 어떤 조건에서 손실을 줄이고 컨설턴트의 조언을 무시하거나 다음에 쓰기 위해 제쳐둘지 논의하는 것이다. 그다음 달에 우리 힘으로 웹 트래픽을 세 배로 만들었다면 컨설턴트의 조언은 나중을 위해 제쳐두고 우리가 해오던 대로 해야 하지 않을까? 사장은 내켜하지 않으며 "여기에 많은 돈을 지불했소. 컨설턴트의 조언을 무시하는 일을 없을 거요"라고 말할지 모른다. 미리 이의를 제기해야 사장이 조언을 어떻게 평가할지 생각할 것이다.

조언이 주어지기 전에 이런 대화를 할 기회가 없다면 투자한 사람들에게 조언을 무시하도록 설득하기는 훨씬 더 어려워진다. 하지만 아직 시도할 방법이 있다. 지노는 사장이나 팀원들에게 그 조언이 무료라도 받아들였을지 생각해보게 하라고 제안한다. 그러면 조언에 거리를 둘 수 있지만, 사장의 심기에 따라 당신은 그런 제안을 했다는 이유로 다른 부서로 가라는 말을 들을지도 모른다. 또 다른 전략은 팀원들에게 그 조언을 논의의 시작점으로 받아들여 가장 마음에 드는 아이디어를 찾아보고, 그것을 회사의 필요에 맞춰 조정하도록 요구하는 것이다. 이 경우 사장이 여전히 회사가 컨설팅 비용에 들인 돈의 가치를 얻으리라고 여기더라도 당신은 반드시 동료들이 비판적으로 생각하고, 그 조언을 그대로 받아들이지 않게 해야 한다.

컨설턴트의 관점에서 보면, 가치 평가의 중요성을 내내 알았음을 깨달을 것이다. 컨설팅 사업을 하는 사람들은 높은 가격을 책정하는 것이 가치를 인정받는 비결임을 안다. 제럴드 와인버그Gerald Weinberg는 《컨설팅의 비밀The Secrets of Consulting》에서 '가격 책정의 제2법칙' — 당신에게 더 많은 돈을 지불할수록 그들은 당신을 더 많이 사랑한다 — 이라 부르는 것에 압축해서 보여준다.

절박해질 때

라스베이거스에서 도박을 하다가 많은 돈을 잃은 사람을 상상해보자. 그녀는 지갑에 있던 돈을 모두 잃고 당좌예금에서 여러 차례 돈을 인출했다. 이 사람은 노름판을 떠나며 좌절하고 자책하면서도 자신이 돈을 모두 잃었다는 것을 받아들인다.

어떤 이들은 이런 식으로 반응하고 손실을 인정할지 모르나, 대부분 그렇지 않을 것이다. 대신 그 절박한 사람은 친구에게 전화 걸어 2,000달러를 빌려주면 전부 되찾을 수 있다고 장담할 것이다. 그녀는 보석을 전당포에 맡기는 방법을 생각하거나, 예금계좌에 돈이 얼마나 남았는지 떠올려본다. 그녀의 눈에는 탈출구가 보일 뿐이다. 어떻게든 이 손실에서 벗어날 한 줄기 희망만 보는 것이다.

어떤 이들은 이 이야기를 읽고 곧바로 특정한 사람을 떠올릴 것이다. 돈을 조금 빌릴 수 있으면 모든 게 좋아질 거라고 전화로 설명하던 사람. 하지만 '다행히 내 주위에는 도박 중독에 걸린 사람이 없어'라고 생각하는 사람이 대부분일 것이다. 이 이야기는 도박을 하지 않는 사람들이 독선적으로 무시하는 도박 중독에 불과한 것이 아니다. 우리는 대부분 (그리고 우리가 아끼는 사람들은 대부분) 자신이 믿고 싶은 것보다 이 시나리오에 등장하는 사람과 공통점이 많다.

여기서 핵심은 도박 중독이 아니다. 적어도 이 책에서는 그렇다. 그 사람이 절박하다는 것이 핵심이며, 그 절박함이 결정을 바꾼다. 절박함이 어떻게 추론을 바꾸는지 알려면 다음 질문을 해보라.

문제 1: 당신은 어느 쪽을 택하겠는가?

틀림없이 900달러를 얻는 것과 1,000달러를 얻을 확률이 90퍼센트인 것 중에서

대니얼 카너먼에 따르면 대다수 사람들은 "확실히 900달러를 얻는 것"을 택한다.[6] 누구에게 이 많은 돈을 받는다고 생각하는 것은 기쁜 일이다. 당신은 900달러를 어디에 쓸지 즉시 생각하지 않더라도 돈을 받는다는 생각에 흐뭇해진다. 당신은 '1,000달러가 더 많지만 보장된 게 아니라면 전혀 받지 못할 수도 있어'라고 생각할 것이다.

이제 두 번째 질문을 해보자.

문제 2: 당신은 어느 쪽을 택하겠는가?

틀림없이 900달러를 잃는 것과 1,000달러를 잃을 확률이 90퍼센트인 것 중에서

이 경우 조금 더 생각해봐야겠지만, 대다수 사람들은 1,000달러를 잃을 확률이 90퍼센트인 쪽을 선택할 것이다. 문제 1에서는 확실한 것을 원한 사람들이 이번에는 왜 요행을 바랄까? 궁지에 몰리고 돈을 잃으리라는 절박함 때문이다. 그것은 머릿속에 번쩍 떠오르는 단어가 아니라 느낌이다. 사람들은 "틀림없이 900달러를 잃을 것이다"처럼

다가오는 손실을 마주할 때 절박해져서, 그 상황에서 빠져나갈 길이 있는지 찾으려고 재빨리 주위를 둘러본다. 즉 아무 손실도 보지 않을 행운을 바란다는 뜻이다. 그래서 전에는 전혀 관심이 없던 도박이 훨씬 더 매혹적으로 보이기 시작한다.

이것은 1970년대에 대니얼 카너먼과 에이머스 트버스키Amos Tversky가 처음 개발한 '전망 이론prospect theory'에 근거한다.[7] (유머 감각이 뛰어난 카너먼은 이 이론에 의도적으로 별 의미 없는 이름을 붙였다는 것을 인정한다. "우리는 이 이론이 중요해지는 날이 올 리는 만무하지만, 혹여 그런 때가 왔을 때 특이한 이름이 혼란을 줄이는 데 도움이 될 거라고 생각했죠.")[8] 이 과학자들은 사람들이 돈을 얻거나 잃을 상황에서 어떤 재정적 결정을 내리는지 설명하려던 것이나, 이들의 연구는 여러 영역에서 동기를 설명하는 데 도움을 준다.

왜 절박한 배우자는 여러 번 자신을 버리고 떠난 배우자를 다시 받아들이기를 반복하는가? 이 질문에는 여러 희망적인 대답이 있다. 낙관과 용서, 누구나 변할 수 있다는 믿음. 하지만 사람들이 절박한 상황에서 결정하는 방식을 감안할 때 자주 버림받은 이 배우자는 아마어떤 손실—자기 삶의 아주 많은 부분을 바친 결혼 생활이 파국을 맞는 것—을 받아들이거나 상황이 좋아지리라는 희박한 가능성을 붙잡을 수 있다고 느꼈을 것이다. 문제 2에서 보았듯이, 한 선택지가 확실한 손실일 때 희박하나마 이길 가능성이 훨씬 더 매혹적으로 다가온다. 많은 걸 걸어야 하는 큰 도박이라도, 이 경우에는 남편에게 다시 버림받더라도 참아야 하고 이어질 모든 자기 불신과 혼란을 처리해야 할 공산이 아주 커도 그것은 무척 매혹적으로 여겨진다.

"절박한 시기에는 대담한 조치가 필요하다Desperate times call for desperate

measures"는 속담은 사실 "절박한 상황에서 우리는 대담한 조치를 취하도록 자신을 현혹하고 기만한다"가 되어야 할 것이다. 대대수 사람들은 이길 수 없다고 느낄 때, 파산의 위기처럼 거의 확실한 손실에 직면했을 때, 일자리를 잃을 위험에 처했을 때, 동료들 앞에서 창피를 당할 것 같을 때 당당하게 그 결과에 맞서지 못한다. 대부분 비상구를 찾으려 한다. 어디로 이어지든 이 암울한 상황에서 벗어나게 해줄 한 가닥 빛줄기를 찾는 것이다.

물론 우리가 절박한 사람을 지켜보는 입장이라면 이 모든 게 달리 보인다. 우리는 희박한 성공 가능성을 주시한다. 우리는 일이 잘 풀리지 않는 경우 그녀가 치러야 할 엄청난 대가에 분노하고, 그녀가 잘 풀릴 거라고 주장할 때마다 그 결정에 회의적이다. 하지만 절박한 사람이 그렇게 하는 건 낮은 가능성 때문이 아니다. 그녀의 동기는 잃을 확률 100퍼센트와 99퍼센트 가운데 선택해야 하는 데서 온다. 그녀가 잃을 확률 99퍼센트를 선택하면 적어도 한 가닥 이길 가능성이 있고, 가능성이 전혀 없는 것보다 낫다고 느끼기 때문이다.

당신의 인생에서 절박한 상황에 처한 사람을 생각할 때, 그 문제는 전망 이론을 포괄하는 훨씬 더 큰 것으로 다가올 것이다. 대대수 사람들의 경우 절박한 선택은 어두운 역사가 있다. 그것들은 상호 의존적인 관계일 수도 있다. 그들의 선택이 무책임한 가족이나 친척의 결정에 속박되었다고 느껴지는 경우가 있기 때문이다. 그들은 알코올이나 처방받은 약에 중독되었거나, 정신병과 싸우고 있을지 모른다. 위험을 각오하고 희박한 희망을 향해 뛰어드는 절박함은 난데없이 발생하지 않는다. 하지만 그 모든 문제가 마술처럼 사라진다 해도 절박한 상황은 여전히 사람들과 그들의 관점을 바꾼다. 정신적·정서적으로 탁월하게 건강한 사람을 거의 피할 수 없는 손실이 곧 닥칠 것 같은 상황에 떨어뜨리면 당신이 아는 최고 능력자도 오랫동안 열심히 탈출구를 찾으려 할 것이다. 우리는 손실 볼 것 같은 상황에서 위험을 감수하는 사람이 된다.

절박한 사람에게 도움이 될 확실한 조언이 있다면 참 좋겠지만 확실한 건 없다. 하지만 그나마 시도해볼 몇 가지 전략이 있다. 문제의 일부는 절박한 사람은 상황을 손실로 바라본다는 것이므로, 상황을 성취 가능한 승리로 재해석할 수 있는 방법을 찾아보라. 그 상황에서 무언가 얻으려면 어떻게 해야 할까? 남편을 잃지 않기 위해서 무엇이든 하겠다고 생각하는 친구를 위해 당신은 다음과 같이 상황을 부드럽게 표현할 수 있을 것이다. "어떤 선택이 네 아이들에게 여성을 어떻게 대해야 하는지 보여주는 데 도움이 될까?" 일자리를 잃지 않기 위해서 무엇이든 하겠다고 말하는 친구에게는 다음과 같이 물을 수 있을 것이다. "어릴 때는 커서 무슨 일을 하고 싶었니?" 이렇게 더 큰 목표를 상기시키면 그가 목전의 손실뿐 아니라 자기 인생에서 변화의 기회를 보게 하는 데 도움이 될 것이다.

상황을 재해석하는 방법이 효과가 없어 그 사람이 터무니없는 위험을 감수할 것이라고 생각되면, 3장에서 논했듯이 인계철선을 설치하도록 도와주는 방법을 고려하라. 절박한 친구가 남편을 다시 받아들이고 결혼 생활을 지속하려는 경우, 그녀가 변호사와 상담할 필요가 있음을 알려주는 조짐을 알아보기 위해 지켜봐야 할 세 가지는 무엇일까? 동료가 좌천을 받아들이고 파트타임으로 일하면서 현직을 일부라도 붙잡으려 한다면, 어떤 표지가 다른 곳에 지원할 때가 되었음을 알려줄까?

어리석은 결정을 반복할 때

우리는 사람들이 같은 실수나 적어도 같은 실수의 변주를 반복하는 것을 흔히 목격한다. 당신의 절친한 친구는 왜 캠핑할 시간이 없는데도 여름이면 캠핑 장비를 사는 데 돈을 들일까? 당신의 다른 친구는 왜 늘 새로운 다이어트를 시도할까? 당신의 사장은 왜 매번 가장 계획적이지 못한 팀원에게 프레젠테이션 책임을 맡길까? 당신의 시동생은 왜 거듭 새 사업 아이디어가 이전 아이디어보다 성공적일 거라고 생각할까?

인간이 실수를 반복하는 데는 수그러들지 않는 낙관주의에 대한 단호한 거부, 타인에게 교훈을 주려는 시도, 과오를 만회하려는 시도 등 수많은 이유가 있을 것이다. 과학자들은 최근에 사람들이 의사 결정을 왜곡하고, 실없는 사람이나 지나친 낙천주의자뿐 아니라 모든 사람이 형편없는 선택을 반복하게 하는, 자신의 과거에 대해 생각하는 두 가지 방식을 알아냈다.

우리는 일반적으로 과거보다 미래를 잘 통제할 것이라고 생각한다. 의사 결정에 대해 연구하는 캘리포니아대학교 샌디에이고캠퍼스의 엘리너 윌리엄스Elanor Williams와 세인트루이스 워싱턴대학교Washington University in St. Louis의 로빈 르버프Robyn Leboeuf는 사람들에게 다양한 상황에서 얼마나 많은 통제력이 있다고 생각하는지 물었다.[9] 때로는 참가자에게 '좀 전에 한 컴퓨터 확률 게임에서 얼마나 잘했는지' '넉 달 전에 어떤 영화를 보았는지'와 같이 과거의 일에 대해 생각해볼 것을 요구했다. 다른 때는 참가자에게 '오늘 오후에 같은 확률 게임을 다시 한다면 이길 확률이 얼마나 될까' '넉 달 뒤에는 무슨 영화를 볼까'와 같이 미래의 일을 상상해볼 것을 요구했다.

　당신은 사람들이 과거에 일어난 일을 미래의 가늠자로 사용하리라고 생각할 것이다. 참가자들은 좀 전에 한 게임에 그저 그런 성과를 냈으므로 다음 게임에도 인상적이지 못한 성과를 내리라고 추론할 것이다. 영화에 대해서는 참가자들이 대개 긴장감 넘치는 액션 스릴러를 보았다는 걸 인식했으므로 다시 선택할 것이다.

　실제로 일어난 일은 달랐다. 윌리엄스와 르버프는 사람들이 과거보다 미래에 자신과 세상에 대해 많은 통제력을 발휘하리라고 생각한다는 것을 발견했다. 게임을 얼마나 잘할지 예측해보라고 요구했을 때, 그들은 미래에는 이길 가능성이 더 많을 것이라고 응답했다. 영화를 고르는 경우에는 자신이 보고 싶은 영화보다 봐야 한다고 생각되는 영화, 즉 평단의 찬사를 받고 생각할 거리가 있는 영화를 보러 갈 확률이 높을 거라고 답했다. 마치 '과거에는 취향이 미숙했지만 곧 세련된 취향으로 바뀔 것이다'라고 생각하는 듯. 피험자의 머릿속에 다음과 같이 방어적인 목소리가 울려 퍼지는 걸 상상할 수 있다. '내 룸메이트가 그 모든 액션 블록버스터를 골랐다. 하지만 지금부터 넉 달 뒤에는? 내가 좀 더 진지하고 섬세한 영화를 고를 것이다.'[10]

　얼핏 보면 그들은 미래를 낙관하며 더 운이 좋아지거나 더 지성적으로 바뀌기를 바라는 듯하다. 하지만 윌리엄스와 르버프는 사람들이 과거의 실패보다 미래의 실패에 많은 책임이 있다고 생각하는 것을 발견했다. 한 실험에서 윌리엄스와 르버프는 참가자 절반에게 넉 달 전 새 DVD 플레이어를 설치하느라 애먹었다고 상상해보라고 하고, 나머지 절반에게는 지금부터 넉 달 뒤 그것을 설치하느라 고생하는 상황을 상상해보라고 했다.

참가자들이 전선을 연결하고 버튼을 눌러 반응 없는 리모컨을 시험하며 헛되이 낭비한 과거의 짜증스러운 저녁을 가정하여 상상했을 때, 그들은 과거의 경험은 자기 잘못이 아니었을 거라고 말했다. 그들은 설명서에 오류가 있었거나, DVD 플레이어에 결함이 있었을 거라고 말했다. 다른 참가자들이 같은 좌절을 주는 상황이 미래에 일어난다고 상상했을 때, 그들은 자신에게 책임이 있다고 생각했다. 그들은 자신이 조급했거나, 비닐 포장된 설명서를 뜯어보지 않았거나, 도움을 청하지 않았거나, 중요한 단계를 빠뜨리고 알아채지 못했을 거라고 자백했다. 이는 미래의 자아가 현재의 자아보다 나아질 것이라고 낙관하는 것이 아니라, 미래에는 상황이 좋아지든 나빠지든 자신이 상황을 통제할 수 있으리라고 생각하는 것이다. 하지만 과거는? '이런, 나는 통제할 수 없었다. 심지어 상상에서도.'

이것은 단지 실험실에서 일어나는 일이 아니라 지하철역에서도 입증되었다. 하버드대학교의 심리학자 대니얼 길버트Daniel Gilbert가 이끄는 연구 팀이 지하철을 놓친 사람들에게 다가갔다. 열차는 약 10분 간격으로 출발했고, 연구 팀은 아침 열차를 놓친 통근자들을 지켜보며 주위에 있었다. 연구자들은 지하철 승강장에 붙박인 듯 서 있는 사람들에게 다가가서 기다리는 동안 몇 가지 질문에 답해주면 소정의 수고비를 주겠다고 제안했다.

통근자들은 미래의 아침에 1분도 안 되는 차이로 열차를 놓친다면 어떤 기분이 들지 상상할 때 많이 안타까울 것이고, 늦게 일어났거나 잠깐 커피숍에 들른 것 때문에 자책할 거라고 말했다. 그들은 미래에 열차를 놓친 상황을 피할 수 있었을 법한 것으로 보았다. 연구자들이 방금 전에 놓친 열차에 대해 물었을 때, 그들은 그다지 기분이 상하거나 자책감이 크지 않았다고 대답했다. 그들은 1분 전에 놓친 열차에 대해 숙고할 때 "탑승구가 전부 열렸다면 놓치지 않았을 거예요" "개찰구 기계에 열차표가 들어가지 않았어요" "계단 아래 사람들이 너무 많았어요"라며 세상을 탓했다. 사람들은 미래를 상상할 때, 심지어 전철 타기처럼 틀에 박힌 일에도 상황을 제어할 수 있을 거라고 생각한다. 하지만 그 순간이 지나 과거가 되자마자 책임을 회피하는 것이다.[11]

이것은 의사 결정에 어떤 영향을 미칠까? 안타깝게도 사람들은 과거에 잘못 선택한 것으로 판명된 일에 대해 생각할 때 상황이 거의 똑같아도 그 결정을 미래와 무관한 것처럼 여긴다. 유행하는 10가지 체중 감량 방법을 시도해본 사람들은 효과를 본 것이 없는데도 잔뜩 기대하며 최근에 베스트셀러가 된 다이어트 책을 구입한다. 혹은 그 결정이 과거에 전혀 효과가 없었는데도 남편을 다시 받아들이기로 한 당신의 친구를 보라.

당신은 이 상황이 불안할 정도로 익숙해 보이기 때문에 고개를 가로저을 것이다. 지금껏 어떤 방법도 그들의 관계를 바꾸지 못했고, 적어도 이번에는 다를 것임을 보여주는 게 전혀 없다. 하지만 당신의 친구는 상황이 좋아졌다고 우긴다. 그녀는 남편이 직장에서 승진했으니 마음이 더 편안해질 것이고, 자신도 요가를 시작했으니 화를 다스릴 수 있을 거라는 등 달라진 점 12가지를 지적한다. 그녀가 다르다고 생각하는 것은 아마도 미래를 과거와 비교하기 때문일 것이다. 과거에 무슨 일이 일어났든, 과거에는 그녀가 미래에 발휘하리라고 믿는 것처럼 많은 통제력을 발휘하지 못했다.

당신은 이런 친구를 어떻게 도울 수 있을까? 당신의 친구가 미래에는 더 많은 통제력을 발휘하리라고 잘못 믿는다고 인식되면 몇 가지 전략을 시도해보라. 자신이 제어할 수 있을 것처럼 보이는 미래에 대해 심리학자들이 미래 '풀어놓기unpacking'라 부르는 것을 해보도록 부추길 수 있다.[12] 친구에게 미래가 과거와 어떻게 다르지 않을지 질문하라. 그녀와 남편은 오래전부터 살던 집에 살 것이다. 그들이 소통하는 방식은 여전히 같을(혹은 부족할) 것이고, 부모와 가족사도 달라진 게 없을 것이다. 타인을 도와 미래를 풀어놓게 하는 다른 방법은, 그녀가 왜 바라는 만큼 미래에 대한 통제력을 발휘하지 못할지 질문하는 것이다. 그녀의 회사가 개편될지 모르고, 남편이 승진하더라도 근무 시간이 어떻게 될지 모른다. 부모님 중 한 분이 건강이 악화되어 그녀의 세계가 확실성을 잃을지도 모른다.

당신은 친구의 안녕과 행복을 바란다는 점을 분명히 알린 다음, 친구에게 예견할 수 없는 미래의 일을 하나하나 생각해보라고 부드럽게 말하라. 친구가 당장은 당신이 하는 말을 고마워하지 않을 것이다. 당신은 그녀가 의지하는 통제력에 대한 환상을 없애는 것이다. 하지만 그녀가 다시 어리석은 결정을 하지 않도록 돕고 싶다면 이 전략을 시도하는 것이 "그는 또 너를 떠날걸"이라고 말하는 것보다 훨씬 도움이 될 것이다.[13]

내일이나 다음 달에는 더 많은 통제력을 발휘할 거라는 믿음으로 이 장 서두에 소개한 이야기를 설명할 수 있을까? 로리의 언니는 미래에 더 많은 통제력을 발휘할 거라는 생각 때문에 오랫동안 출혈을 간과했을까? 아마도 그럴 것이다—그녀는 섬유질을 많이 먹으면 틀림없이 괜찮아질 거라고 생각했으리라. 하지만 그녀의 동기를 설명해주는 강력한 원인이 하나 더 있다. 아마도 가족 내력일 것이다.

돌아갈 수 없을 때

우리는 대부분 자신을 좋은 사람이라 생각한다. 당신은 자신이 지적이고 친절하고 책임감이 있다고, 지적이고 친절하고 책임감 있게 산다고 생각할 것이다.[14] 당신은 직장에서 문제를 해결하고, 성실히 생활하고, 현명한 선택을 한다. 자신에 대한 이 견해에 부합하지 않는 일을 할 때 어떤 일이 벌어질까?

당신이 일터에 있을 때 열일곱 살 딸에게서 황급히 도움을 청하는 문자가 온다. 오늘 자정까지 장학금 신청을 해야 한다는 걸 알지 못했는데, 수영 대회가 있어서 8시는 되어야 집에 갈 수 있다며 에세이를 읽어보고 고쳐줄 수 있느냐고 묻는 것이다. 당신이 그러마 대답하고 파일을 열어보니 몇몇 뚜렷한 오류가 눈에 띈다. 당신은 종이에 지루한 메모를 적어 내려간다. 그러다 에세이를 '변경 내용 추적Track Changes' 모드로 편집하는 게 더 용이하리라는 걸 발견한다. 처음에는 문법에 어긋난 것만 고쳤으나, 뒷부분에는 딸이 사용한 은유적 표현을 덜 상투적인 것으로 완전히 바꾸는 자신을 발견한다. 파일을 다시 보내주자, 딸은 당신을 최고의 엄마라 부른다.

하지만 당신은 마음이 불편하다. 당신은 양심의 가책을 느끼는 것일지 모른다. 딸이 타인에게 이 사실을 말할까 봐 불안한 것일 수도 있지만, 당신은 스탠퍼드대학교의 저명한 사회심리학자 레온 페스팅거Leon Festinger가 인지 부조화cognitive dissonance라 칭한 것을 느끼는지도 모른다.[15] 인지 부조화란 사람들이 내적으로 일관적이지 못할 때 느끼는 긴장을 말한다. 여기서는 '나는 정직하고 내 아이들에게 정직하라고 가르쳐왔다'와 '나는 방금 내 딸의 에세이를 일부 써줬다'가 충돌을 일으킬 것이다.

당신의 생각이 행동과 충돌하면 내적 모순internal contradiction이 마음을 불편하게 할 수 있다. 당신은 자신의 생각과 행동을 일치시켜 다시 일관성 있는 사람이 되어야 한다고 느끼지만, 행동을 되돌릴 수 없다. 에세이를 편집했고 '보내기' 버튼을 눌렀으므로 탄력적인 곳은 당신의 생각뿐이다. 당신은 자신을 원칙 없는 사람이라 여기고 싶지 않으므로 생각을 조정한다. '이 일은 95퍼센트가 딸이 한 것이고, 시간이 더 있었으면 딸이 오류를 직접 수정했을 것이다.' 당신은 자신의 결정에 대해 기분을 더 좋게 하려고 새로운 생각을 만들어낸다. '딸은 성적이 워낙 좋으니 자기 실력으로 장학금을 받은 것이다.' 그러자 죄책감과 긴장이 줄어든다. 당신은 이 모든 게 사실일 때 자신을 정직한 사람이라고 생각할 수 있다. 이 상황을 다시 만나지 않으면 당신의 정신적 책략이 당신을 (적어도 당신의 마음속에서는) 힘든 장소에서 벗어나도록 돕는다.

다음에 또 이런 결정에 맞닥뜨렸을 때, 예컨대 몇 주 뒤 딸의 대학 지원 마감이 임박했을 때 난감한 상황이 도래한다. 이제 당신은 어떻게 할까? 딸은 지난번에 당신의 식견이 많은 도움이 되었으니 이번에도 에세이를 검토해달라고 부탁한다. 당신은 그게 훌륭한 결정이라고 확신하며 딸의 에세이를 편집해주기로 결정하는가, 마음을 바꿔 그건 옳지 않은 일이라고 다시 결정하는가? 당신이 마음을 바꾼다면 자신의 행동을 번복하는 셈이다. 사람들은 자신의 말이나 행동을 번복하기 싫어한다. 그럼 당신의 마음은 어느 쪽으로 기울까?

덜 모순적으로 보이는 선택, 당신과 충돌을 덜 일으키는 선택은 원래 결정을 되풀이하여 딸의 에세이를 편집해주는 것이다. 게다가 당신은 딸에게서 몇몇 친구는 대학 지원 전문 코치의 도움을 받는다는 말을 들었다. 당신은 경제적 여유가 없으므로 적어도 딸이 경쟁력을 유지하도록 도와줘야 할 것 같다. 물론 정직은 여전히 중요하다. 하지만 딸에게 받아 마땅한 기회를 주려면 당신이 합리적으로 할 수 있는 모든 것을 해야 한다. 딸이 당신에게 서너 번째 에세이를 보낼 때쯤, 당신은 그저 몇 문장을 교정하는 데서 그치지 않고 호소력 있게 만들기 위해 글 전체를 재구성한다.[16] 자기 합리화는 자신의 추론 과정을 왜곡하고, 좋은 사람이 된다는 것의 의미를 다시 설정한다. 자신이 한 행동이 포함되도록 '좋다'의 의미를 다시 정의하는 것이다.

그러면 로리의 언니에게 일어난 대로 되기 쉽다. 로리의 언니는 처음에 피를 보았을 때 어떻게 해야 할지 무척 고심했지만, 당장 처리해야 하는 일 때문에 의사에게 전화하지 않기로 했다. 그녀는 '나는 똑똑한 여성이다'와 '나는 증상을 무시했다' 사이에서 강한 긴장을 느꼈겠지만, '통증이 없고, 피가 아주 조금 나는 것뿐이며' 등 그 결정을 받아들일 만한 것으로 만드는 생각을 많이 만들어냈다. 그녀가 같은 상황에 두 번째, 세 번째…… 열 번째 맞닥뜨렸을 때 자신을 정당화하는 생각과 여러 새로운 생각이 구해주러 와, 심지어 증상이 악화될 때도 긴장을 완화해주었을 것이다. '어제도 의사에게 전화하지 않았는데 오늘 증상이 의사에게 전화해야 할 만큼 나쁜 건 아니지 않은가?'라는 식으로. 밖에서 보는 우리는 그녀가 증상을 계속 무시하는 모습에 긴장이 점점 고조되지만, 그녀는 맨 처음 결정이 가장 내리기 어려웠을 것이다.

캐럴 태브리스와 엘리엇 애런슨은 《거짓말의 진화》에서 사람들이 인지 부조화를 줄이려는 욕망 때문에 나쁜 결정을 반복하는 방식을 포착하는 놀라운 비유를 제시한다. 그들은 이것을 '선택의 피라미드'라고 부른다. 한 사람이 피라미드 꼭대기에 선 모습을 상상해보라. 피라미드의 각 면은 선택을, 그 혹은 그녀가 처음 선택한 것을 나타낸다. 로리의 언니는 막판에 도서관 모임을 취소하는 것과 당장은 증상을 놔두는 것 중에서 선택해야 했다. 그녀는 둘 중 하나를 선택할 수 있었다. 당장은 증상을 놔두는 쪽을 선택했을 때 그녀는 피라미드의 그쪽 면으로 굴러떨어지기 시작했다. 아마도 그녀는 왜 다른 선택을 하지 않았는지, 왜 건강을 우선시하지 않았는지 합리화할 필요를 느꼈을 것이다. 그녀가 로리에게 "통증이 없다"를 비롯해서 자신이 처음에 생각한 것을 말해주었으므로, 우리는 그녀가 이 문제를 오래 고심했다는 것을 안다. 아마도 그녀는 밝히기 쑥스러운 증상 때문에 모임의 일정을 바꾸고 싶지 않았을 것이다.

이 모든 정당화로 그녀는 자신이 옳은 선택을 했다는 것을 점점 더 확신하고, 불확실하던 출발점에서 점점 멀어지며 확신의 피라미드 아래로 굴러떨어진다. 다음에 또 이 선택을 해야 하는 상황에서 '지금은 정말 의사에게 전화를 걸기에 적당한 때가 아니야'라고 판단할 때마다 그녀는 피라미드의 그쪽 면에서 더 멀리 굴러떨어져 결국 처음에 어떻게 할까 망설이던 때의 느낌과 아주 멀어진 것이다. 처음에 그녀는 둘 중 하나를 선택할 수 있었을 것이다. 하지만 오래지 않아 타성이 붙으면 자신에게 정당화한 것 외에 다른 결정을 내리기 어려워진다. 수많은 작은 선택이 고착된 거대한 결정으로 이어진다.

은밀히 내린 나쁜 결정은 이런 식으로 반복되기 쉽다. 당신이 개인적인 결정을 내릴 때 주위를 둘러보며 다른 이들은 어떻게 하는지 알아보려 하지만, 실제로 따를 수 있는 본보기는 당신뿐이다. 다른 사람들은 이런 상황에 맞닥뜨렸을 때 어떻게 하는지 말하지 않는다. "이렇게 나빠졌으니 돌아가"라고 말해줄 사람은 아무도 없다.

이런 경우 당신은 돌아갈 수 없다고 느끼는 그를 어떻게 돕겠는가? (남성도 여성만큼 인지 부조화에 빠지기 쉽다.) 한번 나쁜 결정을 내린 뒤 계속 그렇게 할 수밖에 없다고 느끼는 사람을 당신은 어떻게 돌려세울까? 문제는 누가 처음에 나쁜 선택을 했을 때 다른 사람이 늘 아는 것은 아니라는 데 있다. 로리의 언니는 몇 달 동안 증상을 아무에게도 말하지 않았다.

누가 로리의 언니처럼 반복적으로 나쁜 선택을 한 것을 당신이 알았다면 어떻게 할까? 본능적인 반응은 경악에 차서 "대체 무슨 생각이었어요?"라고 소리치는 것이다. 당신은 설교하고, 훈계하고, 을러댈 것이다. 사회심리학자의 말에 따르면, 이것은 당신이 할 수 있는 최악의 반응이다. 적어도 그 사람이 행동을 바꾸고 솔직하게 말해주길 바란다면 이렇게 반응해서는 안 된다.

누가 어리석은 선택을 반복하는 경우, 그런 선택을 처음 했을 때 많은 인지 부조화를 느꼈으리라는 것을 잊지 마라. 그는 자신을 지적이고 유능한 사람이라고 생각하려고 애쓰지만, 어리석은 선택으로 이 생각이 위협을 받는다. 우리가 그에게 "대체 무슨 생각이었어요?"라고 할 때 진의는 "당신, 바보죠?"이다.[17] 그는 또 위협받는다고 느낀다. 그는 입을 꼭 다물고 자신이 했거나 하려고 생각 중인 다른 선택에 대해 말하지 않을 것이다. 그는 실수였다고 당신의 말에 동의하는 대신 자신을 변호해야 한다고 느낄 것이다. 그는 처음부터 그게 실수임을 알아차렸을지 모른다.

당신이 사랑하는 사람들이 어리석은 선택을 반복할 때, 그들은 자신의 행동을 철회하기 어렵다고 생각한다는 점을 기억하라. 캘리포니아대학교 산타크루스캠퍼스University of California, Santa Cruz의 사회심리학자 앤서니 프랫카니스Anthony Pratkanis는 질책하기보다 훨씬 좋은 방법은 그 혹은 그녀가 지지받는다고 느끼도록 도와주고, 그들 스스로 현명한 선택을 하려고 노력한다는 점을 인정하는 것임을 발견했다.[18] 로리는 언니에게 말했을 것이다. "난 언니가 똑똑한 사람이고, 평소에 건강관리를 잘한다는 걸 알아. 언니가 처음 증상을 무시했을 때 더 중요한 게 무엇이었는지 내가 이해할 수 있게 도와줘." 프랫카니스는 그 사람의 장점을 칭찬하면 자신이 무능하다고 느끼게 하는 것에 대해 이야기하기 쉬워질 거라고 말한다.

우리는 누구나 괜찮은 사람이라는 말을 듣고 싶어 한다. 큰 실수를 했을 때나 같은 실수를 반복했을 때 더욱 그렇다. 심리학자 캐럴 태브리스와 엘리엇 애런슨이 썼듯이, 어떤 이가 일련의 끔찍한 선택과 싸울 때 다른 사람이 "그래요, 당신은 원래 똑똑하고 예의 바른 사람이고, 여전히 똑똑하고 예의 바른 사람입니다. 그 실수는 여전히 실수로 남았고요. 이제 그 실수를 바로잡읍시다"라고 말하는 걸 들으면 감미로운 안도감을 느낄 것이다.

완벽해 보이는 과거 : 부모님의 어리석은 선택을 볼 때

누가 나쁜 결정을 하는 걸 옆에서 지켜보기는 어려운 일이다. 나쁜 결정을 한 사람이 당신을 길러주신 분이라면 특히 당혹스럽고 답답할 것이다. 당신의 어머니는 통신판매로 수백 달러어치 노화 방지 제품을 계속 사들인다. 당신의 아버지는 드디어 사업체를 매입하겠다는 바이어가 나타나 품위 있게 은퇴할 수 있었으나, 마지막 순간에 터무니없는 조항을 추가하는 바람에 무산된다. 당신은 고등학교에 다닐 무렵 부모님이 전지전능하다는 미혹에서 벗어났겠지만, 연로한 부모님이 터무니없이 미심쩍은 선택을 하는 걸 볼 때 끔찍한 징조처럼 여겨지고 충격을 받는다.

이 장에서 우리는 나이에 상관없이 어리석은 선택을 하는 상황을 살펴보았다. 이번에는 나이 들어가는 친지를 살펴보자. 아버지가 온라인에서 구입한 물건을 얼마나 보여주고 싶었는지 모른다고 말할 때 당신은 가슴에서 두려움이 솟아날까? 아마도 그럴 것이다. 과학은 당신이 필요 이상으로 많은 공포에 시달릴 것임을 보여준다.

당신이 노화와 의사 결정에 대해 알아야 할 가장 중요한 것은, 사람은 대부분 나이 들수록 긍정 효과positivity effect를 경험한다는 사실이다. 간단히 말해 연로할수록 부정적인 정보보다 긍정적인 정보를 선호한다.[19] 당신은 '누구나 그렇지 않나?'라고 생각할지 모른다. 좋은 소식보다 나쁜 소식을 '선호하는' 사람은 없을 것이다. 하지만 이것은 그저 좋은 소식을 원하는 것보다 훨씬 강하다. 마치 부정적인 것을 부분적으로 볼 수 없게 커다란 모자를 쓰는 것과 흡사하다. 노인들은 진짜로 보고 싶으면 모자를 젖히고 볼 수도 있지만, 평소에는 모자를 눌러쓴 채 자신을 보호하며 흐뭇해한다. 나이가 들수록 모자는 부정적인 것을 가리고 긍정적인 것으로 관심을 유도한다.

긍정 효과는 우리가 바라보는 대상을 바꾼다. 연구자들은 당신이 바라보는 대상을 추적하고 다양한 물체에 시선을 얼마나 오래 고정하는지 기록하는 장치를 개발했다. 한 고전적 실험에서 연구자는 사람들을 컴퓨터 앞에 앉히고 두 가지 얼굴을 보여주었다. 한 얼굴이 두려위하는 표정일 때 30세 미만 성인들은 행복하거나 화가 났거나 슬퍼 보이는 얼굴보다 이 겁먹은 얼굴을 살피는 데 조금 더 시간을 할애했다.[20] 젊은 피험자들은 그 얼굴이 무엇 때문에 겁먹었는지 알아내려고 애쓰는 것 같았다. 하지만 노인 피험자들의 관심을 끄는 것은 행복한 얼굴이었다. 노인들은 부정적 감정을 드러내는 얼굴보다 행복한 얼굴을 바라보는 데 많은 시간을 할애했다.

이처럼 웃는 얼굴을 선호하는 것은 단지 당신의 부모님이 선호하는 뉴스 프로그램에 영향을 미치는 게 아니라, 그들이 결정을 내릴 때 관심을 두는 세부 사항도 바꾼다. 또 다른 연구에서 과학자들은 사람들에게 자동차를 구입한다고 가정할 때 어떤 종류를 선택할지 물었다. 그들이 정보에 근거한 선택을 하도록 돕기 위해 과학자들은 바둑판 모양으로 배치된 다양한 자동차의 세부 사항을 알려주었다. 젊은 피험자들에 비해 노인 피험자들은 각 자동차의 긍정적 특징을 확인하는 데 많은 시간을 쓴 반면, 자동차의 한계를 살피는 데 적은 시간을 썼다.[21]

이 연구에 대해 처음 읽었을 때 약해지는 시력과 정보 과다의 문제를 지적하는 게 아닐까 싶었다. 내 할머니에게 다양한 자동차의 세부 사항을 보여주는 걸 상상할 수 없었다. 할머니는 손수 길게 써 내려간 요리법을 읽는 것조차 힘겨워하기 때문이다. 하지만 긍정적인 면에 초점을 맞추는 이런 경향은 노인이 선택할 물건을 직접 살펴볼 수 있을 때도 일어난다.

다른 연구에서 연령대가 다양한 사람들에게 열쇠고리 손전등, 도자기 머그잔, 클릭 가능한 펜 등 갖가지 물건을 평가해볼 것을 요청했다. 그들은 손전등을 켜보거나 머그잔을 들어 올리거나, 펜으로 써보는 등 각 물건을 시험하기 위해 원하는 것은 무엇이든 할 수 있었다. 노인들은 젊은이들보다 여전히 각 물건의 긍정적 특성에 많은 관심을 보였고, 어떤 것을 집에 가져가고 싶은지 물었을 때 문제가 될 소지가 있는 특성보다 긍정적인 특성에 근거해서 결정했다.[22] 흰색 머그잔을 좋아하는 사람은 손잡이가 좀 불편하거나 사용하기에 커도 흰색 머그잔을 골랐다. 머그잔과 펜은 대수로운 게 아닐지 모른다. 하지만 다른 연구자들은 노인들이 자신을 위해 병원과 의사를 고를 때도 긍정적인 면에 더 많은 관심을 기울이고, 각 선택지의 문제를 간과하거나 일축하는 경향이 있다는 것을 보여주었다.[23]

당신은 부모가 새 차를 구입하려고 할 때 나누는 대화를 상상할 수 있을 것이다. 어머니가 격앙된 목소리로 "이 차는 1갤런(약 3.8리터)으로 38마일(약 61킬로미터)을 달릴 수 있대"라고 말한다. 당신이 "예, 엄마, 하지만 수리비가 비싸고 트렁크도 작아요. 엄마는 장 보고 나서 식료품을 넉넉히 넣을 만큼 트렁크가 널찍한 차를 좋아하잖아요"라고 한다. 어머니가 "그래, 하지만 저 빨간색이 마음에 쏙 드는걸"이라고 한다. 당신은 어머니가 단순한 것 같아 답답해지고, 어머니는 당신이 부정적인 것 같아 답답해진다.

이런 필터가 노인들이 주변 세상에서 보는 것을 흐릿하게 할 뿐이라면, 우리는 그들이 물건을 구입할 때 이 자동차나 저 컴퓨터의 부정적인 특성을 상냥하게 알려주는 데 조금 더 노력하면 될 것이다. 하지만 이 필터는 노인들의 내적 세계에도 드리워져 기억에 영향을 미친다. 노인들이 젊은 시절을 돌아볼 때, 일반적으로 즐거운 일은 많이 기억하고 골치 아픈 경험은 적게 기억했다.[24] 긍정 효과에 관한 뛰어난 연구 중 수녀 300명을 대상으로 한 것이 있다. 2001년 스탠퍼드대학교의 심리학자 퀸 케네디Quinn Kennedy와 로라 카스텐슨Laura Carstensen은 마라 매더—이전 장에서 우리는 이 연구자의 스트레스에 관한 실험을 살펴보았다—와 함께 이 수녀 집단에게 '얼마나 자주 운동하는지, 건강에 문제가 있는지, 얼마나 자주 분노와 우울, 피해 의식 등 괴로운 감정이 드는지'와 같은 개인적 정보를 알려달라고 했다.[25]

수녀들은 각 질문에 대한 자신의 현재 상황에 점수를 매긴 다음, 과거로 거슬러 올라가 14년 전에 어땠는지 떠올려야 했다. 이 수녀들이 이런 질문에 답한 것은 처음이 아니다. 이 프로젝트 연구자 중 카스텐슨은 1987년에 이 수녀 300명에게 같은 질문을 했다.[26] 이 수녀들은 같은 질문지를 두 차례 작성했으므로 연구자들은 '이 여성들이 과거의 감정을 어떻게 기억하는지' '과거에 실제로 어떻게 느꼈는지' 비교할 수 있었다.

당연히 수녀들은 일부 잊은 게 있었다. 그들은 10대가 아니다. 처음 질문지를 작성할 때 그들은 33~88세였고, 두 번째 질문지를 작성할 때는 가장 젊은 수녀가 47세인 반면 나이가 가장 많은 수녀는 101세였다. 연구자들은 비교적 젊은 수녀 28명(2001년에 47~65세)과 나이가 많은 수녀 28명(2001년에 79~101세)에게 특히 관심이 있었다.

비교적 젊은 수녀나 나이 든 수녀 모두 과거를 돌아볼 때 세세한 부분을 잘못 기억했으나, 이들의 기억에 일관된 편향성이 있다는 점이 흥미로웠다. 나이 든 수녀들은 젊은 시절을 지나치게 장밋빛으로 떠올렸다. 그들은 14년 전 감정을 실제보다 행복하고 피해 의식도 덜한 것으로 기억했다. 80~90대 수녀들은 당시 보고한 것보다 신체적 증상이 35퍼센트나 적었다고 기억하기도 했다. 사실 그들은 94세에 있는 것과 똑같은 신체 증상이 80세에도 있었는데, 자기 신체는 10여 년 전에 훨씬 좋았다고 생각하며 육체적인 질병을 잘못 기억하거나 과소 평가했다.

젊은 수녀들은 어땠을까? 그들의 기억도 처음에 자신의 삶에 대해 보고한 것과 일치하지 않았다. 젊은 수녀들도 나이 든 수녀들만큼 기억에 불일치가 많았으나, 이들의 기억은 반대쪽으로 기울었다. 50~60대 수녀들은 14년 전의 삶을 더 힘든 쪽으로 기억했다. 젊은 수녀들은 자신이 당시 보고한 것보다 덜 행복했다고 기억했다. 그들이 기억하는 우울감과 적대감은 당시 보고한 것의 거의 두 배, 피해 의식은 거의 세 배에 달했다. 젊은 수녀들은 자신의 삶을 돌아볼 때 부정적인 것에 주목하는 반면, 나이 든 수녀들은 긍정적인 것에 집중했다.

한 가지 가능한 설명은 비교적 젊은 수녀들은 첫 질문지를 작성할 때 자신이 인정한 것보다 덜 행복했거나 건강 문제가 더 많았을 것이다. 당시 그들은 자신이 실제보다 건강하고 행복하게 보여야 한다는 압박감이 들었으나, 14년 뒤에는 자신이 겪은 것에 대해 더 솔직히 답해도 될 만큼 편안함을 느끼지 않았을까? 아마 그랬을 것이다. 그렇다면 나이 든 수녀들은 왜 정반대 패턴을 보이는지 설명해야 한다. 왜 나이 든 수녀들이 14년 전에는 약간 불행하다고 답했으나, 지금은 "음, 사실은 기분이 아주 좋았어요"라고 말해야 한다고 느끼는가. 더 간단하고 다른 수많은 연구 결과와도 일치하는 설명은 사람들이 특정한 나이가 되면 긍정적인 면에 집중하기 시작한다는 것이다.

긍정 효과는 오늘날 스스로 살아가시는 부모와 조부모에 관해 우리에게 시사하는 바가 있다. 나이 든 친지들이 미래에 대해 결정할 때 당신은 그들이 자신의 과거를 바라보는 방식과 그것을 활용해서 예측하거나 평가하는 방식에 좌절할지 모른다.[27] 당신의 부모님은 이렇게 말할 것이다. "몇 년 전 올랜도Orlando〔미국 플로리다 주 중부의 관광도시〕에 갔을 때 우리는 정말 멋진 시간을 보냈지. 그곳에 타임셰어time-share〔시간 차를 두고 공동으로 사용하는 휴가용 임대주택〕를 예약할 생각이란다." 당신은 어이가 없어서 말문이 막힌다. 당신은 부모님이 플로리다에 갔을 때 날마다 전화해서 뜨거운 날씨와 붐비는 사람들, 성가신 벌레 때문에 불쾌하다며 불평을 늘어놓은 것을 기억한다. 부모보다 젊은 당신은 긍정 효과를 공유하지 않으므로, 그것이 치매의 초기 증상이 아닐까 걱정한다.

긍정 편향이 정신력 쇠퇴의 신호일까? 연구자들은 지난 10년 동안 이 질문을 해왔고, 이 문제를 연구해온 선도적인 과학자들은 그렇지 않다고 믿는다. 함부르크 에펜도르프Hamburg-Eppendorf 대학병원의 최근 신경과학 연구는 긍정적인 면에 집중하는 능력은 정서적·정신적 건강을 나타내는 표지일 것이라고 말한다. 고속도로에서 새치기를 당해 본 사람은 알겠지만, 감정을 제어하기는 쉽지 않다. 감정을 통제하려면 상당한 인지능력과 여러 뇌 영역의 협력이 필요하다. 그러므로 노인이 부정적인 면을 잘 걸러내는 경우 당신은 답답할지 모르나, 그의 정신 건강을 위해서는 좋은 소식일 것이다.[28]

노인들이 주변의 세상은 물론 자신의 기억에서도 부정적인 면에 주목할 수 있음을 아는 것도 도움이 된다. 그들은 단지 보통 때 그렇게 하지 않기로 선택한 것이다. 한 연구는 70대 노인들이 자신이나 동년배를 치료할 의사를 고를 때 각 선택지의 긍정적인 면에 대단히 주목하고 부정적인 면을 거의 무시했지만, 더 젊은 사람을 치료할 의사를 고를 때는 관심의 초점을 바꿔 더 많은 문제점을 살펴봄으로써 각 의사의 장점과 단점에 동등한 무게를 부여했다.[29] 그들은 앞날이 창창한 사람에 대해 생각할 때 의사의 결점이 문제가 된다는 것을 예리하게 인식했다.

노인들은 심지어 부정적인 기억을 잘 간수했다가 적절한 자극을 받으면 기억해낼 수 있는 것 같다. 나이 든 수녀들이 마치 부정적인 기억은 풍화되어 사라지고 행복한 기억만 남은 것처럼 과거를 지나치게 장밋빛으로 떠올렸다. 하지만 연구자들은 나이 든 수녀도 "가능한 한 정확하게 답하는 게 중요합니다"라는 지시를 받았을 때는 14년 전 자신의 문제를 떠올릴 수 있었다고 규명했다.[30] 이런 식으로 자극을 받으면 나이 든 여성은 덜 즐거운 기억을 찾아냈다.

그들은 왜 평소에는 가능한 한 정확하게 답하려고 노력하지 않을까? 로라 카스텐슨과 마라 매더는 노인들이 기분을 통제하려고 애쓴다고 생각한다.[31] 노인들은 자신에게 남은 시간이 제한적이라는 것을 점점 더 잘 인식함에 따라 삶에서 문제에 초점을 맞추는 경향이 줄고, 정서적으로 위로가 되거나 편안한 방식으로 과거를 기억하고 현재를 바라보도록 동기부여 된다. 노인들은 지나온 삶과 아직 사용할 수 있는 선택지에 만족하고 싶기 때문에 좋은 점에 주목하는 것이다. 이는 늙어가는 당신의 부모가 어떻게 자신이 선택할 때는 문제를 무시하면서 당신이 고려하는 선택지의 결함은 여전히 잘 잡아내는지도 설명해준다. 그들은 당신의 삶을 바라보는 방식이 아니라 자신의 삶을 바라보는 방식을 개선하려고 노력하는 것이다. 그들은 자신이 선택한 삶과 배우자, 자신이 쓴 돈에 만족하고 싶어 하지만, 당신에 대해서는 훨씬 더 좋은 것을 원한다.

다행히 성인들은 대부분 자신의 기분을 제어하는 데 필요한 기술을 개발한다. 카스텐슨과 동료들은 대다수 사람들은 남성이든 여성이

든 살아가면서 감정을 제어하는 기술이 더 노련해진다는 것을 발견했다.[32] 물론 언제나 성공적인 것은 아니다. 당신의 어머니는 여전히 성을 낼지 모르고, 당신의 아버지는 말하지 않는 어떤 문제로 깊은 슬픔에 잠길 때가 많을 것이다. 하지만 사람들은 일반적으로 나이가 들면서 자신의 기분을 더 잘 선택할 수 있고, 그들이 선택한 기분은 즐거운 것일 때가 많다.

이것은 반가운 소식이다. 당신의 부모님이 삶에서 긍정적인 면에 지나치게 주목하는 것 같다고 해서 당신의 아이들에게 미칠 수도 있을 부정적인 결과를 못 보는 것은 아니므로, 당신은 아이를 부모님께 일주일 동안 맡기면서 걱정하지 않아도 된다. 그들은 여전히 당신이 허용하는 것보다 아이들이 많은 도넛을 먹도록 내버려두겠지만, 그것은 할아버지와 할머니의 자애로움일 뿐이다.

노인이 결정을 내릴 때 젊은이와 다른 중요한 방식이 하나 더 있다. 그들은 보통 선택지가 적은 것을 선호한다. 연구에 따르면 사람은 나이가 들면서 결정을 내릴 때 더 적은 정보를 추구하고, 선택지가 적을수록 더 행복해한다.[33] 코넬대학교의 연구자들이 노인과 젊은이들에게 자신이 원하는 이상적인 선택지는 몇 개인지 물었다. 그들은 잼("당신은 아침 식탁에 잼이 몇 종류 있기를 바라는가? 두 종, 여섯 종?")부터 아파트, 처방 계획까지 모든 것에 대해 물었는데, 일반적으로 노인이 바라는 선택지는 젊은이의 약 절반이었다.[34] 나이 든 여성은 심지어 젊은 여성보다 유방암 치료법에 대해 적은 선택지를 원했다. 65세가 되면 사람들에게 선택이 중요하지 않아서가 아니라, 유방암 치료를 받을 때 발언권을 원하는 할머니는 8개월 동안 이어지는 화학요법에는 전혀 관심이 없을 것이기 때문이다.

노인이 더 적은 선택지를 선호한다는 것을 알아두면 당신이 직장에서 당신보다 30세 더 많은 사람이나 부모와 중요한 결정을 논의할 때 귀중한 지식이 될 것이다. 마치 노인은 의사 결정 과정에 흥미가 없거나 모든 선택지에 충분한 관심을 기울이지 않는 것처럼 보이지만, 당신이 가장 덜 매력적인 선택지 몇 개를 없애주면 그녀는 훨씬 더 열중할 것이다.

어느 시점에 이런 변화가 일어나기 시작할까? 긍정 효과에 대한 답은 "대학을 졸업하자마자"일 것이다. 서른 살인 사람은 스무 살인 사람보다 생각과 기억이 긍정적으로 기우는 경향이 있고, 마흔 살에는 서른 살 때보다 세상이 훨씬 좋아 보인다. 긍정 효과를 추적해온 한 연구 팀에 따르면, 대다수 사람들은 60대 중·후반에 세상을 가장 장밋빛으로 보고, 건강 문제로 쇠잔해지지 않는 한 당분간은 그 마음가짐으로 즐거운 나날을 보낸다.[35] 개인적으로 나는 가장 나이 많은 수녀들이 내게 희망을 준다고 생각한다. 그들은 90대에도 여든 살 때 자아에 대해 즐거운 기억이 있다.

모든 개인은 다르고, 당신의 할머니는 선택지가 충분하지 않다고 계속 불평하거나, 관절염 관리를 위해 의사가 제안하는 한정된 대안부터 데니스Denny's(미국의 패밀리 레스토랑 체인)의 음료 모음까지 모든 것에 불만스러워할지 모른다. 이는 〈머펫 쇼The Muppet Show〉(미국의 TV 버라이어티 인형극)에서 스타틀러와 월도프가 발코니에서 욕설을 퍼붓는 이미지와 상반된 것이다. 앉은자리에서 눈앞의 세상에 대해 불평하는 노인도 있지만, 노후를 만족해하며 살아가는 이들이 훨씬 더 흔하다.

나이 든 부모와 친척을 돕기 위한 전략

당신의 부모나 조부모가 정말 중요한 결정을 해야 하는데, 그들이 선택하지 않거나 형편없는 선택을 할까 봐 걱정이 된다면 당신은 어떻게 해야 할까? 그들이 선택지를 줄이는 것을 도와라. 그들이 살림의 규모를 줄일 수 있는 아파트를 구하고 싶어 하는 경우, 당신이 이사한다면 그렇게 많은 선택지를 검토하고 싶을지라도 선택지 30개가 열거된 목록을 보내지 마라. 그들이 가장 중요하게 여기는 기준을 알아낸 다음, 그들이 찾는 집에 부합하는 5~6가지 목록을 보내라. 중대한 결정이니 더 많은 선택지를 원할 것이라고 생각하지 마라.

우리는 모두 나이에 상관없이 사소한 선택에는 많은 선택지를 선호하고, 중요한 선택에는 적은 선택지를 선호한다. 주유소로 들어갈 때 100여 가지 형형색색 사탕이 있는 걸 보면 재미있고 기쁠 것이다. 하지만 주유기 앞에 수많은 가솔린이 있고 그중 절반은 당신의 차 엔진을 망가뜨릴 수 있다면, 당신은 선택하는 데 시간을 허비하고 싶지 않아 차를 몰고 나올 것이다.

긍정 편향이 문제가 된다면? 예를 들어 당신의 부모님이 특정 아파트에 마음이 기울어 분명한 위험신호를 걱정하지 않는 것 같다. 당신은 집세에 놀라거나, 계단이 많아 염려스럽다. 이런 긍정 편향에 대처하는 한 가지 방법은 그들에게 다른 사람—이를테면 사촌과 같이 그들이 존중하는 사람—이 비슷한 상황에 있다면 어떤 아파트를 추천하겠느냐고 질문하는 것이다. 노인은 어떤 선택이 다른 사람에게 좋은지 생각할 때는 부정적인 면을 더 잘 감안한다. 물론 그들은 자신이 사촌보다 건강하거나 부유하다는 점을 강조할 수도 있지만, 당신은 최소한 그들이 그 아파트에 문제가 있다는 점을 인정하도록 유도한 것이다.

우리는 대부분 타인이 온전히 집중할 수 있을 때 중요한 결정을 언급하려 할 것이다. 부모님이 아파트 고르는 걸 돕는 경우 당신은 어느 날 저녁 식사를 할 때 그 얘기를 꺼내거나, 부모님을 자리에 앉혀놓고 최선의 선택을 하셨으면 좋겠다는 말을 하고 싶을 것이다. 이 전략은 일견 분별 있고 설득력 있어 보이지만, 부모님의 정신이 분산되었을 때 이야기하는 게 효과적이다. 당신이 아버지와 함께 저녁 식사 준비를 하거나, 어머니와 차고를 청소할 때 얘기를 꺼내라. 부모님을 속여 나중에 후회할 결정을 하게 하려는 것이 아니라, 부모님이 고려하는 선택의 부정적인 면을 보게 하려는 것이다.

연구에 따르면 노인은 결정에 완전히 집중할 때 긍정성에 지나치게 초점을 맞춘다.[36] 가만히 있어도 저절로 긍정성에 초점을 맞추는 것은 아니다. 감정을 조절하여 지속적으로 긍정성에 초점을 맞추려면 노력과 집중이 필요하다. 그러므로 예를 들어 파스타 접시나 상자 더미 같은 것이 부모님의 주의를 분산하면, 당신이 문제를 지적하지 않아도 부모님 스스로 부정적인 면을 볼 것이다. 부모님은 그때껏 용케 부정적인 면을 무시해왔으므로, 당신이 그 얘기를 꺼내면 짜증스러워하거나 화낼 수도 있으니 주의하라. 이제 당신은 최소한 부모님이 문제를 인식한다는 사실을 알았을 것이다.

부모에게 긍정 편향이 있을 수 있는 것과 마찬가지로 당신에게 부정 편향이 있을 수 있다는 것을 아는 것 또한 도움이 될 것이다. 젊은 이들은 특히 10대 후반부터 20대 내내 자신에게 주어진 선택지의 부정적인 면을 살피는 경향이 있다. 젊은이들이 걱정이 많거나 비관적이라는 뜻이 아니라, 결정을 내릴 때 불안한 점을 따져보는 것이다. 당신에게 부정 편향이 있다는 것을 부모에게 말할 필요는 없다. 당신이 그것을 인정하면 부모의 추론이 당신의 추론과 많이 다르다는 사실을 받아들이기 쉬울 것이다.

나는 로리와 첫 인터뷰를 하고 거의 1년이 지나 다시 이야기를 나눴다. 다행히 로리의 언니는 좋아졌다. 수술하고 몇 달간 화학요법을 받은 뒤 정밀 검사를 한 결과, 암은 보이지 않았다. 언니가 왜 의사를 찾아갈 결정을 미뤘는지 아직 의아하냐고 물었을 때 로리가 말했다. "남동생과 그 얘기를 안 한 지 오래됐어요. 언니처럼 분별 있는 사람이 왜 그런 증상을 오래 방치했는지 아직 이해가 안 돼요. 하지만 어쩌겠어요?"

로리가 이 장을 읽는다면, 친구들이 같은 상황에 처했을 때 어떻게 대처해야 할지 알려줄 수 있을 것이다.

6장 한눈에 보기

기억할 사항

1. 운전하기에 나쁜 조건이 운전하기 어렵게 하는 것처럼, 결정하기에 나쁜 조건이 결정하기 어렵게 만든다.
2. 여성이 남성보다 결정의 조력자 역할을 할 준비가 되었을 때가 많다.
3. 거액을 내고 자문을 구한 사람을 경계하라.
   - 높은 가격은 그들이 받은 자문의 질을 무턱대고 신뢰하게 만든다.
   - 예: 사장이 컨설턴트에게 수임료를 내고 자문을 구하는 경우
4. 우리는 절박한 상황에서 대담한 방법을 취해야 한다고 착각하기 쉽다.
   - 전망 이론은 우리가 손실에 직면했을 때 위험을 감수한다고 말한다.

- 예: 틀림없이 900달러를 잃는 것과 90퍼센트 확률로 1,000달러를 잃는 것 중에서 어느 쪽을 택할까?

5. **인간은 흔히 나쁜 결정(유행하는 다이어트, 새 사업 투자, 바람피운 남편 다시 받아들이기)을 반복한다.**
   - 우리는 과거보다 미래에 많은 통제력을 발휘할 거라고 생각한다.
   - 예: 작동하지 않는 DVD 플레이어와 지하철 이용자

6. **인지 부조화를 줄이려는 노력이 사람들이 실수를 반복하게 한다.**
   - 예: 10대 자녀의 대학 지원 에세이를 도와주는 것
   - 우리는 자신이 저지른 행동이 포함되도록 '좋다'의 뜻을 다시 정의한다.

7. **긍정 효과란 노인은 긍정적인 정보를 선호한다는 뜻이다.**
   - 예: 구입할 자동차 고르기나 집에 가져갈 머그잔 고르기
   - 수녀 연구: 나이 든 수녀들은 자신의 삶을 실제보다 좋은 것으로 기억하는 반면, 비교적 젊은 수녀들은 자신의 삶을 실제보다 나쁜 것으로 기억한다.
   - 노인은 자신의 기분을 조절하기 위해 긍정적인 면에 초점을 맞춘다.

8. **노인은 결정할 때 선택지가 적은 것을 더 좋아한다.**

실천할 사항

1. 자문을 구하기 전에 그것을 어떻게 평가할지 계획을 세워라.
2. 절박한 느낌이 들 때 후회할 만한 행동에 유혹되지 않으려면, 손실을 잠재적 승리로 재해석하거나 인계철선을 설치하라.
3. 당신의 부모가 선택의 부정적인 면을 고려했다는 것을 확인하고 싶다면, 긍정 효과를 줄이기 위해 그들의 정신이 좀 분산되었을 때 얘기를 꺼내라.
4. 다른 사람의 결정이 당혹스러울 때 "대체 무슨 생각이었어요?"라고 묻는 대신 "당신은 총명한 사람입니다. 내가 이해하도록 도와주세요"라고 말하라.

후기

당신이 여성이든, 여성과 함께 일하는 남성이든 이 책에서 귀중한 무엇을 얻었기 바란다. 다음에 직감으로 결정하고 싶은 강한 욕구를 느낄 때나 불안해서 결정할 수 없을 때, 동료 중 한 명이 회의에서 자신감을 보여줬으면 좋겠다고 생각할 때 당신은 좀 더 정교한 전략을 사용할 수 있을 것이다. 의사 결정은 모든 사람에게 어려운 일이지만, 이 책을 활용하면 결정을 내리기가 한결 쉬워질 것이다.

우리는 중요한 의사 결정을 할 때 적절한 조치를 취할 수 있게 하는 여러 가지 방법을 살펴보았다. 이제 당신은 자신감을 조절 가능한 다이얼로 간주하여, 정보를 모으고 결정할 때는 자신감을 낮췄다가 지지자가 필요할 때는 자신감을 드높일 수 있다. 원상회복이 가능한 선택을 나중에 다시 평가하는 걸 기억하도록 인계철선을 설치할 수도 있다―자신이 나쁜 결정을 했다는 것을 알면 필요 이상으로 오래 참지 않는 게 좋다. 불안이 어떤 길로 나아가기 어렵게 하는 강적처럼 여겨지는 경우, '이건 불안이 아니라 흥분이다'라고 마음속으로 되뇌는 방법도 알았다.

이 책에서 가장 중요한 메시지는 '우리가 의사 결정자로서 상대를 어떻게 바라보는가' 하는 점으로 귀결된다. 여성은 사회가 우리에게 믿도록 유도하는 것보다 뛰어난 판단력이 있다. 여성은 남성 못지않게, 때로는 그들보다 더 데이터에 기반을 둔 계획적인 분석에 의지하는 경향이 있다. 데이터에 기반을 둔 선택이란 충분한 정보를 바탕으로 잘 알고 내린 선택을 말한다. 우리는 수많은 사람들이 '여성은 보살피고 남성은 통제한다'고 생각하는 걸 보았으나, 이제 협력하려는 욕구를 결정에 대한 무능력으로 오해하지 않을 수 있다. 그리고 여성을, 특히 오랫동안 자신의 전문성을 구축해온 전문직 여성을 그들이 실제로 그런 것처럼 효과적으로 위험을 감수하는 사람으로 바라볼 수 있다. 우리가 여성의 판단이 남성의 판단만큼 훌륭하다는 것을 인정하면, 여성을 최고위직에 배치하는 일이 도박처럼 느껴지지 않을 것이다.

더 나은 결정을 하기 위한 방법을 계속해서 배우려는 이들에게 나는 마지막으로 어떤 조언을 해줄 수 있을까? 당신에게 들려줄 이야기가 하나 더 있다. 조를 소개한다.

조는 자신을 정돈된 작은 세계에 맞추기를 거부하는 타입이다. 노동자계급 부모 슬하에서 자란 조는 여자대학에 다니는 동안 친구들과 보내는 시간보다 책을 읽으며 보내는 시간이 많아, 졸업할 때 상위 2퍼센트 학생에게 수여하는 우등상을 받았다. 조가 지적이고 사려 깊고 진지한 여성일 것이라고 짐작했다면 당신이 맞았다. 그녀는 검은색 아이라이너를 짙게 바르고 긴 머리를 메릴린 먼로Marilyn Monroe의 금발이나 핑크색으로 염색하는가 하면, 여성 펑크록 밴드에서 베이스

기타를 연주하기도 한다. 낮에는 다른 젊은이들이 진로를 계획하고 적성을 찾도록 돕기 위한 프로그램을 운영하지만, 밤에는 자신의 적성을 찾았다. 조는 무대에 올라 기타를 조율하고, 푸른색 섬광등 조명 아래서 음악에 맞춰 고개를 까딱거리며 땀 흘릴 때 더없이 행복하다고 했다.

내가 조를 처음 인터뷰한 것은 2014년 5월이다. 그녀는 콜로라도 동부에서 공연을 하느라 지친 상태였다. 조는 밴드 전용 버스 뒷자리에 앉았고, 다른 멤버들은 침낭이며 여행 가방, 음향 장비 등을 쌓아놓은 더미 너머에 있었다. 밴드는 처음으로 대륙 횡단 순회공연을 하는 중이었다. 다른 멤버들이 늦잠을 자는 바람에 그날 아침 늦게 출발했지만, 고속도로로 빠르게 이동했다. 로드아일랜드RhodeIsland에서 미주리Missouri까지 여행하며 공연장을 가득 메운 열정적인 팬들 앞에서 9일 밤을 연달아 공연하고 콜로라도의 덴버Denver에 도착했을 때, 주요 뉴스로 대서특필 되었다. 조의 성공이 만개했다.

그녀는 음악을 시작할 때 장차 여행하며 순회공연을 하리라는 기대를 하지 않았다. 조는 3년 전인 2011년, 몇몇 친구들에게 밴드를 결성하지 않겠느냐고 물어보았다. 조는 대학 시절 내내 공부에 매진했으니 졸업한 뒤에는 삶의 즐거움을 더 많이 누릴 필요가 있다고 생각했다. 밴드에 가입한 네 명 중 두 명은 악기 연주법조차 몰랐으나, 그들에겐 노련한 드러머가 있으니 함께 배우기로 했다. 그들은 테이프 두어 개를 녹음한 뒤 EP 음반으로 올라갔다. 그들은 노래를 직접 만들어 불렀는데, 정신을 차리고 보니 공연 계약을 하고 있었다. 그들은 갑작스러운 성공을 전혀 예상 못 해서, 먼 곳으로 연주하러 갈 때마다 밴을 렌트해야 했다.

2013년 내셔널퍼블릭라디오NPR[미국 공영 라디오 방송]의 〈월드카페World Café〉에 그들의 음악이 방송되었다. 프로그램 진행자는 그 밴드의 첫 앨범을 "올해의 베스트 록 앨범 중 하나"라고 소개했고, 그때부터 기회의 문이 열리기 시작했다. 그 밴드에 대한 상세한 기사가 《뉴욕타임스》《피치포크Pitchfork》[미국의 온라인 음악 매거진], 《스핀Spin》《엘르Elle》등에 실렸다.

조는 밴을 타고 콜로라도로 가기 몇 달 전, 이 그룹에 얼마나 전념할지 결정해야 했다. 그때까지 조는 재미로 시작한 일을 하는 정도였다. 조는 직장에 다녀서 밤 시간과 주말에 연주할 수 있었다. 밴드는 변호사나 출연 계약 담당자, 매니저 등을 고용하지 않았다. 그들은 직접 계약하고 준비한 콘서트를 하며 동부 해안을 오르내렸으나, 돈을 벌고 싶다면 저 멀리 캘리포니아나 텍사스까지 가서 공연하는 등 전국적으로 활동해야 했다. 그러다 보니 6주 이상 직장에 나가지 못했고, 집세와 공공요금을 내게 해주는 봉급을 포기해야 했다. 조는 적어도 서너 달 동안 삶을 밴드에 바쳤다.

밴드의 믿기지 않을 만큼 성공적인 시작으로 확신을 얻은 그녀는 1만 4,000마일(2만 2,530킬로미터)에 이르는 30개 지역 순회공연을 계속하자고 다짐했다. "우리 음악을 좋아하는 사람들이 얼마나 많은지 보니까 계속하기 쉬웠어요. 연쇄효과라고 할까, 작은 걸음을 내디딜 때마다 큰 걸음을 내딛기 더 쉬워졌지요." 조는 밴드가 성공하기를 바라고 시작한 게 아니다. 그녀는 그런 사유를 '예견된 실망'이라고 불렀다. 조는 다음 단계로 나아가고 싶은지 신중하게 자문했을 뿐, 큰 기대는 하지 않았다.

우리가 첫 대화를 나누고 나서, 2014년 9월에 조와 다시 연락이 닿았다. 6주간 국토 횡단 순회공연이 대단한 성공을 거뒀으므로 밴드는 자신만만하게 다시 거리로 나섰고, 손쉽게 큰 공연장과 계약했다. 그러나 이번에는 상황이 좋지 않았다. 리드 싱어이자 기타리스트가 돌연 밴드를 그만둔 것이다. 그들은 대체할 사람을 구하지 못한 상태였고, 날마다 오후가 되면 다른 도시로 이동해야 했기 때문에 사람을 구하기도 쉽지 않았다. "순회공연이 신통치 않아요. 실망스럽습니다." 조는 시인했다.

예상할 수 있듯이 대화의 어조가 달라졌다. "밴드를 다시 편성하면서 오랜만에 이런 생각이 들었어요. 이 밴드가 그럴 가치가 없다면, 이 밴드가 내가 원한 만큼 오래 걸어갈 좋은 길이 아니라면 어떻게 하지?" 나는 조의 생각을 이해할 수 있었다. 누구나 불운을 만나 일이 틀어지기 시작하면 결정을 다시 검토한다. 조는 내가 전혀 예상치 못한 말을 했다. "대학원에 갔다면 행복했을 것 같아요."

아, 대학원. 조는 4년 전에 내린 결정을, 자신이 밴드를 시작할 생각조차 하지 않은 때의 선택을 회상했다. 그녀는 졸업할 때 어디든 입학이 허용된 곳에서 박사과정까지 밟을 수 있는 장학금을 받았다. 조의 학부 과정 교수들은 그녀가 전국 최고의 박사과정에 입학할 수 있을 거라고 확신했고, 조는 관심과 흥미에 맞는 곳을 고르며 충실하게 몇 달을 보냈다.

하지만 그녀는 대다수 사람이 대학원 진학을 고려할 때 하지 않는 분석을 시도했다. 자신이 공부할 분야의 현재와 예상 구직 시장을 조사하고, 자신이 고려하는 박사과정 수료자의 진로를 추적하고, (장학금을 받더라도) 공부를 마쳤을 때 빚이 얼마나 될지 계산하고, 과로로 힘들어하고 사회 활동 부족을 느끼는 대학원생의 체험 수기를 읽었다. 조가 알아낸 바에 따르면, 그것은 자신이 생각하는 좋은 삶의 모습과 달랐다. 그녀는 조사한 모든 내용을 근거로 자신은 대학원에 가고 싶지 않다는 것을 확실히 알았다. 적어도 그 시점에는 그랬다. 조는 학교 역사상 처음으로 장학금을 반환했다.

우리가 처음 얘기를 나눴을 때, 그러니까 조가 덴버 공연에 가려고 고속도로를 달릴 때 그녀는 대학원 진학을 포기한 결정에 대해 말했다. 그 이야기를 할 때 조는 어려운 결정을 한 점에 흡족해했다. 그녀는 장학금을 사용하지 않기로 결정했을 때 홀가분한 기분이었다고 회상했다. 나는 뻔한 선택을 거절할 수 있는 용기뿐만 아니라, 결정하기 위해 그 많은 조사와 분석을 했다는 사실에 깊은 인상을 받았다. 대학원 진학을 고려하던 내 친구 중 그녀처럼 철저히 예비 조사를 한 사람은 없었다. 심지어 조를 장학생에 추천한 학부 과정 교수들조차 그녀가 포기하는 이유를 설명할 때 그 결정에 찬사를 보냈다. 교수 중 한 명 이상이 조는 자신들이 대학원 진학을 선택할 때 생각조차 하지 못한 엄혹한 현실을 일람표로 만들어가며 제대로 분석했다고 인정했다.

조는 왜 나중에 그 결정을 의심했을까? 그녀는 3년 반 동안 자신이 내린 결정에 확신이 있었다. 이유가 타당했으니 옳은 선택이었고, 그 이유 중 아무것도 바뀌지 않았다. 조가 전공한 분야의 구직 시장은 개선되지 않았고, 대학원 공부는 여전히 고되고 힘들었다. 그리고 그녀는 록 스타가 되고 싶어서 대학원을 포기한 것은 아닌 듯했다. 당시 조는 밴드를 시작할 생각조차 하지 않았으니까. 단지 밴드가 해체될 위기에 처해서, 밴드에 전념하기로 한 결정이 근시안적인 듯해서, 그녀가 대학원 진학 여부를 결정할 때 보여준 현명함이 줄어드는 것은 아니다.

내가 이런 패턴에 맞닥뜨린 것은 처음이 아니다. 이 책을 쓰기 위해 인터뷰한 수많은 여성들은 예상 밖의 성공을 거두고 자신이 상상하지 못한 기회가 열렸을 때는 과거에 내린 결정에 만족했으며, 자신의 의사 결정 과정을 존중했다. 그들은 자신이 위험을 감수하고 열정을 쏟아부은 시절을 돌아보면서 선택을 잘했다고 자부했다. 그래서 또다시 위험을 감수했다.

결과가 나쁘게 나타난 것처럼 보이는 다른 때 그들과 이야기해보면, 과거를 돌아보면서 모든 결정에 의문을 품었다. 자신에게 판단력이 있기나 한지 의문이 드는 때도 있다고 했다. 사람들은 일에 차질이 생기면 자신이 내린 중요한 결정을 쭉 떠올리며 모든 선택에 결함이 있었다는 데 주목한다. 먼 곳으로 이사하고 1년 뒤 직업을 바꾸기로 한 결정을 후회한 고위 관리자는 자신이 부모로서, 주택 소유주로서, 아내로서 내린 모든 결정과 선택에 의문을 품기 시작했다. "모든 것이 무너져 내리는 것 같아요, 그렇죠?" 그녀는 말했다.

우리는 자신을 그 선택으로 이끈 과정이나 우리가 고통스러울 정도로 열심히 해낸 분석, 심지어 그 결정 후 우리 삶이 눈에 띄게 나아졌다는 데 근거하지 않고 최근의 상황에 근거해 과거의 결정을 평가하는 것 같다. 오늘 오후의 빛이 어제의 선택을 비추는 방식에 따라 자신의 결정을 쉽게 평가하기 때문에 "그 결정은 옳았어요"라고 자신 있게 말하기 어려워지는 것이다.

내 남자 친구들은 이런 패턴이 단지 여성에게 나타나는 현상은 아니라고 재빨리 지적한다. 모든 사람이 오늘의 관점에서 과거의 결정을 재해석한다는 것이다. 나도 그렇게 생각한다. 하지만 똑같은 조건은 아니다. 여성이 듣는 의심의 목소리가 단지 자신에게서 나온 것이라면 한 가지 문제에 불과할 것이다. 여성의 목소리는 그녀의 선택을 비판하고 싶어 하고 비판하려 하는 이들의 합창에 부가되어 나온다. 우리가 이 책에서 살펴보았듯이, 사회에서 여성의 결정은 특히 그 결정이 성공적이지 못할 때 남성의 결정보다 면밀한 검토가 필요한 것으로 간주된다.

현재 상황에 부합되도록 사실을 오도하는 기억

우리는 자신이 고심해온 결정에 대해 어떻게 생각하고 느꼈는지 잊지 않을 것이라고 확신한다. 어떻게 잊을 수 있을까? 특히 우리가 내린 중요한 결정, 시간과 에너지를 그토록 많이 소모한 인생의 큰 전환점에 대해서는 항상 기억할 것 같다. 그 결정은 개인 기억 저장소에 완벽하게 보존되는 것처럼 보인다.

실상은 그렇지 않다. 기억은 쉽게 변한다. 저명한 기억 연구자 엘리자베스 로프터스Elizabeth Loftus의 표현에 따르면, 기억은 "박물관 진열장에 가만히 놓인 물건" 같지 않다.[1] 우리는 그저 예의 바르게 얼마간 거리를 두고 기억을 바라보며 감탄하지 않는다. 기억에 접속할 때마다 손을 보며 재구성한다. 미술관 대신 미술 수업을 머릿속에 그려보라. 미술 교사가 학생들에게 암소를 보고 와서 그리라고 지시한다고 상상해보라.[2] 그림은 저마다 다른 모습일 것이다. 같은 소와 풀밭을 다시 그려보라고 주문했을 때 남성이나 여성은 처음에 그린 그림과 약간 다른—많이 다를 수도 있다—그림을 그릴 것이다.

맨 나중에 그린 그림이 반드시 가장 마음에 드는 것이 아니듯, 두 번째나 세 번째 혹은 열 번째 그린 그림과 똑같이 기억이 언제나 좋아지는 것은 아니다. 하지만 무엇을 기억하든 당신의 현재 관점을 반영할 것이다. 기억은 더 좋은 쪽이든, 나쁜 쪽이든 지금 생각하고 느끼는 점에 잘 부합되도록 계속 고쳐진다.

걸음마를 뗀 아이의 부모가 3년 전을 돌아볼 때 자신이 아이의 울음에 어떻게 반응했는지 재구성하며 자기 행동을 잘못 기억하는 경향이 있다. 하지만 그들의 기억은 제멋대로 형성되지 않는다. 그들의 기억은 현재 전문가들이 권장하는 사항과 자신이 현재 동의하는 자녀 양육 철학 쪽으로 치우친다. 전문가가 아이를 울도록 놔두는 게 좋다고 말하면, 부모는 당시 자신이 실제로 보고한 것보다 자주 다른 방에 앉아 아이의 울음이 멎기를 기다렸다고 기억하는 경향이 있다. 전문가가 아이를 즉시 안아주는 게 좋다고 말하면, 부모는 아이가 조금만 우는 소리가 들려도 일어난 적이 당시 실제 그랬던 것보다 많았다고 기억한다. 우리는 이런 현상을 수면 부족으로 돌릴 수도 있다. 갓부모가 된 사람은 잠을 푹 잘 수 없으니, 그들이 구체적으로 기억하지 못하는 것을 아무도 탓하지 못할 것이다.

다른 사람들도 기억을 자신의 현재 관점에 부합되도록 바꾸는 경향이 있다. 대학생은 현재 학교에서 잘하는 것에 부합되도록 과거 성적에 대한 기억을 수정하고, 유권자는 선거가 끝나면 자신이 후보자를 얼마나 좋아했거나 싫어했는지에 대한 기억을 바꾸고, 30세 젊은이는 10대 시절 자신의 성격에 대한 기억을 성인이 된 현재 자아에 더 잘 어울리도록 편집한다.[3] 우리는 현재 생각하고 느끼는 점에 부합되도록 기억을 업데이트한다. 자신의 이야기를 계속 바꾸는 것이다. 사회심리학자 캐럴 태브리스와 엘리엇 애런슨이 말했듯이, 사람들은 "과거의 자아를 현재의 자아와 조화를 이루도록 이동한다".[4]

이는 자기 삶을 희망적으로 느끼고 상황이 자신이 상상한 것보다 좋을 때, 왜 과거의 결정이 통찰력 있고 심지어 운명적으로 여겨지는지 설명해준다. 그리고 자신의 판단을 비추는 그 후광이 자신감을 불어넣어 다음 선택을 하도록 한다. 가망 없다고 느낄 때는 과거의 결정에 오류가 있는 것처럼 보이고, 당신의 추론 과정에도 오류가 있는 것처럼 보인다. 이런 의혹의 순간에는 당신이 확신에 차서 위험을 감수한 결정을 비판적으로 바라보기 쉽다. 당신이 조라면 순회공연 도중에 리드 싱어가 그만두는 경우, 그를 만나기 오래전에 자신이 내린 결정이 옳은지 의심할 것이다.

현명한 결정을 위한 가장 손쉬운 방법

이 책을 통틀어 살펴보았듯이, 우리가 여성의 결정에 대해 듣는 수많은 미묘한 메시지와 그다지 미묘하지 않은 메시지는 사실이 아니다. 하지만 이런 메시지는 여성이 현명한 선택을 할 능력을 위협할 수 있다. 나의 마지막 조언은 남성과 여성에게 모두 적용되지만, 특히 여성에게 중요하다. 그것은 여성이 긍정적인 메시지를 계속 받을 수 있게 하는 또 다른 전략이다.

여성은 자신의 결정을 기록하는 역사가가 되어야 한다. 상황이 바뀔 때마다 결정을 고쳐 써서는 안 된다. 내 마지막 조언은 자기 이야기를 진실하게 유지하라는 것이다. 과거를 돌아볼 때 상황과 관점이 달라도 당시 생각하고 느낀 것을 더 정확하게 재현할 수 있도록 의사결정 과정을 짤막하게 묘사하라. 이렇게 하면 결정할 당시 무엇이 가장 중요했고, 그 시점에 얻은 지혜가 무엇인지 등을 기억하는 데 도움이 된다. 자신의 삶에서 배우는 데도 도움이 된다.

테크놀로지를 이용하면 결정 과정을 담아낼 창의적인 방식이 10여 가지는 될 것이다. 나는 한 가지 방법을 제안하고자 한다. 고차원적 기술이 필요 없는 간단한 방식이다. 매일 한 문장씩 일기를 써라. 일기 쓰기는 많은 시간이 필요하고 실현 불가능한 일처럼 들릴 것이다. 당신은 "매일 깨끗한 양말 한 켤레를 찾아 신을 시간도 없는 걸요"라고 항의할지도 모른다. 내 말을 끝까지 들어보라. 매일 저녁 일기 쓰는 데 20분을 할애하지 않아도 되고, 책상을 정리하거나 일정을 조정하지 않아도 된다. 그저 하루에 한두 문장을 쓰면 된다. 길어봐야 5분쯤 걸릴 것이다. 특히 잠자리에 들기 전 한두 문장 쓰는 걸 일과로 만들면 좋다.

매일 두어 문장 쓰는 것이 어떻게 당신의 결정을 지속적으로 추적하는 데 도움이 될까? 그냥 아무 데나 써서는 안 된다. 한 문장씩 기록하는 일기장을 구입하라. 한 문장 일기장은 하루에 한 페이지씩 365 페이지로 되었지만, 각 페이지에 보통 다섯 번 기입할 공간이 있다. 올해 한 번, 이듬해에 한 번, 그다음 해에 한 번 식으로. 그야말로 매일 한두 문장 쓰면 되는 짤막한 묘사다.

일반적인 일기 쓰기는 매일 기입하고 페이지를 넘기며 뒤로 가다가 앞으로 돌아가는 일이 거의 없다. 의도적으로 노력하거나 특정한 내용을 찾으려고 할 때가 아니면 과거의 생각이나 감정, 결정 등을 검토하지 않는다. 시간이 걸리는 일이므로 대다수 사람들은 그럴 생각도 없고, 그러고 싶어 하지도 않는다. 한 문장 일기장은 짤막한 묘사를 볼 수 있게 해주는 구조라, 마치 결정에 대한 스냅사진을 꽂아놓은 앨범 같다. 당신은 맨 처음 일기장을 넘길 때 매일 새 페이지에 자신의 생각과 경험을 기록하겠지만, 이듬해에 그날 일을 기록할 때는 지난해에 기록해둔 그 생각과 느낌을 확인할 기회가 생긴다. 당신이 어떻게 결정했는지 다시 볼 때마다 그 일기장의 가치가 높아진다.

일기장에 무엇을 적을까? 그날 당신이 느낀 것과 당신이 정말 가치 있게 여기는 것을 한두 문장으로 기입하라. 무엇이 잘되었고 무엇이 잘못되었나? 결정할 때 무엇을 가장 중시했나? 처음에 당신이 주저한 이유는?

내 일기장에서 발췌한 두 항목을 소개한다. (이제 보니 사실 세 문장이지만, 짧은 문장이다.)

2013년 4월 11일 결국 질렀다―감정을 주체하지 못하고 인체 공학 의자를 샀다. 왜 그렇게 오래 망설였는지 모르겠다―비용 때문일까? 내가 하루에 7~8시간을 보내는 곳이 좋아졌으니 돈을 잘 쓴 거다.

2013년 8월 17일 집에 있으니 더없이 좋다. 여행에서 돌아온 첫날이어서, 특히 집에서 보낼 수 있어서 행복하다. 좋아하는 음식을 먹고, 동네를 산책하고, 내 삶을 느낄 수 있어서 참 좋다.

어쩌면 당신은 자신의 삶을 한 번 관찰하기만 해도 그 통찰의 불꽃을 발견한 뒤 내린 모든 결정에 당신에 대해 추가적으로 얻은 유용한 깨달음을 반영할 수 있을지 모른다. 나는 그렇지 못하다. 나는 그걸 적어놓거나 남편과 이야기하면서 새로 알아낸 자기 인식에 흡족하지만, 다음에 연구실 물품 구입을 고려할 때나 여행에서 돌아온 다음 날 동료가 회의 일정을 잡고 싶어 할 때 해오던 대로 한다. 과거에 내가 왜 행복했거나 불만족스러웠는지 생각하지 못하고, 앞으로 다르게 결정해야겠다고 다짐한 것도 잊어버린다.

일기를 쓰면 기억할 가능성이 높아진다. 이 두 항목의 경우, 1년 뒤 같은 페이지에 나는 '정말 맞는 말—작년에 좋은 통찰을 했네'라고 썼다. 그리고 나 자신에게 상기시키는 방법을 찾았으므로 더 나은 선택을 한다. 연구실 물품에 계속 투자했고(최근에는 창문형 에어컨을 구입했다), 여행을 다녀온 다음 날에는 가급적 일정을 잡지 않는다.

나는 2012년 이래 날마다 한 문장 일기를 써왔고, 그것은 의사 결정에 대한 나의 추정을 바로잡아 주었다. 내가 겪은 변화는 대부분 자신감 있을 때 일어난 것 같다. 내가 하는 결정에 확신이 들고 목적의식이 있을 때도 있지만, 머릿속이 뒤죽박죽된 느낌이 들 때도 있다는 것을 알았다. 하지만 나중에 좋은 결정이었음이 밝혀졌을 때, 당시 내가 그 옳은 선택에 대해 얼마나 많은 의혹을 느꼈고 얼마나 불확실하다고 생각했는지 발견하고 놀란다. 좋은 결정에 대한 의혹은 결국 사라진다. 그것은 가치 있는 깨달음이다. 이제는 결정에 확신이 들지 않더라도 불행의 조짐은 아니라는 것을 안다. 현명한 선택에 앞서 확신의 소리가 울려 퍼질 거라는 기대를 하지 않기에 결정하기가 쉬워졌다. 결정하는 것은 여전히 어렵지만, 과거에 비해 쉬워졌다는 말이다.

미래의 나에게 보내는 메모

내가 조와 처음 면담했을 때 그녀는 말했다. "장학금을 사용하지 않기로 한 것은 내가 한 가장 어른스럽고 용감한 결정이었어요. 나는 내가 뭘 하고 싶은지 몰랐어요. 그러니 대학원 공부를 시작하는 건 확실히 잘못된 길이었지요." 조가 몇 년 뒤 이 말을 읽었다면 도움이 되었을까? 그녀가 결정했을 때 자신이 얼마나 용감하다고 느꼈는지 들었다면 의혹을 가라앉힐 수 있었을까? 모르겠다.

하지만 두 사건이 비슷한 시기에 일어났다는 데 주목하지 않을 수 없다. 조는 2010년 9월에 대학원 진학을 포기하기로 결정했다. 정확히 4년 뒤인 2014년 9월에 밴드의 리드 싱어가 그만두었고, 조는 자신감의 위기를 맞았다. 그녀가 자신의 용감한 첫 결정을 적어놓았다면, 자신이 어렵게 장학금을 사용하지 않기로 결정했을 때 얼마나 침착했는지 적어두었다면 필요한 순간에 그 메모를 읽었을 것이다.

정확히 필요한 날에 들어야 할 메시지를 들으리라는, 즉 타이밍이 완벽하리라는 보장은 없다. 하지만 자신의 기억을 기록하고 탐색할 수 있는 체계를, 자신이 왜 이 선택을 했고 저 선택과 멀어졌는지 상기시키는 체계를 갖출 것이다.

여성은 자신에게 메시지를 보낼 필요가 있다. 세상이 우리를 향해 많은 의혹을 보내기 때문에, 이해력과 주의 깊은 사고력으로 맞서야 할 것이다. 우리는 자신이 인식하고 기억하는 것보다 훌륭한 판단력이 있으므로, 우리가 얼마나 현명한지 — 때로 용감한지 — 상기시키는 짧은 메모가 필요하다.

추천 도서

여성과 리더십에 관해 더 많은 책을 읽고 싶다면 다음을 참고하라.

* 《린 인: 여성, 일 그리고 리더십Lean In: Women, Work, and the Will to Lead》,
  셰릴 샌드버그Sheryl Sandberg (New York: Knopf, 2013). 이 책은 직장 여
  성에 관한 논의에 전 세계적으로 활기를 불어넣었다. 당신의 동료
  들이 젠더에 관한 책을 한 권 읽었다면 이 책일 가능성이 높다.

* 《직장에서 내가 저지른 실수: 영향력 있는 여성 25명이 실수에서
  얻은 것Mistakes I made at Work: 25 Influential Women Reflect on What They Got Out of
  Getting It Wrong》, 제시카 바칼Jessica Bacal (New York: Plume, 2014). 지은
  이는 저술가, 사업가, 음식 비평가 등 다양한 전문직에 종사하는 성
  공적인 여성들을 인터뷰했다. 이 여성들은 커리어를 쌓으면서 크
  고 작은 실수를 한 경험과 그 실수로 어떻게 더 현명하고 훌륭한
  리더가 되었는지 이야기한다.

* 《직장 여성이 알아야 할 것What Works for Women at Work : Four Patterns Working Women Need to Know》, 조운 C. 윌리엄스Joan C. Williams와 레이첼 뎀프시Rachel Dempsey (New York : New York University Press, 2014). 수많은 여성이 직장 생활을 하면서 마주치는 네 가지 편견을 면밀히 조사한 책. 지은이는 여성이 이런 편견에 직면할 때 취할 수 있는 여러 가지 대처법을 구체적으로 제시한다.

* 《마음 가면 : 숨기지 마라, 드러내면 강해진다Daring Greatly : How the Courage to Be Vulnerable Transforms the Way We Live, Love, Parent, and Lead》, 브레네 브라운Brené Brown (New York : Penguin, 2012). 당신은 이 책을 서점의 자기 계발 코너에서 발견하겠지만, 온전한 자아를 가지고 리드하고자 하는 모든 사람에게 매우 효과적인 책이다. 주요 메시지는 '가면을 벗고 공격에 노출하는 것은 나약함이 아니다'이다.

* 《겁 없이 거침없이 후회 없이 : 욕심 있는 여자들을 위한 자기 혁명How Remarkable Women Lead : The Breakthrough Model for Work and Life》, 조애나 바시Joanna Barsh와 수지 크랜스턴Susie Cranston (New York : Crown Business, 2009). 이 책은 남성과 여성 모두 전통적으로 여성적이라는 꼬리표가 붙은 리더십 스타일을 받아들여야 하는 이유를 설득력 있게 제시한다.

의사 결정과 우리의 선택에 은밀히 영향을 미치는 편견에 관한 책을 읽고
싶다면 여기서 골라보라.

* 《자신 있게 결정하라: 불확실함에 맞서는 생각의 프로세스Decisive:
  How to Make Better Choices in Life and Work》, 칩 히스Chip Heath와 댄 히스Dan
  Heath (New York: Crown Business, 2013). 더 나은 결정을 하기 위한 방
  법을 알고 싶어 하는 친구에게 추천하고 싶은 책이다. 친근하고 이
  해하기 쉬운 문체로 명확한 조언과 흥미로운 연구를 제시한다.

* 《거짓말의 진화: 자기 정당화의 심리학Mistakes Were Made (but Not by Me):
  Why We Justify Foolish Beliefs, Bad Decisions, and Hurtful Acts》, 캐럴 태브리스Carol
  Tavris와 엘리엇 애런슨Elliot Aronson (Boston: Houghton Mifflin Harcourt,
  2015). 우리가 어떻게 자기 합리화라는 같은 배를 타고 있는지 알고
  싶은가? 태브리스와 애런슨의 책을 읽으면 당신이 실수를 현명한
  선택으로 왜곡하기 위해 얼마나 열심히 노력하는지 알 수 있다.

* 《상식 밖의 경제학Predictably Irrational: The Hidden Forces That Shape Our
  Decisions》, 댄 애리얼리Dan Ariely (New York: HarperCollins, 2009) /
  《댄 애리얼리 경제심리학: 경제는 감정으로 움직인다The Upside of
  Irrationality: The Unexpected Benefits of Defying Logic》, 댄 애리얼리 (New York:
  HarperCollins, 2010). 지은이는 두 책에서 "우리는 왜 이성적인 결정
  을 내리지 못하는가?" "우리의 비이성적인 방식에도 긍정적인 면이
  있을까?"라는 질문을 중심으로 인간의 행동을 살펴보는 유쾌하고
  기발한 여행으로 이끈다.

★ 《생각에 관한 생각Thinking, Fast and Slow》, 대니얼 카너먼Daniel Kahneman (New York: Farar, Straus and Giroux, 2011). 지은이는 우리의 생각을 추동하는 두 가지 시스템을 탐색한다. 빠르고 감정적이고 통제가 거의 불가능한 시스템 1과 느리고 분석적이고 철두철미한 시스템 2. 우리는 시스템 2에 책임이 있다고 생각하는 경향이 있지만, 우리를 곤경에 빠뜨리는 것은 대부분 시스템 1이다.

★ 《보이지 않는 고릴라: 우리의 일상과 인생을 바꾸는 비밀의 실체The Invisible Gorilla: And Other Ways Our Intuitions Deceive Us》, 크리스토퍼 차브리스Christopher Chabris와 대니얼 사이먼스Daniel Simons (New York: Crown, 2010). 어떻게 자신을 기만하는지 밝힌 명철한 책. 차브리스와 사이먼스는 기억과 주의력, 추리 등에 관한 우리의 편리하지만 오류가 많은 추정의 허울을 벗겨, 조금 노력하면 당신이 어제보다 훨씬 똑똑해질 수 있다는 것을 보여준다.

★ 《고정관념은 세상을 어떻게 위협하는가: 정체성 비상사태Whistling Vivaldi: How Stereotypes Affect Us and What We Can Do》, 클로드 스틸Claude Steele (New York: W. W. Norton, 2010). 좋든 싫든 우리는 모두 자신과 다른 사람을 바라보는 방식을 형성하는 고정관념, 즉 무의식적인 편견의 영향을 받는다. 지은이는 인종과 젠더에 대한 우리의 관념이 무의식적으로 행동에 영향을 미친다는 것을 보여준다.

* 《마인드버그: 공정한 판단을 방해하는 내 안의 숨겨진 편향 들Blindspot: Hidden Biases of Good People》, 마자린 바나지Mahzarin Banaji와 앤 서니 그린월드Anthony Greenwald (New York: Delacorte, 2013). 우리가 왜 섣불리 다른 사람을 판단하는지, 왜 좋은 사람들도 차별하는지 궁 금해한 적이 있다면 이 책에서 답을 찾을 수 있을 것이다. 자신의 편견이 어느 정도인지 측정하는 데 유용한 테스트도 수록되었다.

사람들이 어떻게 비슷하고 다른지 이해하고 싶다면 이 책을 참조하라.

* 《콰이어트: 시끄러운 세상에서 조용히 세상을 움직이는 힘Quiet: The Power of Introverts in a World That Can't Stop Talking》, 수전 케인Susan Cain (New York: Crown, 2012). 이 책은 위 목록의 두 범주 가운데 어느 범주에 도 속하지 않지만, 내향적인 사람과 외향적인 사람의 비슷한 점과 다른 점에 관해 가장 잘 쓴 책이다. 자상하고 통찰력이 가득하다.

감사의 글

퓰리처Pulitzer상을 받은 소설가 마이클 셰이본Michael Chabon은 "성공적인 소설가가 되려면 세 가지 요소가 필요하다. 재능과 운과 자기 규율"[1]이라고 했다. 성공적인 논픽션 저술가가 되려면 네 번째 요소도 필요하리라. 제멋대로 뻗어 나간 초고를 참을성 있게 끝까지 읽어주고, 참신한 논지를 떠올릴 수 있게 격려해주고, 아침 식사를 하며 읽은 흥미로운 기사를 건네주는 똑똑하고 근면한 사람들로 구성된 팀이다.

나는 믿기지 않을 만큼 좋은 팀원들을 만났다. 내 에이전트는 린지 에지콤Lindsay Edgecombe인데, 집필 작업에 에이전트가 필요 없다고 생각했다면 린지를 만나지 못했을 것이다. 그녀는 똑똑하고 능숙하게 피드백을 해주고, 내가 논점을 찾지 못할 때 대신 찾아주기도 한다. 나는 불안해하는 타입인데, 린지는 그것을 이해하고 여전히 나와 함께 일한다. 이 책이 빛을 볼 수 있게 도와준 짐 르바인Jim Levine, 베스 피셔Beth Fisher, 케리 스팍스Kerry Sparks를 비롯해 출판 에이전시 르바인 그린버그 로스턴Levine Greenberg Rostan의 모든 유능한 팀원에게 감사드린다.

나는 현명한 두 편집자—코트니 영Courtney Young과 제나 존슨Jenna Johnson—와 일하는 행운을 누렸다. 코트니는 이 책이 호튼 미플린 하코트Houghton Mifflin Harcourt에서 출간되도록 열심히 설득했고, 지루한 초고를 읽으며 내가 사회과학자의 목소리 대신 정말 도움이 되는 것을 말하도록 유도했다. 제나는 이 프로젝트에 함께할 때 "여기서 논점이 흐려지는데요"라고 정확히 지적하면서도 "이 대목은 참 좋네요"라며 내게 계속 동기를 부여해주었다. 여러분이 이 책에서 인용할 만한 글귀를 발견한다면 제나 덕분이다.

나는 호튼 미플린 하코트의 좋은 사람들을 많이 만났다. 필러 가르시아-브라운Pilar Garcia-Brown은 마감의 압박감에 시달리지 않게 도와주고, 재능 있는 사람들과 연결해주었다. 트레이시 로Tracy Roe는 내가 과거 시제로 문장을 시작했을 때 반드시 과거 시제로 끝맺도록 해주었다. 또 교열 담당자로서 직무를 뛰어넘어 챙겨준 덕분에 나는 버지니아Virginia에서 급히 내과 의사의 치료가 필요할 때 어디로 가야 할지 알았다. 마사 케네디Martha Kennedy는 이 책의 표지를 디자인해주었고, 로렌 이젠버그Loren Isenberg는 법률 검토를 해주었으며, 킴벌리 키퍼Kimberly Kiefer는 제작 과정을 관리해주었다. 레이첼 드샤노Rachel Deshano와 에밀리 안드루카이티스Emily Andrukaitis는 편집 과정을 감독하고, 마감을 즐거운 일로 만들었다.

캐슬린 마리 퍼킨스Kathleen Marie Perkins는 내가 홍보 장애를 극복할 수 있도록 하늘에서 보내준 마케팅 수호천사다. 여러분이 인터뷰에서 내 목소리를 들은 적이 있거나 내 작품에 대한 기사를 읽었다면, 자그마치 일곱 명의 인내와 재능에 힘입은 바 크다. 호튼 미플린 하코트의 로리 글레이저Lori Glazer, 로라 지아니노Laura Gianino, 줄리아나 프

390

리츠Giuliana Fritz, 아예샤 미르자Ayesha Mirza, 칼라 그레이Carla Gray, 페브루어리 미디어February Media의 그레첸 크래리Gretchen Crary와 제시카 피츠패트릭Jessica Fitzpatrick이 애써준 덕분이다. 특히 그레첸은 내가 소셜 미디어에 용감히 발을 내디딜 때 손잡고 큰 소리로 용기를 북돋운 분이다. 케일리 숀 매콜럼Kayleigh Shawn McCollum은 사진 찍는다는 것을 잊게 해주었고, 알리사 왕Alyssa Wang은 내가 더 넓게 생각하도록 독려했다.

댄 사이먼스Dan Simons는 에이전트를 소개해주었고, 필요할 때 의혹을 제기해서 내게 이 책을 쓰기 위한 아이디어를 처음 제시해주었다. 댄의 저작에 친숙하지 않다면 이 책을 잠시 놓아두고 구글에서 고릴라 비디오를 검색해보라. 댄은 우리를 더 똑똑한 사람으로 만든다.

여성 34명은 내가 면담할 수 있게 허락할 만큼 친절했고, 깊이 회고함으로써 가장 힘들었던 결정을 내게 알려주었다. 그들의 이야기는 매우 강렬하여 내가 여성에 대한 글이 아니라 여성을 위한 글을 쓰게 했다. 이외에도 여성 24명이 이 프로젝트의 초기 연구에 수행한 결정에 관한 대담에 참여해주었다. 이들을 모두 거명하며 고마움을 표하고 싶지만, 솔직하게 자기 이야기를 털어놓을 수 있도록 실명을 비밀에 부치기로 약속했다. 이 모든 여성들에게 감사드린다.

이런 과학 연구에는 무수한 조사가 필요하다. 니콜 브라우스Nicole Brous는 내가 요청한 과업은 물론, 나 스스로 완성하지 못할 거라고 판단한 과업도 처리해서 뛰어난 연구 조교임을 입증했다. 테레사 이렌파이트Theresa Earenfight는 역사적으로 영감을 주는 여성을 알려주었고, 캐롤 레빈Carile Levin은 엘리자베스Elizabeth 1세에 대한 시의적절한 질문에 대답해주었다.

나는 이 연구가 분명히 이해되고 논조가 적절하길 바랐다. 그래서 취미와 전문 영역이 다양한 수많은 독자들에게 접근했다. 제이미 애더웨이Jamie Adaway, 조이스 앨런Joyce Allen, 스벤 아비슨Sven Arvidson, 말린 버만Marlene Berhmann, 빅토리아 브레스쿠Victoria Brescoo, 마크 코언Mark Cohan, 앨리스 이글리, 수전 피스크, 케이티 포스터Katie Foster, 비키 헬지슨Vicki Helgeson, 리처드 호프먼, 재클린 밀러Jacquelyn Miller, 캐런 지Karen Gee, 데이비드 그린David Green, 레베카 제인스Rebecca Jaynes, 수지 J. 리, 준리 리Junlei Li, 마라 매더, 노마 밍Norma Ming, 줄리 넬슨, 브라이언 루퍼트Bryan Ruppert, 미셸 라이언, 데이비드 실버먼David Silverman, 지아나나 실버먼Giannina Silverman, 루드 판 덴 보스, 조너선 위버, 엘리너 윌리엄스, 애니타 울리께 감사드린다. 피드백을 해준 모든 분들에게 알리건대, 여러분이 예전에 읽은 것과 이 책이 많이 다른 것은 내가 여러분의 건설적인 비판을 마음 깊이 새겨두고 반영했다는 의미다.

이 책을 만들기 위한 팀이 꾸려지기 전에 클럽이 있었다. 티나 자모라Tina Zamora와 맷 휘틀럭Matt Whitlock은 작지만 대단한 글쓰기 클럽의 일원이다. 우리는 2010년 이후 한 달에 한 번 카페에서 만나 각자의 집필 프로젝트에 대해 의논한다. 우리는 대화를 나누고, 글을 쓰며, 상대의 관심사를 안다.

내가 키보드를 두드리며 열심히 일할 때 내 건강과 생산성을 유지하게 해준 여러 은인이 있다. 칼라 브래드쇼Carla Bradshaw, 제니퍼 코사카Jenifer Kosaka, 프랭크 마린코비치Frank Marinkovich, 제시 마스Jessie Marrs, 로버트 마티네즈Robert Martinez, 랜딥 싱Randip Singh, 안드레이 무사스티코슈빌리Andrei Mousasticoshvily 등은 이 책의 집필이 얼마나 고된 일인지 잘 알았고, 내 건강이 상하지 않도록 해주었다.

가족은 고를 수 있는 게 아니지만, 나는 운이 좋았다. 내 가족 중 여성은 쉬운 선택지가 먹히지 않을 때 보통 사람들이 회피하는 힘든 결정을 했다. 할머니는 할아버지에게 거실과 부엌 사이의 문간을 넓혀달라고 몇 달 동안 부탁했지만 허사였다. 하루는 할머니가 대형 해머를 들고 벽을 허물었다. 언니는 결혼 생활을 유지하려고 몇 년을 노력한 끝에 이혼이 필요하다는 결정을 내렸다. 언니는 한 부모 워킹 맘으로서 두 딸을 부지런하고 용감하며 장난기 많고 행복하게 키운다.

그리고 엄마가 있다. 내가 25년 전 기숙사 방에서 전화 걸어 울면서 대학을 그만두고 싶다고 말할 때, 엄마는 그러지 말라고 설득하지 않았다. 엄마는 정말 그러고 싶다면 그렇게 해도 좋다고 말했으나, 우선 나를 만나겠다고 했다. 엄마는 전화를 끊자마자 비행기 표를 구입할 터였다. 긴 침묵이 흘렀다. 캠퍼스에 엄마가 나타나는 것은 내가 헤쳐나가야 할 어떤 난관보다 끔찍했기에 나는 학교를 그만두지 않도록 노력해보겠다고 말했다. 여러 해가 지난 뒤 엄마는 그날 밤 나와 통화할 때 얼마나 겁에 질렸는지 모르며, 결정을 내게 맡긴 것이 옳은 일이기를 기도했다고 말했다. 이분이 바로 내 엄마다.

마지막으로 남편 조너선이 없었다면 이 책을 집필할 엄두도 내지 못했을 것이다. 그가 여러 해 동안 우리의 경제적 필요를 해결하기로 동의해준 덕분에, 전업 작가로서 내 운을 시험해볼 수 있었다. 남편의 주된 선물이 시간과 돈이라는 유형의 지원이라 해도 차고 넘쳤겠지만, 그는 내게 무형의 지지 역시 계속해준다. 그는 의욕을 북돋우고, 내가 자신에게 해줄 수 있는 최선의 조언을 잊지 않게 해주고, 이 책에 대해 사람들에게 말할 때는 더 당당해진다. 이 팀에 속한 모든 이들은 나를 더 나은 작가로 만들었고, 그는 나를 신뢰할 수 있는 사람으로 만들었다.

후주

서문: 여성이 결정할 때 무슨 일이 벌어지는가?

1 헌터 스튜어트Hunter Stuart, "베스트바이, '성과만 내면 되는 작업 환경Results Only Work Environment'이라는 재택근무 프로그램을 중단하다", 《허핑턴포스트Huffington Post》, 2013년 3월 6일자. 베스트바이의 발표가 완전히 무시된 것은 아니지만 야후의 발표보다 관심을 덜 끌었다. 《하버드비즈니스리뷰Harvard Business Review》는 베스트바이의 결정이 일과 삶의 균형을 잡는 데 훨씬 더 큰 위협이 되는 까닭을 설명하는 기사를 실었다. 특히 졸리는 조사관에게 모든 직원이 "없어도 되는 존재로 느끼기"를 바란다고 말했다. 하지만 이 인기 많은 잡지는 계속 졸리 대신 메이어를 집중 조명했다. 모니크 밸쿠어Monique Valcour, "베스트바이의 '성과만' 중단은 비보인가The End of 'Results Only' at Best Buy Is Bad News", 《하버드비즈니스 리뷰》, 2013년 3월 8일자 참조.

2 인터넷 검색을 해보면 금세 메이어가 옳은 결정을 했는지 아닌지 분석하는 기사가 수백 개 뜬다. 메이어가 야후의 재택근무 정책을 변경하고 만 2년이 지난 뒤에 나온 두 기사가 있다. Nicholas Bloom and John Roberts, "A Working from Home Experiment Shows High Performers Like It Better," *Harvard Business Review*, January 23, 2015, hbr.org/2015/01/a-working-from-home-experiement-shows-high-performers-like-it-better; Akane Otani, "Richard Branson: Marissa Mayer's Yahoo Work Policy Is on the Wrong Side of History," *Bloomberg Business*, April 24, 2015, www.bloomberg.com/news/articles/2015-04-24/richard-branson-marissa-mayer-s-yahoo-work-policy-is-on-the-wrong-side-of-history. 버진애틀랜틱의

CEO 리처드 브랜슨Richard Branson은 메이어가 재택근무 정책을 폐지한 게 실수가 아니었는지 질문을 받았으나, 내가 아는 한 그는 유베르 졸리의 결정에 대해서는 질문을 받지 않았다.

3 야후의 재택근무 제도 변경에 영향을 받는 직원 수에 대해서는 《디 애틀랜틱The Atlantic》 2013년 3월 6일자 참조. Rebecca Greenfield, "Marissa Mayer's Work-from-Home Ban Is Working for Yahoo, and That's That." 베스트바이의 재택근무 제도 변경에 영향을 받는 직원 수에 대해서는 CNNMoney.com, 2013년 3월 5일자 참조. Julianne Pepitone, "Best Buy Ends Work-from-Home Program."

4 메이어는 2012년 7월에 야후의 CEO가 되었고, 졸리는 같은 해 8월에 베스트바이의 CEO가 되었다. 유베르 졸리는 베스트바이에 오기 전인 2008~2012년에도 Carlson Wagonlit Travel의 CEO였고, 메이어는 야후에 오기 전에는 구글의 부사장이었다. 졸리가 CEO 경험은 더 많지만, 베스트바이의 CEO로서는 그렇지 않다.

5 1960년대 말에는 여성에게 조직 검사 결과를 확인할 기회를 주지 않는 것이 유방암의 표준 치료에 포함되었다. Barron H. Lerner, *The Breast Cancer Wars: Hope, Fear, and the Pursuit of a Cure in Twentieth-Century America* (New York: Oxford University Press, 2001) 참조.

6 바버라 윈슬로Barbara Winslow는 자신의 진료실 경험담을 레이첼 블라우 뒤플레시스Rachel Blau DuPlessis와 앤 스니토Ann Snitow가 편집한 *The feminist Memoir Project: Voices from Women's Liberation* (New York: Three Rivers Press, 1998), pp. 227~229, "Primary and Secondary Contradictions in Seattle: 1967~1969"에 발표했다. 2015년 2월 4일에 전화 통화할 때 바버라가 내게 자세히 설명해주었다. 바버라가 그저 나쁜 의사를 만난 게 아니었나 생각하는 사람이 있을지도 모른다. 그는 뛰어난 의사인 듯했고, 그 지역의 여러 가족에게 추천받았다고 한다. 바버라의 남편은 아내의 수술 동의서에 서명해야 한다는 말에 몹시 당황했지만, 그렇게 하는 수밖에 없었다.

7 Richard M. Hoffman at al., "Lack of Shared Decision Making in Cancer Screening Discussions: Results from a National Survey," *American Journal of Preventive Medicine* 47, no. 3 (2014): pp. 251~259. 이 연구에 대해 더 많은 걸 알아내기 위해 주임 조사관 리처드 호프먼과 이야기를 나눴다. 호프먼과 연구 팀은 또 다른 집단인 지식네트워크Knowledge Networks가 수집한 조사 자료를 사용했다. 아쉽게도 이 자료에는 의사의 성별에 관한 정보가 포함되지 않아, 의사의 성별에 따라 차이가 있는지는 분석할 수 없었다. 이 연구의 목적은 의사 결정 과정을 이해하고, 암 검진을 위한 공유된 의사 결정이 언제 일어나는지 밝히는 것이다. 환자의 성별은 이들이 분석한 변수 중 하나에 불과했지만, 유의미한 변수로 두드러졌다.

8 U.S. Preventive Services Task Force, Recommendation Summary, May 2012. 50~74

세 여성은 유방암 검진 촬영(B등급)을 2년에 한 번씩 받아야 한다. PSA(전립샘 특이항원)라 불리는 전립샘 혈액검사(D등급)는 모든 연령대를 대상으로 하는 것으로 보인다.

9 일반적으로 PSA 수치가 5ng/mL 이상(남성의 나이에 따라 달라질 수 있다)이면 높다고 간주된다. 그러나 PSA 수치가 높은 네 명 중 세 명은 전립샘암이 아니므로, 이 검사는 수많은 남성과 그 가족을 공연히 걱정시키는 셈이다. "Problems with the PSA," Prostate Centre, 2015년 3월 23일, www.theprostatecentre.com/prostate-information/the-psa-test/problems-with-the-psa 참조. "Prostate Cancer Screening: Should You Get the PSA Test?," Mayo Clinic, www.mayoclinic.org/diseases-conditions/prostate-cancer/in-depth/prostate-cancer/art-20048087 참조. PSA는 문제점이 많아 2008년 미국예방의료태스크포스는 PSA를 하지 않는 게 좋다고 권고했다. Virginia Moyer, "Screening for Prostate Cancer: U.S. Preventive Services Task Force Recommendation Statement," *Annals of Internal Medicine* 157, no. 2 (2012): pp. 120~134 참조.

10 "Colorectal Cancer Screening: Recommendation Summary," U.S. Preventive Services Task Force (October 2008). 대장 내시경검사 A등급은 50~75세에 적용된다.

11 Rebecca L. Siegel, Kimberly D. Miller, and Ahmedin Jemal, "Cancer Statistics, 2015," CA: *A Cancer Journal for Clinicians* 65, no. 1 (2015): pp. 5~29. 성별에 따른 추정 사망률 표1 참조. 폐암과 기관지암은 남성과 여성 모두 암 사망률 1위. 전립샘암은 남성 2위, 유방암은 여성 2위다.

12 같은 책. 남성과 여성의 대장암 발병 가능성은 표4 참조.

13 기타 국가에서 여성에게 투표권을 부여한 날짜에 관한 정보는 "Women's Suffrage: A World Chronology of the Recognition of Women's Rights to Vote and to Stand for Election," Inter-Parliamentary Union, 2015년 6월 1일, www.ipu.org/wmn-e/suffrage.htm 참조.

14 미국 의회는 1974년에야 성별과 혼인 여부에 따라 대출을 차별하는 것을 금지했다. 1974년 10월 28일 포드Gerald Rudolph Ford 대통령이 조인한 이 법률은 신용기회균등법Equal Credit Opportunity Act, ECOA이라 불렸다. 여성은 이제 보호받게 되었으나, 그들의 권리가 평등하다고 하는 것은 과장이다. 금융기관은 여전히 인종과 피부색, 종교, 출신 국가, 나이 등에 따라 차별할 수 있었다. 2년 뒤인 1976년 신용기회균등법은 대출자가 이런 이유로 차별할 수 없도록 수정되었다. 빌리 진 킹Billie Jean King을 포함하여 대출이나 신용카드 발급을 거부당한 여성들의 이야기는 Gail Collins, *When Everything Changed: The Amazing Journey of American Women from 1960 to the Present* (Boston: Little, Brown, 2009) 참조.

15 Selena Roberts, *A Necessary Spectacle* (New York: Crown, 2005), p. 66. 신용기회균등법 은 여성이 빌린 돈을 갚을 능력이 있는 경우, 은행은 남성을 신뢰하는 것과 똑같이 여성을 신뢰해야 한다는 의미였다.

16 Victoria Brescoll and Eric Luis Uhlmann, "Can an Angry Woman Get Ahead? Status Conferral, Gender, and Expression of Emotion in the Workplace," *Psychological Science* 19, no. 3 (2008): pp. 268~275.

17 연구 2에서 브레스콜과 울만은 참가자들에게 구직자가 '통제력이 있는' 사람(1점)인 지, '통제력이 없는' 사람(11점)인지 1~11점 중에서 구체적으로 점수를 매기라고 요 구했다. 예컨대 화를 낸 경력 있는 고위직 지원자가 여성인 경우 평균 6.41점을 얻 어 통제력이 없는 것으로 간주된 반면, 고위직 경력 남성 지원자는 평균 4.12점을 받았다. (상세한 분석을 보려면 위에 언급한 논문 pp. 271~272 참조.)

18 브레스콜의 연구에서 구직자들이 모두 백인이었다는 데 주목할 가치가 있다. 후속 연구는 구직자의 인종적 배경도 당당함이나 분노, 공격성 등이 순위에 영향을 미치 는 방식에 대단히 중요한 부분을 차지한다. 내가 아는 한 흑인 구직자를 대상으로 브레스콜의 연구를 반복한 연구자는 아무도 없었다. 하지만 노스웨스턴대학 교Northwestern University 켈로그경영대학원Kellogg School of Management의 로버트 W. 리 빙스턴Robert W. Livingston은 인종과 젠더가 사람들이 누구에게 더 많은 권력을 줘야 하는지 결정하는 방식에 영향을 미친다는 것을 보여주는 흥미로운 연구를 해왔다. 한 연구에서 리빙스턴과 동료들은 사람들이 우월함과 당당함을 표출한 백인 여성 리더나 흑인 남성 리더에게 불이익을 준다는 것을 알아냈다. 사람들은 이 리더들이 격려하고 보살피는 리더십 스타일이 있는 백인 여성 리더나 흑인 남성 리더보다 직 무 수행에서 덜 능률적이고, 임금을 덜 받아야 한다고 생각했다. 흥미롭게도 백인 남성 리더와 흑인 여성 리더는 지배적이고 공격적으로 행동할 때 불이익을 받지 않 았다. Robert W. Livingston, Ashleigh Shelby Rosette, and Ella F. Washington, "Can an Agentic Black Woman Get Ahead? The Impact of Race and Interpersonal Dominance on Perceptions of Female Leaders," *Psychological Science* 23, no. 4 (2012): pp. 354~358 참조. 리빙스턴은 '테디 베어 효과teddy-bear effect'라는 용어도 만들었 다. 리빙스턴과 니컬러스 피어스Nicholas Pearce는 흑인 남성 CEO들이 아주 드물지 만 백인 CEO들보다 어려 보인다는 평가를 받았다는 데 주목했다. 어려 보이는 것 은 고위직에 오르려는 백인 남성에게 문제로 인식되었는데, 흑인 남성에게는 이로 운 것 같다. 왜 그럴까? 현재까지 연구에 따르면 동안童顔은 흑인 남성을 더 따뜻하 고 덜 위협적으로 보이게 하므로, 다른 사람들이 그를 권위자로 받아들이게 하는 데 이롭다. Robert W. Livingston and Nicholas A. Pearce, "The Teddy-Bear Effect: Does Having a Baby Face Benefit Black Chief Executive Officers?," *Psychological*

Science 20, no. 10 (2009): pp. 1229~1233 참조.

19 《포천Fortune》이 선정한 500대 기업, 뉴욕증권거래소 최대 500대 기업의 임원 중 여성은 15퍼센트다. Catalyst's Quick Take 참조. www.catalyst.org/knowledge/women-united-states. 마찬가지로 FTSE100, 런던증권거래소 최대 100대 기업의 임원 중 15퍼센트만 여성이다. Ruth Sealy and Susan Vinnicombe, *The Female FTSE Board Report* (Cranfield, UK: Cranfield University, 2013), p. 17.

20 Justin Wolfers, "Fewer Women Run Big Companies Than Men Named John," *New York Times*, March 2, 2015, www.nytimes.com/2015/03/03/upshot/fewer-women-run-big-companies-than-men-named-john.html?_r=o&abt=0002&abg=1.

21 최고 경영진이 되고 싶은지 물었을 때 중간·고위 관리자 가운데 남성 81퍼센트, 여성 79퍼센트가 그렇다고 답했다. 이 데이터는 Sandrine Devillard et al., *Women Matter 2013: Gender Diversity in Top Management* (Paris: McKinsey and Company, 2013), p. 10에 보고되었다. 여성 고위 관리자에게 자신의 조직에서 승진하고 싶은지 물었을 때 51퍼센트가 승진에 대한 강한 욕구가 있다고 답했으며, 32퍼센트는 욕구가 약간 있다고 답해, 총 83퍼센트가 다음 직급으로 승진하고 싶어 했다. 남성 고위 관리자에게 같은 질문을 했을 때 37퍼센트는 강한 욕구가 있다고 답했으며, 37퍼센트는 욕구가 약간 있다고 답해, 총 74퍼센트가 다음 직급으로 승진하고 싶어 했다. Sandrine Devillard and Sandra Sancier-Sultan, *Moving Mindsets on Gender Diversity* (Paris: McKinsey and Company, 2013), p. 2.

22 MBA 과정 학생 3,345명을 대상으로 한 연구에 대해서는 Nancy M. Carter and Christine Silva, "The Myth of the Ideal Worker: Does Doing All the Right Things Really Get Women Ahead?," Catalyst, 2011, http://www.catalyst.org/knowledge/myth-ideal-worker-does-doing-all-right-things-really-get-women-ahead 참조. 네트워킹이 월 가의 남성에게는 이롭지만 여성에게는 별 도움이 되지 않는 점에 관한 데이터는 Lily Fang and Sterling Huang, "Gender and Connections Among Wall Street Analysts," working paper, February 27, 2015, www.insead.edu/facultyresearch/research/doc.cfm?did=48816 참조.

23 몇몇 분야에 고위직 여성이 소수인 것은 역사적으로 하위직에도 여성의 수가 적었다는 사실로 설명할 수 있다. 예를 들어 체스를 살펴보자. 2004년 현재 그랜드 마스터의 단 1퍼센트가 여성이다. 시스템에 편향이 있을까? 그런 것 같지는 않다. 체스 순위는 객관적인 점수를 근거로 매기기 때문에 남성의 인맥이 여성의 우승을 막는 것은 아니다. 크리스토퍼 차브리스Christopher Chabris와 마크 글릭먼Mark Glickman은 25만 6,000명이 넘는 토너먼트 체스 선수들의 자료를 연구하여 "체스 상위 선수 중

남성이 많은 것은 하위부터 체스에 입문하는 소년이 많기 때문임을 밝혀냈다".
Christopher F. Chabris and Mark E. Glickman, "Sex Differences in Intellectual
Performance," *Psychological Science* 17, no. 12 (2006): p. 1040 참조. 그러므로 순수
하게 성과로 평가되고 커리어를 추구하는 젊은 여성이 소수인 경우, 이 더딘 파이
프라이인이 고위직 인원수에 차이가 나는 원인을 설명할 수 있다. 하지만 우리가 이
책의 후반부에서 살펴볼 텐데, 남성과 여성은 직장에서 같은 일을 하면서도 매우
다른 평가를 받을 수 있다.

24 1995~2005년 《포천》이 선정한 500대 기업의 이사진에 여성이 차지하는 비율이
9.6퍼센트에 14.7퍼센트로 연간 0.5퍼센트 비율로 상승하며 전도유망한 상승률을
기록했다. 그러고 나서 주춤했다. 다음 9년 동안(2005~2014년) 여성 이사진의
비율은 14.7퍼센트에서 16.9퍼센트로 느리게 상승했다. 이는 그 전 10년간 상승률
의 절반에도 미치지 못하는 수치다. 1995~2013년 데이터를 보려면 "Statistical
Overview of Women in the Workplace," Catalyst (March 3, 2014), www.catalyst.
org/knowledge/statistical-overview-women-workplace 참조. 2014년 데이터는
Caroline Fairchild, "A Call to Action for Companies with No Female Directors,"
Fortune.com, November 14, 2014 참조. 카탈리스트는 2015년 《포천》이 선정한
500대 기업의 추적 조사를 중단하고 S&P500 기업의 데이터를 보고하기 시작했다.
S&P500 기업의 여성 이사 비율은 2014년 현재 19.2퍼센트지만, 다른 회사 그룹이
기 때문에 직접적인 비교는 불가능하다.

25 주지사 인원수에 관한 데이터는 Pew Research Center, "Women and Leadership:
Public Says Women Are Equally Qualified, but Barriers Persist" (January 2015),
http://www.pewsocialtrends.org/2015/01/14/women-and-leadership/12 참조.

26 Sylvia Ann Hewlett et al., *The Athena Factor: Reversing the Brain Drain in Science,
Engineering, and Technology* (Watertown, MA: Harvard Business School, 2008).

27 Kieran Snyder, "Why Women Leave Tech: It's the Culture, Not Because 'Math Is
Hard,'" Fortune.com, October 2, 2014, fortune.com/2014/10/02/women-leave-
tech-culture. 키에런 스나이더가 2015년 3월 24일 필자에게 보낸 이메일에서 이
인용문을 제공해주었다.

28 Pew Research Center, "Women and Leadership," p. 17.

29 John Gerzema and Michael D'Antonio, *The Athena Doctrine* (San Francisco: Jossey-
Bass, 2013).

30 Bureau of Labor Statistics, "Table 11: Employed Persons by Detailed Occupation,
Sex, Race, and Hispanic of Latino Ethnicity," *Current Population Survey, Annual
Averages 2014* (Washington, DC: United States Department of Labor, 2014). 2014년 미

국에서 여성은 '경영·전문직 관련 직종'의 51.6퍼센트를 차지했다. 이 통계는 자주 인용되지만, '전문직' 범주에 교사와 간호사가 포함되었기 때문에 이 비율은 부풀려진 것이다. 경영직만 볼 때 그 수는 38.6퍼센트로 감소한다.

31 "Women CEOs of the S&P 500," Catalyst, 2015, http://www.catalyst.org/knowledge/women-ceos-sp-500.

32 Seth J. Prins et al., "Anxious? Depressed? You Might Be Suffering from Capitalism: Contradictory Class Locations and the Prevalence of Depression and Anxiety in the USA," *Sociology of Health and Illness* 37, no. 8 (November 2015): pp. 1352~1372.

33 프로그래밍 분야에서 일하는 남성과 여성에 관한 상세하고 흥미로운 역사에 관해서는 Walter Isaacson, *The Innovators*, Laura Sydell, "The Forgotten Female Programmers Who Created Modern Tech," *All Things Considered*, NPR, October 6, 2014, www.npr.org/sections/alltechconsidered/2014/10/06/345799830/the-forgotten-female-programmers-who-created-modern-tech 참조. 최초의 범용컴퓨터에 기여한 여성 프로그래머 여섯 명 중 한 명인 진 제닝스 바틱Jean Jennings Bartik 은 남성 "관리자들이 전자 컴퓨터의 기능에 프로그래밍이 얼마나 중요하고 얼마나 복잡한지 알았다면 그런 중요한 임무를 여성에게 부여하는 데 주저했을 것"이라고 말했다. Jean Jennings Bartik, *Pioneer Programmer* (Kirksville, MO: Truman State University Press, 2013), p. 557.

34 Steve Henn, "When Women Stopped Coding," *Planet Money*, NPR, October 21, 2014, www.npr.org/sections/money/2014/10/21/357629765/when-women-stopped-coding.

35 의사 결정 기술에 관한 이 목록은 Chip and Dan Heath, *Decisive: How to Make Better Choices in Life and Work* (New York: Crown Business, 2013)의 내용을 수정한 것이다.

36 Joan C. Williams and Rachel Dempsey, *What Works for Women at Work* (New York: New York University Press, 2014).

37 이 논지는 Sarah Green Carmichael, "Why 'Network More' Is Bad Advice for Women," *Harvard Business Review*, February 26, 2015, hbr.org/2015/02/why-network-more-is-bad-advice-for-women에 잘 표현되었다.

1 Audrey Nelson, "What's Behind Women's Intuition?," *Psychology Today*, February 22, 2015, www.psychologytoday.com/blog/he-speaks-she-speaks/201502/what-s-behind-women-s-intuition.

2 내가 사용한 질문은 대부분 한 사람이 정보의 수집과 프로세싱, 해석 등에 직관적으로 접근하는지, 분석적으로 접근하는지 알아내기 위해 수많은 연구원이 사용하는 심리 측정 검사인 인지 유형 지표cognitive style index를 수정한 것이다. 인지 유형 지표에 대해 자세히 알려주는 원본은 Christopher W. Allinson and John Hayes, "The Cognitive Style Index: A Measure of Intuition-Analysis for Organizational Research," *Journal of Management Studies* 33, no. 1 (1996): pp. 119~135 참조. 인지 양식 지표의 샘플 문항과 더 많은 정보를 보고 싶으면 Christopher W. Allinson and John Hayes, *The Cognitive Style Index: Technical Manual and User Guide* (Harlow, UK: Pearson Education, 2012)와 "Gender and Learning," AONTAS, 2003, www.aontas.com/pubsandlinks/publications/gender-and-learning-2003 참조. 나는 또 Charles R. Martin이 *Looking at Type: The Fundamentals* (Gainesville, FL: Center for Applications of Psychological Type, 2001)에서 설명한 마이어스-브릭스 성격유형 지표MBTI에 사용된 직관·감각 지표에서 몇 문항을 수정하여 사용했다. 일부 독자들은 이 질문지가 MBTI와 어떻게 다른지 궁금할 것이다. MBTI는 사람들이 자신의 업무와 관계를 어떻게 인지하고 경험하는지 측정하기 위해 기업 환경에서 흔히 사용된다. MBTI는 네 가지 측면을 검사하는데, 그중 하나가 직관적·감각적 측면이다. 당신이 외부 세계의 패턴과 이론, 가능성보다 자기 마음속의 패턴과 이론, 가능성에 관심이 많다면, MBTI는 당신을 직관형intuitive style이라고 말할 것이다(MBTI 기호는 *N*으로 표기). 당신이 주변 세상에서 온 정보에 더 많은 관심을 기울인다면, MBTI는 당신을 감각형sensing style으로 분류할 것이다(MBTI 기호는 *S*로 표기). 내 질문지에서는 '분석형'으로 나왔는데 MBTI에서 직관형으로 나올 수도 있다. 내 질문지는 비공식적인 것임을 잊지 마라. 이외 중요한 차이는 '직관적intuitive'이라는 것의 의미다. 인지 양식 지표에 의거한 내 질문지에서 '직관적'이라는 것은 다소 자발적이고 전체적인 인상을 근거로 한다는 뜻인 반면, '분석적'이라는 것은 논리적이고 순차적이며 세부 사항에 주목함을 의미한다. MBTI에서 '직관적'이라 함은 외부의 정보보다 자신의 생각을 신뢰하고, 사색을 통해 배우는 것을 선호한다는 뜻이다. 지극히 논리적인 사색가이고 세부 사항에 주목하는 사람은 내 질문지에 따르면 분석적인 사람으로 분류되나, 행동보다 사색을 통해 배우고 싶어 하는 사람을 MBTI에서는 직관적

인 사람으로 분류한다. 심리학자들은 MBTI에 다소 엇갈린 반응을 보인다. 산업심리학자와 조직심리학자들은 MBTI를 따뜻한 시선으로 바라보는 경향이 있지만, 성격심리학자들은 흔히 이 검사를 문제가 많고 신뢰할 수 없는 것으로 여긴다. 성격을 재는 척도로서 MBTI를 분석한 자료는 Robert R. McCrae and Paul T. Costa, "Reinterpreting the Myers-Briggs Type Indicator from the Perspective of the Five-Factor Model of Personality," *Journal of Personality* 57, no. 1 (1989): pp. 17~40 참조.

3   Sonia Choquette, *The Time Has Come...to Accept Your Intuitive Gifts* (London: Hay House, 2008), p. 93에서 인용.

4   Oprah Winfrey, "What Oprah Knows for Sure About Trusting Her Intuition," *O, the Oprah Magazine*, August 2011, www.oprah.com/spirit/Oprah-on-Trusting-Her-Intuition-Oprahs-Advice-on-Trusting-Your-Gut.

5   Harvey A. Dorfman, *Coaching the Mental Game* (Lanham, MD: Taylor Trade, 2003), p. 146에서 인용.

6   Martin Robson, "Feeling Our Way with Intuition," *Bursting the Big Data Bubble: The Case for Intuition-Based Decision Making*, ed. Jay Liebowitz (Boca Raton, FL: Taylor and Francis, 2014), p. 23.

7   Erik Dane, Kevin W. Rockmann, and Michael G. Pratt, "When Should I Trust My Gut? Linking Domain Expertise to Intuitive Decision-Making Effectiveness," *Organizational Behavior and Human Decision Processes* 119, no. 2 (2012): pp. 187~194.

8   Gary Klein, *Seeing What Others Don't: The Remarkable Ways We Gain Insights* (New York: Public Affairs, 2013), p. 26.

9   이 이야기는 원래 게리 클라인Gary Klein이 말한 것이나, Daniel Kahneman, *Thinking, Fast and Slow* (New York: Farrar, Straus and Giroux, 2011), pp. 11~12에 멋지게 소개되었다.

10   직관의 네 파트에 대한 정의는 Erik Dane and Michael G. Pratt, "Exploring Intuition and Its Role in Managerial Decision-Making," *Academy of Management Review* 32, no. 1 (2007): pp. 33~54, Erik Dane and Michael G. Pratt, "Conceptualizing and Measuring Intuition: A Review of Recent Trends," *International Review of Industrial and Organizational Psychology* 24 (2009): pp. 1~40 참조.

11   Allinson and Hayes, *The Cognitive Style Index*. 하지만 MBTI의 직관 점수를 사용한 하나 이상의 연구는 여성 관리자들이 남성 관리자들보다 점수가 높다고 보고한다. Weston H. Agor, *The Logic of Intuitive Decision-Making: A Research-Based Approach for Top Management* (New York: Quorum Books, 1986) 참조. MBTI와 인지 유형 지표

의 차이에 대한 자세한 설명은 이 장 주석 2에 있다.

12 Cecilia L. Ridgeway and Lynn Smith-Lovin, "The Gender System and Interaction," *Annual Review of Sociology* (1999): pp. 191~216.

13 이 연구의 전반적인 설명은 Christopher F. Karpowitz and Tali Mendelberg, *The Silent Sex: Gender, Deliberation, and Institutions* (Princeton, NJ: Princeton University Press, 2014), pp. 72~73 참조. 최초의 연구에 대해서는 Meredith D. Pugh and Ralph Wahrman, "Neutralizing Sexism in Mixed-Sex Groups: Do Women Have to Be Better Than Men?," *American Journal of Sociology* (1983): pp. 746~762, Cecilia L. Ridgeway, "Status in Groups: The Importance of Motivation," *American Sociological Review* (1982): pp. 76~88 참조.

14 John, Hayes, Christopher W. Allinson, and Steven J. Armstrong, "Intuition, Women Managers and Gendered Stereotypes," *Personnel Review* 33, no. 4 (2004): pp. 403~417. W. M. Taggart et al., "Rational and Intuitive Styles: Commensurability Across Respondents' Characteristics," *Psychological Reports* 80, no. 1 (1997): pp. 23~33 참조.

15 John Coates, *The Hour Between Dog and Wolf* (New York: Penguin, 2012).

16 나의 대인 감수성 정의는 Sara D. Hodges, Sean M. Laurent, and Karyn L. Lewis, "Specially Motivated, Feminine, or Just Female: Do Women Have an Empathic Accuracy Advantage?," *Managing Interpersonal Sensitivity: Knowing When — and When Not — to Understand Others*, eds. J. L. Smith et al. (New York: Nova Science Publishers, 2011), pp. 59~74에서 비롯되었다.

17 Cordelia Fine, *Delusions of Gender: How Our Minds, Society, and Neurosexism Create Difference* (New York: W. W. Norton, 2010), pp. 17~18. Carol Tavris, *The Mismeasure of Women* (New York: Simon and Schuster, 1992) 참조.

18 Fine, *Delusions of Gender*.

19 Louann Brizendine, *The Female Brain* (London, Bantam, 2007), p. 161.

20 Judith A. Hall, "Gender Effects in Decoding Nonverbal Cues," *Psychological Bulletin* 85, no. 4 (1978): pp. 845~857; Judith A. Hall, *Nonverbal Sex Differences: Communication Accuracy and Expressive Style* (Baltimore: Johns Hopkins University Press, 1984).

21 눈으로 마음 읽기 검사Reading the Mind in the Eyes Test는 사이먼 배런코언Simon Baron-Cohen이 이끄는 케임브리지대학교University of Cambridge 교수 팀이 개발하고 대중화했다. 배런코언과 동료들은 자폐증 증상과 밀접한 상관관계가 있는 테스트를 찾는 중이었는데, 자폐증이 있는 성인들은 이 검사에서 아주 나쁜 성적을 받았다. 그러

나 이 검사를 사용해 팀 실적을 처음으로 평가한 이는 애니타 윌리엄스 울리Anita Williams Woolley와 동료들이다. 케임브리지대학교 팀의 연구에 대해서는 Simon Baron-Cohen et al., "The 'Reading the Mind in the Eyes' Test, Revised Version: A Study with Normal Adults, and Adults with Asperger Syndrome or High-Functioning Autism," *Journal of Child Psychology and Psychiatry* 42, no. 2 (2001): pp. 241~251 참조.

22 Anita Williams Woolley et al., "Evidence for a Collective Intelligence Factor in the Performance of Human Groups," *Science* 330, no. 6004 (2010): pp. 686~688. David Engel et al., "Reading the Mind in the Eyes or Reading Between the Lines? Theory of Mind Predicts Collective Intelligence Equally Well Online and Face-to-Face," *PLOS ONE* 9, no. 12 (2014), e115212.

23 Kristi J. K. Klein and Sara D. Hodges, "Gender Differences, Motivation, and Empathic Accuracy: When It Pays to Understand," *Personality and Social Psychology Bulletin* 27, no. 6 (2001): pp. 720~730. 클라인과 호지스는 남성과 여성에게 비디오를 보고 나서 비디오에 등장한 사람의 감정을 식별하는 질문지를 작성하게 했다. 피험자들은 공감도가 측정된다고 여길 때 여성이 남성보다 훨씬 높은 대인 감수성을 보였지만, 인지능력이 측정된다고 여길 때 남성과 여성의 점수는 똑같았다. 내가 아는 한, 남성이 눈으로 마음 읽기 검사에서 성적을 향상하도록 동기부여를 시도한 사람은 지금껏 아무도 없다.

24 Geoff Thomas and Gregory R. Maio, "Man, I Feel Like a Woman: When and How Gender-Role Motivation Helps Mind-Reading," *Journal of Personality and Social Psychology* 95, no. 5 (2008): p. 1165.

25 일부 연구자들은 남성에게 여성만큼 잘하도록 동기를 부여할 수 있다고 주장하지만, 남성이 다른 사람의 감정을 읽는 평균 능력은 고도로 동기부여가 되었을 때조차 여성을 능가하지 못한다. Judith A. Hall and Marianne Schmid Mast, "Are Women Always More Interpersonally Sensitive Than Men? Impact of Goals and Content Domain," *Personality and Social Psychology Bulletin* 34, no. 1 (2008): pp. 144~155 참조.

26 Hodges, Laurent, and Lewis, "Specially Motivated."

27 공감도와 테스토스테론 수치의 연관성을 살펴보는 연구는 Jack Van Honk et al., "Testosterone Administration Impairs Cognitive Empathy in Women Depending on Second-to-Fourth Digit Ratio," *Proceedings of the National Academy of Sciences* 108, no. 8 (2011): pp. 3448~3452 참조. 눈으로 마음 읽기 검사의 수행력을 관찰하는 연구는 Emma Chapman et al., "Fatal Testosterone and Empathy: Evidence from

the Empathy Quotient (EQ) and the 'Reading the Mind in the Eyes' Test," *Social Neuroscience* 1, no. 2 (2006): pp. 135~148 참조.

28 Tavris, *The Mismeasure of Women*, p. 65.

29 Sara E. Snodgrass, "Women's Intuition: The Effect of Subordinate Role on Interpersonal Sensitivity," *Journal of Personality and Social Psychology* 49, no. 1 (1985): pp. 146~155.

30 스노드그라스의 첫 연구 이래 하급자의 직관에 관한 연구는 다른 연구자들에 의해 거듭되었다. A. Galinsky et al., "Power and Perspectives Not Taken," *Psychological Science* 17, no. 12 (2006): pp. 1068~1074, David Kenny et al., "Interpersonal Sensitivity, Status, and Stereotype Accuracy," *Psychological Science* 21, no. 12 (2010): pp. 1735~1939 참조. 대안적 견해로는 Dario Bombari et al., "How Interpersonal Power Affects Empathic Accuracy: Differential Roles of Mentalizing vs. Mirroring," *Frontiers in Human Neuroscience* 7 (2013) 참조.

31 울리의 집단 지성에 관한 연구 노선을 설명하는 기사는 Anita Woolley, Thomas Malone, and Christopher Chabirs, "Why Some Teams Are Smarter Than Others," *New York Times*, January 8, 2015 참조. 원래 연구는 Woolley et al, "Evidence for a Collective Intelligence Factor" 참조. Engel et al., "Reading the Mind in the Eyes" 참조.

32 울리의 방법을 자세히 알고 싶으면 2010년 연구에 딸린 온라인 보충 자료를 참조하라. 여성의 참여가 어떻게 무시되는지에 관한 연구는 Karpowitz and Mendelberg, *The Silent Sex*, p. 143 참조. 팀 다양성의 영향에 이의를 제기하는 분석은 Alice H. Eagly, "When Passionate Advocates Meet Research on Diversity: Does the Honest Broker Stand a Chance?," *Journal of Social Issues* 참조.

33 Dan Ariely는 *Predictably Irrational* (New York: HarperCollins, 2008), pp. 26~29에서 이 연구를 멋지게 서술한다. 연구 논문 원본은 Dan Ariely, George Loewenstein, and Drazen Prelec, "'Coherent Arbitrariness': Stable Demand Curves Without Stable Preferences," *Quarterly Journal of Economics* 118, no. 1 (2003): pp. 73~105 참조.

34 닻 내림 효과를 피하기가 얼마나 어려운지에 관한 연구는 Joseph P. Simmons, Robyn A. LeBoeuf, and Leif D. Nelson, "The Effect of Accuracy Motivation on Anchoring and Adjustment: Do People Adjust from Provided Anchors?," *Journal of Personality and Social Psychology* 99, no. 6 (2010): pp. 917~932 참조.

35 R. M. Hogarth, *Educating Intuition* (Chicago: University of Chicago Press, 2001).

36 친절한 환경에 대한 정의는 Chip Heath and Dan Heath, *Decisive: How to Make*

Better Choices in Life and Work (New York: Crown Business, 2013), p. 277에 나온다.

37 다행히 리모컨과 교실 반응 시스템 같은 테크놀로지를 사용하면 학생들이 수업 시간에 이해한 것과 이해하지 못한 것에 대한 즉각적인 피드백을 얻을 수 있다. 뭔가 가르치고 나서 5분 뒤 학생들이 이해했는지 테스트하기 위한 질문을 한다. 이 방법은 피드백의 속도를 크게 향상하지만, 당신이 가르친 것 중 어느 부분이 효과가 있었고 어느 부분이 효과가 없었는지 명확한 피드백을 얻을 수 있는 것은 아니다.

38 James Shanteau, "Competence in Experts: The Role of Task Characteristics," *Organizational Behavior and Human Decision Processes* 53, no. 2 (1992): pp. 252~266. 주식중매인이 어떻게 숙련된 직감을 개발할 수 있는지에 관한 흥미로운 책으로 John Coates, *The Hour Between Dog and Wolf*가 있다.

39 친절한 의료 환경과 고약한 의료 환경을 대조한 이 글은 Daniel Kahneman and Gary Klein, "Conditions for Intuitive Expertise: A Failure to Disagree," *American Psychologist* 64, no. 6 (2009): p. 522에서 발췌.

40 게리 클라인 인터뷰, "Strategic Decisions: When Can You Trust Your Gut?," *McKinsey Quarterly* (March 2010): pp. 58~67.

41 "Ice Cream Sales and Trends," International Dairy Foods Association, accessed August 7, 2015, www.idfa.org/news-views/media-kits/ice-cream/ice-cream-sales-trends.

42 Adam L. Alter et al., "Overcoming Intuition: Metacognitive Difficulty Activates Analytic Reasoning," *Journal of Experimental Psychology: General* 136, no. 4 (2007): p. 569.

43 Nina Horstmann, Daniel Hausmann, and Stefan Ryf는 *Foundations for Tracing Intuition: Challenges and Methods*, eds. Andreas Glöckner and Cilia Witteman (New York: Psychology Press, 2009), pp. 219~237의 "Methods for Inducing Intuitive and Deliberate Processing Modes"에 직관적 의사 결정 방법과 분석적 방법을 촉발하는 다양한 방법을 훌륭하게 요약해놓았다.

44 Adam K. Fetterman and Michael D. Robinson, "Do You Use Your Head or Follow Your Heart? Self-Location Predicts Personality, Emotion, Decision Making, and Performance," *Journal of Personality and Social Psychology* 105, no. 2 (2013): p. 316. 페터먼과 로빈슨은 의사 결정에 관한 한 여성은 58~66퍼센트가 '마음으로 선택'하는 걸 선호한다고 말한 반면, 남성은 54~78퍼센트가 '머리로 선택'하는 걸 선호한다고 말했다는 사실에 주목했다. 정확한 수치는 실험에 따라 달라지지만, 여성보다 많은 남성이 머리로 선택하는 경향은 언제나 같다. 질문이 "당신은 마음으로 선택하십니까, 머리로 선택하십니까?"라면, 여성은 직관적인 방법을 선호하고 남성

은 분석적인 방법을 선호한다는 고정관념과 일치하는 커다란 성차를 목격할 것이다. 하지만 이 책 59페이지에 제시된 질문으로 묻는다면, 즉 "당신은 얼마나 자주 즉석에서 결정을 내리는가?" "당신은 얼마나 자주 보고서를 꼼꼼히 읽지 않고 요점을 찾아 훑어보는가?"처럼 구체적인 행동에 대해 묻는다면 우리는 남성과 여성이 전형적인 의사 결정 전략을 따르지 않는다는 것을 알 수 있다. 아마도 정형화된 것은 의사 결정 방식이 아니라 사람들이 자신을 어떻게 생각하고 싶어 하는가인 것 같다.

45 체화된 인지embodied cognition의 결함에 대해 자주 인용되는 논문은 Bradford Z. Mahon and Alfonso Caramazza, "A Critical Look at the Embodied Cognition Hypothesis and a New Proposal for Grounding Conceptual Content," *Journal of Physiology — Paris* 102, no. 1 (2008): pp. 59~70 참조.

46 돌아보기(회고)는 3장에서 논의할, 대니얼 카너먼이 개발한 '사전 검토premortem' 전략과 매우 비슷하다. Daniel Kahneman, *Thinking, Fast and Slow* 참조.

47 Chip and Dan Heath, *Decisive*, p. 15.

48 Robert L. Dipboye, "Structured and Unstructured Selection Interviews: Beyond the Job-Fit Model," *Research in Personnel and Human Resources Management*, ed. Gerald Ferris (Greenwich, CT: JAI Press, 1994), pp. 79~123.

49 David G. Myers, *Intuition: Its Powers and Perils* (New Haven, CT: Yale University Press, 2002). Chip and Dan Heath, *Decisive* 참조.

50 Jason Dana, Robyn Dawes, and Nathanial Peterson, "Belief in the Unstructured Interview: The Persistence of an Illusion," *Judgment and Decision Making* 8, no. 5 (2013): pp. 512~520.

51 Robyn M. Dawes, *House of Cards: Psychology and Psychotherapy Built on Myth* (New York: Free Press, 1994).

52 Chip and Dan Heath, *Decisive*에서 차용한 질문을 수정.

2장 결단력 딜레마

1 Bryan A. Reaves, "Census of State and Local Law Enforcement Agencies, 2008," U.S. Department of Justice, July 2011, accessed October 23, 2015, http://www.bjs.gov/content/pub/pdf/csllea08.pdf. 미국 전역의 주 경찰국과 지방 경찰국의 규모는 표 2 참조. 미국에서 경찰관이 500명 이상 소속된 지방 경찰국은 이례적으로 규모가 큰 곳이다. 2013년 현재 미국의 지방 경찰국 중 절반 가까이(48퍼센트)는 경찰관 수가

10명 이하다. Bryan A. Reaves, "Local Police Departments, 2013; Personnel, Policies, and Practices," U.S. Department of Justice, May 2015, accessed June 21, 2015, www.bjs.gov/content/pub/pdf/lpd13ppp.pdf 참조.

2 Lynn Langton, "Women in Law Enforcement: 1987~2008," Bureau of Justice Statistics, June 2010. 15퍼센트 통계는 p. 1의 도표 2에서 가져온 것이다. 이 보고는 국세청 범죄수사부(무려 32퍼센트가 여성)에서 저 아래 작은 지방 경찰서(여성의 비율이 평균 4퍼센트에 불과하다)까지 다양한 법 집행기관의 성별 균형을 검토한다. 모든 경우에 적용되지는 않겠지만, 일반적인 패턴은 규모가 작을수록 남성의 비율이 많은 것 같다.

3 International Association of Chiefs of Police and National Association of Women Law Enforcement Executives, *Women in Law Enforcement Survey* (Lenexa, KS: NAWLEE, 2013).

4 George P. Monger, "Breach of Promise," *Marriage Customs of the World: An Encyclopedia of Dating Customs and Wedding Traditions*, 2nd ed., vol. 2 (Santa Barbara, CA: ABC-CLIO, 2013), pp. 85~87. 남성이 결혼을 약속하면 여성은 처녀성을 포기했을 거라는 가정에 기초하여 이 법률이 만들어졌다는 학설을 논의한 자료는 Margaret F. Bring, "Rings and Promises," *Journal of Law, Economics, and Organization* 6, no. 1 (Spring 1990): pp. 203~215 참조.

5 1850년대의 일반적인 약속 파기 합의에 대한 자료는 Denise Bates, *Breach of Promise to Marry: A History of How Jilted Brides Settled Scores* (South Yorkshire, UK: Wharncliffe, 2014), p. 96 참조. 390파운드와 똑같은 구매력을 갖추려면 2014년에 얼마나 많은 수입이 필요한지 계산하기 위해 나는 믿을 수 없을 만큼 편리한 계산기인 '1270년부터 현재까지 영국 파운드화의 구매력Purchasing Power of British Pounds from 1270 to Present'을 사용했다. 이 시스템은 Measuring Worth가 관리하며, 2015년 8월 9일에 접속한 사이트 주소는 다음과 같다. www.measuringworth.com/ppoweruk. 이곳에서 필요한 수입이 53만 700파운드라는 것을 알아냈다. 그런 다음 2014년 파운드에서 달러로 바꿀 때의 평균 환율을 사용했다.

6 바버라 부시의 진술을 여성의 특권으로 제시한 미디어의 예로 다음을 들 수 있다. Elisabeth Parker, "Whoops: Barbara Bush Changes Her Mind About Jeb," AddictingInfo.org, accessed May 25, 2015, www.addictinginfo.org/2015/03/18/barbara-bush-endorses-jeb-bush-2016-run-video.

7 Kurt Donaldson, "Matthews Asked: Is Hillary Clinton Unable to 'Admit a Mistake' on Iraq Vote Because She Would Be Criticized as a 'Fickle Woman'?," MediaMatters.org, March 17, 2006, mediamatters.org/research/2006/03/17/matthews-asked-is-

hillary-clinton-unable-to-adm/135150.

8 2015년 연구는 Pew Research Center, "Women and Leadership: Public Says Women Are Equally Qualified, but Barriers Persist" (January 2015), http://www. pewsocialtrends.org/2015/01/14/women-and-leadership/12 참조.

9 '전형적인 미국인' 연구에 대해서는 Deborah A. Prentice and Erica Carranza, "What Women and Men Should Be, Shouldn't Be, Are Allowed to Be, and Don't Have to Be: The Contents of Prescriptive Gender Stereotypes," *Psychology of Women Quarterly* 26, no. 4 (2002): pp. 269~281 참조. '결단력 있다'는 전형적인 여성을 묘사하는 43개 형용사 중 33번째로 평가되었다.

10 Thomas J. Peters and Robert H. Waterman, *In Search of Excellence: Lessons from America's Best-Run Companies* (New York: Harper Business, 2006).

11 같은 책, p. 120.

12 망설임과 우유부단함의 차이는 Annamaria Di Fabio et al., "Career Indecision Versus Indecisiveness: Associations with Personality Traits and Emotional Intelligence," *Journal of Career Assessment* 21, no. 1 (2013): pp. 42~56 참조.

13 같은 책, p. 43. 비슷한 정의를 보려면 Noa Saka, Itamar Gati, and Kevin R. Kelly, "Emotional and Personality-Related Aspects of Career-Decision-Making Difficulties," *Journal of Career Assessment* 19, no. 1 (February 2011): pp. 3~20 참조.

14 Mike Allen and David S. Broder, "Bush's Leadership Style: Decisive or Simplistic?," *Washington Post*, August 30, 2004.

15 결단력 인식과 투표 행태의 연관성에 관한 연구 논문은 Ethlyn A. Williams et al., "Crisis, Charisma, Values, and Voting Behavior in the 2004 Presidential Election," *Leadership Quarterly* 20 (2009): pp. 70~86 참조. 결단력이 유권자에게 얼마나 많은 영향을 미치는지에 관한 인기 있는 설명은 John Harwood, "Flip-Flops Are Looking Like a Hot Summer Trend," *New York Times*, June 23, 2008, www.nytimes. com/2008/06/23/us/politics/23caucus.html?_ 참조.

16 Felix C. Brodbeck et al., "Cultural Variation of Leadership Prototypes Across 22 European Countries," *Journal of Occupational and Organizational Psychology* 73 (2000): pp. 1~29.

17 International Association of Chiefs of Police and National Association of Women Law Enforcement Executives, *Women in Law Enforcement Survey*.

18 Cathy Benko and Bill Pelster, "How Women Decide," *Harvard Business Review* (September 2013): p. 81.

19 인간의 두 가지 존재 양식을 나타내기 위해 '에이전시$_{agency}$'와 '커뮤니언$_{communion}$'

이라는 용어를 맨 처음 사용한 이는 데이비드 배컨Daivd Bakan이다. David Bakan, *The Duality of Human Existence: An Essay on Psychology and Religion* (Chicago: Rand McNally, 1966). 젠더 연구자 비키 헬지슨Vicki Helgeson은 "에이전시는 개인적으로 존재함을 나타내고, 커뮤니언은 자신이 속한 더 큰 조직에 개인이 참여함을 나타낸다"고 말한다. 배컨은 에이전시는 남성을 인도하는 원칙인 반면, 커뮤니언은 여성을 인도한다고 말했다. Vicki S. Helgeson and Dianne K. Palladino, "Implications of Psychosocial Factors for Diabetes Outcomes Among Children with Type 1 Diabetes: A Review," *Social and Personality Psychology Compass* 6, no. 3 (2012): pp. 228~242 참조; p. 228에서 인용. 배컨의 연구 이후 여러 해 동안 심리학자들은 능력과 공격성, 독립성, 박력, 결단력 같은 성취 지향적 특성을 에이전시와 연관 지었고, 친절과 협력, 연민 같은 관계 지향적 특성을 커뮤니언과 연관 지었다. 이런 특성이 어떻게 정형화된 남성성과 여성성이 되었는지에 관한 연구는 Andrea E. Abele, "The Dynamics of Masculine–Agentic and Feminine–Communal Traits: Findings from a Prospective Study," *Journal of Personality and Social Psychology* 85, no. 4 (2003): pp. 768~776 참조. Susan T. Fiske and Laura E. Stevens, "What's So Special About Sex? Gender Stereotyping and Discrimination," *Gender Issues in Contemporary Society: Applied Social Psychology Annual*, eds. S. Oskamp and M. Costanzo (Newbury, CA: Sage Publications, 1993), pp. 183~196 참조.

20 Jeanine L. Prime, Nancy M. Carter, and Theresa M. Welbourne, "Women 'Take Care,' Men 'Take Charge': Managers' Stereotypic Perceptions of Women and Men Leaders," *Psychologist-Manager Journal* 12 (2009): pp. 25~49.

21 일반적인 의사 결정 방식 목록에서 발췌한 표본 질문으로, 오늘날 수많은 연구자가 의사 결정 방식을 측정하는 데 사용하는 설문 조사다. Suzanne Scott and Reginald Bruce, "Decision-Making Style: The Development and Assessment of a New Measure," *Educational and Psychological Measurement* 55, no. 5 (1995): pp. 818~831 참조.

22 남성과 여성이 똑같이 우유부단하다는 것을 밝혀낸 연구는 Robert Loo, "A Psychometric Evaluation of the General Decision-Making Style Inventory," *Personality and Individual Differences* 29 (2000): pp. 895~905 참조. 그리고 아래 언급한 전 세계의 다양한 연구 참조.

23 터키는 Enver Sari, "The Relations Between Decision-Making in Social Relationships and Decision-Making Styles," *World Applied Sciences Journal* 3, no. 3 (2008): pp. 369~381 참조. 캐나다는 Lia M. Daniels et al., "Relieving Career Anxiety and Indecision: The Role of Undergraduate Students' Perceived Control

and Faculty Affiliations," *Social Psychology Education* 14 (2011): pp. 409~429 참조. 중국과 일본, 미국의 성차gender differences 비교는 J. Frank Yates et al., "Indecisiveness and Culture: Incidence, Values, and Thoroughness," *Journal of Cross-Cultural Psychology* 41, no. 3 (2010): pp. 428~444 참조. 중국과 미국의 비교는 Andrea L. Patalano, and Steven M. Wengrovitz, "Cross-Cultural Exploration of the Indecisiveness Scale: A Comparison of Chinese and American Men and Women," *Personality and individual Differences* 45 (2006): pp. 813~824 참조. 오스트레일리아는 G. Beswick, E. D. Rothblum, and L. Mann, "Psychological Antecedents of Student Procrastination," *Australian Psychologist* 23 (1988): pp. 207~217 참조. 뉴질랜드는 A. L. Guerra and J. M. Braungart-Rieker, "Predicting Career Indecision in College Students: The Roles of Identity Formation and Parental Relationship Factors," *Career Development Quarterly* 47, no. 3 (1999): pp. 255~266 참조.

24 예이츠J. Frank Yates와 그의 동료들은 일본 성인이 중국이나 미국 성인보다 결단력이 낮은 까닭을 이해하고 싶어 참가자들에게 결정할 때 생각을 소리 내어 말하도록 요구했다. 사람들이 얼마나 철저히 생각했는가 하는 점에서 뚜렷한 차이를 보였다. 일본 성인은 결정하기 위해 더 많은 이슈를 검토했다. 일본인은 평균 7.5개 아이디어를 꼼꼼히 생각했고, 중국인은 평균 3.3개 아이디어를, 미국인은 평균 4.5개 아이디어를 생각했다. Yates, "Indecisiveness and Culture" 참조.

25 청소년의 성별에 따른 결단력 차이에 관한 연구는 Veerle Germeijs and Karine Verschueren, "Indecisiveness and Big Five Personality Factors: Relationship and Specificity," *Personality and Individual Differences* 50, no. 7 (2011): pp. 1023~1028 참조. 모두 10대 소녀가 10대 소년보다 결단력이 없다는 점을 발견한 것은 아니다. John W. Lounsbury, Teresa Hutchens, and James M. Loveland, "An Investigation of Big Five Personality Traits and Career Decidedness Among Early and Middle Adolescents," *Journal of Career Assessment* 13, no. 1 (2005): pp. 25~39 참조. 한 가지 가능한 설명은 소년은 남성처럼 행동해야 한다는 압박감 때문에 주도적이고 결단력이나 통솔력, 자신감 있게 행동해야 한다고 느낀다. 소년과 소녀에게 자신의 미래에 대해 얼마나 확고히 느끼는지 질문할 때 소년은 확실하고 단호한 대답을 하려는 경향이 있는 반면, 소녀는 그런 확실함을 보여줄 필요가 없으므로, 소년이 실제보다 결단력 있게 보일 수 있다. 강박적 여성이 강박적 남성보다 우유부단하다는 것을 보여주는 연구는 Eric Rassin and Peter Muris, "To Be or Not to Be... Indecisive: Gender Differences, Correlations with Obsessive-Compulsive Complaints, and Behavioural Manifestation," *Personality and Individual Differences* 38, no. 5, (2005): pp. 1175~1181 참조. 일반적으로 신경과민은 우유부단함과 밀

접한 연관이 있다. Germeijs and Verschueren, "Indecisiveness and Big Five Personality Factors" 참조.

26 애팔래치아 트레일은 해마다 수리·보수되어 전체 길이가 조금씩 바뀐다. 제니퍼 파 데이비스가 세계 기록을 깬 2011년에는 2,181마일(약 3,510킬로미터)이었다.

27 Sandrine Devillard et al., *Women Matter 2013 — Gender Diversity in Top Management : Moving Corporate Culture, Moving Boundaries* (Paris: McKinsey and Company, 2013), p. 14.

28 젠더에 따른 리더십 스타일의 차이는 Alice H. Eagly and Blair T. Johnson, "Gender and Leadership Style: A Meta-Analysis," *Psychological Bulletin* 108, no. 2 (1990): pp. 233~256 참조. 최근의 분석은 여성이 남성보다 리더십 스타일이 민주적이고, 대인 관계에 초점을 맞추는 경향이 있다는 것을 발견한다. Marloes L. van Engen and Tineke M. Willemsen, "Sex and Leadership Styles: A Meta-Analysis of Research Published in the 1990s," *Psychological Reports* 94, no. 1 (2004): pp. 3~18 참조.

29 시장이 시민과 시의회를 예산편성 과정에 참여시키는 방식에 관한 연구는 Lynne A. Weikart et al., "The Democratic Sex: Gender Differences and the Exercise of Power," *Journal of Women, Politics and Policy* 28, no. 1 (2007): pp. 119~140 참조. 직원 피드백을 회의에 사용한 시간에 관한 데이터는 Eduardo Melero, "Are Workplaces with Many Women in Management Run Differently?," *Journal of Business Research* 64, no. 4 (2011): pp. 385~393 참조.

30 여성이 남성보다 팀원에게 관심 있으리라고 기대하는 것에 관한 자료는 Herminia Ibarra and Otilia Obodaru, "Women and the Vision Thing," *Harvard Business Review* 87, no. 1 (2009): p. 67 참조. 여성이 더 동정심 있으리라고 기대하는 것에 관한 최근 자료는 Pew Research Center, "Women and Leadership," p. 17 참조.

31 Pew Research Center, "Women and Leadership," p. 21. 설문 조사에 답한 1,835명 중 34퍼센트는 여성 고위 정치인이 남성보다 협상을 성사시키는 일을 잘한다고 생각했다. 반면 남성이 이 영역에서 더 노련하다고 생각한 사람은 9퍼센트에 불과했다. 55퍼센트는 남성과 여성의 차이가 없다고 답했고, 2퍼센트는 답하지 않았다.

32 여성 리더가 여성스러운 여성에게 기대되는 것에 어긋나게 행동할 때 어떤 불이익을 받는지, 여성 리더에 대한 편견을 개괄적으로 살펴보려면 Alice H. Eagly and Steven J. Karau, "Role Congruity Theory of Prejudice Toward Female Leaders," *Psychological Review* 109, no. 3 (2002): pp. 573~598 참조. 전제적인 여성이 받는 부정적인 평가를 보여주는 다른 연구는 Madeline E. Heilman, Caryn J. Block, and Richard F. Martell, "Sex Stereotypes: Do They Influence Perceptions of Managers?,"

Journal of Social Behavior and Personality 10 (1995): pp. 237~252 참조. Karen Korabik, Galen L. Baril, and Carol Watson, "Managers' Conflict Management Style and Leadership Effectiveness: The Moderating Effects of Gender," *Sex Roles* 29, nos. 5~6 (1993): pp. 405~420 참조.

33 Edward S. Lopez and Nurcan Ensari, "The Effects of Leadership Style, Organizational Outcome, and Gender on Attributional Bias Toward Leaders," *Journal of Leadership Studies* 8, no. 2 (2014): pp. 19~37 참조.

34 Eagly and Karau, "Role Congruity Theory."

35 Anit Somech, "The Effects of Leadership Style and Team Process on Performance and Innovation in Functionally Heterogeneous Teams," *Journal of Management* 32, no. 1 (2006): pp. 132~157.

36 James R. Larson, Pennie G. Foster-Fishman, and Timothy M. Franz, "Leadership Style and the Discussion of Shared and Unshared Information in Decision-Making Groups," *Personality and Social Psychology Bulletin* 24, no. 5 (1998): pp. 482~495.

37 연구는 여성이 남성보다 조언을 구하는 경향이 있음을 시사한다. Michael E. Addis and James R. Mahalik, "Men, Masculinity, and the Contexts of Help Seeking," *American Psychologist* 58, no. 1 (2003): pp. 5~14 참조. 젠더에 따라 도움을 구하는 행동이 어떻게 다른지에 관한 수많은 연구는 여성이 건강 문제에 어떻게 더 많은 도움과 조언을 구하는지에 초점을 맞추지만, 운전할 때 길을 묻는 것에 관한 연구도 일부 있다. 한 연구는 남성 운전자 26퍼센트는 최소 30분을 기다린 뒤에 도움을 구한다는 것을 알아냈다. 하지만 연구자들은 그렇게 오래 기다리는 여성 운전자의 비율은 보고하지 않았다. Scott Mayerowitz, "Male Drivers Lost Longer Than Women," ABC News, October 26, 2010, abcnews.go.com 참조.

38 연구 팀은 1997~2010년에 2,500건이 넘는 인수 합병을 관찰했다. Maurice Levi, Kai Li, and Feng Zhang, "Are Women More Likely to Seek Advice Than Men? Evidence from the Boardroom," *Journal of Risk and Financial Management* 8, no. 1 (2015): pp. 127~149 참조.

39 Francesca Gino, "Do We Listen to Advice Just Because We Paid for It? The Impact of Advice Cost on Its Use," *Organizational Behavior and Human Decision Processes* 107, no. 2 (2008): pp. 234~245.

40 Andrew Prahl et al., "Review Experimental Studies in Social Psychology of Small Groups When an Optimal Choice Exists and Application to Operating Room Management Decision-Making," *Anesthesia and Analgesia* 117, no. 5 (2013): pp. 1221~1229.

41 Julie Hirschfield Davis and Matt Apuzzo, "Loretta Lynch, Federal Prosecutor, Will Be Nominated for Attorney General," *New York Times*, November 8, 2014.

42 Nick Tasler, "Just make a Decision Already," *Harvard Business Review*, October 4, 2013, hbr.org/2013/10/just-make-a-decision-already.

43 Rachel Croson and Uri Gneezy, "Gender Differences in Preferences," *Journal of Economic Literature* (2009): pp. 448~474.

44 Angela Rollins, "Consultant Gives Tips for Interpreting Gender-Linked Communication Styles," *Catalyst* 16, no. 4 (April 2011), www.isba.org/committees/women/newsletter/2011/04/consultantgivestipsforinterpretinggenderlinkedcomm unic.

45 Diane M. Bergeron, Caryn J. Bloc, and B. Alan Echtenkamp, "Disabling the Able: Stereotype Threat and Women's Work Performance," *Human Performance* 19, no. 2 (2006): pp. 133~158.

46 남성과 여성이 의사 결정을 할 때 어떻게 다른지 묻는 연구에서 여성에게 직관적이라는 것과 남성에게 결단력이 있다고 하는 것을 큰 찬사로 상정하는 것은 대단히 흥미로우면서도 좀 아이러니하다. 연구자들은 예부터 이 형용사를 테스트했으므로 각 단어가 여성 리더와 남성 리더의 유형에 맞는 것임을 알았다. 리더가 진짜 어떻게 행동하는지에 상관없이 사람들이 여성 리더와 남성 리더에게 결정에 다른 방식으로 접근하리라고 기대한다는 것을 단순히 재확인하는 것이다.

47 Michael Inzlicht and Toni Schmader, eds., *Stereotype Threat: Theory, Process and Application* (New York: Oxford University Press, 2012), pp. 3~14.

48 고정관념 위협은 더 공식적으로 집단 구성원이 "자신이 속한 집단에 대한 부정적인 고정관념을 충족할 위험이 있을 때" 느끼는 불편함과 수행 불안으로 정의할 수 있다. Joshua Aronson, Diane M. Quinn, and Steven J. Spencer, "Stereotype Threat and the Academic Underperformance of Minorities and Women," *Prejudice: The Target's Perspective*, eds. J. K. Swim and C. Strangor (San Diego: Academic Press, 1998), pp. 83~103; 인용문은 p. 85. 신랄한 "실패의 공포" 언어는 Ed Yong, "Armor Against Prejudice," *Scientific American* (2013)에 의해 알려졌다.

49 Insurance Institute for Highway Safety가 발표한 연구 논문 자료는 2013년 1월 15일 www.statisticbrain.com/male-and-female-driving-statistics 참조. 치명적인 자동차 사고 비율은 70세가 되면 남성과 여성이 거의 같지만, 16~65세 운전자는 남성이 더 위험하다.

50 고정관념 위협에 관한 고전적인 연구는 Claude Steele and Joshua Aronson, "Stereotype Threat and the Intellectual Test Performance of African Americans,"

Journal of Personality and Social Psychology 69 (1995): pp. 797~811 참조. 스탠퍼드 대학교 아프리카계 미국인과 백인 학생의 실험에 관한 내용은 이 논문에서 발췌.

51 전국적으로 아프리카계 미국인 학생의 점수가 향상되고, 지난 10년간 아프리카계 미국인과 백인 학생의 성취도 격차는 줄어들었다. 그러나 2007년 현재 백인 학생은 여전히 500점짜리 전 과목 시험에서 적어도 26점 높은 성적을 거뒀다. A. Vanneman et al., *Achievement Gaps: How Black and White Students in Public Schools Perform in Mathematics and Reading on the National Assessment of Educational Progress* (Washington, DC: NCES, 2009).

52 유색인종과 여성의 고정관념 위협의 영향에 관한 메타 분석은 H. H. D. Nguyen and A. M. Ryan, "Does Stereotype Threat Affect Test Performance of Minorities and Women? A Meta-Analysis of Experimental Evidence," *Journal of Applied Psychology* 93 (2008): pp. 1314~1334 참조.

53 Von Bakanic, *Prejudice: Attitudes About Race, Class, and Gender* (New York: Pearson, 2008).

54 여성의 수학 성적에 관한 자세한 연구 논문을 보려면 M. Inzlicht and T. Ben-Zeev, "A Threatening Intellectual Environment: Why Females Are Susceptible to Experiencing Problem-Solving Deficits in the Presence of Males," *Psychological Science* 11 (2000): pp. 365~371 참조. S. J. Spencer, C. M. Steele, and D. M. Quinn, "Stereotype Threat and Women's Math Performance," *Journal of Experimental Social Psychology* 35 (1999): pp. 4~28 참조.

55 미국 초등학교 여학생에게 나타나는 수학 관련 고정관념 위협을 보여주는 연구는 Nalini Ambady et al., "Stereotype Susceptibility in Children: Effects of Identity Activation on Quantitative Performance," *Psychological Science* 12, no. 5 (2001): pp. 385~390 참조. 프랑스의 11~12세 소녀들에게 나타나는 수학 관련 고정관념 위협에 관한 연구 결과는 Pascal Huguet and Isabelle Regner, "Stereotype Threat Among Schoolgirls in Quasi-Ordinary Classroom Circumstances," *Journal of Educational Psychology* 99, no. 3 (2007): pp. 545~560 참조.

56 이 연구 결과의 출처는 젠더에 따른 고정관념 위협과 수학 시험 성적의 차이에 관해 가장 흔히 언급되는 고전적 저작인 Spencer, Steele, and Quinn, "Stereotype Threat and Women's Math Performance"다. 내가 서술한 특정 결과는 실험 3에서 가져온 것이다. 여성의 평균 성적은 17점에서 7점으로 58.8퍼센트 하락했지만, 결과를 쉽게 이해하기 위해 점수가 10점에서 4점(58.8퍼센트)으로 떨어진 것으로 보고했다. 이와 대조적으로 같은 시험에서 남성의 평균 성적은 18점에서 21점으로 유의미한 변화를 보이지 않았다. (이는 마치 남성이 평가될 것으로 생각하라는 요

구를 받을 때 실제로 성적이 향상되는 것처럼 보일지 모르지만, 남성의 성적 변화
는 통계적으로 의미가 없었다.)

57 Joshua Aronson et al., "When White Men Can't Do Math: Necessary and Sufficient
    Factors in Stereotype Threat," *Journal of Experimental Social Psychology* 35, no. 1
    (1999): pp. 29~46.

58 Joshua Aronson, and Jayne Ann Harder, "Problems in the Pipeline: Stereotype
    Threat and Women's Achievement in High-Level Math Courses," *Journal of
    Applied Developmental Psychology* 29, no. 1 (2008): pp. 17~28에 나타나듯이 수학
    시험에 관한 고정관념 위협은 의욕이 많은 여성에게 가장 높았다. 이 결과는 직장
    에서도 입증되었다. 의욕이 많은 여성 직원은 고정관념 위협을 경험할 확률이 더
    높다. Loriann Roberson and Carol T. Kulik, "Stereotype Threat at Work," *Academy
    of Management Perspectives* 21 (2007): pp. 24~40 참조.

59 카필라노현수교에 관한 연구는 Donald Dutton and Arthur P. Aron, "Some
    Evidence for Heightened Sexual Attraction Under Conditions of High Anxiety,"
    Journal of Personality and Social Psychology 30 (1974): pp. 510~517 참조. 우리가 어
    떻게 감정의 원인을 오인하는지에 관한 최근 고찰은 B. Keith Payne et al., "An
    Inkblot for Attitudes: Affect Misattribution As Implicit Measurement," *Journal of
    Personality and Social Psychology* 89, no. 3 (2005): pp. 277~293 참조.

60 D. L. Oswald and R. D. Harvey, "Hostile Environments, Stereotype Threat, and
    Math Performance Among Undergraduate Women," *Current Psychology* 19 (2001):
    pp. 338~356.

61 고정관념 위협을 받을 때 신체에 스트레스 반응이 나타나는 여러 방식—빨라지는
    심장박동부터 동공 확장, 앞쪽 대상 피질anterior cingulate cortex 같은 뇌 부위의 활성화
    까지 모든 것—에 대해서는 Wendy Berry Mendes and Jeremy Jamieson, "Embodied
    Stereotype Threat: Exploring Brain and Body Mechanisms Underlying Performance
    Impairments," *Stereotype Threat*, pp. 51~68 참조.

62 M. C. Murphy, C. M. Steele, and J. J. Gross, "Signaling Threat: How Situational
    Cues Affect Women in Math, Science, and Engineering Settings," *Psychological
    Science* 18, no. 10 (2007): pp. 879~885.

63 Inzlicht and Ben-Zeev, "A Threatening Intellectual Environment" 참조. 한방의 수
    험자 구성에 따라 남성의 성적이 어떨지 궁금할 수 있다. 아무 차이도 보이지 않았
    다. 남성은 남성에 둘러싸이든, 여성에 둘러싸이든 상관없이 평균 정답률 67퍼센
    트를 유지했다. 그들은 부정적 꼬리표에 위협을 느끼지 않으므로 사고하는 데 방해
    를 받지 않았다.

416

64 Nina Totenberg, "Sandra Day O'Connor's Supreme Legacy: First Female High Court Justice Reflects on 22 Years on Bench," *All Things Considered*, NPR, May 14, 2003, www.npr.org/templates/story/story.php?storyId=1261400.

65 이 맥락에서 임계질량이라는 용어를 사용한 것은 Claude Steele, *Whistling Vivaldi: How Stereotypes Affect Us and What We Can Do* (New York: W. W. Norton, 2010), p. 136에서 비롯한다.

66 나는 고정관념 위협의 경험적 연구를 사용해 이 질문을 고안했다. 대다수 질문은 직장에서 고정관념 위협을 연구하고 직장 여성의 고정관념 위협 측정자를 개발해 온 퀸즐랜드대학교University of Queensland 심리학자 히펠Courtney von Hippel의 연구에서 끌어온 것이다. Courtney von Hippel, Denise Sekaquaptewa, and Matthew McFarlane, "Stereotype Threat Among Women in Finance: Negative Effects on Identity, Workplace Well-Being, and Recruiting," *Psychology of Women Quarterly* 39, no. 3 (September 2015): pp. 405~414, Courtney von Hippel et al., "Stereotype Threat: Antecedents and Consequences for Working Women," *European Journal of Social Psychology* 41, no. 2 (2011): pp. 151~161 참조. Roberson and Kulik, "Stereotype Threat at Work" 참조.

67 Crystal L. Hoyt et al., "The Impact of Blatant Stereotype Activation and Group Sex-Composition on Female Leaders," *Leadership Quarterly* 21, no. 5 (2010): pp. 716~732.

68 고정관념 위협이 직장에서 어떻게 작용하는지 비교적 이해하기 쉬운 논문은 Roberson and Kulik, "Stereotype Threat at Work" 참조. 더 전문적인 설명과 상세한 정보는 Inzlicht and Schmader, *Stereotype Threat* 참조.

69 작업 기억의 대중적 정의는 Scott Barry Kaufman, "In Defense of Working Memory Training," ScientificAmerican.com, April 15, 2013, blogs.scientificamerican.com/beautiful-minds/in-defense-of-working-memory-training 참조. 작업 기억의 고전적 정의와 다양한 구성 요소에 관해서는 A. D. Baddeley and G. Hitch, "Working Memory," *The Psychology of Learning and Motivation*, ed. G. A. Bower (New York: Academic Press, 1974), pp. 47~89 참조.

70 고정관념 위협이 있을 때 사람들을 괴롭히는 생각은 Claude Steele, *Whistling Vivaldi*에 포착되었다. 이 생각에 대한 더 전문적인 설명은 Toni Schmader and Sian Beilock, "An Integration of Processes That Underlie Stereotype Threat," *Stereotype Threat*, pp. 34~50 참조.

71 고정관념 위협이 작업 기억을 소모한다는 것을 입증하는 경험적 연구는 Toni Schmader and Michael Johns, "Converging Evidence That Stereotype Threat

Reduces Working Memory Capacity," *Journal of Personality and Social Psychology* 85, no. 3 (2003): pp. 440~452, Sian Beilock, Robert J. Rydell, and Allen R. McConnell, "Stereotype Threat and Working Memory: Mechanisms, Alleviation, and Spillover," *Journal of Experimental Psychology: General* 136, no. 2 (2007): pp. 256~276 참조. 고정관념 위협이 작업 기억과 문제 해결, 추론 능력 등에 미치는 영향에 관해 거시적으로 살펴보려면 Toni Schmader, Michael Johns, and Chad Forbes, "An Integrated Process Model of Stereotype Threat Effects on Performance," *Psychological Review* 115, no. 2 (2008): pp. 336~356 참조.

72 항염제 이미지는 적합한 비유다. 이는 제프리 코언과 그의 동료들이 G. L. Cohen, V. Purdie-Vaughns, and J. Garcia, "An Identity Threat Perspective on Intervention," *Stereotype Threat*, pp. 280~296에 제시한 것이다.

73 '알면 반은 이긴 것이다'는 고정관념 위협에 관해 아는 것이 여성에게 도움이 되는지, 방해가 되는지 처음으로 탐구한 연구 논문의 제목이다. Michael Johns, Toni Schmader, and Andy Martens, "Knowing Is Half the Battle: Teaching Stereotype Threat As a Means of Improving Women's Math Performance," *Psychological Science* 16, no. 3 (2005): pp. 175~179 참조.

74 고정관념 위협에 대해 알면 여성을 그 영향에서 자유롭게 할 수 있음을 보여주는 연구는 위의 책 참조.

75 Joanne Wood et al., "Positive Self-Statements: Power for Some, Peril for Others," *Psychological Science* 20, no. 7 (2009): pp. 860~866.

76 고정관념 위협에 관한 작업으로 유명한 연구자 클로드 스틸Claude Steele은 흡연자들이 더 건강한 선택을 할 수 있도록 자아상을 향상하는 방법으로 가치 긍정value-affirmation 활동을 맨 처음 소개했다. Claude M. Steele, "The Psychology of Self-Affirmation: Sustaining the Integrity of the Self," *Advances in Experimental Social Psychology*, vol. 21, ed. L. Berkowitz (San Diego: Academic Press, 1988), pp. 261~302 참조. 다양한 자기 확인 활동의 영향은 이후 실험실과 실생활에서 엄격하게 검사되고 기록되었다. 자기 확인에 관한 연구 논문의 면밀한 검토는 A. McQueen and W. M. P. Klein, "Experimental Manipulations of Self-Affirmation: A Systematic Review," *Self and Identity* 5 (2006): pp. 289~354 참조.

77 가능한 핵심 가치 목록은 Gregory M. Walton et al., "Two Brief Interventions to Mitigate a 'Chilly Climate' Transform Women's Experience, Relationships, and Achievement in Engineering," *Journal of Educational Psychology* 107, no. 2 (May 2015): pp. 468~485 긍정 훈련 연구에서 가져온 것이다.

78 자기 확인 활동으로 무엇을 달성할 수 있는지에 관한 설명은 David S. Yeager and

Gregory M. Walton, "Social-Psychological Interventions in Education: They're Not Magic," *Review of Educational Research* 81, no. 2 (2011): pp. 267~301에서 가져온 것이다. p. 280에서 인용.

79 여러 연구자들은 사회적 귀속감을 가치 긍정 활동의 핵심으로 보았다. 이에 관한 최근의 빈틈없는 설명은 Nurit Shnabel et al., "Demystifying Values-Affirmation Interventions: Writing About Social Belonging Is Key to Buffering Against Identity Threat," *Personality and Social Psychology Bulletin* 39, no. 5 (2013): pp. 663~676 참조. 연구자들은 자기 확인의 효과에 관한 다른 설명을 가정했다. 일부 과학자들은 자기 확인이 사람들이 문제를 회피하지 않고 집중하게 하는 데 도움을 준다는 사실을 지적한다. 일부 과학자들은 자기 확인이 사람들에게 위협이 인생 전반에 비해 작은 것임을 보도록 하는 데 도움이 되기 때문에 효과적이라고 생각한다. 자기 확인이 왜 효과가 있는지에 대한 상충되는 이론을 비교하려면 Geoffrey L. Cohen and David K. Sherman, "The Psychology of Change: Self-Affirmation and Social Psychological Intervention," *Annual Review of Psychology* 65 (2014): pp. 333~371 참조.

80 말하는 걸 믿는다는 개념은 Gregory M. Walton and Geoffrey L. Cohen, "A Brief Social-Belonging Intervention Improves Academic and Health Outcomes of Minority Students," *Science* 331 (2011): pp. 1447~1451 참조.

81 고정관념 위협에 대처하기 위해 자기 확인을 사용하는 대다수 연구에서 사람들은 자신이 직면할 도전적 문제와 거의 관련이 없는 가치에 대해 적는다. 수학 시험을 앞둔 여성은 자신이 왜 우정을 소중히 여기는지 적을 수 있는데, 그럼으로써 그녀의 성적이 향상된다. 한 아프리카계 미국인 사무원은 자연에서 시간을 보내는 것을 중시하는 이유를 적을 수 있는데, 그 결과 상사의 피드백을 받는 능력이 향상된다.

82 자기 확인의 이점에 관한 연구는 대부분 성별에 따른 수학 성적 격차나 인종 간 학업 성취도 격차를 제거하기 위해 수행되었다. 인종 문제에 대한 연구는 G. L. Cohen et al., "Reducing the Racial Achievement Gap: A Social-Psychological Intervention," *Science* 313 (2006): pp. 1307~1310 참조. 자기 확인이 어떻게 여성의 수학 성적을 향상하는지는 A. Martens et al., "Combating Stereotype Threat: The Effect of Self-Affirmation on Women's Intellectual Performance," *Journal of Experimental Social Psychology* 42 (2006): pp. 236~243 참조.

83 여러 지적 능력에 대한 자기 확인의 혜택은 문서화되었다. 자기 확인이 어떻게 문제 해결력을 향상하는지는 J. David Creswell et al., "Self-Affirmation Improves Problem-Solving Under Stress," *PLOS ONE* 8, no. 5 (2013): e62593, doi:10.1371/journal.pone.0062593 참조. 자기 확인이 사람들이 결정을 내릴 때 일반적으로 회

피하는 정보에 대한 흥미를 어떻게 향상하는지는 J. L. Howell and J. A. Shepperd, "Reducing Information Avoidance Through Affirmation," *Psychological Science* 23, no. 2 (2012): pp. 141~145 참조.

84 Niro Sivanathan et al., "The Promise and Peril of Self-Affirmation in De-Escalation of Commitment," *Organizational Behavior and Human Decision Process* 107, no. 1 (2008): pp. 1~14.

3장 안녕하세요, 모험가 양반

1 David A. Kaplan, *The Silicon Boys: And Their Valley of Dreams* (New York: William Morrow Paperbacks, 2000), p. 193.

2 '트랜스젠더'라는 용어가 일반적으로 받아들여지지만, 비비안은 이 용어를 좋아하지 않는다. 그녀는 다른 사람들이 암을 이겨낸 것처럼 젠더 전환을 겪었다고 말하는 것을 선호한다. 비비안은 자신을 트랜스젠더나 트랜스우먼이라고 하기보다 여성이라고 말한다.

3 벤처 투자자는 90퍼센트 이상이 남성이라는 것도 언급해야겠다. 뱁슨칼리지Babson College에서 시행한 연구에 따르면, 2014년 전체 벤처 투자자 가운데 여성은 6퍼센트였다. 이는 1999년의 10퍼센트에서 하락한 것이다. Candida Brush et al., *Women Entrepreneurs 2014: Bridging the Gender Gap in Venture Capital* (Babson Park, MA: Babson College, 2014) 참조.《포천》의 2014년 연구는 중대한 결정을 내리는 임원 중 여성이 4.2퍼센트뿐임을 밝혀냈다. Dan Primack, "Venture Capital's Stunning Lack of Female Decision-Makers," *Fortune*, February 6, 2014 참조.

4 Alison W. Brooks et al., "Investors Prefer Entrepreneurial Ventures Pitched by Attractive Men," *Proceedings of the National Academy of Sciences* 111, no. 12 (2014): pp. 4427~4431.

5 투자자들이 남성에게 투자하는 것을 선호한다고 보고한 사람은 브룩스뿐만 아니다. 캘리포니아대학교 샌타바버라캠퍼스University of California, Santa Barbara의 사라 테보드Sarah Thébaud 교수는 참가자들에게 남성 기업가와 여성 기업가가 권유한 동일한 사업에 대한 투자 수익성과 가능성을 평가하도록 한 연구에서 비슷한 결과를 발견했다. Sarah Thébaud, "Status Beliefs and the Spirit of Capitalism: Accounting for Gender Biases in Entrepreneurship and Innovation," *Social Forces* (2015), doi:10.1093/sf/sovo42 참조. 혁신적인 제안이 아닐 때, 투자자들은 브룩스가 알아냈듯이 남성의 권유에 훨씬 더 관심을 보인다. 하지만 투자자들이 한 번도 들어본

적 없는 혁신적인 것일 때는 그 제안을 한 여성이 뛰어나다는 신호로 여겨지므로, 고정관념에서 벗어나 그 사업에 기꺼이 위험을 감수하고자 한다. 희망은 있지만, 여성이 남성보다 혁신적인 아이디어를 제안해야 한다면 그것은 높은 장벽이다.

6 이것은 앨리슨 브룩스와 동료들이 수행한 두 번째 연구의 결과다. 이 연구에서 참가자들은 투자자 역을 맡고, 투자할 수의학 기술 두 가지 중 하나를 선택했다. 투자자들은 기업가들을 만나지 않았지만, 아이디어 제시와 관련된 비디오 영상을 보고 권유에 관한 해설 내레이션을 들었다. 남성과 여성이 내용과 어조를 가급적 동일하게 해설했으나, 참가자 가운데 68.3퍼센트는 남성이 권유한 프로젝트에 투자하겠다고 했고, 31.7퍼센트만 여성이 권유한 프로젝트에 투자하겠다고 했다.

7 Brush et al., *Women Entrepreneurs 2014*. 연구자들은 2014 다이애나 프로젝트에서 2011~2013년에 벤처 자금을 받은 6,793개 미국 기업의 데이터베이스를 검토했다.

8 Bernd Figner and Elke U. Weber, "Who Takes Risks When and Why? Determinants of Risk Taking," *Current Directions in Psychological Science* 20, no. 4 (2011): pp. 211~216.

9 Yaniv Hanoch, Joseph G. Johnson, and Andreas Wilke, "Domain Specificity in Experimental Measures and Participant Recruitment: An Application to Risk-Taking Behavior," *Psychological Science* 17, no. 4 (2006): pp. 300~304.

10 wuss라는 단어의 정확한 기원은 명확하지 않지만, 언어학자들은 1980년대 미국에 처음 등장했다고 추측한다. 이는 모욕적인 두 말이 혼합된 것이다. David Crystal, "Keep Your English Up-to-Date: Wuss," *BBC Learning English*, 2005, accessed October 21, 2014, downloads.bbc.co.uk/worldservice/learningenglish/uptodate/pdf/uptodate2_wuss_transcript_070316.pdf 참조.

11 Barbara A. Morrongiello and Theresa Dawber, "Parental Influences on Toddlers' Injury-Risk Behaviors: Are Sons and Daughters Socialized Differently?," *Journal of Applied Developmental Psychology* 20, no. 2 (1999): pp. 227~251. B. A. Morrongiello, D. Zdzieborski, and J. Norman, "Understanding Gender Differences in Children's Risk-Taking and Injury: A Comparison of Mothers' and Fathers' Reactions to Sons and Daughters Misbehaving in Ways That Lead to Injury," *Journal of Applied Developmental Psychology* 31 (2010): pp. 322~329 참조.

12 Sheryl Ball, Catherine C. Eckel, and Maria Heracleous, "Risk Aversion and Physical Prowess: Prediction, Choice and Bias," *Journal of Risk and Uncertainty* 41, no. 3 (2010): pp. 167~193.

13 남성이 여성을 실제보다 훨씬 위험을 회피한다고 여긴다는 것을 보여주는 연구는 Catherine C. Eckel and Philip J. Grossman, "Sex Differences and Statistical

Stereotyping in Attitudes Toward Financial Risk," *Evolution and Human Behavior* 23, no. 4 (2002): pp. 281~295; Dinky Daruvala, "Gender, Risk and Stereotypes," *Journal of Risk and Uncertainty* 35, no. 3 (2007): pp. 265~283; Catherine C. Eckel and Philip J. Grossman, "Forecasting Risk Attitudes: An Experimental Study Using Actual and Forecast Gamble Choices," *Journal of Economic Behavior and Organization* 68, no. 1 (2008): pp. 1~17 참조.

14 Philip J. Grossman, "Holding Fast: The Persistence and Dominance of Gender Stereotypes," *Economic Inquiry* 51, no. 1 (2013): pp. 747~763.

15 Deborah A. Prentice and Erica Carranza, "What Women and Men Should Be, Shouldn't Be, Are Allowed to Be, and Don't Have to Be: The Contents of Prescriptive Gender Stereotypes," *Psychology of Women Quarterly* 26, no. 4 (2002): pp. 269~281. 나는 이 순위를 계산하기 위해 여성은 표 2를, 남성은 표 3을 사용했다. 각 표의 항목은 가장 바람직한 것부터 덜 바람직한 것까지 정해졌다. 나는 남성이 "위험을 기꺼이 감수하려" 하는 정도를 나타내기 위해 1위부터 14위까지 순위를 매겼다. 여성이 "위험을 기꺼이 감수하려" 하는 정도를 나타내기 위해서도 같은 프로세스를 사용하여, 지은이들이 "강화된 처방"이라 부르는 것부터 "느긋한 처방"까지 순위를 매겼다.

16 위험 감수자 목록은 데버러 페리 피시오니Deborah Perry Piscione의 *The Risk Factor* (New York: Macmillan, 2014)에 수록된 것이다. 그녀는 이들을 "위험을 기꺼이 감수하려는 태도야말로 지도력의 핵심임을 이해하는 신세대 리더"라고 묘사한다(p. 45). 피시오니는 CNN, CNBC, MNNBC, ABC, Fox News, PBS 등의 미디어 해설자였다. 비록 그녀는 한 가지 예에 불과하지만, 이 남성들을 기업계가 부러워하는 위험 감수자로서 집중 조명한 수많은 기자 중 한 명이다.

17 Victoria L. Brescoll, Erica Dawson, and Eric L. Uhlmann, "Hard Won and Easily Lost: The Fragile Status of Leaders in Gender-Stereotype-Incongruent Occupations," *Psychological Science* 21, no. 11 (2010): pp. 1640~1642.

18 브레스콜Victoria L. Brescoll과 연구 팀은 여성과 강력히 연관된 직업군과 남성과 강력히 연관된 직업군을 알아내기 위해 따로 연구했다. 여자대학의 총장과 경찰국장은 똑같이 높은 지위로 평가되었으나, 젠더 고정관념의 막강한 영향을 받았다.

19 빅토리아 브레스콜, 2015년 6월 17일에 필자와 개인적인 대화.

20 이것들은 Feminist Majority Foundation이 "Empowering Women in Business," www.feminist.org/research/business/ewb_glass.html 기사에 열거한 유리 천장이 존재하는 이유 중 일부에 불과하다.

21 Denise R. Beike and Travis S. Crone, "When Experienced Regret Refuses to Fade:

Regrets of Action and Attempting to Forget Open Life Regrets," *Journal of Experimental Social Psychology* 44, no. 6 (2008): pp. 1545~1550.

22 Nina Hattiangadi, Victoria Husted Medvec, and Thomas Gilovich, "Failing to Act: Regrets of Terman's Geniuses," *International Journal of Aging and Human Development* 40, no. 3 (1995): pp. 175~185. 이 연구는 후회 관련 문헌에서 사람들은 대개 자신이 한 것보다 하지 않은 것을 후회한다는 점을 밝혀냈다. 우리가 감수하지 않은 위험을 후회하는 방식에 관해 유쾌하게 개괄한 글은 Daniel Gilbert, *Stumbling on Happiness* (New York: Vintage Books, 2006) 참조.

23 Herminia Ibarra and Otilia Obodaru, "Women and the Vision Thing," *Harvard Business Review* 87, no. 1 (2009): p. 65.

24 *Women Leaders: Research Paper* (Princeton, NJ: Caliper Corporation, December 2014), https://www.calipercorp.com/home-3/banner-women-leaders-white-paper.

25 Raymond S. Nickerson, "Confirmation Bias: A Ubiquitous Phenomenon in Many Guises," *Review of General Psychology* 2, no. 2 (June 1998): pp. 175~220.

26 Julie A. Nelson, "The Power of Stereotyping and Confirmation Bias to Overwhelm Accurate Assessment: The Case for Economics, Gender, and Risk Aversion," *Journal of Economic Methodology* 21, no. 3 (2014): pp. 211~231. Julie A. Nelson, "Not-So-Strong Evidence for Gender Differences in Risk-Taking," *Feminist Economics* (July 2015) 참조.

27 줄리 넬슨Julie Nelson, 2014년 9월 18일에 필자와 개인적인 대화.

28 Nancy M. Carter and Christine Silva, "The Myth of the Ideal Worker: Does Doing All the Right Things Really Get Women Ahead?," Catalyst, 2011, http://www.catalyst.org/knowledge/myth-ideal-worker-does-doing-all-right-things-really-get-women-ahead.

29 Joan C. Williams and Rachel Dempsey, *What Works for Women at Work* (New York: New York University Press, 2014).

30 여성 CEO가 어떻게 남성 CEO보다 나이와 교육, 경력이 많은지에 관한 자료는 Jeremy Donovan, *Women Fortune 500 CEOs: Held to Higher Standards* (New York: American Management Association, 2015) 참조. 여성은 직장에 오랜 기간 있어야 CEO가 될 수 있다는 자료는 Sarah Dillard and Valerie Lipschitz, "Research: How Female CEOs Actually Get to the Top," *Harvard Business Review*, November 6, 2014 참조.

31 Kimberly A. Daubman and Harold Sigall, "Gender Differences in Perceptions of How Others Are Affected by Self-Disclosure of Achievement," *Sex Roles* 37, nos. 1~2 (1997): pp. 73~89.

32 Laurie A. Rudman, "Self-Promotion As a Risk Factor for Women: The Costs and Benefits of Counterstereotypical Impression Management," *Journal of Personality and Social Psychology* 74, no. 3 (1998): pp. 629~645. Laurie A. Rudman and Peter Glick, "Feminized Management and Backlash Toward Agentic Women: The Hidden Costs to Women of a Kinder, Gentler Image of Middle Managers," *Journal of Personality and Social Psychology* 77, no. 5 (1999): pp. 1004~1010 참조.

33 James P. Byrnes, David C. Miller, and William D. Schafer, "Gender Differences in Risk Taking: A Meta-Analysis," *Psychological Bulletin* 125, no. 3 (1999): p. 367. 구글 학술 검색에 따르면 이 기사는 2016년 1월 현재 1,688개 출처가 나오는데, 이는 내 생각에 젠더와 위험 감수에 관한 논문 중 지금까지 가장 많이 언급된 것이다.

34 이 논문 가운데 60퍼센트가 남성이 더 많은 위험을 감수하는 것을 보여준다는 간단하지만 훌륭한 관찰을 한 연구자는 줄리 넬슨이다. 넬슨은 2014년 논문 "Are Women Really More Risk-Averse Than Men? A Re-Analysis of the Literature Using Expanded Methods," *Journal of Economic Surveys* 29, no. 3 (May 2014): pp. 566~585에서 그렇게 말했다.

35 Christine R. Harris, Michael Jenkins, and Dale Glaser, "Gender Differences in Risk Assessment: Why Do Women Take Fewer Risks Than Men?," *Judgment and Decision Making* 1, no. 1 (2006): pp. 48~63.

36 Elke U. Weber, Ann-Renee Blais, and Nancy E. Betz, "A Domain-Specific Risk-Attitude Scale: Measuring Risk Perceptions and Risk Behaviors," *Journal of Behavioral Decision Making* 15, no. 4 (2002): pp. 263~290. 내가 열거한 항목은 이 논문의 부록에서 가져온 것이다.

37 직업을 바꾸는 여성들에 관한 연구는 Finger and Weber, "Who Takes Risks When and Why?" 참조. 자기 노출에 관한 연구는 Kathryn Dindia and Mike Allen, "Sex Differences in Self-Disclosure: A Meta-Analysis," *Psychological Bulletin* 112, no. 1 (1992): p. 106 참조. A. J. Rose and K. D. Rudolph, "A Review of Sex Differences in Peer Relationship Processes: Potential Trade-Offs for the Emotional and Behavioral Development of Girls and Boys," *Psychological Bulletin* 132 (2006): pp. 89~131 참조.

38 Christopher F. Karpowitz and Tali Mendelberg, *The Silent Sex: Gender, Deliberation, and Institutions* (Princeton, NJ: Princeton University Press, 2014), p. 143.

39 2013년 미국의 한 부모 중 77퍼센트는 여성이었다. U. S. Census Bureau, table f1: Family Households, by Type, Age of Own Children, Age of Family Members, and Age, Race, and Hispanic Origin of Householder, www.census.gov/hhes/families/data/cps2013F.html. 한 부모가 결혼한 부모보다 교육 수준이 낮다는 것을 보여주

는 데이터는 퓨리서치센터Pew Research Center 웹 사이트에서 찾을 수 있다. Gretchen Livingston, "The Links Between Education, Marriage and Parenting," Pew Research Center, November 27, 2013, www.pewresearch.org/fact-tank/2013/11/27/the-links-between-education-marriage-and-parenting 참조.

40 선진국의 한 부모 가구에 관한 흥미로운 기사는 Catherine Rampell, "Single Parents, Around the World," *New York Times*, March 10, 2010 참조. 한 부모 가정에 대한 자료에 관심이 있다면 OECD Family Database, www.oecd.org/social/family/41919559.pdf에서 볼 수 있다.

41 젠더에 따른 알코올, 담배, 약물 사용의 차이는 Louisa Degenhardt et al., "Toward a Global View of Alcohol, Tobacco, Cannabis, and Cocaine Use: Findings from the WHO World Mental Health Surveys," *PLoS Medicine* 5, no. 7 (2008): e141 참조. 젠더에 따른 익사와 기타 사고의 차이는 I. Waldron, C. McCloskey, and I. Earle, "Trends in Gender Differences in Accident Mortality: Relationships to Changing Gender Roles and Other Societal Trends," *Demographic Research* 13 (2005): pp. 415~454 참조. 젠더에 따른 난폭 운전의 차이는 G. Beattie, "Sex Differences in Driving and Insurance Risk: Understanding the Neurobiological and Evolutionary Foundations of the Differences," Social Issues Research Centre (Manchester, UK: University of Manchester, 2008) 참조. 젠더에 따른 극한 스포츠의 차이는 Victoria Robinson, *Everyday Masculinities and Extreme Sport: Male Identity and Rock Climbing* (London: Bloomsbury Academic, 2008); Harris, Jenkins, and Glaser, "Gender Differences in Risk Assessment" 참조.

42 Finger and Weber, "Who Takes Risks When and Why?"

43 Gary Charness and Uri Gneezy, "Strong Evidence for Gender Differences in Risk Taking," *Journal of Economic Behavior and Organization* 83, no. 1 (2012): pp. 50~58. 여성은 위험을 회피하는 반면, 남성은 위험을 감수한다고 결론지은 것으로 흔히 언급되는 문헌을 조사한 또 다른 연구를 보려면 Rachel Croson and Uri Gneezy, "Gender Differences in Preferences," *Journal of Economic Literature* (2009): pp. 448~474 참조.

44 Nelson, "Are Women Really More Risk-Averse Than Men?"

45 줄리 넬슨은 친절하게도 2014년 9월 18일 전화로 이 통계를 자세히 설명해주었고, 9월 21일에는 이메일을 보내주었다.

46 남성이 도박에 2.2배 더 많은 돈을 건다는 이 연구 결과는 Alice Wieland와 Rakesh Sarin의 출간되지 않은 저작 "Gender Differences in Risk Aversion: A Theory of When and Why," 2012에 보고된 것이다. 이 작업을 여러 가지로 바꾼 형태를 경제

와 통계 연구에서 흔히 볼 수 있다. Norman Lloyd Johnson and Samuel Kotz, *Urn Models and Their Application : An Approach to Modern Discrete Probability Theory* (New York: Wiley, 1977), p. 402 참조. 최근 연구는 Lex Borghans et al., "Gender Differences in Risk Aversion and Ambiguity Aversion," *Journal of the European Economic Association* 7, nos. 2~3 (2009): pp. 649~658 참조.

47　Johnnie E. V. Johnson and Philip L. Powell, "Decision Making, Risk and Gender: Are Managers Different?," *British Journal of Management* 5, no. 2 (1994): pp. 123~138.

48　Peggy D. Dwyer, James H. Gilkeson, and John A. List, "Gender Differences in Revealed Risk Taking: Evidence from Mutual Fund Investors," *Economics Letters* 76, no. 2 (2002): pp. 151~158.

49　Anna Dreber et al., "Dopamine and Risk Choices in Different Domains: Findings Among Serious Tournament Bridge Players," *Journal of Risk and Uncertainty* 43, no. 1 (2011): pp. 19~38.

50　Carol Tavris and Elliot Aronson, *Mistakes Were Made (but Not by Me)*, rev. ed. (Boston: Houghton Mifflin Harcourt, 2015).

51　Allison E. Seitchik, Jeremy Jamieson, and Stephen G. Harkins, "Reading Between the Lines: Subtle Stereotype Threat Cues Can Motivate Performance," *Social Influence* 9, no. 1 (2014): pp. 52~68.

52　Priyanka B. Carr and Claude M. Steele, "Stereotype Threat Affects Financial Decision Making," *Psychological Science* 21, no. 10 (2010): pp. 1411~1416. 내가 보고하는 결과는 실험 2의 결과다. 카와 스틸은 사람들이 가능성이 낮은 위험 선택지를 고른 횟수로 모든 결과를 논의한다. 수학 그룹에서 남성은 14회 중 약 3.8회(27퍼센트) 가능성이 낮은 위험, 즉 비교적 확실한 모험을 선택했고, 여성은 14회 중 약 8.5회(61퍼센트) 가능성이 낮은 위험, 즉 비교적 확실한 모험을 선택했다. 수학 문제를 푸는 조건에서 이 차이는 통계적으로 유의미했다. 퍼즐 풀기 그룹에서 남성은 가능성이 낮은 위험 선택지를 14회 중 약 6.5회(46퍼센트) 선택했고, 여성은 14회 중 약 6회(43퍼센트) 선택했다. 이 차이는 통계적으로 유의미하지 않았다.

53　젠더를 고려하는 대다수 의사 결정 테스트는 이렇게 시작한다. 연구자들이 성별에 따른 차이에 관심이 없다면 "당신의 성을 말해주세요" 부분을 생략할 것이다.

54　Jonathan R. Weaver, Joseph A. Vandello, and Jennifer K. Bosson, "Intrepid, Imprudent, or Impetuous? The Effects of Gender Threats on Men's Financial Decisions," *Psychology of Men and Masculinity* 14, no. 2 (2013): p. 184.

55　조너선 위버Jonathan Weaver, 2015년 6월 12일에 필자와 개인적 대화.

56 남성들이 모두 이성애자라도 위버와 동료들이 검사한 남성 그룹이 다른 면에서는 비교적 다양하게 구성되었음을 언급할 필요가 있을 것 같다. 18~40세 다양한 인종과 민족으로 구성되었다(백인 39.5퍼센트, 흑인 28.9퍼센트, 히스패닉·라틴계 15.8퍼센트, 혼혈인 7.9퍼센트, 중동·아랍계 2.6퍼센트, 아시아계 2.6퍼센트, 기타 2.6퍼센트).

57 조너선 위버, 2015년 6월 11일에 필자와 개인적 대화. 그러나 사회과학자들은 20여 년 동안 남자다움과 남성성이 어떻게 계속해서 긍정되어야 하는지, 남성이 '진짜 남자'가 아닌 게 드러날까 봐 지속적인 위협을 느낀다고 말해왔다. John Stoltenberg, *The End of Manhood : A Book for Men of Conscience* (New York: Penguin, 1994); Michael Kimmel, "Masculinity as Homophobia: Fear, Shame, and Silence in the Construction of Gender Identity," *Theorizing Masculinities*, eds. Harry Broad and Michael Kaufman (Thousand Oaks, CA: Sage, 1994), pp. 119~141 참조.

58 Joseph A. Vandello et al., "Precarious Manhood," *Journal of Personality and Social Psychology* 95, no. 6 (2008): pp. 1325~1339.

59 조엘 에머슨Joelle Emerson, 2015년 2월 10일에 필자와 개인적 대화.

60 키에런 스나이더, 2015년 3월 24일 필자에게 보낸 이메일.

61 Kaplan, *The Silicon Boys.*

62 이 결과는 다음 세 연구에서 가져온 것이다. James Flynn, Paul Slovic, and Chris K. Martz, "Gender, Race, and Perception of Environmental Health Risks," *Risk Analysis* 14, no. 6. (1994): pp. 1101~1108; Melissa L. Finucane et al., "Gender, Race, and Perceived Risk: The 'White Male' Effect," *Health, Risk, and Society* 2, no. 2 (2000): pp. 159~172; Dan M. Kahan et al., "Culture and Identity-Protective Cognition: Explaining the White-Male Effect in Risk Perception," *Journal of Empirical Legal Studies* 4, no. 3 (2007): pp. 465~505.

63 Flynn, Slovic, and Martz, "Gender, Race, and Perception."

64 Finucane et al., "Gender, Race, and Perceived Risk." 여성들 사이의 인종 혹은 민족에 따른 차이가 궁금할지 모르겠다. 1997년과 1998년 전화 설문 조사에서 피누케인Finucane과 동료들은 미국의 히스패닉계 여성이 다른 인구 집단보다 세상을 위험한 곳으로 본다는 것을 알아냈다. p. 133 그래프 맨 왼쪽은 백인 남성의 위험 평가를, 맨 오른쪽은 히스패닉계 여성의 위험 평가를 나타낸다. 백인 남성은 수혈과 권총, 원자력발전소 등이 거의 위험하지 않거나 전혀 위험하지 않다고 본 반면, 히스패닉계 여성은 수혈과 권총, 원자력발전소 등이 어지간히 위험하거나 몹시 위험하다고 본다. 그러나 히스패닉계·아시아계·아프리카계 미국인 여성을 '비백인' 여성이라는 그룹으로 합쳤을 때 이들의 위험 인식은 백인 여성이나 비백인 남성 그룹과도 한데 모인다. 백인 남성은 세상을 다른 모든 사람들보다 안전한 곳으로 본다

는 점에서 두드러진다.

65 예일대학교 로스쿨의 댄 카핸Dan Kahan과 동료들은 백인 남성 효과의 근원에 대해 심도 있는 분석을 제공한다. 이들은 위험 감지를 세계관으로 간주한다. 당신이 소수의 선택받은 개인이 출세하는 위계적인 사회라고 믿는다면, 즉 정상의 선택된 자리를 얻으려면 혼자 노력해야 한다고 믿는다면, 위험에 의심을 품도록 높은 동기부여를 받을 것이다. 그럴 필요가 있다. 세상을 당신의 세계로, 열심히 노력하면 당신이 통제할 수 있는 것이 가득한 곳으로 볼 필요가 있다. Kahan et al., "Culture and Identity-Protective Cognition" 참조.

66 Flynn, Slovic, and Mertz, "Gender, Race, and Perception," p. 1107. 이 인용문에 관심을 쏟게 해준 점에 대해 매사추세츠대학교 보스턴캠퍼스의 줄리 넬슨에게 감사 드린다.

67 그렇다, 이것들은 데이팅 웹 사이트의 실제 질문이다. 2015년 3월 현재 매치닷컴Match.com은 사용자에게 수입에 대해 묻고, 이하모니eHarmony는 사용자에게 '나는 일을 잘 처리할 수 있다'는 문장이 자신을 얼마나 잘 묘사하는지 평가하라고 요구하고, 오케이큐피드OkCupid는 굶주린 동물이나 아이에 대해 질문한다. 이 질문을 건너뛸 수도 있지만 포함되었다.

68 Aaron Smith and Maeve Duggan, "Online Dating and Relationships," Pew Research Center (October 21, 2013), pewinternet. org/Reports/2013/Online-Dating. aspx p. 5에서 인용.

69 사이렌에서 성희롱 피해가 없는 것에 관한 데이터는 2015년 7월 30일 CEO이자 설립자 수지 J. 리Susie J. Lee가 필자에게 보낸 이메일에 근거한다.

70 수지와 이야기를 나눌 때 사이렌은 시애틀에 한정되었다. 그들은 사이렌을 전국으로 확장할 계획이었으나, 미국의 다른 지역에는 와일드파이어Wyldfire나 범블Bumble처럼 여성에게 더 많은 통제력을 부여하는 앱이 있다. 데이팅 웹 사이트와 애플리케이션에 가입한 여성과 남성의 비율은 상이하다. 2012년 케미스트리닷컴Chemistry.com 사용자 중 71.8퍼센트, 이하모니 가입자 중 68.6퍼센트가 여성이었다. 매치닷컴 같은 일부 웹 사이트는 여성 사용자가 55퍼센트이므로 젠더가 더 균형 잡혔다. Online Dating Demographics, WebPersonalsOnline.com, 2012, accessed August 24, 2015, www.webpersonalsonline. com/demographics_online_dating. html 참조.

71 Susan R. Fisk, "Risky Spaces, Gendered Places: How Intersecting Beliefs About Gender and Risk Reinforce and Recreate Gender Inequality" (박사 학위 논문, 스탠퍼드대학교, 2015). 젠더 문헌을 잘 아는 독자들은 내가 수전의 성을 잘못 표기한 게 아닌지 의아할 수도 있다. 고정관념과 차별이 사회적 상호작용에 기초할 때 줄어들거나 융성할 수 있다는 것을 연구한 프린스턴대학교의 저명한 수전 피스크Susan Fiske

교수를 아는 사람이 더 많을 것이다. 하지만 아직 경력 초기인 켄트주립대학교의 수전 피스크Susan Fisk(철자 e 없음)도 있다. 피스크 역시 젠더와 고정관념을 연구해서 혼동하기 쉬우나, 피스크는 특히 사회적 압력이 남성과 여성의 위험 경험에 미치는 영향을 연구한다. 두 연구자 모두 중요한 작업을 하고 있으나, 내가 여기 설명한 것은 젊은 수전의 연구다.

72 수전 피스크, 2015년 8월 2일에 필자와 개인적 대화.

73 Suzy Welch, *10-10-10 : 10 Minutes, 10 Months, 10 Years* (New York: Scribner, 2009).

74 사전 검토에 대한 설명은 Daniel Kahneman, *Thinking, Fast and Slow* (New York: Farrar, Straus and Giroux, 2011), p. 264.

75 최초의 연구 논문은 Deborah J. Mitchell, J. Edward Russo, and Nancy Pennington, "Back to the Future: Temporal Perspective in the Explanation of Events," *Journal of Behavioral Decision Making* 2, no. 1 (1989): pp. 25~38 참조. 대통령 시나리오는 J. Edward Russo and Paul J. H. Schoemaker, *Winning Decisions: Getting It Right the First Time* (New York: Crown Business, 2002), pp. 111~112에 제시된 시나리오를 변형한 것이다.

76 Jeremy A. Yip and Stéphane Côté, "The Emotionally Intelligent Decision-Maker: Emotion-Understanding Ability Reduces the Effect of Incidental Anxiety on Risk-Taking," *Psychological Science* 24, no. 1 (2013): pp. 48~55.

77 Chip Heath와 Dan Heath는 *Decisive: How to Make Better Choices in Life and Work* (New York: Crown Business, 2013)에서 가장 즐거운 방법으로 인계철선에 대해 논의했다.

4장 여성의 자신감

1 Jodi Kantor, "Harvard Business School Case Study: Gender Equity," *New York Times*, September 7, 2013, www.nytimes.com/2013/09/08/education/harvard-case-study-gender-equity.html?pagewanted=alland_r=0.

2 2010년 MBA 프로그램에서 여성은 40퍼센트였으나, 베이커 장학생은 20퍼센트가 여성일 뿐이었다. Laura Ratcliff, "Next Generation of Female Leaders Needs Strong Mentors," *Glass Hammer*, www.theglasshammer.com/news/2011/05/25/next-generation-of-female-leaders-need-strong-mentors.

3 Nanette Fondas, "First Step to Fixing Gender Bias in Business School: Admit the Problem," *Atlantic*, September 17, 2013, www.theatlantic.com/education/

archive/2013/09/first-step-to-fixing-gender-bias-in-business-school-admit-the-problem/279740.

4 2014년 샌프란시스코에서 딘 노리아Dean Nohria가 하버드경영대학원 졸업생들에게 여성들이 "학교 때문에 경시되고 배제되고 사랑받지 못한다고 느꼈을 것이며… 학교는 여러분을 더 잘 대우해야 했습니다. 앞으로 더 나아질 것이라고 약속합니다"라고 말했다. John Byrne, "Harvard B-School Dean Offers Unusual Apology," Fortune. com, January 29, 2014, fortune.com/2014/01/29/harvard-b-school-dean-offers-unusual-apology 참조.

5 수업 참여 프로그램이 제공되는 동안 하버드경영대학원에 다닌 세 여성을 인터뷰했다. 이들은 두 졸업반을 대변했고, 비밀을 지키기 위해 실명을 사용하지 않았다.

6 Kantor, "Harvard Business School Case Study." *Annual 2013: A Year in Review* (Cambridge, MA: Harvard Business School, 2013), p. 11 참조.

7 J. Edward Russo and Paul J. H. Schoemaker, "Managing Overconfidence," *Sloan Management Review* 33, no. 2 (1992): pp. 7~17.

8 Pascal Mamassian, "Overconfidence in an Objective Anticipatory Motor Task," *Psychological Science* 19, no. 6 (2008): pp. 601~606. 자기 과신에 대한 최초의 연구상 정의는 S. Oskamp, "Overconfidence in Case-Study Judgments," *Journal of Consulting Psychology* 29 (1965): pp. 261~265.

9 Jonathan D. Brown, "Understanding the Better Than Average Effect: Motives (Still) Matter," *Personality and Social Psychology Bulletin* 38, no. 2 (2012): pp. 209~219.

10 대다수 사람들은 물 없이 1분 안에 짭짤한 크래커나 살짝 구운 비스킷을 두 개 먹을 수 있다. 작아도 만만찮은 크래커는 일반적으로 입안의 침을 모조리 흡수하기에 충분하므로, 사람들은 대부분 두 개를 넘어서면 힘들어하기 시작한다. 사람들은 흔히 1분 안에 크래커 5~6개를 먹어보겠다고 도전하지만—여하튼 크래커에 불과하다 생각하고—그 도전이 보기보다 어렵다는 것을 알고 놀란다. Philippa Wingate and David Woodroffe, *The Family Book: Amazing Things to Do Together* (New York: Scholastic, 2008), p. 160. 사람들이 자전거와 같이 친숙한 물건에 대해 얼마나 많이 아는가에 관한 연구는 Rebecca Lawson, "The Science of Cycology: Failures to Understand How Everyday Objects Work," *Memory and Cognition* 34, no. 8 (2006): pp. 1667~1675.

11 Mark D. Alicke and Olesya Govorun, "The Better-Than-Average Effect," *The Self in Social Judgment*, eds. M. D. Alicke, D. A. Dunning, and J. I. Krueger (New York: Psychology Press, 2005).

12 Mary A. Lundeberg, Paul W. Fox, and Judith Punćcohaŕ, "Highly Confident but

Wrong: Gender Differences and Similarities in Confidence Judgments," *Journal of Educational Psychology* 86, no. 1 (1994): pp. 114~121.

13 자기 과신의 젠더 차이는 수많은 영역에서 입증되었다. 흔히 언급되는 고전적 연구 중 하나는 남성이 여성보다 주식거래를 45퍼센트 많이 한다는 것을 보여준다. B. M. Barber and T. Odean, "Boys Will Be Boys: Gender, Overconfidence, and Common Stock Investment," *Quarterly Journal of Economics* 116, no. 1 (2001): pp. 261~292 참조. 심리학 과목의 시험 항목에 나타나는 자기 과신의 젠더 차이에 관한 연구는 Lundeberg, Fox, and Punćcohaŕ, "Highly Confident but Wrong," p. 114 참조. 이 연구에서 남성과 여성 모두 지나치게 자신만만했으나, 특히 남성은 틀린 답을 한 항목에도 자만했다.

14 평균 지능은 IQ 90~110을 의미한다. 평균 이상은 110이 넘고, 평균 이하는 90이 안 된다.

15 Christopher Chabris and Daniel Simons, *The Invisible Gorilla* (New York: Crown, 2010). Sophie Von Stumm, Tomas Chamorro-Premuzic, and Adrian Furnham, "Decomposing Self-Estimates of Intelligence: Structure and Sex Differences Across 12 Nations," *British Journal of Psychology* 100, no. 2 (2009): pp. 429~442 참조.

16 남성과 여성이 자신의 지능을 어떻게 평가하는지에 관한 문헌의 광범위한 비교 문화적 검토는 Adrian Furnham, "Self-Estimates of Intelligence: Culture and Gender Difference in Self and Other Estimates of Both General (g) and Multiple Intelligences," *Personality and Individual Differences* 31 (2001): pp. 1381~1405 참조. 12개 국가 최근의 분석은 Von Stumm, Chamorro-Premuzic, and Furnham, "Decomposing Self-Estimates of Intelligence" 참조. 남성과 여성이 자신의 지능을 구성하는 특정 요소에 대한 질문을 받을 때 여성은 자신의 감성지수EQ에 더 높은 점수를 예측하는 경향이 있는 반면, 남성은 공간·언어능력 검사로 측정되는 자신의 지능지수IQ에 더 높은 점수를 주는 경향이 있다. IQ와 EQ의 비교에 대해서는 K. V. Petrides, Adrian Furnham, and G. Neil Matin, "Estimates of Emotional and Psychometric Intelligence: Evidence for Gender-Based Stereotypes," *Journal of Social Psychology* 144, no. 2 (2004): pp. 149~162 참조.

17 Kevin V. Petrides and Adrian Furnham, "Gender Differences in Measured and Self-Estimated Trait Emotional Intelligence," *Sex Roles* 42, nos. 5~6 (2000): pp. 449~461.

18 Sylvia Beyer and Edwin M. Bowden, "Gender Differences in Self-Perceptions: Convergent Evidence from Three Measures of Accuracy and Bias," *Personality and Social Psychology Bulletin* 23, no. 2 (1997): pp. 157~172.

19 금융에 대한 지식이 해박한 여성이 자기 능력을 과소평가한다는 것을 보여주는 연구는 Matthias Gysler and Jamie Brown Kruse, *Ambiguity and Gender Differences in Financial Decision Making: An Experimental Examination of Competence and Confidence Effects* (Swiss Federal Institute of Technology, Center for Economic Research, 2002) 참조.

20 Marc A. Brackett et al., "Relating Emotional Abilities to Social Functioning: A Comparison of Self-Report and Performance Measures of Emotional Intelligence," *Journal of Personality and Social Psychology* 91, no. 4 (2006): pp. 780~795.

21 확률 게임에 대한 연구 결과는 Anthony Patt, "Understanding Uncertainty: Forecasting Seasonal Climate Change for Farmers in Zimbabwe," *Risk Decision and Policy* 6, no. 2 (2001): pp. 105~119 참조. 주식거래에 관한 연구 결과는 Barber and Odean, "Boys Will Be Boys" 참조. 야간 운전에 대한 자기 과신 연구는 John A. Brabyn et al., "Night Driving Self-Restriction: Vision Function and Gender Differences," *Optometry and Vision Science* 82, no. 8 (2005): pp. 755~764 참조.

22 Albert E. Mannes and Don A. Moore, "A Behavioral Demonstration of Overconfidence in Judgment," *Psychological Science* 24, no. 7 (2013): pp. 1190~1197. 피츠버그는 여름에 덥고 습하며, 겨울에 눈이 많이 오고 날씨가 궂어서 기온에 변화가 많다.

23 직장에서 젠더 고정관념에 관해 전반적으로 검토하려면 Madeline E. Heilman, "Gender Stereotypes and Workplace Bias," *Research in Organizational Behavior* 32 (2012): pp. 113~135 참조.

24 Samantha C. Paustian-Underdahl, Lisa S. Walker, and David J. Woehr, "Gender and Perceptions of Leadership Effectiveness: A Meta-Analysis of Contextual Moderators," *Journal of Applied Psychology* 99, no. 6 (November 2014): pp. 1129~1145.

25 Anne M. Koenig et al., "Are Leader Stereotypes Masculine? A Meta-Analysis of Three Research Paradigms," *Psychological Bulletin* 137, no. 4 (2011): pp. 616~642.

26 Linda Babcock and Sara Laschever, *Women Don't Ask: The High Cost of Avoiding Negotiation — and Positive Strategies for Change* (New York: Bantam Books, 2007).

27 Georges Desvaux, Sandrine Devillard-Hoellinger, and Mary C. Meaney, "A Business Case for Women," *McKinsey Quarterly* (September 2008), www.talentnaardetop.nl/uploaded_files/document/2008_A_business_case_for_women.pdf.

28 Michael Roberto, "Lessons from Everest: The Interaction of Cognitive Bias,

Psychological Safety, and System Complexity," *California Management Review* 45, no. 1 (2002): pp. 136~158; p. 142에서 인용. 흥미롭게도 1996년 치명적인 등반의 두 대장 모두 남성이었다. 그리고 나서도 등반 탐험은 일반적으로 남성이 추구하고 주도한다.

29 "The Day the Sky Fell on Everest," *New Scientist* 2449 (May 29, 2004): p. 15, www. newscientist. com/article/mg18224492.200-the-day-the-sky-fell-on-everest. html.

30 Peter Goodspeed, "Nuclear Hubris Played a Role in Japanese Disaster," *National Post*, March 14, 2011, news. nationalpost. com/full-comment/peter-goodspeed-nuclear-hubris-played-a-role-in-japanese-disaster; Peter Elkind, David Whitford, and Doris Burke, "BP: 'An Accident Waiting to Happen," *Fortune*, January 24, 2011, fortune. com/2011/01/24/bp-an-accident-waiting-to-happen.

31 Michael Corkery, "Meet a Citigroup Whistleblower: Richard M. Bowen Ⅲ," *Deal Journal*, April 7, 2010, http://blogs.wsj. com/deals/2010/04/07/meet-a-citigroup-whistleblower-richard-m-bowen-iii.

32 "Prosecuting Wall Street," *60 Minutes*, CBS. 보웬을 침묵시키기 위한 시도에 관해서는 William D. Cohan, "Was This Whistle-Blower Muzzled?", *New York Times*, September 21, 2013 참조.

33 CEO가 지불한 할증료에 관한 연구는 Mathew L. A. Hayward and Donald C. Hambrick, "Explaining the Premiums Paid for Large Acquisitions: Evidence of CEO Hubris," *Administrative Science Quarterly* 42 (1997): pp. 103~127 참조. Chip and Dan Heath는 *Decisive: How to Make Better Choices in Life and Work* (New York: Crown Business, 2013)에서 설득력 있게 설명했다.

34 Michael G. Aamodt and Heather Custer, "Who Can Best Catch a Liar? A Meta-Analysis of Individual Differences in Detecting Deception," *Forensic Examiner* 15, no. 1 (2006): pp. 6~11.

35 B. L. Cutler and S. D. Penrod, "Forensically Relevant Moderators of the Relation Between Eyewitness Identification Accuracy and Confidence," *Journal of Applied Psychology* 74, no. 4 (1989): p. 650. 과신과 목격자 증언의 관계에 관한 연구는 Chabris and Simons, *The Invisible Gorilla* 참조. 3장에 자기 과신의 환상에 대한 기억할 만한 고찰이 수록되었다.

36 Philip E. Tetlock, *Expert Political Judgment: How Good Is It? How Can We Know?* (Princeton, NJ: Princeton University Press, 2005), p. 233.

37 Daniel Kahneman, *Thinking, Fast and Slow* (New York: Farrar, Straus and Giroux, 2011),

p. 87.

38　Helen Lerner, *The Confidence Myth* (Oakland, CA: Berrett-Koehler, 2015). 부록 B에 보고된 자료. 설문 응답자 535명 가운데 95.1퍼센트가 자신이 여성임을 밝혔다. 즉 509명이 여성이었다.

39　Mariëlle Stel et al., "Lowering the Pitch of Your Voice Makes You Feel More Powerful and Think More Abstractly," *Social Psychological and Personality Science* 3, no. 4 (2012): pp. 497~502.

40　음조가 낮은 CEO가 돈을 더 많이 벌고, 더 큰 회사를 관리한다. William J. Mayew, Christopher A. Parsons, and Mohan Venkatachalam, "Voice Pitch and the Labor Market Success of Male Chief Executive Officers," *Evolution and Human Behavior* 34, no. 4 (2013): pp. 243~248 참조. 음조가 낮은 남성이 어떻게 더 영향력 있고 유능하고 지배력 있게 보이는지에 관한 연구는 D. R. Carney, J. A. Hall, and L. Smith LeBeau, "Beliefs About the Nonverbal Expression of Social Power," *Journal of Nonverbal Behavior* 29 (2005): pp. 106~123, S. E. Wolff and D. A. Puts, "Vocal Masculinity Is a Robust Dominance Signal in Men," *Behavioral Ecology and Sociobiology* 64 (2010): pp. 1673~1683 참조.

41　음조가 높은 여성이 육체적으로 더 매력적일 거라는 기대를 받는다는 연구는 D. R. Feinberg et al., "The Role of Femininity and Averageness of Voice Pitch in Aesthetic Judgments of Women's Voices," *Perception* 37 (2008): pp. 615~623 참조. 음조가 낮은 여성이 더 훌륭한 리더로 간주된다는 것을 보여주는 연구 논문은 Casey A. Klofstad, Rindy C. Anderson, and Susan Peters, "Sounds Like a Winner: Voice Pitch Influences Perception of Leadership Capacity in Both Men and Women," *Proceedings of the Royal Society B : Biological Science* 279, no. 1738 (2012): pp. 2698~2704 참조.

42　Polly Dunbar, "How Laurence Olivier Gave Margaret Thatcher the Voice That Went Down in History," *Daily Mail*, October 29, 2011, www.dailymail.co.uk/news/article-2055214/How-Laurence-Olivier-gave-Margaret-Thatcher-voice-went-history.html.

43　Dana R. Carney, Amy J. Cuddy, and Andy J. Yap, "Power Posing: Brief Nonverbal Displays Affect Neuroendocrine Levels and Risk Tolerance," *Psychological Science* 21, no. 10 (2010): pp. 1363~1368.

44　John Brecher, "How to Close the Gender Gap at Work? Strike a Pose," NBC News, January 15, 2014, usnews.nbcnews.com/_news/2014/01/15/22305728-how-to-close-the-gender-gap-at-work-strike-a-pose.

45 Deborah J. Mitchell, J. Edward Russo, and Nancy Pennington, "Back to the Future: Temporal Perspective in the Explanation of Events," *Journal of Behavioral Decision Making* 2, no. 1 (1989): pp. 25~38.

46 Beth Veinott, Gary A. Klein, and Sterling Wiggins, "Evaluating the Effectiveness of the Premortem Technique on Plan Confidence," *Proceedings of the 7th International ISCRAM Conference*, Seattle, WA, May 2010.

47 Kimberly A. Daubman, Laurie Heatherington, and Alicia Ahn, "Gender and the Self-Presentation of Academic Achievement," *Sex Roles* 27, nos. 3/4 (1992): pp. 187~204.

48 Laurie Heatherington et al., "Two Investigations of 'Female Modesty' in Achievement Situations," *Sex Roles* 29, nos. 11/12 (1993).

49 자기 홍보의 정의는 Alice H. Eagly and Steven J. Karau, "Role Congruity Theory of Prejudice Toward Female Leaders," *Psychological Review* 109, no. 3 (2002): pp. 573~598; p. 584에서 인용.

50 자기 홍보의 성별 차이에 관한 연구를 개괄하려면 위의 출처 참조.

51 Laurie A. Rudman, "Self-Promotion As a Risk Factor for Women: The Costs and Benefits of Counterstereotypical Impression Management," *Journal of Personality and Social Psychology* 74, no. 3 (1998): pp. 629~645. 여성이 자신감을 내보인다는 이유로 불이익을 당하는 방식에 대한 최근의 연구는 Laurie A. Rudman and Julie E. Phelan, "Backlash Effects for Disconfirming Gender Stereotypes in Organizations," *Research in Organizational Behavior* 28 (2008): pp. 61~79 참조.

52 Laurie A. Rudman et al., "Status Incongruity and Backlash Effects: Defending the Gender Hierarchy Motivates Prejudice Against Female Leaders," *Journal of Experimental Social Psychology* 48, no. 1 (2012): pp. 165~179.

53 Sheryl Sandberg는 *Lean In: Women, Work, and the Will to Lead* (New York: Knopf, 2013)에 자신의 성공과 그 성공에 대한 다양한 감정을 이야기한다. 《포브스》가 선정하는 세계에서 가장 영향력 있는 여성 100인에 포함되었을 때 샌드버그의 반응은 p. 37~38에서 볼 수 있다. 샌드버그만 그런 것은 아니다. 연구에 따르면 여성은 자신을 홍보하면 역효과와 보복이 있을까 걱정되기 때문에 자기 홍보를 꺼린다. Corinne A. Moss-Racusin and Laurie A. Rudman, "Disruptions in Women's Self-Promotion: The Backlash Avoidance Model," *Psychology of Women Quarterly* 34, no. 2 (2010): pp. 186~202.

54 Jennifer Lawrence, "Why Do I Make Less Than My Male Co-Stars?," *Lenny* (October 13, 2015).

55 Andreas Leibbrandt and John A. List, "Do Women Avoid Salary Negotiations? Evidence from a Large-Scale Natural Field Experiment," *Management Science* 61, no. 9 (2014): pp. 2016~2024.

56 Sophie McGovern, "Glove Stretchers and Petticoats: Packing Advice from a Victorian Lady Traveller," GlobetrotterGirls.com, June 11, 2012, accessed June 24, 2015, globetrottergirls.com/2012/06/book-review-hints-for-lady-travellers.

57 Linda L. Carli, Suzanne J. LaFleur, and Christopher C. Loeber, "Nonverbal Behavior, Gender, and Influence," *Journal of Personality and Social Psychology* 68, no. 6 (1995): pp. 1030~1041.

58 Hannah R. Bowles and Linda Babcock, "How Can Women Escape the Compensation Negotiation Dilemma? Relational Accounts Are One Answer," *Psychology of Women Quarterly* 37, no. 1 (2013): pp. 80~96; 인용문은 p. 84에서 발췌.

59 같은 책, 실험 2.

60 무의식적 성별 편견에 관한 도발적인 책은 Mahzarin R. Banaji and Anthony G. Greenwald, *Blindspot: Hidden Biases of Good People* (New York: Delacorte Press, 2013) 참조.

5장 스트레스는 여성을 취약하게 하는 대신 집중하게 한다

1 Dan Bilefsky, "Women Respond to Nobel Laureate's 'Trouble with Girls'," *New York Times*, June 11, 2015, www.nytimes.com/2015/06/12/world/europe/tim-hunt-nobel-laureate-resigns-sexist-women-female-scientists.html?emc=edit_tnt_20150 611&nlid=69372913&tntemailo=y. Sarah Knapton, "Sexism Row Scientist Sir Tim Hunt Quits Over 'Trouble with Girls' Speech," *Telegraph*, June 11, 2015, www. telegraph.co.uk/news/science/science-news/11667002/Sexism-row-scientist-Sir-Tim-Hunt-quits-over-trouble-with-girls-speech.html. 오찬 모임 때 발언한 여성 중 한 명이자 나중에 Tim Hunt가 농담하는지 알아보려고 그와 대화를 나눈 Deborah Blum은 썼다. "Tim Hunt 'Jokes' About Women Scientists. Or Not," Storify.com, June 14, 2015, storify.com/deborahblum/tim-hunt-and-his-jokes-about-women-scientists.

2 감정을 주체하지 못하는 것에 대한 표현은 Maureen Dowd, "Can Hillary Cry Her Way Back to the White House?," *New York Times*, January 9, 2008, www.nytimes.

com/2008/01/09/opinion/08dowd.html?pagewanted=alland_r=o 참조. Jeremy
Holden, "Morris, Ingraham Claimed Clinton's Expression of Emotion Raises
Questions About Her National Security Credentials," Mediamatter.org, January 8,
2008, mediamatters.org/research/2008/01/08/morris-ingraham-claimed-
clintons-expression-of/142089 참조. "지나치게 감정적이거나 민감하거나 나약하
다"는 말은 Emily Friedman, "Can Clinton's Emotions Get the Best of Her?," ABC
News, January 7, 2008, abcnews.go.com/Politics/Vote2008/story?id=4097786 참조.

3   Dave Zirin, "Serena Williams and Getting 'Emotional' for Title IX," *Nation*, July 9,
    2012, www.thenation.com/blog/168793/serena-williams-and-getting-emotional-
    title-ix.

4   Donna Britt, "March Madness: When Male Athletes Turn On the Tears," *Washington
    Post*, April 3, 2015, www.washingtonpost.com/opinions/march-madness-when-
    male-athletes-turn-on-the-tears/2015/04/03/f557c096-d964-11e4-ba28-
    f2a685dc7f89_story.html.

5   Karen Breslau, "Hillary Clinton's Emotional Moment," *Newsweek*, January 6, 2008,
    www.newsweek.com/hillary-clintons-emotional-moment-87141.

6   Cathleen Decker, "'Emotional' Dianne Feinstein: At Least She's Not Hysterical,"
    Chicago Tribune, April 7, 2014, www.chicagotribune.com/news/politics/la-pn-
    emotional-dianne-feinstein-cia-20140407,0,6356985.story.

7   John McCain, "Bin Laden's Death and the Debate Over Torture," *Washington Post*,
    May 11, 2011, www.washingtonpost.com/opinions/bin-ladens-death-and-the-
    debate-over-torture/2011/05/11/AFd1mdsG_story.html?hpid=z2.

8   Lucy Madison, "Santorum: McCain 'Doesn't Understand' Torture," CBS News, May
    17, 2011, www.cbsnews.com/news/santorum-mccain-doesnt-understand-torture.

9   Garrett Quinn, "Analysis: Coakley, Baker Dive into Weeds Again, but Show Their
    Emotional Sides in Final Debate," MassLive.com, October 29, 2014, www.masslive.
    com/politics/index.ssf/2014/10/final_debate_analysis.html; Todd Domke, "Baker
    Winds Debate by 'Losing It'," WBUR.org, October 29, 2014, www.wbur.
    org/2014/10/29/domke-debate-baker.

10 Yvonne Abraham, "Turning the Tables," *Boston Globe*, October 30, 2014, www.
    bostonglobe.com/metro/2014/10/29/abraham/9LxKj9P0VwYdVxhAiVwNhJ/
    story.html.

11 Agneta H. Fischer, Alice H. Eagly, and Suzanne Oosterwijk, "The Meaning of Tears:
    Which Sex Seems Emotional Depends on Social Context," *European Journal of*

Social Psychology 43 (2013): pp. 505~515.

12 Shauna Shames, "Clearing the Primary Hurdles: Republican Women and the GOP Gender Gap," Political Party, January 15, 2015, www.politicalparty.org/wp-content/uploads/2015/01/primary-hurdles-full-report.pdf.

13 이 섹션의 제목은 다음 훌륭한 논문에서 가져온 것이다. Lisa Feldman Barrett and Eliza Bliss-Moreau: "She's Emotional. He's Having a Bad Day: Attributional Explanations for Emotion Stereotypes," *Emotion* 9, no. 5 (2009): p. 649. Lisa Feldman Barrett에게 허락을 받아 사용했다(2014년 6월에 필자와 주고받은 이메일).

14 이 고전적 연구 결과는 위 논문에 보고되었다.

15 심장박동과 혈압의 변화를 살펴본 연구는 William Lovallo, "The Cold Pressor Task and Autonomic Function: A Review and Integration," *Psychophysiology* 12, no. 3 (1975): pp. 268~282 참조. 코르티솔의 변화를 설명한 연구는 Monika Bullinger et al., "Endocrine Effects of the Cold Pressor Test: Relationships to Subjective Pain Appraisal and Coping," *Psychiatry Research* 12, no. 3 (1984): pp. 227~233 참조.

16 R. van den Bos, M. Harteveld, and H. Stoop, "Stress and Decision-Making in Humans: Performance Is Related to Cortisol Reactivity, Albeit Differently in Men and Women," *Psychoneuroendocrinology* 34, no. 10 (2009): pp. 1449~1458.

17 같은 책.

18 S. D. Preston et al., "Effects fo Anticipatory Stress on Decision Making in a Gambling Task," *Behavioral Neuroscience* 121, no. 2 (2007): p. 257.

19 남성이 여성보다 노력하고 경쟁한다는 개념은 수많은 저작에 언급되었다. 특히 Laurence Shatkin의 블로그 'Career Laboratory'가 마음에 든다. 그는 흥미로운 양상이 나타나는지 보기 위해 "커리어 정보와 커리어 의사 결정을 시험관에 넣고" 뒤섞는다. 2011년 12월 9일 '남성과 여성의 직업에 관한 가치관'이라는 포스트에서 그는 2003년에 전국의 대학 졸업생을 대상으로 설문 조사한 것을 활용하여 남성과 여성이 직업을 생각할 때 다른 요소를 어떻게 평가하는지 비교한다. careerlaboratory. blogspot.com/2011/12/work-related-values-of-men-and-women.html 참조.

20 Van den Bos, Harteveld, and Stoop, "Stress and Decision-Making in Humans."

21 판 덴 보스와 연구 팀이 고반응군과 저반응군을 살펴본 2009년 연구에서 그들이 중앙값 분할median split을 했다는 사실이 도움이 될 것 같다. 중앙값 분할은 정중앙에 해당하는 코르티솔 수치를 정해 참가자를 중앙값보다 높은 그룹과 낮은 그룹으로 나누는 것이다. 이는 집단을 나누는 효과적인 방법이지만, 더 나은 분할점이 있을 수 있다. 미래에 고반응군과 저반응군을 구분하는 더 정확한 방법이 나오면 연구자들은 구분선을 다르게 설정할 수도 있을 것이다.

22 Andrew J. King et al., "Sex-Differences and Temporal Consistency in Stickleback Fish Boldness," *PLOS ONE* 8, no. 12 (2013): e81116.

23 Jolle Wolter Jolles, Neeltje Boogert, and Ruud van den Bos, "Sex Differences in Risk-Taking and Associative Learning in Rats" (under review by *Royal Society Open Science* in August 2015).

24 Shelley E. Taylor, "Tend and Befriend: Biobehavioral Bases of Affiliation Under Stress," *Current Directions in Psychological Science* 15, no. 6 (2006): pp. 273~277. 스트레스에 대한 '보살피고 친구 되어주기' 반응과 '싸우거나 도망치기' 방법을 비교하는 원본 연구는 Shelley E. Taylor et al., "Biobehavioral Responses to Stress in Females: Tend-and-Befriend, Not Fight-or-Flight," *Psychological Review* 107, no. 3 (2000): pp. 411~429 참조.

25 니콜 라이트홀Nichole Lighthall과 동료들은 여성이 위험을 추구하기보다 경계하는 이유를 설명하기 위해 '보살피고 친구 되어주기' 분석을 사용했다. 이 해석에 관심을 가지게 해준 마라 매더Mara Mather에게 감사드린다.

26 능동적 대처 방식과 반응적 대처 방식에 대해 이런 논평을 해준 루드 판 덴 보스Ruud van den Bos에게 감사드리고 싶다(루드 판 덴 보스, 2015년 8월 12일 필자와 개인적 대화). 친사회적 행동과 스트레스, 젠더의 관계는 복잡한 것이다. 다양한 변수가 어떻게 상호작용 하는지 살펴보려면 Tony W. Buchanan and Stephanie D. Preston, "Stress Leads to Prosocial Action in Immediate Need Situations," *Frontiers in Behavioral Neuroscience* 8, no. 5 (2014): pp. 1~6 참조.

27 Christopher Cardoso et al., "Stress-Induced Negative Mood Moderates the Relation Between Oxytocin Administration and Trust: Evidence for the 'Tend-and-Befriend' Response to Stress?," *Psychoneuroendocrinology* 38, no. 11 (2013): pp. 2800~2804. R. P. Thompson et al., "Sex-Specific Influences of Vasopressin on Human Social Communication," *Proceedings of the National Academy of Sciences* 103, no. 20 (2006): pp. 7889~7894 참조.

28 L. Tomova et al., "Is Stress Affecting Our Ability to Tune Into Others? Evidence for Gender Differences in the Effects of Stress on Self-Other Distinction," *Psychoneuroendocrinology* 43 (2014): pp. 95~104.

29 루드 판 덴 보스는 이 은유를 2014년 6월 필자와 개인적으로 연락할 때 말해주었다. 그는 이 은유를 다음 논문에도 사용했다. Ruud van den Bos, Jolle W. Jolles, and J. R. Homberg, "Social Modulation of Decision-Making: A Cross-Species Review," *Frontiers in Human Neuroscience* 7 (2013): p. 301.

30 이사회에 여성이 전혀 없는 회사는 2015~2011년에 10퍼센트 성장하는 데 그쳤으

나, 이사회에 여성이 한 명 이상 있는 회사는 동일한 시기에 14퍼센트 성장함으로써 경쟁 업체들에 비해 40퍼센트 높은 성장률을 기록했다. Urs Rohner and Brady W. Dougan, eds., "Gender Diversity and Corporate Performance," Credit Suisse AG, August 2002, 14 참조.

31 위의 논문.

32 100억 달러가 넘는 대형주 회사의 경우, 이사회에 여성이 한 명 이상 있는 회사는 이사회 전원이 남성인 회사보다 높은 실적을 거두었다. 규모가 작은 회사의 경우, 이사회에 여성이 있을 때의 이득이 규모가 큰 회사에 비해 조금 더 작았다. 연간 100억 달러 미만의 중·소형주 회사의 경우, 이사회에 여성이 한 명 이상 있는 회사는 이사회 전원이 남성인 회사보다 17퍼센트 높은 실적을 거두었다. 같은 논문 도표 9~10 참조.

33 한 국가의 양성평등이 이사회 다양성과 시장 실적의 조정자임을 알아내는 메타 분석은 Corinne Post and Kris Byron, "Women on Boards and Firm Financial Performance: A Meta-Analysis," *Academy of Management Journal* 58, no. 5 (2015): pp. 1546~1571 참조. 회사 실적과 여성 이사의 존재에 대한 모순되는 연구 결과를 면밀히 검토하고 요약한 논문은 Alice H. Eagly, "When Passionate Advocates Meet Research on Diversity: Does the Honest Broker Stand a Chance?," *Journal of Social Issues* (근간) 참조. 무엇이 먼저인지 명확하지 않다. 가장 영민한 조직은 모든 것을 제대로 하므로 시장을 능가하고 더 많은 여성을 승진시킬 것이다. Eagly는 논문에서 가장 수익이 많은 회사는 경험적 통찰이 있는 여성을 고용하고 보유할 수 있을 만큼 돈이 더 많을 거라고 주장한다.

34 미국 연방 정부의 셧다운shutdown에 따른 예상 손실액은 Steve James, "Money for Nothing: Government Shutdown Costs $12.5 Million per Hour," NBC News, October 1, 2013에서 가져왔다. 일시 해고된 연방 정부 직원의 수는 Laura Meckler and Rebecca Ballhaus, "More Than 800,000 Federal Workers Are Furloughed," *Wall Street Journal*, October 1, 2013, online.wsj.com/news/articles/SB1000142405270 2304373104579107480729687014에서 가져왔다.

35 *2013 Catalyst Census: Fortune 500 Women Board Directors* (December 10, 2013), http://www.catalyst.org/knowledge/2013-catalyst-census-fortune-500-women-board-directors.

36 Susan Vinnicombe, Elena Dolder, and Caroline Turner, *The Female FTSE Board Report 2014* (Bedford, UK: Cranfield School of Management, Cranfield University, 2014).

37 미셸 라이언Michelle Ryan과 알렉스 하슬람Alex Haslam은 엄밀히 말해 이 패턴에 처음 주목한 연구자들이 아니다. 엘리자베스 저지Elizabeth Judge는 2003년 《타임Time》에

〈이사회의 여성들: 도움이 되는가, 방해가 되는가Women on Board : Help or Hindrance?〉
라는 기사를 기고해서 라이언과 하슬람의 궁금증을 유발했다. 저지는 런던증권거
래소 상위 100대 기업의 당혹스런 양상에 주목했다. 즉 임원진이 여성인 회사는 임
원진이 남성인 회사만큼 실적이 좋지 못했다. 저지는 여성 리더에게 책임이 있다고
생각했으나, 라이언과 하슬람은 이 문제를 더 파고들어 주식 실적이 낮은 회사는
여성 임원이 임명되기 평균 5개월 전부터 고전했다는 것을 알아냈다. 실적 하락은
여성 탓이 아니다. 그들은 실적 하락이 시작되고 한참 뒤에 기용되었기 때문이다.

38 Sylvia Maxfield, "Janet Yellen on the Glass Cliff," *PC News*, November 4, 2013,
    www. providence. edu/news/headlines/Pages/Sylvia-Maxfield-Providence-
    Journal-op-ed. aspx.

39 Catherine Fox, "Lagarde Appointment Test 'Glass-Cliff' Theory," *Financial Review*,
    July 26, 2011, www. afr. com/p/opinion/lagarde_appointment_tests_glass_
    DLVt4mTpAqOTaxhjxL8y8H.

40 Jaclyn Trop, "Is Mary Barra Standing on a Glass Cliff?," *New Yorker*, April 30, 2014.
    은폐에 대해서는 Rebecca Ruiz and Danielle Ivory, "Documents Show General
    Motors Kept Silent on Fatal Crashes," *New York Times*, July 15, 2014 참조.

41 Nichole R. Lighthall et al., "Gender Differences in Reward-Related Decision
    Processing Under Stress," *Social Cognitive and Affective Neuroscience* 7, no. 4 (2012):
    pp. 476~484. 다른 연구자들은 스트레스 상황에서 남성과 여성이 새로운 것을 배
    울 때 부정적 피드백보다 긍정적 피드백에 주의를 기울인다는 것을 알아냈다. Antje
    Petzold et al., "Stress Reduces Use of Negative Feedback in a Feedback-Based
    Learning Task," *Behavioral Neuroscience* 124, no. 2 (2010): p. 248 참조.

42 Paul C. Nutt, "The Identification of Solution Ideas During Organizational Decision
    Making," *Management Science* 39 (1993): pp. 1071~1085. '할지 안 할지' '하는 게
    좋을지 안 하는 게 좋을지' 결정해야 하는 수많은 문제에 대해 더 많은 것을 알고
    싶으면, 나중에 발표된 논문 Paul C. Nutt, "Surprising but True : Half the Decisions
    in Organizations Fail," *Academy of Management Executive* 13, no. 7 (1999): p. 5~90
    참조.

43 Hans Georg Gemuden and Jurgen Hauschildt, "Number of Alternatives and
    Efficiency in Different Types of Top-Management Decisions," *European Journal of
    Operational Research* 22 (1985): pp. 178~190. 회사의 결정 가운데 '매우 잘한 것'으
    로 간주되는 경우가 그토록 적다는 게 좀 실망스러울 수 있겠지만, 이 회사는 과거
    의 결정을 평가했고 팀은 매우 높은 기준을 설정했다는 점을 감안해야 한다. 그들
    은 18개월 동안 결정한 것 가운데 34퍼센트를 형편없는 것으로, 40퍼센트를 만족

스러운 것으로, 26퍼센트를 매우 잘한 것으로 평가했다.

44 Barry Schwartz, *The Paradox of Choice* (New York: Ecco, 2004). 이 책은 의사 결정 연구자들이 고전으로 간주하지만, 선택 과부하와 그것이 언제 일어나고 언제 일어나지 않는지에 관한 오늘날의 생생한 논의가 수록되었다. 선택 과부하가 일어나는지 여부를 검사하는 50개 연구의 메타 분석에 관해서는 Benjamin Scheibehenne, Rainer Greifeneder, and Peter M. Todd, "Can There Ever Be Too Many Options? A Meta-Analytic Review of Choice Overload," *Journal of Consumer Research* 37, no. 3 (2010): pp. 409~425 참조. 이들은 논문마다 결과가 상당히 다르다는 것을 발견한다. 어떤 논문은 선택지가 지나치게 많을 때 사람들의 의욕과 만족감이 줄어든다고 말하고, 어떤 논문은 의욕이나 만족감에 아무 변화도 없다고 말한다. 결과는 부분적으로 선택하는 사람의 전문성에 좌우된다. 연장을 좋아하는 사람이라면 어마어마하게 많은 드라이버 앞에 섰을 때 얼굴이 밝아질 것이다. Chip Heath와 Dan Heath는 *Decisive: How to Make Better Choices in Life and Work* (New York: Crown Business, 2013)에서 선택 과부하 연구의 실제적 함의를 분석하는 작업을 한다.

45 Alison Wood Brooks, "Get Excited: Reappraising Pre-Performance Anxiety as Excitement," *Journal of Experimental Psychology: General* 143, no. 3 (2014): pp. 1144~1158.

46 같은 책.

47 같은 책. S. Schachter and J. Singer, "Cognitive, Social, and Physiological Determinants of Emotional State," *Psychological Review* 69 (1962): pp. 379~399, doi:10.1037/h0046234 참조.

48 궁금할 것 같아 덧붙인다. 브룩스가 이 곡을 선택한 것은 영어 사용자들이 아주 잘 알고, 아이튠즈iTunes 역사상 21번째로 다운로드 횟수가 많은 노래이기 때문이다. 또 세 개 다른 옥타브에서도 좋게 들리므로 음성이 높은 여성도 음성이 낮은 남성만큼 잘 부를 수 있다.

49 Brooks, "Get Excited," 실험 2~3.

50 Jeremy P. Jamieson, Matthew K. Nock, and Wendy Berry Mendes, "Mind Over Matter: Reappraising Arousal Improves Cardiovascular and Cognitive Responses to Stress," *Journal of Experimental Psychology: General* 141, no. 3 (2012): pp. 417~422.

6장 다른 사람들이 형편없는 결정을 하는 걸 볼 때

1 Ulrica G. Nilsson et al., "The Desire for Involvement in Healthcare, Anxiety and Coping in Patients and Their Partners After a Myocardial Infarction," *European Journal of Cardiovascular Nursing* 12, no. 5 (2013): pp. 461~467, doi:10.1177/1474515112472269.

2 Linda J. Sax, Alyssa N. Bryant, and Casandra E. Harper, "The Differential Effects of Student-Faculty Interaction on College Outcomes for Women and Men," *Journal of College Student Development* 46, no. 6 (2005): pp. 642~657.

3 Yeonjung Lee and Fengyan Tang, "More Caregiving, Less Working: Caregiving Roles and Gender Differences," *Journal of Applied Gerontology* 34, no. 4 (June 2015), doi:10.1177/0733464813508649.

4 Francesca Gino는 *Sidetracked: Why Our Decisions Get Derailed and How We Can Stick to the Plan* (Boston: Harvard Business Review Press, 2013)에서 이 연구를 설명한다. 연구 논문과 자료는 Francesca Gino, "Do We Listen to Advice Just Because We Paid for It? The Impact of Advice Cost on Its Use," *Organizational Behavior and Human Decision Processes* 107, no. 2 (2008): pp. 234~245에 수록되었다.

5 Paul C. Nutt, "The Identification of Solution Ideas During Organizational Decision Making," *Management Science* 39 (1993): pp. 1071~1085. Chip and Dan Heath, *Decisive: How to Make Better Choices in Life and Work* (New York: Crown Business, 2013), 2장 "Avoid a Narrow Frame" 참조.

6 이 예는 Daniel Kahneman, *Thinking, Fast and Slow* (New York: Farrar, Straus and Giroux, 2011), pp. 279~280에서 가져온 것이다.

7 Daniel Kahneman and Amos Tversky, "Prospect Theory: An Analysis of Decision Under Risk," *Econometrica: Journal of the Econometric Society* (1979): pp. 263~291. 카너먼과 트버스키는 10여 년 뒤 이 이론의 새 버전을 개발했다. Amos Tversky and Daniel Kahneman, "Advances in Prospect Theory: Cumulative Representation of Uncertainty," *Journal of Risk and Uncertainty* 5, no. 4 (1992): pp. 297~323 참조.

8 대니얼 카너먼, 2015년 5월 5일 필자와 개인적 대화.

9 Elanor F. Williams and Robyn A. LeBoeuf, "Starting Your Diet Tomorrow: People Believe They Will Have More Control Over the Future Than They Did Over the Past," *Journal of Consumer Research*. 윌리엄스와 리버프가 수행한 몇몇 실험에서는 참가자에게 실제 경험에 대해 물었고, 몇몇 논문에서는 참가자에게 가상적 상황을 상상하도록 요구했다.

10 아이러니하게도, 어쩌면 꽤 현실적인 생각일지 모르지만, 윌리엄스와 르버프는 사람들이 미래에 더 많은 통제력을 발휘할 수 없으리라 여기는 몇 안 되는 경우 중 하나가 해야 할 일을 미루는 버릇이라는 것을 알아냈다. 한번 게으름뱅이는 영원한 게으름뱅이라는 생각인 듯하다. 사람들은 운에 맡겨야 하는 게임보다 미루는 버릇에 많은 통제력이 있겠지만, 미루는 버릇을 통제할 수 없는 것으로 본다.

11 Daniel T. Gilbert et al., "Looking Forward to Looking Backward: The Misprediction of Regret," *Psychological Science* 15, no. 5 (2004): pp. 346~350.

12 Kriti Jain et al., "Unpacking the Future: A Nudge Toward Wider Subjective Confidence Intervals," *Management Science* 59, no. 9 (2013): pp. 1970~1987. 나는 사교와 관계 문제를 포함한 다양한 문제가 기다리는 미래를 풀어보기에 관한 연구를 하고 있다. 미래 분석에 관한 연구는 대부분 사람들이 미래에 수행해야 할 과제에 대해 얼마나 많은 통제력을 발휘할지 예측하는 데 형편없는 이유를 고찰해왔다. 미래 분석이 의사 결정을 어떻게 향상하는지에 관한 연구를 더 보려면 Jack B. Soll, Katherine L. Milkman, and John W. Payne, "A User's Guide to Debiasing," *Wiley-Blackwell Handbook of Judgment and Decision-Making*, eds. Gideon Keren and George Wu (Malden, MA: Wiley-Blackwell, 2015) 참조.

13 우리가 미래에 더 많은 통제력을 발휘할 거라고 믿는 편견을 처리하기 위해 이 전략을 만들 수 있게 도와준 노라 윌리엄스Nora Williams에 감사드린다. 그녀는 여러 명민한 아이디어를 알려주었다.

14 인지 부조화에 대해 더 많은 것을 알고 싶다면, 이 주제에 관해 내가 읽은 가장 유쾌하고 통찰력 넘치는 책은 Carol Tavris and Elliot Aronson, *Mistakes Were Made (but Not by Me)*, rev. ed. (Boston: Houghton Mifflin Harcourt, 2015)다. 최근의 뉴스와 역사에서 예를 들며, 태브리스와 애런슨의 글솜씨가 빼어나다.

15 레온 페스팅거Leon Fetinger는 여러 해 동안 인지 부조화에 대해 많은 글을 썼으며, *A Theory of Cognitive Dissonance* (Stanford, CA: Stanford University Press, 1957)에서 완전한 이론을 펼쳤다.

16 부모가 자녀의 대입 에세이를 대대적으로 손질하거나 심지어 써준다는 말이 터무니없이 들릴지 모르지만, 이는 대학 입학 사정관들이 목격하고 비난하는 경향이다. Rebecca Joseph, "A Plea to Those Helping Students with College Application Essays: Let the 17-Year-Old Voice Take Center Stage," *Huffington Post*, October 17, 2013 참조. Kevin McMullin, "For parents: No essay hijacking," CollegeWise.com, January 19, 2016, www.collegewise.com/for-parents-no-essay-hijacking 참조.

17 태브리스와 애런슨은 책에서 우리가 "대체 무슨 생각이었어요?"라고 물을 때 진의

는 이것이라고 지적한다.

18 Anthony Pratkanis and Doug Shadel, *Weapons of Fraud: A Course Book for Fraud Fighters* (Washington, DC: AARP, 2005). 이 책을 무료로 신청하려면 www.aarp.org에 접속하라.

19 긍정 효과의 정의는 Andrew E. Reed와 Laura L. Carstensen의 논문 "The Theory Behind the Age-Related Positivity Effect," *Frontiers in Psychology* 3 (2012): pp. 1~9 에서 인용.

20 Derek M. Isaacowitz et al., "Selective Preference in Visual Fixation Away from Negative Images in Old Age? An Eye-Tracking Study," *Psychology and Aging* 21, no. 1 (2006): pp. 40~48.

21 Mara Mather, Marisa Knight, and Michael McCaffrey, "The Allure of the Alignable: Younger and Older Adults' False Memories of Choice Features," *Journal of Experimental Psychology: General* 134, no. 1 (2005): pp. 38~51.

22 Sunghan Kim et al., "Age Differences in Choice Satisfaction: A Positivity Effect in Decision Making," *Psychology and Aging* 23, no. 1 (2008): p. 33.

23 Corinna E. Löckenhoff and Laura L. Carstensen, "Aging, Emotion, and Health-Related Decision Strategies: Motivational Manipulations Can Reduce Age Differences," *Psychology and Aging* 22, no. 1 (2007): pp. 134~146. Corinna E. Löckenhoff and Laura L. Carstensen, "Decision Strategies in Health Care Choices for Self and Others: Older but Not Younger Adults Make Adjustments for the Age of the Decision Target," *Journals of Gerontology Series B: Psychological Sciences and Social Sciences* 63, no. 2 (2008): pp. 106~109 참조.

24 Mara Mather and Laura L. Carstensen, "Aging and Motivated Cognition: The Positivity Effect in Attention and Memory," *Trends in Cognitive Sciences* 9, no. 10 (2005): pp. 496~502. Laura L. Carstensen and Joseph A. Mikels, "At the Intersection of Emotion and Cognition: Aging and the Positivity Effect," *Current Directions in Psychological Science* 14, no. 3 (2005): pp. 117~121 참조.

25 Quinn Kennedy, Mara Mather, and Laura L. Carstensen, "The Role of Motivation in the Age-Related Positivity Effect in Autobiographical Memory," *Psychological Science* 15, no. 3 (2004): pp. 208~214.

26 첫 연구를 한 지 14년 뒤에도 모두 건강히 살아 있으니, 이들이 특히 건강한 수녀들 이 아닌지 궁금할지도 모른다. 애석하게도 이 수녀들은 대부분 돌아가셨다. 1987 년 설문지를 작성한 수녀 862명 가운데 2001년에도 살아 계신 분은 316명이었고, 이들 중 300명이 두 번째 설문에 참여했다. 1987년에 수행한 첫 연구의 논문은 출

간되지 않았으나 Laura L. Carstensen and K. Burrus, "Stress, Health and the Life Course in a Midwestern Religious Community"(출간되지 않은 원고, 1996)로 인용했다. 연구자들이 하고많은 사람 중에 수녀를 연구하기로 선택한 이유도 궁금할 것이다. 나는 추적 연구를 수행한 지은이 중 마라 매더에게 물었다. 그녀는 수녀들이 주변 세상을 다소 긍정적인 시각으로 보기 때문이 아니라, 그저 방법을 단순화하기 위해서라고 설명했다. 수많은 사람이 주거지를 옮기거나 결혼을 하고 이름을 바꾸기 때문에, 10여 년이 흐른 뒤 연구자들이 추적 조사를 하기에 어려움이 많다. 14년에 걸친 조사를 하려면 일반인보다 종교 단체에 소속된 사람을 대상으로 하는 게 훨씬 쉽다는 것이다. 이외에도 알츠하이머병과 체중 변화, 혈압 등에 대해 수녀들을 추적 연구한 연구자들이 있다.

27 긍정 효과가 우리의 결정에 영향을 미치는 기억에 어떻게 작용하는지에 관한 검토는 Quinn Kennedy and Mara Mather, "Aging, Affect, and Decision Making," *Do Emotions Help or Hurt Decision Making?*, eds. K. Vohs, R. Baumeister, and G. Loewenstein (New York: Russell Sage Foundation, 2007), pp. 245~265 참조.

28 긍정 효과가 어떻게 강건한 정서와 정신 건강을 나타내는지에 관한 연구는 Laura K. Sasse et al., "Selective Control of Attention Supports the Positivity Effect in Agin," *PLOS ONE* 9, no. 8 (2014), e104180 참조. 인간이 감정을 통제하려면 두뇌 여러 부위의 상호적 연결망이 필요하다는 연구는 Michiko Sakaki, Lin Nga, and Mara Mather, "Amygdala Functional Connectivity with Medial Prefrontal Cortex at Rest Predicts the Positivity Effect in Older Adults' Memory," *Journal of Cognitive Neuroscience* 25, no. 8 (2013): pp. 1206~1224 참조.

29 Löckenhoff and Carstensen, "Decision Strategies in Health Care Choices."

30 Kennedy, Mather, and Carstensen, "The Role of Motivation."

31 감정 조절과 노화에 관해 더 알고 싶으면 Reed and Carstensen, "The Theory Behind the Age-Related Positivity Effect," and M. Mather, "The Emotion Paradox in the Aging Brain," *Annals of the New York Academy of Sciences* 1251, no. 1 (2012): pp. 33~49 참조.

32 James J. Gross et al., "Emotion and Aging: Experience, Expression, and Control," *Psychology and Aging* 12, no. 4 (1997): p. 590. 더 최근의 연구는 Laura L. Carstensen et al., "Emotional Experience Improves with Age: Evidence Based on Over 10 Years of Experience Sampling," *Psychology and Aging* 26, no. 1 (2011): pp. 21~33 참조.

33 노인이 어떻게 더 적은 선택지를 선호하는지에 관한 연구는 R. Mata and L. Nunes, "When Less Is Enough: Cognitive Aging, Information Search, and Decision Quality in Consumer Choice," *Psychology of Aging* 25 (2010): pp. 289~298, Mara

Mather, "A Review of Decision Making Processes: Weighing the Risks and Benefits of Aging," *When I'm 64*, eds. L. L. Carstensen and C. R. Hartel (Washington, DC: National Academies Press, 2006), pp. 145~173 참조. 노인이 의사 결정을 할 때 적은 정보를 원하는 이유를 연구하는 최근의 신경과학적 논문은 Julia Spaniol and Pete Wegier, "Decisions from Experience: Adaptive Information Search and Choice in Younger and Older Adults," *Frontiers in Neuroscience* 6 (2012).

34 Andrew E. Reed, Joseph A. Mikels, and Kosali I. Simon, "Older Adults Prefer Less Choice Than Young Adults," *Psychology and Aging* 23, no. 3 (2008): pp. 671~675. 나이 든 여성이 젊은 여성보다 유방암 치료에 대해 적은 정보를 요청한다는 연구는 Bonnie Meyer, Connie Russo, and Andrew Talbot, "Discourse Comprehension and Problem Solving: Decisions About the Treatment of Breast Cancer by Women Across the Life Span," *Psychology and Aging* 10, no. 1 (1995): p. 84 참조.

35 Laura L. Carstensen et al., "Emotional Experience Improves with Age," p. 21.

36 Marisa Knight et al., "Aging and Goal-Directed Emotional Attention: Distraction Reverses Emotional Biases," *Emotion* 7, no. 4 (2007): p. 705. M. Mather and M. Knight, "Goal Directed Memory: The Role of Cognitive Control in Older Adults' Emotional Memory," *Psychology and Aging* 20, no. 4 (2005): pp. 554~570 참조. 주의력을 분산하는 활동이 노인의 긍정 효과를 줄인다는 주장에 이의를 제기하는 연구는 E. S. Allard and D. M. Isaacowitz, "Are Preferences in Emotional Processing Affected by Distraction? Examining the Age-Related Positivity Effect in Visual Fixation Within a Dual-Task Paradigm," *Aging, Neuropsychology, and Cognition* 15, no. 6 (2008): pp. 725~743 참조.

후기

1 엘리자베스 로프터스Elizabeth Loftus는 목격자 증언의 오류 가능성에 관한 전문가다. Elizabeth Loftus, "Our Changeable Memories: Legal and Practical Implications," *Nature Reviews Neuroscience* 4, no. 3 (2003): pp. 231~234 참조.

2 이 그림 비유는 2012년 10월 17일 '인간의 기억에 대한 좋은 비유는?What's a Good Analogy for Human Memory'이라는 철학 토론 의견란에 실린 글에서 가져왔다. 기발한 아이디어를 제공해준 사용자 MyselfYourself 님에게 감사드린다. forums. philosophyforums.com/threads/whats-a-good-analogy-for-human-memory-57001.html 참조.

3 선거 결과에 따라 정치적 신념을 바꾸는 유권자들에 관한 연구는 Ryan K. Beasley and Mark R. Joslyn, "Cognitive Dissonance and Post-Decision Attitude Change in Six Presidential Elections," *Political Psychology* 22, no. 3 (2001): pp. 521~540, Linda J. Levine, "Reconstructing Memory for Emotions," *Journal of Experimental Psychology: General* 126, no. 2 (1997): pp. 165~177 참조. 고등학생 때 성적을 잘못 기억하는 성인들에 관한 연구는 Harry P. Bahrick, Lynda K. Hall, and Stephanie A. Berger, "Accuracy and Distortion in Memory for High School Grades," *Psychological Science* 7, no. 5 (1996): pp. 265~271 참조. 10대 시절 성격을 잘못 기억하는 성인들에 관한 연구는 Daniel Offer et al., "The Altering of Reported Experiences," *Journal of the American Academy of Child and Adolescent Psychiatry* 39, no. 6 (2000): pp. 735~742 참조.

4 Carol Tavris and Elliot Aronson, *Mistakes Were Made (but Not by Me)*, rev. ed. (Boston: Houghton Mifflin Harcourt, 2015), p. 101 참조.

감사의 글

1 완전한 인용문은 다음과 같다. "성공적인 소설가가 되려면 세 가지가 필요하다. 재능, 운, 자기 규율. 자기 규율은 세 가지 요건 중 스스로 통제할 수 있는 유일한 요소다. 그러므로 이것을 통제하는 데 초점을 맞춰야 한다. 나머지 두 요소는 희망하고 믿어야 하는 것이다."

옮긴이 후기

우리는 크고 작은 결정을 하며 살아간다. 인생의 큰 전환을 이루는 중대한 결정에서부터 일상적으로 마주치는 자잘한 결정에 이르기까지. 현명한 결정으로 위기를 돌파하기도 하고 어리석은 결정으로 돌이킬 수 없는 피해를 입기도 한다. 특히 자신의 결정으로 회사나 인간의 운명이 좌우되는 막중한 책임을 지는 요직에 있다면 그 파급 효과가 큰 만큼 결정을 내리기가 더 어려울 것이다.

《왜 여성의 결정은 의심받을까?》는 여성의 의사결정에 영향을 미치는 사회적·심리적 요인을 분석하고, 여성이 제 역량을 한껏 발휘하여 좋은 결정을 내릴 수 있게 하려면 사회 또는 조직 문화를 어떻게 바꿔야 할지 제시하며, 지금 여기서 활용할 수 있는 전략을 알려주는 책이다.

전통적으로 남성이 우세한 직업군에서 일하는 여성은 사회적으로 여성에게 바람직하다고 여겨지는 특성에 위배되는 결정을 할 때 더 큰 지탄을 받는다. 아울러 여성은 자신이 속한 집단에 대한 사회의 부정적인 고정관념에 부응하게 될까 봐 느끼는 불안, 즉 고정관념 위협 때문에 자신의 역량을 제대로 발휘하지 못하는 경우가 많다. 이런 고정관념 위협을 없애려면 조직의 환경을 어떻게 개선해야 할까? 사회의 편견과 조직의 문화가 개인의 수행 능력에 어떤 영향을 미치는지를 보여주는 연구 실험이 참 흥미롭다. 어떤 메시지를 던져주고 시험을 치르느냐에 따라 같은 능력을 지닌 집단의 시험 결과가 상이하게 나오는 것을 보면 분위기와 환경이 실적에 미치는 영향이 얼마나 클지 짐작할 수 있다. 이 책에서는 이런 사회적 난관을 타개하고 여성이 제 역량을 한껏 발휘하고 더 현명하고 좋은 결정을 내리기 위해서는 어떻게 해야 하는지 자세하고 친절하게 안내한다.

인지심리학 박사인 저자 터리스 휴스턴은 〈뉴욕 타임스〉를 비롯한 여러 신문에 글을 써왔고 기업의 임원들에게 더 나은 의사결정을 위한 조언을 해왔다. 대학에 있을 때에는 젠더 문제를 공부하는 것 자체가 젠더를 의식하는 것처럼 느껴졌기 때문에 젠더 문제를 피했다고 한다. 그녀는 젠더가 적어도 전문직에서는 문제가 되지 않을 거라고 생각했지만 실제로 당혹스러운 성차별을 경험하고 젠더 문제를 연구하기로 결심한다. 수많은 여성들에게서 들은 생생한 경험담을 토대로 이와 관련된 연구 논문 수백 편을 훑어본 뒤 사회에 만연한 여성에 대한 편견이 왜, 어떻게 잘못된 것인지 설파하기 시작한다. 여성이 의사결정에서 마주치는 문제를 집중적으로 파헤치고 현명한 선택을 하려면 어떻게 해야 하는지 구체적인 전략을 제시한다. 다시 말해 이 책은 여성에 대한 그릇된 사회적 통념과 편견을 조목조목 지적하고 연구논문과 실험을 통해 그 허와 실을 규명함으로써 여성이 지금 여기서 더 나은 결정을 내리기 위해서는 어떻게 해야 하는지 알려준다.

터리스 휴스턴은 결정을 할 때에는 "방향을 알려주는 내면의 GPS" 이자 "사유의 틀에 박힌 과정을 잘라내고 문제에서 해답으로 바로 도약하는 초(超)논리"인 직감을 중시하되 그 직감을 시작점으로 삼고 되도록 많은 정보를 찾아내고 분석하라고 조언한다. 처음에 보거나 들은 숫자가 뒤이은 판단에 영향을 미치는 '닻 내림 효과'가 있다는 것을 인지해야 하고, 전형적인 채용 면접으로는 실무 능력이 뛰어난 사람을 뽑기 어려우므로 샘플 과제를 주고 수행 능력에 근거해 채용하는 게 좋다고 역설한다. 다른 사람의 기대와 내 의지가 뒤엉킨 마음속에서 자신이 진짜로 중요하게 여기는 것을 가려내려면, "돌아보니 올해 내가 선택한 것 중 가장 중요한 것은 _____ 이었어"라거나, "내가 올해 _____을 하지 않았다면 정말 후회했을 거야"라는 식으로 미래(일 년 뒤)의 시점에서 회고해보라고 조언한다. 돌아보기 전략은 내게 무엇이 가장 중요한 일인지 식별하는 데 도움이 될 뿐 아니라 리스크가 있는 결정을 내릴 때에도 도움이 된다. 미래의 시점에서 이미 일어난 일이라고 생각하고 무엇이 문제였는지 따져보면 사안을 더 구체적이고 면밀히 생각할 수 있기 때문이다.

스트레스 상황에서 남성과 여성이 어떻게 반응하는지에 관한 연구도 흥미롭다. 스트레스 호르몬인 코르티솔이 상승할 때 남성은 위험을 더 추구하는 반면 여성은 더 안전한 길을 선택한다. 그러므로 "스트레스가 극심한 상황일 때 현명한 결정과 통찰력 있는 선택을 원한다면 남성과 여성을 분리하지 말아야 한다. 다시 말해 압박감 속에서 힘든 결정을 내려야 할 때 균형을 잡으려면 한 회의실에 남성과 여성이 골고루 있어야 한다" 즉 회사의 운이 걸린 중역 회의에 여성 한 명 이상이 참여하고 발언권이 주어질 때, 위험에 빠질 확률이 줄어들고 난국을 타개할 확률이 높아진다.

그 외에도 프레젠테이션이나 연설을 하기 전에 극도의 긴장으로 심장이 쿵쾅대고 정신을 차릴 수 없을 때 스트레스를 흥분으로 재해석하면 훨씬 더 잘 해낼 수 있다는 것을 실험을 통해 입증한다. 억지로 차분해지려고 노력하는 대신 새 차를 사고, 휴가를 떠나고, 옛 친구를 만날 때 들뜨고 흥분하는 것처럼 '정말 기쁘고 흥분이 된다'라고 스스로에게 말할 때 효과가 있다는 것이다.

참 많은 일화와 사례가 담겨 있지만 개인적으로 가장 깊은 인상을 받은 것은 릴라의 이야기였다. 미국 최고의 병원에서 폐 전문의로 일하는 릴라는 수술 후 호흡 장애로 인해 산소 호흡기를 부착한 환자에 대한 협진 의뢰를 받고 중환자실로 내려간다. 스스로 호흡하지 못해 기관 삽관을 한 환자의 상태를 세심히 관찰하고 전담 간호사와 이야기를 나누는 등 환자의 상태에 대해 얻을 수 있는 모든 정보를 얻은 뒤 그 환자는 병동을 옮겨 산소 호흡기를 떼기 위한 치료를 해야 한다고 결정한다. 병원의 이익이나 자기에게 주어진 일과를 처리하는 데 급급하지 않고 환자를 위한 최선의 치료가 무엇일지를 고민하는 의사라니, 눈물이 날 만큼 감동적이었다. 이 일화를 통해 저자가 말하고자 하는 것은 자신감을 높여야 할 때와 낮춰야 할 때를 구분해야 한다는 것이다. 자신감은 높을수록 좋다고 생각하기 쉽지만 이처럼 결정을 내리기 전에는 자신감을 낮춰 모든 이의 말에 귀를 기울여 되도록 많은 정보를 입수해야 하고, 결정을 내린 뒤 다른 이를 설득하고 일을 추진할 때에는 자신감을 높여야 한다고 조언한다.

아울러 주위의 친구나 친척, 나이 든 부모가 잘못된 결정을 내릴 때 어떤 방식으로 그 오류를 인지시키고 다른 관점에서 생각해보도록 유도할 것인지에 대해서도 자상하게 알려준다.

　이처럼 이 책은 실제 상황에 적용할 수 있는 수많은 유용한 정보가 정교한 실험과 연구 자료와 함께 설득력 있게 제시되고 있다는 점에서 여느 실용서와 변별된다. 의사결정에 대한 거의 모든 게 총망라된 이 책이 많은 이들에게 도움이 되기를 바란다.

2017년 7월
김명신

옮긴이 **김명신**

이화여자대학교 영어교육학과를 졸업하고 중·고등학교 영어교사로
재직했으며 현재 전문번역가로 활동하고 있다.
옮긴 책으로는 《폭풍의 언덕》, 《테스》, 《작가들의 정원》, 《한편이라고 말해》,
《교사로 산다는 것》, 《나의 스승 설리번》, 《헬렌 켈러 자서전》,
《젊은 교사에게 보내는 편지》, 《야만적 불평등》,
《마초로 아저씨의 세계화에서 살아남기》, 《탐정 레이디 조지아나》, 《미스터 핍》
등이 있다.

왜 여성의 결정은 의심받을까?

1판 1쇄 발행 2017년 9월 5일

지은이 터리스 휴스턴 | **옮긴이** 김명신
펴낸곳 (주)문예출판사 | **펴낸이** 전준배
출판등록 1966. 12. 2. 제1-134호
주소 03992 서울시 마포구 월드컵북로 6길 30
전화 393-5681 | **팩스** 393-5685
홈페이지 www.moonye.com | **블로그** blog.naver.com/imoonye
페이스북 www.facebook.com/moonyepublishing | **이메일** info@moonye.com

ISBN 978-89-310-1063-3 03300

이 도서의 국립중앙도서관 출판시도서목록(CIP)은 서지정보유통지원시스템
(http://seoji.nl.go.kr)과 국가자료공동목록시스템(http://www.nl.go.kr/kolisnet)에서
이용하실 수 있습니다. (CIP제어번호 CIP2017021280)